21世纪高等学校金融学系列教材

金融企业会计

JINRONG QIYE KUAIJI

（第二版）

主　编　胡　娟　杨小花
副主编　刘春志

中国金融出版社

责任编辑：张菊香
责任校对：李俊英
责任印制：丁淮宾

图书在版编目（CIP）数据

金融企业会计/胡娟，杨小花主编．—2版．—北京：中国金融出版社，2024.6
21世纪高等学校金融学系列教材
ISBN 978－7－5220－2366－3

Ⅰ．①金…　Ⅱ．①胡…②杨…　Ⅲ．①金融企业—企业会计—高等学校—教材
Ⅳ．①F830.42

中国国家版本馆CIP数据核字（2024）第057337号

金融企业会计（第二版）
JINRONG QIYE KUAIJI（DI-ER BAN）
出版
发行　中国金融出版社
社址　北京市丰台区益泽路2号
市场开发部　（010）66024766，63805472，63439533（传真）
网上书店　www.cfph.cn
（010）66024766，63372837（传真）
读者服务部　（010）66070833，62568380
邮编　100071
经销　新华书店
印刷　保利达印务有限公司
尺寸　185毫米×260毫米
印张　26.75
字数　600千
版次　2018年3月第1版　2024年6月第2版
印次　2024年6月第1次印刷
定价　74.00元
ISBN 978－7－5220－2366－3
如出现印装错误本社负责调换　联系电话（010）63263947

21 世纪高等学校金融学系列教材
编审委员会

第二版前言

财政部2017年修订发布新金融工具相关会计准则后，又陆续发布新金融工具相关会计准则应用指南，包括《〈企业会计准则第22号——金融工具确认和计量〉应用指南（2018）》、《〈企业会计准则第23号——金融资产转移〉应用指南（2018）》、《〈企业会计准则第24号——套期会计〉应用指南（2018）》和《〈企业会计准则第37号——金融工具列报〉应用指南（2018）》，并于2020年12月修订发布了《企业会计准则第25号——保险合同》（以下简称新保险合同准则），2022年发布了《〈企业会计准则第25号——保险合同〉应用指南》。针对各金融企业在执行上述新准则中碰到的具体问题，财政部还发布了多项金融工具准则应用案例，给准则实施过程中的实际操作提供了明确的指导。

为了适应新经济形势发展，帮助读者与时俱进了解金融企业会计新准则和新规范的内容，本教材第二版严格按照财政部颁布的新金融工具相关会计准则和新保险合同准则及其会计处理的一系列规定，并参照财政部发布的相关应用案例、结合金融企业会计核算的一些新变化，对内容进行了全面调整。主要的修订包括：对金融企业常用各类会计科目及应用方法进行了更新；按照最新的准则解释补充修改了例题和案例，对其中的算例数据进行了更新；更新了专栏凸显链接知识的时效性；考虑到计算机及信息技术和互联网技术发展对金融企业会计核算、支付系统和资金清算系统的极大推动作用，本书新增一章介绍中国现代化支付系统。本次教材修订后分为四篇共十四章，各部分的修订分工为：第一篇和第二篇由中南财经政法大学金融学院胡娟负责，第三篇由湖北工业大学经济与管理学院杨小花负责，第四篇由中南财经政法大学金融学院刘春志负责。修订后的教材内容更好地将金融会计理论与金融企业日常经营活动相结合，并将相关金融法规融会贯通到各部分的内容中，让学生在掌握金融企业会计核算知识的同时也能提高法治意识。

由于编写者的水平所限，教材中存在的错漏之处恳请各位读者批评指正以便我们及时更正。

编　者

2024年1月

目　　录

第三篇 非银行金融机构业务核算篇

第四篇　金融企业财务核算篇

21世纪高等学校金融学系列教材

第一篇

理　论　篇

第一章

金融企业会计基础

本章学习目标

1. 熟知金融企业会计学的基本原理；
2. 理解金融企业会计的核算对象与特点 ；
3. 掌握金融企业会计核算的基本前提和会计信息质量的要求；
4. 掌握金融企业会计基本核算方法。

第一节 金融企业与金融企业会计

金融企业是经营货币、信用业务的特殊机构，在国民经济各领域中发挥着重要的作用。随着社会主义市场经济体制的发展和完善，金融行业发展及金融创新加快，许多新型金融企业不断涌现。目前，我国已经形成以商业银行为主体，多种金融机构并存的金融企业体系。从广义上来看，我国金融企业包括在中华人民共和国境内依法设立的获得金融业务许可证的各类金融企业，以及金融控股公司、投资运营机构、小额贷款公司、融资担保公司、区域性股权市场运营机构、典当行、融资租赁公司、商业保理公司、地方资产管理公司、互联网金融企业、金融基础设施等实质性开展金融业务的其他企业或机构；狭义上的金融企业是指执行业务需要取得金融监管部门授予金融业务许可证的企业，包括执业需取得银行业务许可证的政策性银行、国有商业银行、股份制商业银行、其他各类商业银行、信托投资公司、金融资产管理公司、金融租赁公司和财务公司等，执业需取得证券业务许可证的证券公司、期货公司和基金管理公司等，执业需取得保险业务许可证的各类保险公司等。本书采用狭义的金融企业概念。将金融企业与非金融企业区别开来，是因为金融媒介活动与其他经济类型的经营活动具有本质的差异。

一、相关概念

会计主要是运用货币形式，采用专门的方法和程序提供财务信息和其他经济信息，对经济活动进行核算和监督，以提高经济效益为目的的一种管理活动。随着生产实践的发展，会计反映和控制的具体内容也不断变化，对会计问题的研究形成了不同的分支学科，如会计学原理、专业会计学等。金融企业会计就是专业会计学的组成部分之一。因此金融企业会计的理论离不开会计学的基本理论，它是在会计学基本理论指导下，结合金融企业实际需要而建立起来的。

从我国的实际情况来看，在认识会计学与金融企业会计学关系的同时，还需要了解与金融企业会计相关的几个概念，包括金融会计、银行会计、商业银行会计、中央银行会计等，以便弄清楚本书所要研究的对象和主要内容。

金融会计是金融业中具有广泛意义的行业会计，是以各种性质的银行以及各种非银行金融机构、金融性公司的资金运动作为核算对象的会计；金融企业会计是按会计学的基本原理和基本方法，对商业银行和非银行金融机构的资金运动进行核算、反映和监督的会计。商业银行是从事资金商业性买卖的金融法人，在社会主义市场经济中，我国的商业银行应该是自主经营、独立核算、自担风险、自负盈亏、自我约束的具有法人地位和权利的金融企业，所以，商业银行会计是金融企业会计的组成部分。而中央银行是在国务院领导下，制定和实施货币政策，对金融业实施监督管理的金融组织，在财务上实行独立的财务预算管理体制，因而中央银行会计与完全企业性质的商业银行会计有本质不同。但长期以来，我国实行的是高度集中的单一化的银行体系，从 1948 年到 1979 年，中国人民银行一直是我国唯一的银行，经营全国一切银行业务，所以，人们也就习惯于用银行会计代表我国的一切金融业务会计。随着经济体制改革的深化和我国金融新体制的建立，银行会计的范围和内涵发生了明显的变化，人们才增加了金融会计、金融企业会计、商业银行会计等概念。

本书根据实际要求，以商业银行和主要的非银行金融机构（保险公司、证券公司、信托公司、租赁公司、基金管理公司、期货公司）等金融企业主营业务为主线，介绍金融企业代表性业务的会计核算。

二、金融企业会计的核算对象

会计对象是指会计反映、监督的内容。金融企业是筹集资金、融通资金和管理资金的特殊企业，与一般工商企业不同，它通过存款、放款、汇兑、信托、租赁、投资、证券、保险等业务活动来实现其经营活动；在经营过程中发生的各项收入和费用、成本支出，构成金融企业财务活动的主体内容。所有这些经济业务和财务活动过程都必须由会计对其进行连续、系统、全面的反映和监督，从而构成金融企业会计的核算对象。金融企业会计的核算对象就是金融企业在金融业务和财务活动过程中的资产和权益的增减变化过程及其结果。

会计上为进行分类核算，提供分门别类的信息资料，就需要对会计对象按一定的标准进行分类，确定会计对象要素。会计对象要素就是会计反映、监督内容的基本类别与具体构成，明确会计对象要素，不仅有利于把握会计工作的性质和范围，而且便于根据各个会计对象要素的性质和特点，制定相应的确认、估价、记录和报告的标准与方法，同时也为建立会计科目体系和设计会计报表提供基础依据与总体框架。

任何企业，其经营活动的实质是不断地取得、使用和经营各种不同的经济资源的过程，随着企业经营过程的持续进行，经济资源的数量、形态、价值都在不断地变化之中。从企业拥有或掌握这些经济资源的角度看，这些形态各异的经济资源为企业的资产；从取得或形成经济资源的来源看，这些资源则要么来自企业所有者（投资者）投入的资本，要么来自借贷，即负债。而企业的经营成果为收入扣除成本、费用后的差额，它将最终增加或减少所有者权益。因此，金融企业会计核算对象具体可以划分为资产、负债、所有者权益、收入、费用、利润这六个要素。

（一）资产、负债和所有者权益

1. 资产。资产是指过去的交易、事项形成并由企业拥有或控制的资源，该资源预期会给企业带来经济利益。如果一项资产丧失效用，不能为企业带来经济利益，它就应转为当期费用，而不能再视为资产处理。资产有多种形态，既可以是有形的或无形的，也可以是货币性的或非货币性的。在会计报表中，资产按流动性划分为流动资产、长期投资、固定资产、无形资产和其他资产。流动资产是指可以在 1 年内（含 1 年）变现或耗用的资产。金融企业的流动资产，主要包括库存现金、存放款项、拆放同业、贴现、应收利息、应收股利、应收保费、应收分保款、应收信托手续费等；其他长期资产还包括持有至到期投资、可供出售金融资产和长期股权投资等。由于不同金融企业的业务活动内容各有特点，资产的具体内容或项目也存在一定区别，实际工作中，应根据企业业务活动的具体内容确定准确的资产项目，并按规定进行会计核算。

2. 负债。负债是指过去的交易、事项形成的现实义务，履行该义务预期会导致经济利益流出企业。金融企业的负债按其流动性，可分为流动负债、应付债券、长期准备金和其他长期负债等。

流动负债是指企业将在 1 年内（含 1 年）偿还的债务。金融企业的流动负债，主要包括活期存款、1 年以下（含 1 年）的定期存款、向中央银行借款、票据融资、同业存款、同业拆入、应付利息、应付佣金、应付手续费、预收保费、应付分保款、预收分保赔款、应付保户红利、存入保证金、未决赔款准备金、未到期责任准备金、存入分保准备金、质押借款、代买卖证券款、代发行证券款、代兑付债券款、卖出回购证券款、应付款项、应付工资、应交税金、其他暂收应付款项和预提费用等。

金融企业发行债券，应当按照实际的发行价格总额进行负债处理；债券发行价格总额与债券面值总额之间的差额，作为债券溢价或折价，在债券的存续期间内按实际利率法或直线法于计提利息时摊销，并按借款费用的处理原则处理。

从事保险业务的金融企业，其长期准备金主要包括长期责任准备金、寿险责任准备金、长期健康险责任准备金和保险保障基金等。

其他长期负债，主要包括长期存款、保户储金、长期借款和长期应付款等。

3. 所有者权益。所有者权益是指所有者在企业资产中享有的经济利益，其金额为资产减去负债后的余额。金融企业的所有者权益，主要包括实收资本（或股本）、资本公积、盈余公积和未分配利润等。从事存贷款业务的金融企业计提的一般准备、从事保险业务的金融企业计提的总准备金、从事证券业务的金融企业计提的一般风险准备，以及从事信托业务的金融企业计提的信托赔偿准备也是所有者权益的组成部分。

金融企业的实收资本是指投资者按照企业章程或合同协议的约定，实际投入金融企业的资本；资本公积主要包括资本（或股本）溢价、接受非现金资产捐赠准备、接受现金捐赠、股权投资准备、外币资本折算差额、关联交易差价、其他资本公积等。其中资本公积各准备项目不能转增资本（或股本）。

金融企业的盈余公积主要包括法定盈余公积、任意盈余公积以及法定公益金等。其盈余公积可以用于弥补亏损、转增资本（或股本）。符合规定条件的金融企业，也可以用盈余公积分派现金股利。

（二）收入、费用和利润

1. 收入。收入是指是指企业在日常活动中形成的、会导致所有者权益增加的、与所有者投入资本无关的经济利益的总流入。金融企业提供金融商品服务所取得的收入，主要包括利息收入、手续费及佣金收入、保费收入、投资收益、公允价值变动损益、汇兑收益和其他业务收入构成。收入不包括为第三者或者客户代收的款项，如企业代垫的工本费、代邮电部门收取的邮电费。

金融企业应当根据收入的性质，按照收入确认的条件，合理地确认和计量各项收入。

2. 费用和成本。费用是指企业在日常活动中发生的、会导致所有者权益减少的、与向所有者分配利润无关的经济利益的总流出。不包括为第三方或客户垫付的款项。

金融企业的营业成本，是指企业在业务经营过程中发生的与业务经营有关的支出，包括利息支出、金融企业往来支出、手续费支出、卖出回购证券支出、汇兑损失、赔款支出、死伤医疗给付、满期给付、年金给付、分保赔款支出、分保费用支出、未决赔款准备金提转差、未到期责任准备金提转差、长期责任准备金提转差等。

金融企业的营业费用，是指金融企业在业务经营及管理中发生的各项费用，包括固定资产折旧、业务宣传费、业务招待费、电子设备运转费、安全防卫费、企业财产保险费、邮电费、劳动保护费、外事费、印刷费、公杂费、低值易耗品摊销、理赔勘察费、职工工资、差旅费、水电费、租赁费（不包括融资租赁费）、修理费、职工福利费、职工教育经费、工会经费、房产税、车船使用税、土地使用税、印花税、会议费、诉讼费、公证费、咨询费、无形资产摊销、长期待摊费用摊销、待业保险费、劳动保险费、取暖费、审计费、技术转让费、研究开发费、绿化费、董事会费、上交管理费、广告费、银行结算费等 。

金融企业必须分清本期营业成本、营业费用和下期营业成本、营业费用的界限，不得任意预提和摊销费用。

3. 利润。利润是指企业在一定会计期间的经营成果，包括营业利润、利润总额和净利润。

营业利润，是指营业收入减去营业成本和营业费用加上投资净收益后的净额；利润总额，是指营业利润减去营业税金及附加，加上营业外收入，减去营业外支出后的金额。

营业外收入和营业外支出，是指金融企业发生的与其经营业务活动无直接关系的各项收入和各项支出。营业外收入包括固定资产盘盈、处置固定资产净收益、处置无形资产净收益、处置抵债资产净收益、罚款收入等。营业外支出包括固定资产盘亏、处置固定资产净损失、处置无形资产净损失、抵债资产保管费用、处置抵债资产净损失、债务重组损失、罚款支出、捐赠支出、非常损失等。营业外收入和营业外支出应当分别核算，并在利润表中分别反映。

三、金融企业会计的特点

金融企业会计是专业会计的一个分支，具有一般会计的共同特征。但金融企业作为提供金融服务业务的特殊企业，与其他行业企业比较，无论是在国民经济中的作用、经营业务的内容与方式，还是会计核算的具体对象都有所不同。这些不同，是金融企业会计成为一门专业会计的基础，也使金融企业会计具有与其他行业会计不同的特点。

（一）会计核算内容的特殊性

金融企业的经营活动主要是货币资金借贷管理和有价证券交易，其流动资产基本上属于货币性资产，而不存在一般意义上的存货或物资性存货。金融企业是高度负债经营的企业，负债的种类较多。金融企业的营业收入、支出的内容都不同于一般企业，因而从会计核算的对象来看，金融企业会计的核算内容与一般企业的会计核算内容相比较，具有明显的特殊性。

（二）会计核算的直接完成性

工商建筑等一般企业的产品生产、销售由生产和业务部门直接完成，会计部门不直接从事业务活动，处于各项业务活动的第二线，是事后监督核算。金融企业会计则不同，金融企业开办的金融业务，大多由会计部门直接办理，即会计核算过程就是金融企业业务的处理过程，如存贷款业务、支付结算业务、证券买卖业务等。金融企业会计部门处在为客户提供金融服务的第一线，会计业务与经营业务相互依存和制约。会计工作是否优质、高效，直接影响着金融企业的信誉、服务质量和竞争能力。因此会计本身就是金融企业经营活动基本的组成部分，是金融企业的一项重要基础工作。

（三）办理对内对外的业务核算

企业既要办理对外业务的核算，又要办理本企业内部资产及财务的核算，对内对外相结合的核算内容是金融企业会计的又一特点。金融企业会计对外办理资产业务、负债业务和中间业务，与金融企业有资金往来关系的客户的资金运动在企业会计中都有准确记载，其提供的数据资料具有综合的社会性。同时，金融企业财务状况如何，经营成果好坏，也必须借助于会计核算，这样，金融企业会计又是企业内部财务管理的重要工具。金融企业对外业务的核算工作做得好，获得更多的经营利润，内部的财务管理和核算就更具物资条件。而加强内部核算和管理，又会促进企业增收节支，高质量地完成对外核算任务。

（四）业务处理的及时性

金融企业的金融媒介性质决定了金融企业是全社会资金运行的枢纽，银行对资金汇划的处理速度直接影响全社会的资金周转。因而，与其他行业会计可定期记账、定期报告不同，金融企业会计必须在实际业务发生的当时进行会计处理，完成资金的价值转移。保证业务处理的及时性是金融企业对外、对内会计核算的基本要求。

（五）账务组织的复杂性和内部监督机制的严密性

金融企业的特殊业务性质决定了金融企业的经营活动会直接影响全社会的资金运动状况，金融企业的会计核算涉及面广、政策性强，没有科学的内部管理机制是无法高效有序运行的。不同主营业务的企业由于电子化创新成果运用的差异、业务经营重点的差异，在会计处理的内容上有较大不同。所以各性质的金融企业必须设置既能适合本企业业务需要，又能便于同业之间沟通比较的账务组织体系，并建立严密的内部控制监督机制，以防范会计核算和管理风险。

第二节　金融企业会计核算的基本前提和会计信息质量的要求

一、金融企业会计核算的基本前提

会计核算的基本前提，是企业设计和选择会计方法的重要依据，也称为会计假设。明确会计核算的基本前提，是企业进行会计核算的先决条件。与一般企业会计核算的基本前提相同，会计主体、持续经营、会计分期、货币计量是金融企业会计核算的四个基本前提。

1. 会计主体。会计主体是指会计工作为之服务的特定单位或组织，是对会计工作范围的限定。凡是有能力拥有资源，承担义务，独立或相对独立的特定单位或组织，都可以且需要进行独立核算，成为一个会计主体。实际工作中，会计主体亦称会计单位、会计实体、会计个体、记账主体等，明确会计主体解决的是会计核算和监督的空间范围问题。

会计主体的确定常视管理的需要等情况而定，它可以是一个企业，也可以是若干家企业通过控股关系组织起来的集团公司。一个会计主体可能包括几个分会计主体，如总公司和分公司；几个会计主体也可合并为一个会计主体，如联营公司。

组织形式多种多样的特定单位要成为会计主体，首先它应是独立的实体，会计核算应当以企业发生的各项经济业务为对象。它不仅要和其他会计主体相区别，而且要独立于企业业主个人和企业职工的业务活动。如企业提取职工福利费时，表明企业债务增加，而企业使用职工福利费时，就不能再列为企业的费用支出。其次它应是统一的整体，会计核算应记录和反映企业本身的各项生产经营活动，即处理企业的经济业务都是从企业是一个统一的整体出发的。至于企业内部资产的转移等，既不会增加企业的损益，也不会增加企业的资产与负债。在编制会计报表时，需要将企业内部的往来业务相互抵消后编制企业统一的会计报告。

在组织会计核算之前，明确会计主体的概念，才能正确计量和反映它的资产、负债、经济业务往来和财务状况与经营成果。

2. 持续经营。持续经营是指会计主体的业务经营活动按照既定目标持续不断地经营下去，在可以预见的未来不至于破产清算。持续经营是企业会计核算必不可少的前提条件。只有在持续正常经营的条件下，资金运动才能表现为周而复始的循环与周转，会计才能分期记账、算账、定期进行财务报告，会计处理方法才能保持稳定性和一致性；才能以权责发生制为基础，确定本期收益和费用标准，解决资产计价和负债偿还问题。

市场经济条件下的企业发生出售、转让、合并和破产清算是正常的经济现象。如果有迹象表明会计主体已无法继续经营，如将要停业清算或进行法律上的改组，那么持续经营假设就不再适用，这时需要采取清算价格或重置成本来确定企业的财产价值，然后再进行会计处理。

3. 会计分期。会计分期是指将会计主体无限期的持续经营活动分割为一定的期间，人为地规定会计信息的提供期限。企业的经营活动是持续进行的，会计核算不可能到企业全部经济业务结束再提供各种核算资料。为满足企业内外使用者对财会信息的需要，就必须把不间断的企业生产经营活动人为地划分成相等的时间段落，即会计期间，以便定期计算收入、费用和损益，确定资产、负债和所有者权益的数量，编制各个期间的财务报表。

会计核算应该划分会计期间，分期结算账目和编制财务会计报告。会计分期按公历起讫日期分为年度、半年度、季度和月度。会计分期的前提条件解决了会计核算和监督的时间范围问题。

会计分期是对连续不断的经营活动的人为中断，它与经济业务的自然周期不相一致，为此，会计核算就必须确定各项经济业务与某一会计期间的关系，由此产生了权责发生制和收付实现制两种可供选择的会计处理理论，以及需要对跨会计期间的经济业务选择恰当合理的账务处理方法，如折旧、摊销、计提坏账准备金、责任准备金等。

4. 货币计量。货币计量是指会计信息主要应以货币为计量尺度。货币计量是会计记录的前提，会计记录需要经过分类和综合，才能编成反映会计主体全貌的财务报表。这就要求对所有的会计核算对象采用同一种货币，作为共同尺度来计量各项经济业务的影响和结果。

货币计量假设包括如下几层含义：一是会计核算的对象只包括能够用货币计量的经济活动，会计主体不能够用货币表示的经济活动，不属于会计计量的对象；二是在商品经济条件下，只有采用货币计量单位，才能为货币计量从而为会计记录的分类、综合，提供一个普遍适用的手段，这是其他计量单位，如实物单位、劳动时间单位等无法做到的，作为现代会计标志的借贷记账法，就是借助于货币计量，才得以全面、连续、系统、完整地揭示企业的经营过程和财务成果的；三是在多种货币存在的条件下，或某些义务用外币结算时，需要选定一种货币作为记账本位币，其余货币应按汇率折算为记账本位币登记入账。我国规定境内企业的会计核算以人民币为记账本位币。业务收支以外币为主的企业，也可选定某种外币作为记账本位币，但编制的会计报表应当折算为人民币反映。境外企业向国内有关部门编报会计报表，应当折算为人民币反映。

应用货币为计量单位包含有币值不变假设，即假定币值是相对稳定的。按国际惯例，当货币本身价值波动不大或前后波动能抵消时，这些波动在会计核算中不予考虑。但如发生持续的恶性通货膨胀，货币购买力严重下跌，就需要采用特殊的会计准则来处理财务报告。如国际准则《恶性通货膨胀经济中的财务报表》就列举有具体处理方法。

二、金融企业会计信息质量要求

根据《企业会计准则——基本准则》（2014）[①] 第二章的规定，会计信息质量要求可归纳为以下八项。

（一）可靠性

可靠性是指企业应当以实际发生的交易或者事项为依据进行会计确认、计量和报告，如实反映符合确认和计量要求的各项会计要素及其他相关信息，保证会计信息真实可靠、内容完整。

根据这一原则的要求，金融企业会计核算必须以实际发生的经济业务为依据，如实反映会计主体的资金营运状况和经营成果，保证会计信息的真实可靠。

会计核算工作遵循可靠性原则必须做到如下三点。第一，客观表述。在确认会计事项时，必须以经过审核的、能证明经济业务实际发生的、合法的凭证等为依据；核算程序的各个阶段必须符合真实性的要求。第二，可验证。即会计人员分别采用相同计量方法，对同一会计事项加以计量能得出相同的结果。第三，中立性。会计人员的计量、记录和报告不得伪造；不能为了想要得到的结果，或使特定行为发生，而将信息加以歪曲、掩饰或选用不适当的会计原则及方法。

（二）相关性

相关性是指企业提供的会计信息应当与财务会计报告使用者的经济决策需要相关，有助于财务会计报告使用者对企业过去、现在或者未来的情况作出评价或者预测。相关性也称有用性要求，是指会计核算提供的信息，能够满足金融监管部门了解金融企业财务状况和经营成果的需要，还能满足企业本身加强内部管理的需要。

（三）可理解性

可理解性是指企业提供的会计信息应当清晰明了，便于财务会计报告使用者理解和使用。可理解性也叫明晰性要求，是指会计记录和会计报表应当清晰明了，这就要求会计核算和财务报告都必须采用统一规范的概念或语言，以免信息的使用者产生误解或难以理解。

（四）可比性

企业提供的会计信息应当具有可比性。同一企业不同时期发生的相同或者相似的交

---

① 详见财政部网站：http：//tfs. mof. gov. cn/caizhengbuling/201407/t20140729_ 1119494. htm。

易或者事项，应当采用一致的会计政策，不得随意变更。确需变更的，应当在附注中说明。不同企业发生的相同或者相似的交易或者事项，应当采用规定的会计政策，确保会计信息口径一致、相互可比。

可比性也称统一性要求，是指会计核算应当按照规定的会计处理方法进行，保持会计核算的指标口径一致，便于相互对比分析。只有所有企业的会计核算都建立在相互可比的基础之上，会计资料才能比较、分析和汇总，才能成为意思表示一致的“商业语言”。

（五）实质重于形式

实质重于形式是指企业应当按照交易或者事项的经济实质进行会计确认、计量和报告，不应仅以交易或者事项的法律形式为依据。在实际工作中，交易或事项的外在法律形式或人为形式并不总能完全真实地反映其实质内容。所以，会计信息要想反映其意在反映的交易或事项，就必须根据交易或事项的实质和经济现实进行会计核算，而不能仅仅根据它们的法律形式进行核算和反映。

（六）重要性

重要性是指企业提供的会计信息应当反映与企业财务状况、经营成果和现金流量等有关的所有重要交易或者事项，会计核算的精确程度以及财务报表内容的详略程度应视会计信息对于信息使用者制定决策的影响的重要程度而定。金融企业的财务报告应在全面反映银行财务状况或财务成果的基础上，将那些可能对决策产生重大影响的重要信息作为重点，详尽地记录和精确地计量，而对不重要的事项，则尽量简便处理，以保证会计报告的质量。

（七）谨慎性

谨慎性是指企业对交易或者事项进行会计确认、计量和报告应当保持应有的谨慎，不应高估资产或者收益、低估负债或者费用。

谨慎性也称稳健性要求，是指在会计核算中要合理计算可能发生的损失和费用，尽量避免使用对业主产生过分乐观影响的会计方法，而宁可选择使本期净利较低的会计方法。这实际上是财务会计对市场的不确定性和风险的一种谨慎反映。如银行考虑不良资产风险因素而计提的贷款呆账准备金、坏账准备金等，均为该原则的实际运用。

（八）及时性

及时性是指企业对于已经发生的交易或者事项，应当及时进行会计确认、计量和报告，不得提前或者延后。会计核算应当及时处理，以便及时提供会计信息。这就要求企业在经济业务发生后及时进行处理，按时登账、结账和编制会计报表，以供经营决策者使用。

第三节　金融企业会计基本核算方法

确定正确合适的会计核算方法是进行有效会计核算的前提条件。金融企业会计的核算方法包括基本核算方法和各项业务处理方法两个部分，基本核算方法是金融企业会计核算的基础和原理，各项业务处理方法则是基本核算方法在金融企业各项业务处理中的具体运用。本章主要介绍基本核算方法。基本核算方法是以会计科目为分类标志，以会计凭证为依据，以账簿报表为工具，运用特殊的记账方法，按照一定的程序完成对各项业务活动和财务收支的记入、计算、反映和监督的方法。

一、会计科目

（一）设置会计科目的作用

会计科目是分类记载各种经济业务，对会计对象要素的具体内容进行分类的标志或名称。将经济业务按不同的经济内容和管理要求划分为不同的类别并为其冠以名称，即为会计科目。例如，银行吸收的企业存款，设置负债性质的“××存款”会计科目反映；发放的各种贷款，设置“××贷款”科目进行核算等。

设置会计科目也是使会计核算资料系统化、规范化的重要前提。在统一名称、编号和统一核算内容的会计科目的基础上，金融企业的各分支机构就可以对不同时间、不同地点、不同范围发生的千万笔复杂的经济业务，有条不紊地加以组织和归类，最终系统地反映为财务报告信息，从而为金融企业的经营管理和外部有关的利益单位，以及国家综合经济管理部门服务。

在会计核算工作中，会计科目是金融企业设置总分类账户，组织总分类核算的依据。填制整理会计凭证，开设登记会计账簿，核对会计账目，编制会计报表都是以会计科目为基础进行的。作为会计核算的一种基本工具，会计科目把各种会计核算方法联系起来，组成一个有机的整体，保证会计工作有组织、有秩序地进行。

金融企业会计业务内容的复杂性决定了设置会计科目的必要性。金融企业服务于全社会，接触面广，业务发生频繁、种类多、数量大，既有各种不同的负债渠道，又有形态各异的资产形式，在业务经营过程中要发生各种经营支出和业务管理费用，要取得经营收入和实现、分配财务成果。这些具体的资金运动形态的经济性质和管理要求是不同的。如果不对这些经济业务进行合理的分类，会计实际上就无法对它们进行计量、记录和计算，反映监督就无从谈起。因此，组织会计核算首先必须正确地设置会计科目。主营业务不同的金融企业应根据经营业务内容的不同而设置相应科目。因而，实际工作中虽然都是金融企业，但因主营业务内容的差异，对会计科目的使用各不相同。

（二）会计科目设置原则

会计科目的设置是金融企业会计制度建设的一项基础工作。科学合理的会计科目体系的建立，应遵循以下原则。

1. 符合统一的会计核算规范。市场经济条件下，金融业务市场化、国际化，金融企业的会计核算显然已不是企业的个体和内部行为。国家通过颁发会计准则和会计制度等来规范金融企业的会计核算工作，以便满足国家宏观调控、对外经济交流以及对外财务指标统一可比的要求。《企业会计准则》是金融企业会计工作的基本规范。金融企业必须依照这些规定来设置会计科目，处理经济业务。

2. 符合金融企业业务的特点。金融企业多种职能并存，资金筹集与运用有其特点，必须根据这些特点来设置会计科目，才能全面反映金融企业会计的全部核算对象，适应业务发展及经营管理的需要。为反映经营性信贷资金业务情况，设置“××贷款”“同业拆入”“拆放同业”等科目。为反映加强内部财务核算的需要，设置“利息收入”“利息支出”等各种损益计算科目。随着金融企业业务活动的不断发展和创新，会计部门还应根据需要调整、变更、增减某些会计科目。

3. 统一性与灵活性相结合，满足经营管理的需要。金融企业会计科目的设置，在符合《企业会计准则》和金融企业会计制度规范的原则下，由总行（公司）统一制定，以保证会计核算口径的统一，便于综合汇总会计报表和分析利用会计资料。各管辖分行（公司）如有需要，可增设辖内专用科目，但增设后应送总行（公司）财会部门备案。在向总行（公司）报送会计报表时，各管辖分行（公司）必须将这些科目并入相应的统一会计科目内。

4. 适当简化会计科目的设置。会计科目体系应科学合理。会计科目的设置不宜太多太细，虽然较多的科目能够全面反映每项经济业务情况，但不利于会计核算的有效进行，也失去了会计科目归类的作用。会计科目的设置也不宜过少，会计科目过少不利于反映详细的会计资料。会计科目的数量应根据企业业务内容和会计管理核算的需要确定，在保证核算质量的前提下，充分利用会计科目与账户的关系，设置出较为合理的会计科目体系，以提高会计核算工作的效率和降低核算本身的成本。

（三）会计科目的分类

金融企业会计科目随着其业务经营范围的变化和财务会计管理体制的改革而增删、变动。为便于了解、掌握和运用金融企业会计科目，有必要对它们按性质、内容等标志进行分类。

1. 按科目的性质分类。按照借贷记账法原理，金融企业会计科目按性质可以划分为五类，即资产类、负债类、所有者权益类、损益类和资产负债共同类。

资产类科目是金融企业各项经济资源的分类名称，用来核算金融企业的各种资金运用情况。

负债类科目是金融企业各项债务的分类名称，用来核算金融企业的各种债务性资金来源状况。负债类科目按债务归还时间的长短及构成排列，短期负债在前。

所有者权益类科目是金融企业资本项目的分类名称，用于核算所有者投入资金以及经营所得或亏损情况，前者包括实收资本和资本公积，后者包括盈余公积和未分配利润。

损益类科目是金融企业各项经营收入和费用支出的分类名称，用来核算金融企业的营业收支等情况。损益类科目包括利息收入、利息支出等基本业务收入及支出，其他营业收入和其他营业支出，投资收益，营业费用，营业税金，营业外收支等。

资产负债共同类科目是具有双重性质的科目，包括清算资金往来、货币兑换、衍生工具、套期工具、被套期项目等。

2. 按科目与资产负债表的关系分类。按这种关系划分，金融企业会计科目可分为表内科目和表外科目。表内科目是指反映企业资金实际增减变化而纳入资产负债表内的科目。表外科目亦称非资金类科目，反映的是一些与经济业务有关的控制指标，而不是资金。这些控制指标不参与试算平衡，没有资金平衡关系，从而不列入资产负债表内。

（四）会计科目与会计账户的关系

根据会计学原理，会计科目是账户的名称。总分类账户的名称是总账科目，二级明细分类账户的名称是二级明细科目，依此类推。但是在金融企业会计实务中，账户的含义相当于明细科目或会计原理中的明细账户，它是对会计科目的再分类，是会计科目的补充说明。金融企业会计账户根据某一科目的核算内容按规定和需要来分类设置。例如，“吸收存款”科目下的账户就是按在该银行开户的各个企业的名称来设置的。金融企业会计科目与账户间的关系归纳起来主要有三个方面。

（1）账户是对科目的再分类，科目是账户的综合反映，科目对账户起着统驭作用。

（2）账户是设置明细账，进行明细分类核算的依据；科目是设置总账，进行总分类核算的依据。

（3）每一个科目下属的所有账户的发生额之和等于该科目的发生额；每一个科目下属的账户的余额之和等于该科目的余额。

结合金融企业各项业务内容，综合列出金融企业常用会计科目（见表1-1）。

表1-1　　金融企业主要业务适用会计科目

顺序号	编号	会计科目名称	会计科目适用范围
一、资产类			
1	1001	库存现金	
2	1002	银行存款	
3	1003	存放中央银行款项	银行专用
4	1011	存放同业	银行专用
5	1012	其他货币资金	
6	1021	结算备付金	证券专用
7	1031	存出保证金	金融共用
8	1101	交易性金融资产	
9	1111	买入返售金融资产	金融共用
10	1122	应收保费	保险专用
11	1123	预付赔付款	保险专用
12	1124	应收手续费及佣金	银行和证券共用
13	1131	应收股利	
14	1132	应收利息	
15	1201	应收代位追偿款	保险专用
16	1211	应收分保账款	保险专用

续表

顺序号	编号	会计科目名称	会计科目适用范围
17	1212	应收分保合同准备金	保险专用
18	1221	其他应收款	
19	1231	坏账准备	
20	1301	贴现资产	银行专用
21	1302	拆出资金	金融共用
22	1303	贷款	银行和保险共用
23	1304	贷款损失准备	银行和保险共用
24	1311	代理兑付证券	银行和证券共用
25	1321	代理业务资产	
26	1431	贵金属	银行专用
27	1441	抵债资产	金融共用
28	1451	损余物资	保险专用
29	1461	融资租赁资产	租赁专用
30	1501	持有至到期投资	
31	1502	持有至到期投资减值准备	
32	1503	可供出售金融资产	
33	1511	长期股权投资	
34	1512	长期股权投资减值准备	
35	1521	投资性房地产	
36	1531	长期应收款	
37	1532	未实现融资收益	
38	1541	存出资本保证金	保险专用
39	1601	固定资产	
40	1602	累计折旧	
41	1603	固定资产减值准备	
42	1604	在建工程	
43	1605	工程物资	
44	1606	固定资产清理	
45	1611	未担保余值	租赁专用
46	1701	无形资产	
47	1702	累计摊销	
48	1703	无形资产减值准备	

续表

顺序号	编号	会计科目名称	会计科目适用范围
49	1711	商誉	
50	1801	长期待摊费用	
51	1811	递延所得税资产	
52	1821	独立账户资产	保险专用
53	1901	待处理财产损溢	
二、负债类			
54	2001	短期借款	
55	2002	存入保证金	金融共用
56	2003	拆入资金	金融共用
57	2004	向中央银行借款	银行专用
58	2011	吸收存款	银行专用
59	2012	同业存放	银行专用
60	2021	贴现负债	银行专用
61	2101	交易性金融负债	
62	2111	卖出回购金融资产款	金融共用
63	2201	应付赔付款	保险专用
64	2202	应付手续费及佣金	金融共用
65	2203	预收保费	保险专用
66	2204	预收赔付款	保险专用
67	2211	应付职工薪酬	
68	2221	应交税费	
69	2231	应付利息	
70	2232	应付股利	
71	2241	其他应付款	
72	2251	应付保单红利	保险专用
73	2261	应付分保账款	保险专用
74	2311	代理买卖证券款	证券专用
75	2312	代理承销证券款	证券和银行共用
76	2313	代理兑付证券款	证券和银行共用
77	2314	代理业务负债	
78	2401	递延收益	
79	2501	长期借款	

续表

顺序号	编号	会计科目名称	会计科目适用范围
80	2502	应付债券	
81	2601	未到期责任准备金	保险专用
82	2602	保险责任准备金	保险专用
83	2611	保户储金	保险专用
84	2621	独立账户负债	保险专用
85	2701	长期应付款	
86	2702	未确认融资费用	
87	2801	预计负债	
88	2901	递延所得税负债	
三、共同类			
89	3001	清算资金往来	银行专用
90	3002	货币兑换	金融共用
91	3101	衍生工具	
92	3201	套期工具	
93	3202	被套期项目	
四、所有者权益类			
94	4001	实收资本	
95	4002	资本公积	
96	4101	盈余公积	
97	4102	一般风险准备	金融共用
98	4103	本年利润	
99	4104	利润分配	
100	4201	库存股	
五、损益类			
101	6011	利息收入	金融共用
102	6021	手续费及佣金收入	金融共用
103	6031	保费收入	保险专用
104	6041	租赁收入	租赁专用
105	6051	其他业务收入	
106	6061	汇兑损益	金融专用
107	6101	公允价值变动损益	
108	6111	投资收益	

续表

顺序号	编号	会计科目名称	会计科目适用范围
109	6201	摊回保险责任准备金	保险专用
110	6202	摊回赔付支出	保险专用
111	6203	摊回分保费用	保险专用
112	6301	营业外收入	
113	6402	其他业务成本	
114	6403	营业税金及附加	
115	6411	利息支出	金融共用
116	6421	手续费及佣金支出	金融共用
117	6501	提取未到期责任准备金	保险专用
118	6502	提取保险责任准备金	保险专用
119	6511	赔付支出	保险专用
120	6521	保单红利支出	保险专用
121	6531	退保金	保险专用
122	6541	分出保费	保险专用
123	6542	分保费用	保险专用
124	6601	业务及管理费	金融共用
125	6701	资产减值损失	
126	6711	营业外支出	
127	6801	所得税费用	
128	6901	以前年度损益调整	

二、会计凭证

（一）会计凭证的作用

会计凭证是记载经济业务，办理资金收付，明确业务经济责任，并具有法律效力的书面证明。为了使会计提供的各种核算资料有凭有据，真实可靠，合理合法，金融企业在办理每一笔经济业务时，都必须取得或填制会计凭证，只有经审核无误的会计凭证，才能办理资金收付，进行账务处理。填制、审核、传递会计凭证，是金融企业核算的重要方法之一，它对提高会计核算质量和效率，加强会计管理具有重要作用。

1. 会计凭证是反映经济业务和正确组织核算的依据。金融企业在日常经营活动中发生的经济业务，最初的书面记录形式就是会计凭证。会计凭证真实、全面、系统地将各种具体业务的发生、执行和完成情况反映出来，是会计核算的原始记录和基础。同时，金融企业的业务量大，会计工作分工细，只有通过会计凭证在企业内部的传递，才能把业务处理过程的各个环节联结起来，使会计核算工作有条不紊地进行。

2. 会计凭证是办理款项收付和记账的重要依据。金融企业会计凭证是业务活动和财务活动的书面证明，每一项经济业务都必须以审查合格的会计凭证为依据，才能办理有关款项的收付和据以登记账簿，以保证会计核算的真实性，发挥会计对经济业务的监督作用。

3. 会计凭证是核对账务和事后备查的重要依据。会计凭证上载明了经济业务发生的内容、时间、地点、金额、经办人员及其有关事项，完整地反映出了每笔业务的全貌。通过对凭证的审核，可以了解经济业务是否符合规定，手续是否完备。通过对凭证与账簿的核对，可以证实明细分类核算与总分类核算是否一致。事后检查中，通过查找、核实会计凭证，可明确经济责任，为经济纠纷的解决提供法律证明，并对发现的问题及时予以纠正。

（二）金融企业会计凭证的种类

会计凭证是金融企业办理业务和财务收支的主要依据，形式多种多样。按其填制程序和用途不同，会计凭证可分为原始凭证与记账凭证两类。

1. 原始凭证。原始凭证是指在经济业务发生时直接取得或填制的会计凭证，是用来确定业务的执行和完成情况，并作为记账的最原始的资料。按其来源不同，原始凭证可分为外来原始凭证和自制原始凭证。

外来原始凭证是指在经济业务完成时企业外部直接取得的凭证，如客户签发的支票、进账单、各种结算凭证，以及从其他银行收到的划款凭证、清算通知等。金融企业的原始凭证大多为外来原始凭证。

自制原始凭证是指银行在办理经济业务过程中，根据业务需要而填制的各种专用凭证，如办理结算过程中填制的利息计算清单、库存物资的出入库清单、差旅费报销单等。

2. 记账凭证。记账凭证是记账的直接依据。

（1）明细账凭证和总账记账凭证。记账凭证按其是否是明细账的记载依据分为明细账凭证和总账记账凭证。明细记账凭证在核算过程中要在企业内部各核算环节进行传递，故又称“传票”。总账记账凭证为汇总记账凭证，又称为科目日结单。

（2）单式记账凭证和复式记账凭证。记账凭证按其分录形式分为单式记账凭证和复式记账凭证。每张凭证只填列一个科目的，为单式记账凭证；填列两个及以上科目的，为复式记账凭证。金融企业尤其是经营存贷款业务的商业银行主要使用单式记账凭证。

（3）基本凭证和特定凭证。记账凭证按其性质或适用范围不同可分为基本凭证和特定凭证。

基本凭证亦称为通用凭证或一般凭证，是指会计部门根据合法的原始凭证及业务事项自行编制的凭证，具有统一的格式。基本凭证主要包括以下几种类型：现金收入凭证和现金付出凭证，是指专门用于收入或付出现金业务的凭证；转账借方凭证和转账贷方凭证，是指专门用于办理转账业务的凭证，在金融企业发生转账业务时由记账人员根据原始凭证或原始事实编制，凭以登记有关科目；特种转账借方凭证和特种转账贷方凭证，主要由办理存、贷款业务的金融企业在发生涉及外单位资金收付的转账业务，而又是由金融企业主动代为收款进账或扣款出账时编制使用，例如金融企业向存款人支付利息时使用的凭证；表外科目收入凭证和表外科目付出凭证，是指金融企业发生的不涉及资金增减变化但又必须记录的重要会计事项，用表外科目核算时使用的凭证。

上述除特种转账凭证外，其余凭证仅限于金融企业内部使用，特种转账凭证金融企业内外均可传递。

特定凭证也称专用凭证，是指金融企业根据各种业务的特殊需要，指定用来代替记账凭证的外来原始凭证。这类凭证一般由金融企业根据各种业务的特殊需要而制定，具有专门用途，并由金融企业统一印制发行，由客户在需要时一次套写数联提交金融企业，金融企业以其中一联或几联代记账凭证记账。实际工作中，办理存款、贷款、结算等业务的商业银行，除少数业务需要自制凭证以外，一般都以客户向其提交的凭证作为记账凭证。如各种存款凭证、贷款凭证、证券买卖凭证、保险业务凭证、结算凭证等均属此列。

一般单证是由会计部门根据需要填制、使用的单证。一般单证不作为记账凭证，均作凭证的附件使用。

金融企业的记账凭证种类多，不同种类的记账反映不同的经济内容，凭证的格式、用途、填制方法等有较大的差异。

三、记账方法

金融企业会计与其他企业会计相同，对会计核算主要采取借贷复式记账法。金融企业媒介资金活动的中介性质决定了金融企业在实际业务经营中，还存在大量的没有涉及实际资金增减变化，但需承担一定经济责任的重要业务事项，如商业汇票承兑、代保管有价值品、发出托收、重要空白凭证、有价证券备查登记等。对这类业务的记录，主要采取单式记账法。

（一）借贷记账法

1. 借贷记账法的基本原理。借贷记账法是一种科学的复式记账方法，它以复式记账为依据，以“借”和“贷”为记账符号，对每一笔经济业务，在两个或两个以上的账户相反的方向以相等的金额全面地、相互联系地进行记录。

借贷记账法根据“资产 + 费用 = 负债 + 权益 + 收入”会计方程式的经济内容和数量关系，如实记录经济业务的内容。其基本原理，主要包括记账符号、账户设置、记账规则和试算平衡方法。

（1）记账符号。借贷记账法的记账符号是“借”和“贷”，“借、贷”均可以表示资金的增加或减少，它与其自身的含义相脱离，只是单纯的记账符号 。

“借”表示资金运动数量变化时，一方面表示资产或费用增加，另一方面表示负债、权益或收入减少；“贷”表示运动数量变化时，一方面表示负债、权益或收入增加，另一方面表示资产或费用减少。“借”“贷”符号，对于各个账户的方向来讲，“借”表示账户的左方，“贷”表示账户的右方。

（2）账户设置。借贷记账法作为一种科学的复式记账法，其账户设置必须具有一整套账户体系，不仅要设置反映经营资金运动静态表现的资产和负债、权益账户，而且要设置反映经营资金运动动态表现的费用成本和收入账户。此外，在会计具体对象中，有的性质是不确定的，而是经常变化的，时而是负债性质，时而又成为资产性质，为了客观地反映这种经济业务，借贷记账法下还设置了一类共同性账户，比如“其他往来”“内部往来”等账户。

（3）记账规则。借贷记账法的记账规则，是根据会计对象要素增减变动的规律和借、贷记账方向的规定加以总结出来的，即“有借必有贷、借贷必相等”。尽管企业发生的经济业务错综复杂，但从它们对会计平衡等式的影响看，只有两种情况：一是反映某类会计对象要素内部的增减变动，或只是涉及会计等式某一边的会计要素的增减变动，即性质相同的会计账户的业务发生变动。如资产类账户中固定资产增加、现金资产减少；现金资产减少、费用增加等。二是会计等式两边的两个或几个会计对象要素同时发生增减变动，即性质不同的会计账户的业务发生变动。如资产类账户中的应收利息增加，收入类账户中的利息收入增加；所有者权益类中的国家拨入资金增加，资产类账户中的银行存款增加；负债类账户中的应付利息增加，费用类账户的利息支出增加；现金资产减少、应付利息等债务减少；等等。无论记入何种性质的账户，借方金额和贷方金额必须相等。遵守记账规则，关键在于将经济业务记入账户之前，正确确定账户的对应关系，编制会计分录。

会计分录是确定每项经济业务应借应贷账户的名称及其金额的记录。会计分录在实际工作中是根据每项经济业务的原始凭证，或根据原始凭证编制记账凭证来确定的。会计分录按其涉及账户的数量，有简单会计分录和复合会计分录。简单会计分录是指由一个账户的借方与另一个账户的贷方相互对应所组成的会计分录。复合会计分录是指一个账户的借方与两个以上账户的贷方相对应，或者一个账户的贷方与两个以上账户的借方相对应所组成的会计分录。为了使账户对应关系清楚，在借贷记账法下，复合会计分录只能一借多贷或一贷多借，一般不能编制多借多贷的会计分录。

（4）试算平衡。在借贷记账法下，对每项经济业务都是按照记账规则编制会计分录，根据会计分录登记入账。为了检查账户记录是否正确，可定期对各项经济业务的会计分录进行试算平衡。

试算平衡是检查账务处理正确性与完整性的一种重要方法。这种方法根据“资产=负债+所有者权益”的平衡关系，通过对所有账户的发生额或余额汇总计算和比较，来检查各类账户记录是否正确。

由于每一笔经济业务都是按有借必有贷、借贷必相等的记账规则编制会计分录后登记入账的，记入账户的每笔业务的借方发生额等于贷方发生额，从而本期记入账户的全部经济业务的借方发生额合计必然等于贷方发生额合计，在期末结出各个账户期末余额后，所有账户的借方期末余额与贷方期末余额合计数也必然相等。因此，在借贷记账法下，可以采用发生额平衡或余额平衡法进行试算平衡。

发生额平衡公式为

$$\text{所有账户借方本期发生额合计数} = \text{所有账户贷方本期发生额合计数}$$

余额平衡公式为

$$\text{所有账户借方期末余额合计数} = \text{所有账户贷方期末余额合计数}$$

在实际工作中，可通过编制试算平衡表来进行试算平衡。每个会计期末，先结出各个账户的本期发生额和期末余额，然后编制试算平衡表。金融企业会计应在每日营业终了编制试算平衡表，检查当日账务。

2. 借贷记账法的具体运用。

[例 1－1] A 银行收到甲单位提交转账支票一份，金额 5 000 元，系支付乙单位货款，乙单位账号 201—乙，经审查，办理转账手续。

借：吸收存款——活期存款——甲　　5 000

　贷：吸收存款——活期存款——乙　　5 000

由于甲、乙两个单位在 A 银行的存款均属于 A 银行的负债，因而该业务主要涉及 A 银行负债方面的资金变化，所以表现为一项负债（乙单位存款）增加，另一项负债（甲单位存款）减少。

[例 1－2] A 银行向张兵发放本期助学贷款 200 元，支付现金，办理支付手续。

借：××贷款——张兵　　200

　贷：库存现金　　200

由于贷款与现金均属商业银行资产业务，所以该业务主要涉及 A 银行资产方面的资金变化，表现为一项资产（贷款）增加，另一项资产（现金）减少。

[例 1－3] A 银行向丙公司发放贷款 10 万元，经审查无误，办理转账手续。

借：××贷款——丙公司　　100 000

　贷：吸收存款——活期存款——丙公司　　100 000

由于银行贷款采取转账放款方式，因此该项业务涉及银行资产和负债两方面的资金变化，具体表现为资产（贷款）和负债（活期存款）的同时增加。

[例 1－4] A 银行归还以前借入的人民银行贷款 50 万元。

借：向中央银行借款　　500 000

　贷：存放中央银行款项　　500 000

该项业务也涉及商业银行资产和负债两方面的变化，与上例相反，表现为资产（存放中央银行款项）和负债（向中央银行借款）的同时减少。

根据以上业务可编制试算平衡表 1－2。

表 1－2　　**试算平衡表**　　单位：元

会计科目	上日余额		本日发生额		本日余额	
	借方	贷方	借方	贷方	借方	贷方
库存现金	500			200	300	
短期贷款	1 000		100 200		101 200	
存放中央银行款项	850 000			500 000	350 000	
吸收存款		230 000	5 000	105 000		330 000
向中央银行借款		621 500	500 000			121 500
合计	851 500	851 500	605 200	605 200	451 500	451 500

应特别注意，在编制试算平衡表时，应该是所有科目（无论当日有无发生业务）均参加。在这里省略了利用各科目余额进行试算平衡的处理方法。

（二）单式记账法

单式记账法就是对发生的每一项经济业务只在一个账户中进行登记的记账方法。对于不涉及实际资金增减变化，但需承担一定经济责任的重要业务事项的记录，主要包括重要空白凭证、有价单证和重要实物的备查记录，如表外科目的记录，主要采取单式记账法。

采用单式记账法时，对账簿的设置主要有收入、付出、余额三栏。基本记账方法是，业务产生或增加时，记“收入”；业务减少或销记时，记“付出”。如登记银行承兑汇票时，记：

收入　银行承兑汇票　××单位户

四、会计账簿种类及账务组织

（一）设置会计账簿的原则

会计账簿是指由一定格式的账页组成，以会计凭证为依据，用于全面、连续、分类记录和反映各项经济业务的簿籍。由于会计凭证只能零星地反映个别经济业务的内容，数量多且分散，不能全面、连续、系统地反映金融企业在一定时期内全部业务情况，因而，就需要通过设置和登记账簿，把大量分散记录在会计凭证上的核算资料集中和归类整理，将其分类或序时地记录到账簿中去，为企业经营管理提供所需要的各种总括和明细的核算资料。

设置和登记账簿并合理设置账务体系，是会计核算的一种专门方法和重要环节。金融企业必须根据经济业务内容和管理要求设置会计账簿，做好记账工作，建立科学的账务组织体系。金融企业设置账簿的原则有三个。

1. 要根据统一规定的会计科目并结合本企业需要设置各种账簿。账簿要能保证系统地反映企业经济活动的全貌，满足财务管理的需要，做到总括和明细相结合，为财务管理提供系统分类的核算资料。

2. 账簿组织应力求严密，做到钱账分管，简化手续，既利于加强内部牵制，又便于核算分工和加快账务处理，使账簿之间分工明确又联系紧密。

3. 账簿的格式要按照不同业务和资金特点，以及需要提供的核算指标进行设计，简便实用，避免烦琐复杂。

（二）会计账簿的种类

金融企业会计账簿按其用途可分为序时账簿、分类账簿和备查账簿。

序时账簿通常称为日记账，它是按照全部经济业务完成时间的先后顺序进行登记的账簿。在实际工作中，它按照会计部门收到凭证的先后顺序即按照凭证的编号顺序进行登记。一般设置和使用的现金日记账、银行存款日记账，是按照某一部分经济业务完成时间的先后顺序进行登记的账簿。序时账簿是一种特种日记账簿，只能用来反映和监督某一类资金的增减变动和结存情况，因而仅有部分经济业务的账证、账账和账实的核对。如商业银行根据现金收入传票或现金付出传票，按先后顺序、金额等逐笔登记现金收入、付出日记簿，并于每日营业终了分别结出当日现金收入和付出笔数及金额，与库存数核对相符。

分类账簿是指全面、系统地对资金循环和收支活动进行分类记录的账簿。按照分类的概括程度的不同，分类账簿又分为总分类账和明细分类账两种。明细分类账是按照账户设置和登记的账簿。金融企业的明细分类账按每一会计科目下的开户单位或具体核算对象分户立账，并根据记账凭证按业务顺序逐笔连续记载。

总分类账是按会计科目设置的，它是汇总与统驭分户账的主要工具。由于总分类账是所属明细分类账的汇总，两者的记账方向相同，因此任何科目总账当日借方或贷方发生额或余额与其所属各分户账借方或贷方发生额或余额的合计数相等。这种数量相等关系，能够使总分类核算与明细分类核算互相制约，是对总分类账和明细分类账进行核对，保证账账相符的重要依据。

总分类账于每日营业终了，根据该科目日结单借、贷方发生额和当日余额登记。总分类账的格式一般为三栏式。

备查账簿是指对某些在日记账和分类账等主要账簿中未能记载的事项进行补充登记的账簿。备查账簿可以对某些经济业务的内容提供必要的详细参考资料。如商业银行用于表外核算的各种表外业务登记簿：存款挂失登记簿、委托收款登记簿、重要空白单证登记簿等，都是属于备查账簿。这种账簿属于备查性质的辅助登记，没有固定的格式，可根据需要加以设计。

（三）账务组织

账务组织是指总的账务结构体系。金融企业的会计核算过程主要包括三方面的内容，即账簿构成、账务处理、账务核对，账务组织就是指这三者的有机结合。经过多年的实践和变革，金融企业尤其是以经营存、贷款业务为主的商业银行，已经形成了一整套比较完整的账务组织体系。账务组织主要由明细核算、综合核算两个系统构成。

1. 明细核算。明细核算是指对每一会计科目所属分户按户进行核算，由各种明细分类账组成的核算系统。其具体形式和使用的账表包括分户账、登记簿（卡）、余额表等形式。其核算程序为：首先根据会计凭证登记分户账或登记簿；其次根据分户账编制余额表；最后同总账进行核对相符。

（1）分户账及其处理。分户账是明细核算的主要形式，是企业会计账簿中详细、具体反映经济业务的明细分类账簿。它按会计科目的具体内容设立，必须按单位或资金性质立户并逐步连续记载，是金融企业会计办理日常业务的主要工具。分户账的格式除特定格式外，主要如前述明细分类账的格式，具体可分为甲、乙、丙、丁四种。

①甲种账（见表1－3）。甲种账设有借方、贷方和余额三栏，一般适用于不计息或使用余额表计息科目的账户及企业内部财务性质的账户。例如，损益类科目和不计息的存款户等，只反映资金变化，不负责反映利息。

表1－3　　　　　　　　　　　　**甲种账账页**

本账总页数	
本户页数	

（甲种账）____账

户名：　　账号：　　领用凭证记录

年		摘要	凭证号码	对方科目代号	借方	贷方	借或贷	余额	复核盖章
月	日				（位数）	（位数）		（位数）	

会计　　　　　　　　　　　　记账

②乙种账（见表1－4）。乙种账基本格式设有借方、贷方、余额、日数、积数几栏，一般适用于直接在账页上结计积数计算利息的账户。

表1－4　　　　　　　　　　　　**乙种账账页**

本账总页数	
本户页数	

（乙种账）____账

户名：　　账号：　　领用凭证记录　　　　利率：

年		摘要	凭证号码	对方科目代号	借方	贷方	借或贷	余额	日数	积数	复核盖章
月	日				（位数）	（位数）		（位数）		（位数）	

会计　　　　　　　　　　　　记账

③丙种账。丙种账设有借、贷方发生额和借、贷方余额四栏，一般用于借、贷双方反映余额的账户，如各科目总账、往来性科目等。丙种账现已与甲种账合并。

④丁种账（见表1－5）。丁种账设有借方、贷方、余额和销账四栏，适用于逐笔记录、逐笔销账的一次性业务，并兼有分户核算的作用，如应收款、应付款科目等。

表1－5　　　　　　　　　　　　**丁种账账页**

本账总页数	
本户页数	

（丁种账）____账

年		账号	户名	摘要	凭证号码	对方科目代号	借方	销账			贷方	借或贷	余额	复核盖章
月	日						（位数）	年	月	日	（位数）		（位数）	

会计　　　　　　　　　　　　记账

（2）登记簿（卡）。登记簿（卡）是用于登记有价单证、重要空白凭证和实物的账簿，是明细核算的另一种形式，可根据某些业务的特殊需要而设置，也是统驭卡片账的辅助账簿。一般来说，凡不必在分户账上记录而又需进行登记备查的业务，可通过登记簿予以反映。在登记方式上，有的按不同对象分别立户登记，有的不分账户而按业务发生的顺序逐笔记载。登记簿（卡）的格式随业务需要可自行设计，一般都采用收入、付出、余额三栏的通用格式，根据表外科目传票采取单式记账法进行登记处理。登记簿

（卡）的具体形式如表1－6所示。

现金收入日记簿和现金付出日记簿（见表1－7）是登记簿的典型代表，该账簿序时记载银行现金的收入和付出情况，是现金收入和付出的明细记录。

2. 余额表。余额表是核对总账与分户账余额和计算利息的重要工具。余额表分为计息余额表（参见第二章）和一般余额表（见表1－8）两种。计息余额表适用于计息科目，它根据分户账的每日最后余额填列，当日未发生借贷业务的账户，应按上日余额填列，使之能与总账核对余额，并计算计息积数；一般余额表适用于各种科目及账户登记余额时使用。

表1－6　　登记簿（卡）

登记簿（卡）

本账总页数	
本户页数	

户名：　　单位：

年		摘要	收入		付出		余额		复核盖章
月	日		数量	金额（位数）	数量	金额（位数）	数量	金额（位数）	

会计　　记账

表1－7　　现金收入（付出）日记簿

××××银行

现金收入（付出）日记表

年　月　日

此簿作现金科目日结单附件

凭证号数	科目及账号	金额（位数）	签收盖章
合计			

表1－8　　一般余额表

一般余额表

年　月　日　共　页　第　页

科目代号	户名	摘要	余额（位数）	科目代号	户名	摘要	余额（位数）

3. 综合核算。综合核算是指按会计科目进行核算，综合、概括地反映各科目的资金增减变化情况，由各种总分类账组成的核算系统，具有反映和监督企业全部资金增减变化和各科目明细账务的能力。综合核算所采用的主要形式由科目日结单、总账、日计表等构成。其记账程序是：首先通过业务传票的审核编制科目日结单，其次根据科目日结单登记各科目总账，最后编制日计表。

（1）科目日结单（见表1－9）。科目日结单也称总记账凭证，是每个会计科目当天借贷方发生额和凭证、附件张数的汇总记录，是监督明细账发生额、轧平当日账务的重要工具，也是记载总账的依据。每天营业日结束，应按同一科目的凭证区分现金和转账凭证、借方或贷方发生额，各自加计总数填入科目日结单的有关栏目，并注明凭证张数。

表1－9　　科目日结单

××××银行××分行科目日结单

年　　月　　日

借方		贷方		
传票张数	金额 （位数）	传票张数	金额 （位数）	附件
现金　　张		现金　　张		
转账　　张		转账　　张		张
合计　　张		合计　　张		

会计　　　　　　复核　　　　　　经办

办理存贷款业务的商业银行，由于现金业务量大，现金科目日结单填写数据分成两步：首先将各科目日结单的借方现金数相加，填入现金科目日结单的贷方；其次各科目日结单的贷方现金数相加，填入现金科目日结单的借方。全部科目日结单相加的借贷方合计数必须平衡。

（2）总账（见表1－10）。总账是综合核算同明细核算相互核对和统驭明细分户账的主要工具，是各科目的总括记录，也是编制日计表、月计表、业务状况报告表、资产负债表的依据。总账按科目设置，设有借、贷方发生额和借、贷方余额四栏。总账账页每月更换一次。

表1－10　　总账

总　　账

科目名称：　　　　　　　　　　第　　号

年　　月	借方	贷方
上年底余额		
本年度累计发生额		
上月底余额		

续表

日期	发生额		余额		复核盖章
	借方	贷方	借方	贷方	
1 2 3 ⋮ 10 天小计 11 12					
13 ⋮ 20 天小计 21 22 ⋮ 31					
合计					
自年初累计					
本期累计计息积数					
本月累计未计息积数					

会计主管　　　　　　　　　　　　　　　　记账

总账的发生额，应于每日营业终了，根据各科目日结单的借贷方发生额合计数分别填记，其余额根据本科目的上日余额轧差加减本日发生额后求出。检验科目总账余额是否正确应视不同情况而定。

如果昨日借方余额大于贷方余额，其核对方法可使用以下公式进行：

$$\text{昨日借方余额} - \text{昨日贷方余额} + \text{本日借方发生额} - \text{本日贷方发生额} = \text{本日借方余额} - \text{本日贷方余额}$$

如果昨日贷方余额大于借方余额，其核对方法可使用以下公式进行：

$$\text{昨日贷方余额} - \text{昨日借方余额} + \text{本日贷方发生额} - \text{本日借方发生额} = \text{本日贷方余额} - \text{本日借方余额}$$

（3）日计表（见表 1－11）。日计表是反映当日业务活动和轧平全部账务的主要工具，将全部科目当日变化情况汇于一表。日计表应每日编制，日计表上当日发生额和余额应根据总账各科目当日发生额和余额填记。日计表上借、贷方发生额和借、贷方余额合计数必须各自平衡。

表 1－11　　日计表

日　计　表

年　　月　　日　　　共　　页　　第　　页

<table>
<tr><td rowspan="3">科目
代号</td><td rowspan="3">科目
名称</td><td colspan="2">本日发生额</td><td colspan="2">余额</td><td rowspan="3">科目
代号</td></tr>
<tr><td>借方</td><td>贷方</td><td>借方</td><td>贷方</td></tr>
<tr><td>（位数）</td><td>（位数）</td><td>（位数）</td><td>（位数）</td></tr>
<tr><td></td><td></td><td></td><td></td><td></td><td></td><td></td></tr>
</table>

行长（主任）　　　　会计　　　　复核　　　　制表

明细核算和综合核算是对同一凭证所进行的同步核算，二者相互依存、相互制约，使同一经济业务同时处在两种不同的体系中受到反映和监督，保证账务处理的正确性，构成账务组织的完整体系。

一般而言，金融企业的账务处理是指把会计期间内发生的经济业务活动，运用一定的会计方法，按照一定的会计步骤进行计量、汇总、报告的过程。一般企业以日历年度为一会计年度，会计处理过程通常历时一年。

金融企业会计账务组织及处理程序可概括如图 1－1 所示。

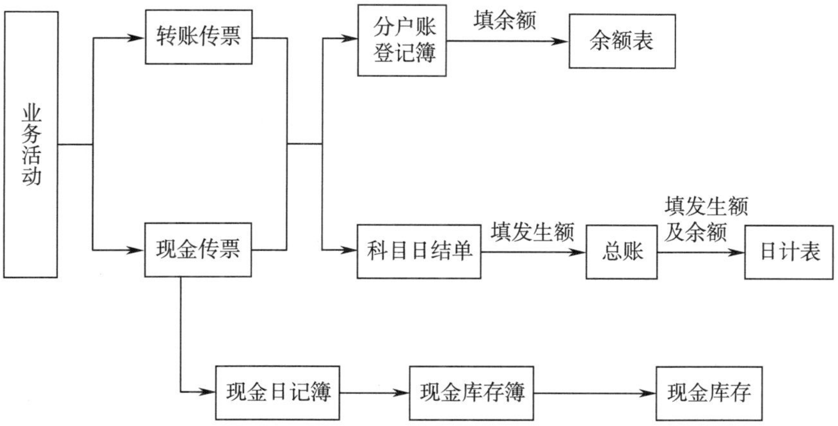

图 1－1　金融企业会计账务组织及处理程序

（四）账务核对

账务核对是通过账项的逐笔核对以及按期编制总分类账户发生额和余额对照表、明细分类账户发生额和余额明细表进行的，对账的主要内容包括以下几个方面。

1. 账证核对。会计凭证是记账的依据，在账簿登记过程中，要加强复核，期末还要全面地进行一次核对，做到账证相符。

2. 账账核对。账账核对包括本单位各种账簿之间的有关指标应该核对相符以及本单位同其他单位的往来账项应该核对相符。

（1）核对总分类账中各账户期末的借方发生额、余额总计数与贷方发生额、余额总计数是否平衡。

(2) 各种明细分类账和现金、银行存款日记账的余额应该同总分类账有关账户的余额按期核对相符。

(3) 会计部门有关财产物资的明细分类账的金额应该同财产物资保管部门和使用部门经管的明细记录的余额定期核对相符。

(4) 各种有关债权债务明细分类账的余额应当经常或定期同有关债务人和债权人核对相符。

(5) 已缴国库的利润、税金以及其他预算缴款应该同经收机关按规定的时间核对相符。

3. 账实核对。账实核对包括现金和其他财产物资的账存和实存的核对。现金日记账的金额应该同实际库存数逐日核对相符；财产物资账的账面结存数量，应该定期同实存数量核对相符。

(五) 错账冲正方法

日常会计核算中的账务处理出现错误是不可避免的，金融企业的会计核算组织形式具有计算机操作和集体分工协作两大特点，对错账冲正方法的了解不能只停留在手工核算阶段，错账冲正应根据核算组织形式特点和发生错误的实际情况按照专门方法进行。

1. 当日发现差错。手工处理账务出现日期和金额差错时，可采取划线更正方法。即以一道红线把全行数字划销，将正确数字写在划线错误数字的上方，并由记账员在红线左端盖章证明。如划错红线，可在红线两端用红色墨水划“×”销去，并由记账员在右端盖章证明。文字写错，只需将错字用一道红线划销，将正确的文字写在划销文字的上方。凭证填错科目或账户，应先改正凭证，再参照上述办法更正账簿。账页记载错误无法更改时，不得撕毁，经内勤坐班主任或会计主管人员同意，可另换新账页记载，但必须经过复核，并在原账页上划交叉红线注销，由记账员及内勤坐班主任或会计主管人员盖章证明。注销的账页另行保管，待装订账页时，附在后面备查。

如系计算机操作，则对当日发生的差错，经会计主管审核同意后进行系统恢复，由记账员重新录入或重新进行账务处理。

2. 次日及在本年内发现的差错。记账串户，应填制同一方向红蓝字冲正凭证办理冲正。用红字凭证记入原错误的账户，在摘要栏内注明“冲销×年×月×日错账”字样，用蓝字凭证记入正确的账户，在摘要栏内注明“补记冲正×年×月×日账”字样，并在原凭证上批注“×年×月×日冲正”字样。

凭证填错金额或填错科目、账户，账簿随之记错，应重新填制借、贷方红字凭证，将错误金额全数冲销，再按正确金额填制借、贷方蓝字凭证补记入账，并在摘要栏内说明，同时在原错误凭证上批注“已于×年×月×日冲正”字样。

在计算机操作的情况下，隔日后发现记账串户，应填制同方向正、负字冲正传票，经会计主管审核签字后办理冲正。负字传票记入原错误的账户，正字传票记入正确的账户；如为传票金额、科目、账户、账簿填错，应填制借、贷方负字传票，将错账全额冲销，再按正确的金额、科目、账户、账簿重新填制正确的借、贷方传票进行记账。

3. 发现上年度错账。应填制与原错账反方向凭证冲正（损益类科目视同当年错账处理），如因冲正金额大而发生反方余额时，账户余额应红字反映或同方向以“－”号反映，科目余额轧差反映，不得更改决算报表。如确需更改决算报表，须逐级申报总行批准。

无论采取哪一种更正方法冲正错账，如果影响了利息计算，均须计算应加、应减积数，调整计息依据。冲正记账凭证应经有关会计主管人员审查盖章后才能办理冲账，并将错账的日期、情况、金额以及冲正的日期等进行登记，以便考核。

本章小结

1. 金融会计是金融业中具有广泛意义的行业会计，是以各种性质的银行以及各种非银行金融机构、金融性公司的资金运动作为核算对象的会计；金融企业会计是按会计学的基本原理和基本方法，对商业银行和非银行金融机构的资金运动进行核算、反映和监督的会计。金融企业会计的核算对象就是金融企业在金融业务和财务活动过程中的资产和权益的增减变化过程及其结果。

2. 会计核算的基本前提，是企业设计和选择会计方法的重要依据，也称为会计假设。明确会计核算基本前提，是企业进行会计核算的先决条件。与一般企业会计核算的基本前提相同，会计主体、持续经营、会计分期、货币计量是金融企业会计核算的四个基本前提。

3. 根据我国《企业会计准则——基本准则》，会计信息质量要求可归纳为八项，具体包括可靠性、相关性、可理解性、可比性、实质重于形式、重要性、谨慎性和及时性。

4. 会计科目是分类记载各种经济业务，对会计对象要素的具体内容进行分类的标志或名称。按照借贷记账法原理，金融企业会计科目按性质可以划分为五类，即资产类、负债类、所有者权益类、损益类和资产负债共同类。按照科目与资产负债表的关系分类，金融企业会计科目可分为表内科目和表外科目。在金融企业会计实务中，会计账户的含义相当于明细科目或会计原理中的明细账户，它是对会计科目的再分类，是会计科目的补充说明。

5. 会计凭证是记载经济业务，办理资金收付，明确业务经济责任，并具有法律效力的书面证明。按其填制程序和用途不同，会计凭证可分为原始凭证与记账凭证两类。按其使用范围不同，会计凭证又可分为基本凭证、特定凭证、结算凭证、一般单证四类。

6. 金融企业会计与其他企业会计相同，对会计核算主要采取借贷复式记账法。对不涉及实际资金增减变化，但需承担一定经济责任的重要业务事项的记录，主要包括重要空白凭证、有价单证和重要实物的备查记录，如表外科目的记录，主要采取单式记账法。

7. 金融企业会计账簿按其用途可分为序时账簿、分类账簿和备查账簿。账务组织就是指账簿构成、账务处理、账务核对这三者的有机结合。账务核对是通过账项的逐笔核对以及按期编制总分类账户发生额和余额对照表、明细分类账户发生额和余额明细表进行的，主要包括账证核对、账账核对和账实核对三种。错账冲正应根据核算组织形式特点和发生错误的实际情况按照专门方法进行。

重点概念

会计假设　会计科目　会计凭证　会计核算　借贷复式记账法　单式记账法　会计账簿　账务组织　账务核对　错账冲正

思考与练习

1. 金融企业会计各项基本假设的提出有何意义？
2. 金融企业会计信息质量要求对各要素确认、计量的影响如何？
3. 商业银行的账务组织包括哪些内容？

高等学校金融学系列教材

21世纪高等学校金融学系列教材

第二篇

商业银行业务核算篇

第二章

人民币存款及理财业务核算

本章学习目标

1. 熟知单位存款、个人存款的主要品种及人民币银行结算账户的种类与管理要求；
2. 理解积数计息法和逐笔计息法；
3. 掌握单位存款业务、个人存款业务的核算；
4. 掌握银行理财业务的会计核算。

吸收存款业务是银行接受客户存入的货币款项，存款人可随时和按约定时间支取款项的一种信用业务。[①] 吸收存款是金融企业筹集资金的主要手段之一，也是商业银行的主要资金来源。银行对吸收的各项存款，区别单位存款、个人储蓄存款，并按国家政策的有关规定，按资金的性质、存款的种类等标准分别设立相应科目进行核算。

第一节　存款业务概述

一、存款业务的种类

银行对吸收的存款，可以按不同的标准进行不同的分类。

1. 单位存款和储蓄存款。按存款对象，银行存款可分为单位存款和储蓄存款。单位存款又称对公存款，是指银行吸收企事业单位、社会团体等机构的闲置资金形成的存款。储蓄存款是指银行吸收城乡居民个人的结余资金形成的存款。

2. 活期存款和定期存款。按存款人与银行的契约关系，存款可分为活期存款和定期存款。活期存款是指不约定存期，随时可以存取的存款。定期存款是指存款时约定存期，到期后才能支取的存款。按照存款的存取方式不同，定期存款又可分为整存整取、零存整取、存本取息、整存零取等多种形式。无论是企事业单位还是个人均可根据需要

① 黄达. 金融学［M］. 北京：中国人民大学出版社，2003：320.

选择活期存款或定期存款。

3. 一般存款和财政存款。按资金性质，存款可分为一般存款和财政存款。一般存款是指企事业单位、部队、机关团体及个人存入的并由其自行支配的各种资金形成的存款。财政存款是指银行经办的各级财政拨入的预算资金，或应上缴财政的各项资金，以及财政安排的专项资金形成的存款。

4. 人民币存款和外币存款。按照存款的币种，存款还可分为人民币存款和外币存款。人民币存款是指商业银行吸收客户的人民币资金形成的存款。外币存款是指商业银行吸收客户的外汇资金形成的存款。

二、人民币银行结算账户管理

银行结算账户是指银行为存款人开立的办理资金收付结算的人民币活期存款账户。无论是单位还是个人，都必须在银行开设存款账户，才能通过银行办理资金收付和款项结算。国家对存款人（包括单位和个人）在银行开设人民币结算账户，自 2003 年 9 月 1 日起，按照《人民币银行结算账户管理办法》实行统一开户管理。

（一）单位银行结算账户管理

单位银行结算账户是指以单位名称开立的银行结算账户。单位结算账户按用途分为基本存款账户、一般存款账户、专用存款账户和临时存款账户。

1. 基本存款账户。基本存款账户是存款人因办理日常转账结算和现金收付需要开立的银行结算账户。企业法人、非法人企业、机关、事业单位、团级以上军队、社会团体、个体工商户、居民委员会等可申请。存款人的工资、奖金等现金的支取，只能通过本账户办理。

2. 一般存款账户。一般存款账户是存款人因借款或其他结算需要，在基本存款账户开户银行以外的银行营业机构开立的银行结算账户。存款人可以通过本账户办理转账结算和现金缴存，但不能办理现金支取。

3. 专用存款账户。专用存款账户是存款人按照法律、行政法规和规章，对其特定用途资金进行专项管理和使用而开立的银行结算账户，包括收入汇缴资金账户和业务支出资金账户（使用隶属单位名称，对收入汇缴资金账户，一般只收不付；对业务支出资金账户，一般只付不收）。

4. 临时存款账户。临时存款账户是存款人因临时需要并在规定期限内使用而开立的银行结算账户，包括设立临时机构、异地临时经营活动、注册验资需要而开设的账户。存款人可以通过本账户办理转账结算和根据国家现金管理的规定办理现金存取。

（二）个人银行结算账户管理

个人银行结算账户是指存款人凭个人身份证件以自然人名称开立的银行结算账户。

2015 年 12 月 25 日，中国人民银行正式发布《关于改进个人银行账户服务　加强账户管理的通知》，建立了个人银行结算账户分类管理机制。根据开户申请人身份信息核验方式和风险等级，个人银行结算账户分为Ⅰ类户、Ⅱ类户和Ⅲ类户。2018 年 1 月，中国人民银行又发布了《关于改进个人银行账户分类管理有关事项的通知》，进一步推动落实个人银行账户分类管理制度。

Ⅰ类户是全功能的银行结算账户，存款人可通过Ⅰ类户办理存款、购买投资理财产品等金融产品、支取现金、转账、消费及缴费支付等。个人的工资收入、大额转账、银证转账，以及缴纳和支付医疗保险、社会保险、养老金、公积金等业务应当通过Ⅰ类户办理。

存款人可通过Ⅱ类户办理存款、购买投资理财产品等金融产品、办理限定金额的消费和缴费支付等。存款人可通过Ⅲ类户办理小额消费和缴费支付。Ⅲ类户主要用于网络支付、线下手机支付等小额支付。Ⅱ类户与Ⅰ类户最大的区别是不能存取现金、不能向非绑定账户转账。Ⅲ类户与Ⅱ类户最大的区别是仅能办理小额消费及缴费支付，不得办理其他业务。

同一个人在同一家银行只能开立一个Ⅰ类户（为银行结算账户，含银行卡），在同一家支付机构只能开立一个Ⅲ类户。

对于通过柜面提交银行账户开户申请的，存款人可开立Ⅰ类户、Ⅱ类户和Ⅲ类户。对于通过远程视频柜员机和智能柜员机等自助机具提交银行账户开户申请，银行工作人员现场核验身份信息的，存款人可开立Ⅰ类户；银行工作人员未现场核验身份信息的，存款人仅可开立Ⅱ类户或Ⅲ类户。通过网上银行和手机银行等电子渠道提交银行账户开户申请的，存款人仅可开立Ⅱ类户或Ⅲ类户。各类账户的开户方式和功能等如表2－1所示。

表2－1　　个人银行账户的种类与相关规则

类别	Ⅰ类户	Ⅱ类户	Ⅲ类户
功能	存款、购买投资理财产品等、支取现金、转账、消费、缴费支付等	办理存款、购买投资理财产品、限定金额的消费和缴费支付等	限额消费、缴费支付
开户方式	柜面、自助机（有人核查）	柜面、自助机（无人核查）、电子渠道	柜面、自助机（无人核查）、电子渠道
证明	身份证、面核	身份证、远程、Ⅰ类户	身份证、远程、Ⅰ类户
主要限制	无	无实体、支付限额10 000元、不可取现、绑定同名Ⅰ类户	无实体、账户余额不超过2 000元、不可取现、需同名Ⅰ类户激活

【专栏2－1】　中国人民银行有关负责人就《关于改进个人银行账户分类管理有关事项的通知》答记者问节选

2018年1月，中国人民银行发布了《关于改进个人银行账户分类管理有关事项的通知》（以下简称《通知》）。中国人民银行有关负责人就《通知》有关问题回答了记者提问。

问：《通知》实施后，个人在开立Ⅱ类、Ⅲ类户时可享受哪些便利？

答：一是开户渠道多样。《通知》要求国有商业银行、股份制商业银行等应于2018年6月底前实现本银行柜面和网上银行、手机银行、直销银行、远程视频柜员机、智能柜员机等电子渠道办理个人Ⅱ类、Ⅲ类户开立等业务，其他银行则应在2018年底前实现。届时，个人可根据自身使用习惯，在多种开户渠道中选择便捷渠道开立Ⅱ类、Ⅲ类户。

二是开户手续简化。《通知》明确个人通过采用数字证书或电子签名等安全可靠验证方式登录电子渠道开立Ⅱ类、Ⅲ类户时，如绑定本人本银行Ⅰ类户或者信用卡账户开立的，且确认个人身份资料或信息未发生变化的，开立Ⅱ类、Ⅲ类户时无须个人填写身份信息、出示身份证件等，在有效落实账户实名制要求的同时，大幅提升开户体验。

问：《通知》进一步放宽Ⅲ类户开立和使用管理后，如何防范其被用于诈骗、洗钱犯罪等？

答：为方便Ⅲ类户的使用，《通知》进一步放宽了其开立和使用的管理，社会公众可以便利地通过各种电子渠道非面对面线上开立Ⅲ类户，并通过Ⅲ类户转账、消费。但与此同时，Ⅲ类户的风险也同步增加，尤其是在我国个人信息泄露问题突出和电信网络诈骗犯罪高发的情况下，Ⅲ类户被不法分子冒名开立，用于转移电信网络诈骗资金的风险也同步提升。为此，《通知》采取了以下安全防范措施：

一是将Ⅲ类户消费和缴费支付、非绑定账户资金转出等出金的日累计限额从原5 000元下调至2 000元，年累计限额从原10万元下调为5万元，通过控制Ⅲ类户支出额度，确保风险相对可控。

二是规定非面对面线上开立的Ⅲ类户通过绑定账户入金后，才可接受非绑定账户入金，以此方式确认绑定账户实际控制人与Ⅲ类户开立人为同一人，防范不法分子通过获取他人身份信息和银行账户信息冒名开立。

三是规定同一家银行通过线上为同一个人只能开立一个允许非绑定账户入金的Ⅲ类户，防止不法分子通过开立多个此类账户变相扩大Ⅲ类户的转账限额，将Ⅲ类户用于转移电信网络诈骗资金等。同时，规定同一银行法人为同一人开立Ⅱ类、Ⅲ类户的数量原则上分别不超过5个，这样规定既有原则，易于风险控制，又便于银行根据实际情况灵活掌握。

问：为什么《通知》要重申Ⅱ类、Ⅲ类户与支付账户的出入金关系？

答：现行个人银行账户分类制度对Ⅱ类、Ⅲ类户与支付账户之间的出入金管理作出了较为严格规定，即非面对面线上开立的Ⅱ类、Ⅲ类户可以向支付账户出金，未用完余额可从支付账户退回，但Ⅱ类、Ⅲ类户不能直接从支付账户入金。主要原因是，支付账户的实名程度相对不高，且支付账户出入金对象不受限，如允许支付账户与线上开立Ⅱ类、Ⅲ类户之间任意转入、转出资金，不利于落实账户实名制，不利于保护绑定Ⅰ类户以及Ⅱ类、Ⅲ类户资金安全。为落实个人账户实名制，防范风险，《通知》进一步重申将支付账户作为非绑定账户管理，即支付账户不能直接向线上开立的Ⅱ类、Ⅲ类户入金，但允许非绑定账户入金的1个Ⅲ类户除外。

资料来源：中国人民银行，http：//www. pbc. gov. cn/goutongjiaoliu/113456/113469/3466796/index. html。

三、存款业务核算要求

（一）正确、及时办理存款业务

客户在银行开立的存款账户是存款人通过银行了结债权债务关系的正常渠道，是存款人存取款的主要工具。各企事业单位不得公款私存，也不能随意将单位存款账户的存款转入（或汇入）个人账户。为了使存款人的资金能及时到账，款项能及时对外支付，银行在办理存款业务时应按照规定的操作程序，认真审查凭证的有效性，正确使用有关会计科目及其账户，及时地进行账务处理，做到不错不乱，充分保证存款业务的核算质量。

（二）维护存款人的合法权益

维护存款人的合法权益，包括承认存款人对其存款的所有权和保护其合法权益。对单位和个人存入银行的资金，银行只是暂时取得了对资金的使用权而没有所有权，是银行对存款人的负债。因此，银行应坚持“谁的钱进谁的账，归谁所有”的原则。除国家法令和有关制度另有规定外，银行不得代任何单位和个人查询、冻结、扣划存款人账户内存款。对于应该计息的存款，银行应正确、及时地计付利息。

（三）银行不代垫款项

在银行开立存款账户的存款人委托银行办理款项支付时，必须在其存款账户上保持有足够的资金，存款人签发的各种支款凭证的面额，必须小于其银行存款账户余额。商业银行作为支付中介，不应代垫款项。为保证银行资金的安全，银行代理客户收款时，对他行票据，应收妥抵用。银行在办理现金收入业务时，应先收款、后记账；办理现金付出业务时，应先记账、后付款；办理对转账业务时，则应先记付款单位账，后记收款单位账。

第二节　单位存款业务核算

一、存款账户的开立与撤销

（一）存款账户的开立

存款单位可凭从当地人民银行取得的开户许可证，自主选择一家商业银行开立一个基本存款账户。按规定，一家单位不得在多家金融机构开立基本存款账户，也不得在一家金融机构的几个分支机构开立一般存款账户；存款人开立的账户只能办理自身的业务，不得出租和转让账户。

存款人开立基本存款账户、临时存款账户和预算单位开立专用存款账户实行备案制。受理存款人申请开立银行结算账户时，银行应对存款人的开户申请书填写的事项和证明文件的真实性、完整性、合规性进行认真审查；开户申请书填写的事项齐全，符合开立结算账户条件的，银行应办理开户手续，并于开户之日起 5 个工作日内向中国人民银行当地分支行备案。同时，银行应与存款人签订银行结算账户管理协议，明确双方的权利与义务，建立存款人预留签章卡片，并将签章式样和有关证明文件的原件或复印件留存归档。

（二）存款账户的撤销

存款账户撤销是指存款人因开户资格或其他原因终止银行结算账户使用的行为。存款人被撤并、解散、宣告破产或关闭，注销、被吊销营业执照，因迁址需要变更开户银行或其他原因需要撤销银行结算账户的，应向开户银行提出撤销银行结算账户的申请。

银行记账员根据撤销账户申请书核对账户余额，计算利息，收清贷款，结出存款账户最后余额，由销户人开出支款凭证，并收回各种未用完的重要空白凭证，加盖“注销”戳记，连同撤销账户申请书和印鉴卡片批注注销日期，加盖“附件”戳记作付出传票附件，经复核员逐项复核，结销账户，在账页上批注“清户”字样。

二、单位存款核算使用的会计科目

商业银行在核算单位存款业务过程中使用的主要会计科目有“库存现金”“吸收存款”“应付利息”“利息支出”科目。这些科目的性质及适用方法等如表2－2所示。

表2－2　　单位存款核算主要会计科目

科目名称	统一科目代号	科目性质	核算范围	主要账务处理	期末余额
库存现金	1001	资产类	核算企业的库存现金，企业内部周转使用的备用金可以单独设置“备用金”科目核算	企业收到现金，借记本科目，贷记相关科目；支出现金则做相反的会计分录	本科目期末借方余额反映企业持有的库存现金
吸收存款	2011	负债类	核算企业（银行）吸收的除同业存放款项以外的其他各种存款，包括单位（企事业单位、机关、社会团体等）存款、个人存款、信用卡存款、特种存款、转贷款资金和财政性存款等 本科目可按存款类别及存款单位，分“本金”“利息调整”等进行明细核算	企业收到客户存入的款项，应按实际收到的金额，借记“存放中央银行款项”等科目，贷记本科目（本金），如存在差额，借记或贷记本科目（利息调整） 资产负债表日应按摊余成本和实际利率计算确定的存入资金的利息费用，借记“利息支出”科目，按合同利率计算确定的应付未付利息，贷记“应付利息”科目，按其差额，借记或贷记本科目（利息调整）。实际利率与合同利率差异较小的，也可以采用合同利率计算确定利息费用。支付的存入资金利息，借记“应付利息”科目，贷记本科目。支付的存款本金，借记本科目（本金），贷记“存放中央银行款项”“库存现金”等科目，按应转销的利息调整金额，贷记本科目（利息调整），按其差额，借记“利息支出”科目	本科目期末贷方余额反映企业吸收的除同业存放款项以外的其他各项存款

续表

科目名称	统一科目代号	科目性质	核算范围	主要账务处理	期末余额
应付利息	2231	负债类	核算企业按照合同约定应支付的利息，包括吸收存款、分期付息到期还本的长期借款、企业债券等应支付的利息。本科目可按存款人或债权人进行明细核算	资产负债表日应按摊余成本和实际利率计算确定的利息费用，借记“利息支出”“在建工程”“财务费用”“研发支出”等科目，按合同利率计算确定的应付未付利息，贷记本科目，按其差额，借记或贷记“长期借款——利息调整”“吸收存款——利息调整”等科目。合同利率与实际利率差异较小的，也可以采用合同利率计算确定利息费用 实际支付利息时，借记本科目，贷记“银行存款”等科目	本科目期末贷方余额反映企业应付未付的利息
利息支出	6411	损益类	核算企业（金融）发生的利息支出，包括吸收的各种存款（单位存款、个人存款、信用卡存款、特种存款、转贷款资金等）、与其他金融机构（中央银行、同业等）之间发生的资金往来业务、卖出回购金融资产等产生的利息支出 本科目可按利息支出项目进行明细核算	资产负债表日企业应按摊余成本和实际利率计算确定的利息费用金额，借记本科目，按合同利率计算确定的应付未付利息，贷记“应付利息”科目，按其差额，借记或贷记“吸收存款——利息调整”等科目。实际利率与合同利率差异较小的，也可以采用合同利率计算确定利息费用	期末，应将本科目余额转入“本年利润”科目，结转后，本科目无余额

三、单位活期存款业务核算

单位活期存款业务的处理包括现金业务与转账结算业务两个方面。因转账结算业务包括的内容较多，将在支付结算业务中专门介绍，本章主要介绍现金存取款的处理。

（一）存入现金的处理

1. 支票户存入现金时应填写现金缴款单（见图2－1），连同现金交银行柜员。银行柜员收妥现金后，进行存款交易处理登记打印记账凭证，加盖现金收讫戳记和出纳员名章，并将存款记入单位账户。会计分录为：

借：库存现金

　贷：吸收存款——单位活期存款——××户

［例2－1］ A银行某分理处受理开户单位制药厂提交的现金缴款单一份及现金3 800元，清点审查无误后，根据现金缴款单，编制会计分录如下：

借：库存现金　　3 800

　贷：吸收存款——单位活期存款——制药厂　　3 800

2. 支取现金的处理。支票户支取现金时应签发现金支票，加盖预留银行印鉴，在支票背面背书后，送银行柜员审查。银行柜员对支款凭证审查无误后，在取现交易界面录入相应要素后打印记账凭证，根据凭证金额配款交给取款人，现金支票作借方记账凭证，会计分录为：

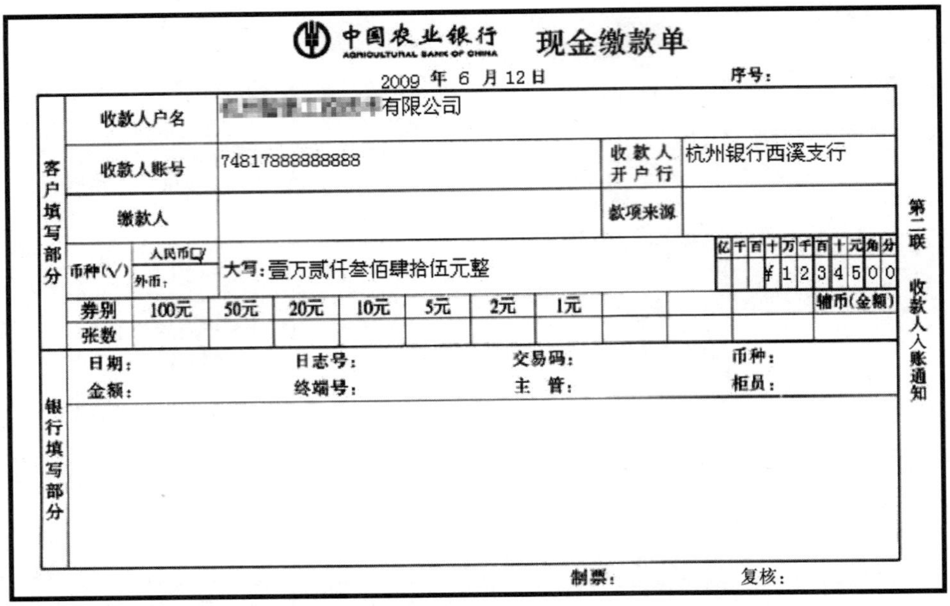

中国农业银行 AGRICULTURAL BANK OF CHINA 现金缴款单

2009 年 6 月 12 日 序号：

客户填写部分	收款人户名	[illegible]有限公司		
	收款人账号	74817888888888	收款人开户行	杭州银行西溪支行
	缴款人		款项来源	
	币种(√) 人民币☑ 外币：	大写：壹万贰仟叁佰肆拾伍元整	亿千百十万千百十元角分	¥1234500

券别	100元	50元	20元	10元	5元	2元	1元			辅币(金额)
张数										

银行填写部分

日期： 日志号： 交易码： 币种：

金额： 终端号： 主　管： 柜员：

制票： 复核：

第二联　收款人入账通知

图 2－1　现金缴款单

借：吸收存款——单位活期存款——××户

　贷：库存现金

登账后加盖会计人员名章，交复核人员复核无误并盖章，再经内部传递给出纳部门。出纳员根据现金支票或取款凭条登记现金日记簿后，凭对号单向取款人员支付现金，并对存折户交回存折。

［例 2－2］A 银行某分理处受理开户单位制药厂提交的现金支票一张，支票金额 5 000元，经审查无误后，银行以现金支票代现金付出凭证，编制会计分录如下：

借：吸收存款——单位活期存款——制药厂　　5 000

　贷：库存现金　　5 000

【专栏 2－2】　　银行对现金支票的审查要点

会计部门应对受理的支票进行认真审查，对支票审查的内容主要包括以下几方面。

（1）支票的出票日期是否为中文大写；是否在有效的处理时间以内；对远期或过期支票均不能作付款处理。

（2）大小写金额是否相符；票面金额是否在其存款账户余额或拨款限额以内；是否为空头支票；款项用途是否符合《现金管理条例》的规定。

（3）付款账号与户名是否正确。

（4）支票印鉴是否与预留银行印鉴相符；支付密码是否与预留银行密码相符；支票是否背书；是否为挂失支票等。如系个人取款，还需交验个人身份证件。

（二）活期存款利息的计算

根据《中国人民银行关于人民币存贷款计结息问题的通知》，对单位活期存款，除财政预算拨款或其他不计付利息的财政性存款外，其余的都应计付利息。结息日期为每季末月的20日。在结息日前销户的，应于销户时计付利息。利息计算方法采用积数计息法，计息的基本公式为

$$利息 = 计息积数 \times 利率$$

其中，计息积数 = 上季度末月 21 日至本季度结息日的累计积数 ± 调整积数；利率则是与日（月）积数相对应的日（月）利率。

调整积数是指计息存款账户中因冲正错账或补记账务所引起的计息积数调整数，即

$$调整积数\begin{cases}应加积数 = 补记贷方(积数) + 冲正借方(积数)\\应减积数 = 补记借方(积数) + 冲正贷方(积数)\end{cases}$$

单位活期存款的利息计算方法有账页计息和余额表计息两种。

1. 账页计息。采用账页计息，每当业务发生时，除登记发生额并结出余额外，还需用上日余额乘以实存天数计算出计息积数，记入账户的“积数”栏内。实存天数按“算头不算尾”的方法计算（若“尾”为结息日，应“算头又算尾”）。至结息日，将上季度末月 21 日至本季度结算日（含）的积数累计起来，求出全季度的积数和（如遇错账冲正，应调整积数）。再根据前述计算公式计算出利息。

[例 2-3] 甲单位活期存款分户账页记载如表 2-3 所示。

表 2-3　　活期存款分户账页

户名：甲单位　　账号　　利率：2.16%　　单位：元

××年		摘要	借方	贷方	余额	日数	积数
月	日						
6	1	开户		1 000	1 000	2	2 000
6	3	存入		1 000	2 000	1	2 000
6	4	支取	1 000		1 000	1	1 000
6	5	补记 6.3 账		1 000	2 000	2	4 000
6	7	冲正 6.4 账	1 000		3 000	13	39 000
6	20	结息			3 000	1	3 000

$$积数之和 = 2\ 000 + 2\ 000 + 1\ 000 + 4\ 000 + 39\ 000 + 3\ 000 = 51\ 000$$

$$应加积数 = 1\ 000 \times 2(补记贷方) + 1\ 000 \times 3(冲正借方) = 5\ 000$$

$$计息积数 = 51\ 000 + 5\ 000 = 56\ 000$$

$$利息 = 56\ 000 \times 2.16\% \div 360 = 3.36(元)$$

利息算出后，编制“利息清单”，会计分录为：

借：利息支出　　3.36

　贷：吸收存款——单位活期存款——××户　　3.36

2. 余额表计息。余额表计息是指采用计息余额表计算利息，其基本原理与账页计息方法相同。具体做法是：对各存款分户账，每日营业终了，不论余额是否变动，均需将当日最后余额填入余额表内，计息时将每天的余额进行合计，各户逐日余额相加之和即为计息积数。如遇错账冲正，应按前述方法调整积数。以调整后的计算积数乘以日利率，即为本期利息数。

［例 2－4］ A 银行 2023 年 9 月的余额表及对该年第三季度的利息计算如表 2－4 所示。

表 2－4　A 银行计息余额表

科目　　　　　　　　　　共　页

货币：　利率：0.3%　2023　年　9 月　第　页

单位：元

户名 / 余额 / 日期	机械进出口公司 201008	青花制药厂 201009
1	96 000	300 000
…		
10 天小计	1 148 000	1 360 000
…		
20 天小计	1 822 000	2 800 000
…		
本月合计	3 152 000	4 000 000
至上月底未计息积数	6 128 000	2 526 000
应加积数	16 000	—
应减积数	22 000	—
至结息日累计应计息积数	7 944 000	5 326 000
至本月底累计未计息积数	1 330 000	1 200 000
利息	66.2	44.38

（三）对账的处理

在银行与开户单位的往来中，一方面因双方记账时间的不一致，会产生未达账项；另一方面，银企双方记账时间均有可能发生差错，导致双方账目不符。为保证双方账务的准确无误，银行与开户单位需严格对账。

1. 定期对账。在计算机操作情况下，银行每月打印对账单一份，交开户单位先核对余额再逐笔对账，然后填制调节表，列出未达账项。

在手工操作情况下，银行应于每季度末向所有支票户填制两联余额对账单与单位对账。单位在核对账目后，将对账单第一联留存，第二联加盖预留印鉴后退回银行以示认可。对账中如有不符，单位应在对账回单联上注明，并及时查清。必要时，银行应与单位当面核对，以确保银行与开户单位双方账务一致。

2. 随时对账。对支票户，在手工操作情况下，一般采用套写账页方式，其中一页作银行的存款分户账，另一页为对账单，每记满一页，交客户对账；目前还可以通过查询卡或电话随时查询有关账户余额，或者通过网上银行、手机银行等随时登录银行客户端进行查询。

四、单位定期存款

单位定期存款是指企事业单位、机关、团体、学校等对其暂时闲置的自有资金一次性存入银行，约定存期，到期一次支取本息的存款业务。单位定期存款起存金额为10 000元人民币，多存不限，存期有3个月、6个月、1年、2年、3年、5年6个档次，存入时由银行发给存单，到期支取本息。单位定期存款利率水平与同档次整存整取定期储蓄相同。单位定期存款的存入和支取均需转账，不得直接存取现金；单位从银行取得的贷款以及财政性拨款均不能转入该账户。

（一）存入的核算

单位办理定期存款时，应按其存入金额填制转账支票和进账单，经银行审核无误后，办理开户和款项存入操作，打印出单位定期存款开户证实书，加盖业务公章和经办人员名章后连同进账单收账通知交存款单位作存款凭据，会计分录为：

借：吸收存款——单位活期存款——××户

　贷：吸收存款——单位定期存款——××户——本金

借或贷：吸收存款——单位定期存款——××户——利息调整

（二）支取的核算

1. 到期支取本息的核算。单位持定期存单来银行办理支取手续时，银行应将证实书与原留存的存款卡片账进行核对。经核对无误后，银行计算应付利息。银行系统一般会自动计算到期应付利息并将其与现有的应付利息余额间的差额进行补提，会计分录为：

借：吸收存款——单位定期存款——××户

　　应付利息

　　利息支出

　贷：吸收存款——单位活期存款——××户

定期存款到期后，如存款单位要求续存，银行可以办理转期，但应按结清旧户另开新存单处理。

[例2-5] A银行的开户单位佳佳公司于2022年11月1日转账存入500 000元单位定期存款，存期1年，约定年利率为2.25%，银行年末计提利息，本息于2023年11月1日全部取出，则该银行的会计分录如下：

2022年11月1日转账存入单位定期存款时：

借：吸收存款——单位活期存款——佳佳公司	500 000	
贷：吸收存款——单位定期存款——佳佳公司		500 000

2022年12月31日，资产负债表日计提利息：

应付利息 = 500 000 × 2.25% ÷ 12 × 2 = 1 875（元）

借：利息支出	1 875	
贷：应付利息		1 875

2023年11月1日到期支取：

利息支出 = 500 000 × 2.25% ÷ 12 × 10 = 9 375（元）

借：吸收存款——单位定期存款——佳佳公司　500 000
　　应付利息　1 875
　　利息支出　9 375
　贷：吸收存款——单位活期存款——佳佳公司　511 250

2. 到期后约定自动转存的核算。单位定期存款的存款人在开户时可以与银行约定到期后按照原存期转存本金或者本息一起转存。

约定转存本金的，银行应结计利息，利息转入单位活期存款账户，会计分录为：

借：吸收存款——单位定期存款——××户
　贷：吸收存款——单位定期存款——××户

同时支付利息。

借：利息支出/应付利息
　贷：吸收存款——单位活期存款——××户

若约定本息一起转存的，银行结计利息，并转入定期存款账户。

借：利息支出/应付利息
　贷：吸收存款——单位定期存款——××户

（三）定期存款利息的计算

对于单位定期存款通常应采用逐笔计息的方法。逐笔计息法是按预先确定的计息公式逐笔计算利息的方法。采用逐笔计息法时，银行在不同情况下可选择不同的计息公式。

（1）计息期为整年（月）时，计息公式为

利息＝本金×年（月）数×年（月）利率

（2）计息期有整年（月）又有零头天数时，计息公式为

利息＝本金×年（月）数×年（月）利率＋本金×零头天数×日利率

（3）银行也可采用按实际天数计息的方法，计息公式为

利息＝本金×实际天数×日利率

其中，实际天数按照“算头不算尾”原则确定，为计息期间经历的天数减去1。

利息＝本金×存期×利率

定期存款到期支取时，本息一并转账。根据有关规定，不管存期内是否调息，定期存款一律按存入时所定利率计息。过期支取的，过期利息按支取日银行挂牌公告的活期存款利率计算。定期存款可以提前支取，全部提前支取的，按支取日挂牌公告的活期存款利率计付利息；部分提前支取的，对提前支取的存款按支取日挂牌公告的活期利率计息，剩余部分换发新存单，按原存单开户日挂牌公告的定期存款利率和原定存期计付利息。

对于活期存款不应计息的单位，所存的定期存款到期支取时应按规定计息，但是提前支取、逾期不取超过原存单期限的部分，都不计息。

［**例2－6**］甲公司于2022年6月28日存入银行定期存款50 000元，存期1年，利率为1.75%，该公司于2023年9月20日支取本息，支取日的活期利率为0.3%，计算A银行应付给甲公司的利息，并作出支取日的会计分录。

$$到期息 = 50\ 000 \times 1 \times 1.75\% = 875（元）$$

$$逾期息 = 50\ 000 \times 2 \times 0.3\% \div 12 + 50\ 000 \times 23 \times 0.3\% \div 360 = 34.58（元）$$

$$应付利息 = 875 + 34.58 = 909.58（元）$$

支取日会计分录：

借：吸收存款——单位定期存款——甲公司	50 000	
利息支出/应付利息	909.58	
贷：吸收存款——单位活期存款——甲公司		5 909.58

五、单位通知存款的核算

（一）单位通知存款的特点

单位通知存款是结合了定期和活期存款特点的存款品种。

单位通知存款是指存款人在存入款项时不约定存期，支取时需提前通知银行，约定支取日期和金额后方能到期支取的存款。

1. 按存款人提前通知的期限长短，单位通知存款划分为一天通知和七天通知两个品种。

通知存款不论实际存期多长，一天通知存入当日不能进行通知，必须提前一天通知；七天通知存款存入当日即可进行通知，约定支取存款，必须提前七天通知。

2. 起存金额为人民币50万元，本金应一次性存入，存入方式可以是现金存入和转账存入，存入时不约定存期。

3. 单位通知存款可一次或分次支取，支取时只能以转账的方式将存款本息转入存款单位和其他存款账户，不得用于结算或提取现金。分次支取时每次最低支取金额为10万元，账户留存金额不得低于起存金额，低于起存金额的做一次性清户处理，并按照清户日挂牌公告的活期利率计算销户利息。

4. 单位通知存款利息计算采用利随本清方式。金融机构对于通知存款按支取日挂牌公告的相应利率水平和实际存期计息，不分段计息。如遇以下情况按活期存款利率计息：（1）实际存期不足通知期限的，按照活期存款利率计息；（2）未提前通知而支取的持续部分按活期存款利率计息；（3）已办理通知手续而提前支取或逾期支取的，支取部分按活期存款利率计息；（4）支取金额不足或超过约定金额的，不足或超过部分按活期存款利率计息；（5）支取金额不足最低支取金额的，按活期存款利率计息。

（二）单位通知存款存入和支取的核算

单位通知存款为记名式存款，存入时，开户单位需要提交申请书 、营业执照和预留银行印鉴等。银行为客户开出“单位通知存款开户证实书”，会计处理可参照单位定期存款的存入进行。

支取单位通知存款时，应填写通知存款通知书，银行柜员收到并审核无误后，进行相关交易处理，并在通知存款通知书上签章和加盖业务讫章。会计处理参照单位定期存款支取的手续办理，此不赘述。

[例2-7] B银行某支行开户单位印象公司于2022年5月10日在某商业银行存入

一笔七天通知存款，金额为50万元。2022年8月20日，印象公司书面通知银行于2022年8月27日支取通知存款50万元。2022年8月27日印象公司来行支取时，当日银行挂牌公告的七天通知存款年利率为1.235%。

2022年5月10日印象公司存入通知存款时编制会计分录：

借：吸收存款——单位活期存款——印象公司　　500 000

　贷：吸收存款——单位通知存款——印象公司　　500 000

2022年5月31日计提利息时编制会计分录：

利息支出 = 500 000 × 22 × 1.235% ÷ 360 = 377.36（元）

借：利息支出　　377.36

　贷：应付利息　　377.36

2022年6月30日计提利息时编制会计分录：

利息支出 = 500 000 × 30 × 1.235% ÷ 360 = 514.58（元）

借：利息支出　　514.58

　贷：应付利息　　514.58

2022年7月31日计提利息时编制会计分录：

利息支出 = 500 000 × 31 × 1.235% ÷ 360 = 531.74（元）

借：利息支出　　531.74

　贷：应付利息　　531.74

2022年8月27日印象公司来行支取时，补提利息时编制会计分录：

应付利息 = 500 000 × 109 × 1.235% ÷ 360 = 1 869.65（元）

已计提利息 = 377.36 + 514.58 + 531.74 = 1 423.68（元）

补提利息 = 1 869.65 − 1 423.68 = 445.97（元）

借：利息支出　　445.97

　贷：应付利息　　445.97

支付本息时编制会计分录：

借：吸收存款——单位通知存款——印象公司　　500 000

　　应付利息　　1 869.65

　贷：吸收存款——单位活期存款——印象公司　　501 869.65

六、单位协定存款

单位协定存款是指客户通过与银行签订协定存款合同，约定存期，商定结算账户需要保留的基本存款额度，由银行对基本存款额度内的存款按结息日或支取日活期存款利率计息，超过基本存款额度的部分，按结息日或支取日挂牌公布的高于活期存款利率低于6个月定期存款利率的协定存款利率给付利息的一种单位存款。

（一）单位协定存款账户的开设

凡符合开立或已开立人民币企业存款账户（包括基本存款账户和一般存款账户）条件的企业事业单位、机关、部队、社会团体和个体经济户等，均可申请开立人民币单位协定存款账户。单位的法人代表必须与开户银行签订协定存款合同。

协定存款的合同期限一般为一年，到期后如双方没有提出终止或修改合同，即视为自动延期一年，经开户行确认后，在原合同上注明合同继续有效字样，账户继续使用。

（二）单位协定存款账户的使用及管理

1. 协定存款账户不是一个独立存款账户，客户可以通过结算户办理日常结算业务协定。存款账户的操作和管理由银行负责。

2. 协定存款账户分 A 户（结算户）与 B 户（协定户），A 户按结算日的活期存款利率计息，B 户按结算日的协定存款利率计息。

3. 协定存款的 A 户视同基本存款账户或一般存款账户管理使用。A 户、B 户均不得透支。

4. 协定存款采用积数计息法，按季结息，每季末月 20 日为结息日，遇利率调整，分段计息。

5. 协定存款账户月均余额两年或两年以上低于最低约定额度的，将利息结清后作为基本存款账户或一般存款账户处理，不再享受协定存款利率。客户在合同期内如需清户，必须提出书面声明，银行审核无误后方可办理。

（三）单位协定存款的核算

可通过“吸收存款——单位活期存款”的二级科目，由开户银行根据协定存款合同在原结算存款科目下开设协定存款账户办理，具体核算参照单位活期存款。

第三节　个人储蓄存款业务核算

个人储蓄存款是银行利用信用方式动员和聚集城乡居民个人手中零星小额资金的一种存款业务。《储蓄管理条例》制定了“存款自愿，取款自由，存款有息，为储户保密”的储蓄原则，通过设置各储蓄品种，以对城乡居民负债的形式办理储蓄业务，变消费资金为积累资金。储蓄业务在商业银行负债业务中占据了重要地位。

按存款人与银行的契约关系不同，储蓄存款业务主要可分为活期储蓄、定期储蓄、定活两便储蓄等。

一、个人活期储蓄存款业务的核算

（一）开户与续存

个人活期储蓄存款不固定存期，客户可以采用柜面渠道、自助渠道等多种形式办理存取业务，本章以柜台渠道为例介绍个人活期储蓄存款业务流程和会计核算。当储户第一次存款时，由储户填写个人银行结算账户开户申请书，连同身份证和现金一并交给银行柜员。柜员点收无误和进行身份核查后，通过业务系统办理开户和存款账户的激活，打印个人银行结算账户开户申请书和存款介质（银行卡或存折），加盖业务公章和私章，将身份证、申请书客户联交存款人，申请书银行联及身份证复印件银行留存，会计分录为：

借：库存现金

　贷：吸收存款——个人活期储蓄存款——××户

储户续存时，提交现金和存款介质交经办人员。其余手续与开户时相同。

若储户将数字人民币存入数字人民币账户，银行的会计分录为：

借：法定数字货币——数字人民币

　贷：吸收存款——个人活期储蓄存款——××户

（二）支取与销户

储户取款时，提交存款介质给柜员。柜员审查介质真伪，凭印鉴支取的，存款人还应在个人业务取款凭证上加盖预留印鉴，柜员审核无误后进行取款交易处理，打印个人业务取款凭证和存款介质内页，存款介质为银行卡的只需打印个人业务取款凭证（下同），柜员将个人业务取款凭证交存款人签字确认后收回，根据支取金额配款，将现金、回单和银行卡或存折一并交存款人，会计分录为：

借：吸收存款——个人活期储蓄存款——××户

　贷：库存现金

若储户支取数字人民币账户中的数字人民币时，银行会计分录为：

借：吸收存款——个人活期储蓄存款——××户

　贷：法定数字货币——数字人民币

结清或销户时，存款人应该提交存款介质、有效身份证件、撤销银行结算账户申请书，柜员审核无误后，使用销户交易进行结清处理，操作成功后打印个人业务取款凭证、个人存款计息单和存折内页，银行卡剪角。系统会按当日挂牌公告的活期存款利率计算上一个结息日次日至销户日应付利息，并将之与已计提利息差额进行补提或冲销，会计分录为：

借：吸收存款——个人活期储蓄存款——××户

　　应付利息

　贷：库存现金

（三）利息计算

个人活期储蓄存款按季计息，每季末月 20 日为结息日。统一按照结息日挂牌公告的活期利率计付利息，计息期内遇到利率调整不分段计息。未到结息日销户的，按销户日挂牌公告的活期利率计息，利息算至销户日的前一天为止。个人活期储蓄存款的计息方法与单位活期存款的计息方法相同，也采用积数计息法，此不赘述。

[例 2-8] 某储户 2023 年 4 月 1 日开立的个人活期储蓄存款分户账记录如下，如果结息日活期存款利率为 0.2%，该银行按每月 30 天计息。则 2023 年第二季度应付给该储户的利息的计算过程见表 2-5。

表 2－5　　某储户个人活期储蓄存款分户账　　单位：元

日期		摘要	借方	贷方	余额	日数	积数和
2023 年							
月	日						
4	1	开户		1 000	1 000	31	31 000
5	2	存入		3 000	4 000	5	51 000
5	7	支取	1 000		3 000	23	120 000
5	30	存入		1 000	4 000		
5	31	存入		2 000	6 000	17	222 000
6	17	支取	1 000		5 000	4	242 000
6	20	结息					

利息＝242 000×0.2%÷360＝1.34（元）

二、个人定期储蓄存款业务的核算

个人定期储蓄是储户在开户时，约定存款期限，一次或分次存入，到期支取本息的一种储蓄存款。按存入和支取的方式不同，定期储蓄存款可分为整存整取、零存整取、存本取息和整存零取等多种形式。

（一）整存整取

整存整取定期储蓄是一种约定存期、一次存入本金、到期支取本息的储蓄存款。该种存款的起存金额为 50 元，多存不限，存期有 3 个月、6 个月、1 年、2 年、3 年、5 年等多个档次。

1. 开户和存款处理。柜员收到存款人提交的有效身份证件和现金，根据客户选择的存期和存款金额，核对无误和清点现金后为客户开设分账户，进行账务处理。打印个人业务存款凭证、储蓄存单或者存折（使用银行卡则只需打印个人业务存款凭证），柜员将个人业务存款凭证交存款人签字确认后收回，在储蓄存单或者存折上签章并加盖业务公章，将回单、存单或者存折等交存款人，会计分录为：

借：库存现金

　贷：吸收存款——定期储蓄存款——整存整取××户

2. 利息的核算。商业银行通常对于 1 年期以上（不含 1 年期）整存整取定期储蓄存款按照摊余成本和实际利率计算利息支出，按照合同本金和存入日挂牌公告的相应档次整存整取定期存款利率（合同利率）计算应付利息，差额计入利息调整，会计分录为：

借：利息支出

　贷：应付利息

借或贷：吸收存款——定期储蓄存款——整存整取（利息调整）

对于其他整存整取定期储蓄，则利息支出和应付利息均按合同本金以及合同利率计算。

3. 取款的处理。定期存款到期，柜员收到存款人提交的储蓄存单或存折审核无误后使用相关交易办理支取，同时系统自动将到期日应付利息的应有余额与现有余额进行比较，并将差额部分予以补提。交易成功后柜员打印个人业务取款凭证、利息清单、原储蓄或存单存折内页。柜员将个人业务取款凭证交存款人签字确认后收回，根据取款金额配款，将现金、回单、存折等交存款人，会计分录为：

借：吸收存款——定期储蓄存款——整存整取××户

　　应付利息

　贷：库存现金

若储户要求办理部分提前支取，则应采取满付实收的做法，会计分录为：

借：吸收存款——定期储蓄存款——整存整取××户　　（本金部分）

　　应付利息　　（提前支取部分的利息）

　贷：库存现金

借：库存现金　　（未支取部分）

　贷：吸收存款——定期储蓄存款——整存整取××户　　（未支取部分）

4. 整存整取定期储蓄存款的约定自动转存。储蓄存款中只有整存整取定期储蓄可办理约定自动转存。开户时，储户可约定自动转存，不约定自动转存的不予自动转存。整存整取定期储蓄存款约定自动转存的开户、支取手续与整存整取定期储蓄相同，不同之处是利息的计算方法。

（1）存款到期支取的，第一段为原存期，按开户日挂牌的相应档次利率计算，第二段为转存期，本金是开户时存款与第一段利息之和，并按转存日挂牌的定期储蓄相应档次利率计息。

（2）转存后提前支取的，第一段按开户日挂牌的相应档次利率计息，第二段按支取日挂牌公告的活期储蓄利率计息。

（3）逾期支取的，定期内部分按到期支取计息，逾期部分按支取日挂牌公告的活期储蓄利率计息。

（4）转存次数由省级部门统一规定。

5. 利息计算。定期储蓄存款的利息计算与前已述及的单位定期存款的利息计算方法相同，基本公式为

$$利息=计息积数\times利率$$

其中，计息积数即为本金×存款期限。

整存整取定期储蓄不计复利，到期支取计算利息时，无论存期内是否有利率调整，均按存单或开户日所定的利率计付利息。

逾期支取的定期储蓄存款，其超过原定存期的部分，除约定自动转存的外，一律按支取日挂牌公告的活期储蓄存款利率计息。

提前支取未到期的定期储蓄存款，提前支取部分，不论实际存期多长，一律按支取日挂牌公告的活期储蓄利率计息。按规定，部分提前支取只能办理一次，提前支取部分存款的利息随本金结清。未支取部分，仍按原存单利率计算利息。

（二）零存整取

零存整取定期储蓄是固定金额、每月存储一次、到期支取本息的储蓄存款，存期分为1年、3年、5年三个档次。1年期的1元起存，3年期、5年期的5元起存，多存不限，到期一次支取本息。中途如漏存，应在次月补齐，若未能补齐则以后存入的存款按活期储蓄计息。

1. 开户的核算。柜员收到存款人提交的现金和有效身份证件，审核无误和清点现金后使用相关交易办理开户和存入，打印个人业务存款凭条和存折；柜员将个人业务存款凭证交存款人签字确认后收回，将个人业务回单、存折及身份证交存款人，会计分录为：

借：库存现金

　贷：吸收存款——定期储蓄存款——零存整取××户

2. 利息的核算。在约定存期内每月月末计提利息，会计分录为：

借：利息支出

　贷：应付利息

3. 续存的核算。客户对零存整取续存时，银行柜员的处理手续和会计分录与开户时相同。

4. 支取的核算。支取的核算比照整存整取定期储蓄支取、结清的核算，会计分录为：

借：吸收存款——定期储蓄存款——零存整取××户

　　应付利息

　贷：库存现金

5. 利息计算。零存整取定期储蓄的开户、续存以及到期、逾期、提前支取的账务处理原理与整存整取的储蓄方式类似。但是，由于零存整取需每月存入一定的本金，在存款到期时，其本金的存期是依次递减的，先存入的部分存期长，后存入的部分存期短，在计算利息时，对存期的确定既不能以第一次存入本金的存期为主，也不能以最后一次存入的为主。一般零存整取定期储蓄利息的计算有以下几种方法。

（1）积数计息法。积数计息法与单位活期存款的利息计算方法相同，有月积数计息法和日积数计息法两种。月积数计息法是根据分户账的余额，按月计算积数，零头天数不计，支取时将各月的积数累计起来乘以月利率，就得到应付储户利息数。用公式表示为

$$利息=累计月积数\times 月利率$$

［例2-9］某储户于2023年5月10日开立1年期零存整取定期储蓄存款账户，约定每月存入400元，开户日挂牌公告的1年期零存整取定期储蓄存款的利率为1.35%，其零存整取存款账户如表2-6所示。

表 2-6　　某储户定期储蓄存款分户账　　单位：元

日期	摘要	存入	结存	月数	月积数	累计月积数
2023. 5. 10	开户存入	400	400	1	400	400
2023. 6. 9	续存	400	800	1	800	1 200
2023. 7. 11	续存	400	1 200	1	1 200	2 400
2023. 8. 12	续存	400	1 600	1	1 600	4 000
2023. 9. 15	续存	400	2 000	1	2 000	6 000
2023. 10. 7	续存	400	2 400	1	2 400	8 400
2023. 11. 10	续存	400	2 800	1	2 800	11 200
2023. 12. 18	续存	400	3 200	1	3 200	14 400
2024. 1. 20	续存	400	3 600	1	3 600	18 000
2024. 2. 16	续存	400	4 000	1	4 000	22 000
2024. 3. 13	续存	400	4 400	1	4 400	26 400
2024. 4. 14	续存	400	4 800	1	4 800	31 200

到期支付时，其利息计算方法为：根据分户账余额求出全年累计月积数为 31 200，再乘以月利率，即可得出应付利息数，即

$$利息 = 31\ 200 \times 1.35\% \div 12 = 35.10（元）$$

日积数法与月积数法计息原理相同，只是每个月不论大月小月，均按 30 天计算。

（2）固定基数法。固定基数法是按规定的利率和存期，先计算出单位本金到期应付利息数，再以此为基数，求出应付利息数。该计息方法比较适用于存款日期较固定的零存整取储蓄业务。其基本思路是：如果每月在固定的日期存入固定的金额，则每次存入本金的存期依次递减，可计算出平均存期并以此为依据求出利息基数，再根据利息基数计算出应付利息。

[例 2-10] 沿用［例 2-9］，1 年期零存整取的平均存期为（$N+1$）除以 2 即

$$(12+1) \div 2 = 6.5（个月）$$

则利息基数为

$$1 \times 12 \times 6.5 \times (1.35\%/12) = 0.08775（元）$$

应付利息为利息基数乘以每月存入本金，即

$$0.08775 \times 400 = 35.10（元）$$

零存整取定期储蓄存款到期支取的，按开户日挂牌公告的相应档次存款利率计息，存款期内如遇利率调整不分段计息；提前支取的，按支取日挂牌公告的活期储蓄存款利率计息；逾期支取的，定期内部分按到期支取方法计息，逾期部分按实存天数和支取日挂牌公告的活期储蓄存款利率计息。

6. 积零成整月储蓄金额计算方法。实际生活中，有的储户希望了解通过零存整取储

蓄方式每月应储蓄多少金额才能在一定时间内获得一笔整数存款。在利率水平一定的情况下，可采用下列方法计算。

［例2－11］ 某储户希望通过零存整取储蓄方式在3年期满时获得50 000元存款，当存款利率为6%时，每月应存入多少？

到期后获得的整数存款实际就是本利和，因此，可根据零存整取储蓄计息公式，推导出应求本金的计算方法。

$$本利和 = 本金 + 本金 \times 存期(平均) \times 利率$$

$$本金 = 本利和 \div \left(1 + \frac{N+1}{2} \times 利率\right)$$

$$= 50\ 000 \div \left(1 + \frac{36+1}{2} \times 6\% \div 12\right)$$

$$= 45\ 766.59(元)$$

$$月储蓄金额 = 本金 \div 存入次数 = 45\ 766.59 \div 36 = 1\ 272(元)$$

即每月存入约1 272元才能达到目的。

（三）存本取息

存本取息定期储蓄存款是一种开户时一次存入本金，分次平均支取利息，到期归还本金的定期储蓄存款。存本取息起存金额为5 000元，多存不限，存期分为1年、3年、5年三个档次，取息期次由储户自定，可以每月或几个月取息一次。如在取息日未取，以后随时可取，但不计复息。

因存本取息储蓄是在存期内分次支取利息，所以银行在办理开户业务后，应根据相应规定计算出该存款的应付利息（利率水平与零存整取相同），并根据储户与银行约定的取息次数确定每次取息金额。其计算公式为

$$每次支取的利息数 = \frac{本金 \times 存期 \times 利率}{支取利息次数}$$

提出应付利息时的会计分录为：

借：利息支出

　贷：应付利息

储户按约定的时间，持存折、卡来支取利息时，系统自动将结清时应付利息与已提利息进行比较，并将差额部分予以补提，然后支付利息，支付利息时的会计分录为：

借：应付利息

　贷：库存现金

储户到期后持存单来支取本金时，除了要办理最后一次支取利息手续外，其余的支取本息的手续同整存整取，会计分录为：

借：吸收存款——定期储蓄存款——存本取息户

　　应付利息

　贷：库存现金

储户如有急需，要求提前支取本金时，只能全部提前支取，不能部分提前支取。客

户必须凭存折和有关身份证明，经审查同意后予以办理。银行柜员按提前支取规定计算该存款提前支取时的应付利息，同时用红字冲回已付利息。如果冲回的利息大于提前支取时应付的利息，应在本金中扣回。其余手续与到期支取相同。

（四）整存零取

整存零取定期储蓄存款是一次存入本金，约定期限，存期内分次支取等额本金，到期时一次支取利息的一种定期储蓄存款，存期分 1 年、3 年和 5 年三个档次。起存金额为1 000元。每次支取本金等于本金总额除以支取次数，支取次数等于存期（月数）除以提取本金平均存期。如储户急需用款，要求部分提前支取的，可以按约定的每次支取本金金额，提前支取一次或两次本金，在以后相应停取一次或两次，其余本金的支取按原定日期不变。如算出的提取本金金额有角、分时，应四舍五入到元，其差额在最后一次提取本金中增或减。如中途支取本金日而未支取本金的，以后可以随时支取。

整存零取定期储蓄存款存取款的账务处理与其他储蓄方式相同，但应注意的是，该种储蓄方式的本金在存期内是依次递减的，因而计息时应先计算出本金的平均值，再计算应付到期利息。

$$本金的平均值 = \frac{全部本金 + 每次支取的本金数}{2}$$

$$应付到期利息 = 本金的平均值 \times 存期 \times 利率$$

如储户要求全部提前支取，则按最后一次本金支取日挂牌公告的活期储蓄存款利率计息；如过期支取则对到期内部分按到期支取方法计息，过期部分利息一律按支取日挂牌公告的活期储蓄存款利率计算。

三、其他个人储蓄存款业务的核算

（一）个人通知存款

个人通知存款是兼有活期存款的灵活性和定期存款的收益性的一种储蓄存款方式。

个人通知存款存取款的账务处理方式与个人活期储蓄存款业务类似。所不同的是，由于个人通知存款是本金一次存入，分次支取的，因此每次存入本金都要新开个人通知存款账户，每次取款时，银行需根据取款金额和适用利率计算取款利息，办理支付利息的有关账务处理。客户支取最后一笔款项时视同销户处理。

个人通知存款是根据存款的实际存期，参照定期存款的计息方法计息的。客户取款时，只计付支取部分本金的利息，利息随本金一起支付，未支取部分本金仍按原存入日起息。其利息计算公式为

$$利息 = 支取部分的本金 \times 实际存期 \times 利率$$

公式中的利率是指支取日挂牌公告的个人通知存款的相应利率。

（二）定活两便储蓄存款

定活两便储蓄存款分为记名和不记名两种。记名的可以挂失，不记名的不能挂失。定活两便存单不能代替人民币使用，但可以同城通存通兑。

定活两便储蓄存款的存取款核算手续与个人活期储蓄存款业务类似。《储蓄管理条例》实施后，定活两便储蓄存款按统一的规定计息，即：存期不足3个月的，按支取日挂牌公告的活期储蓄利率计付利息；存期3个月以上（含3个月），不满半年的，整个存期按支取日定期整存整取3个月利率打六折计息；存期半年以上（含半年）不满1年的，按支取日整存整取半年期利率打六折计息；存期在1年以上（含1年）的，无论存期多长，整个存期一律按支取日整存整取1年期利率打六折计息，上述各档次均不分段计息。对《储蓄管理条例》实施前存入的定活两便存款按原规定计付利息。

（三）教育储蓄

教育储蓄存款是个人按照国家有关规定，在银行开户、存入规定数额资金、用于子女将来接受非义务教育（指九年制义务教育之外的全日制高中、大中专大学本科、硕士和博士研究生）所需费用进行的专项储蓄。

教育储蓄的对象为在校小学四年级（含四年级）以上至高中的在校学生，开户时须凭储户本人（学生）户口簿或居民身份证到储蓄机构以储户本人（学生）的姓名开立；最低起存金额为50元，本金合计最高限额为2万元。

教育储蓄为零存整取定期储蓄存款，开户存期分为1年、3年和6年，开户时约定每月固定存入金额分月存入，由银行发给一本通存折或卡，存款人约定由银行代扣，中途如有漏存应在次月补齐，未补齐者按零存整取定期储蓄存款的有关规定办理。

教育储蓄实行利率优惠，1年、3年期教育储蓄按开户日同档次整存整取定期储蓄利率计息，6年期教育储蓄按开户日5年期整存整取定期储蓄存款利率计息。教育储蓄计息期遇利率调整，不分段计息，享受免征利息所得税优惠。

其存取等手续与零存整取定期储蓄存款相同。

第四节　理财业务的核算

商业银行的理财业务是指商业银行接受投资者委托，按照与投资者事先约定的投资策略、风险承担和收益分配方式，对受托的投资者财产进行投资和管理的金融服务。理财产品是指商业银行按照约定条件和实际投资收益情况向投资者支付收益、不保证本金支付和收益水平的非保本理财产品。

2018年4月，人民银行、银保监会、证监会、国家外汇局联合印发《关于规范金融机构资产管理业务的指导意见》（简称资管新规）规定："资产管理业务是金融机构的表外业务，金融机构开展资产管理业务时不得承诺保本保收益。出现兑付困难时，金融机构不得以任何形式垫资兑付。金融机构不得在表内开展资产管理业务。"资管新规出台后，商业银行新发生的理财业务参考基金的做法，同时对资产管理产品实行净值化管理，净值生成应当符合《企业会计准则》的规定等要求。

一、商业银行理财业务的分类

1. 根据募集方式的不同，理财产品分为公募理财产品和私募理财产品。公募理财产品是指商业银行面向不特定社会公众公开发行的理财产品。私募理财产品是指商业银行面向合格投资者非公开发行的理财产品。

2. 根据运作方式的不同，将理财产品分为封闭式理财产品和开放式理财产品。封闭式理财产品是指有确定到期日，且自产品成立日至终止日期间，投资者不得进行认购或者赎回的理财产品。开放式理财产品是指自产品成立日至终止日期间，理财产品份额总额不固定，投资者可以按照协议约定，在开放日和相应场所进行认购或者赎回的理财产品。

3. 根据投资性质的不同，将理财产品分为固定收益类理财产品、权益类理财产品、商品及金融衍生品类理财产品和混合类理财产品。固定收益类理财产品投资于存款、债券等债权类资产的比例不低于 80%；权益类理财产品投资于权益类资产的比例不低于 80%；商品及金融衍生品类理财产品投资于商品及金融衍生品的比例不低于 80%；混合类理财产品投资于债权类资产、权益类资产、商品及金融衍生品类资产且任一资产的投资比例未达到前三类理财产品标准。

二、商业银行理财业务规则与投资运作管理

（一）主要业务规则

商业银行应当通过具有独立法人地位的子公司开展理财业务。暂不具备条件的，商业银行总行应当设立理财业务专营部门，对理财业务实行集中统一经营管理。

商业银行开展理财业务，应当确保理财业务与其他业务相分离，理财产品与其代销的金融产品相分离，理财产品之间相分离，理财业务操作与其他业务操作相分离。

商业银行开展理财业务，应当确保每只理财产品与所投资资产相对应，做到每只理财产品单独管理、单独建账和单独核算，不得开展或者参与具有滚动发行、集合运作、分离定价特征的资金池理财业务。

商业银行开展理财业务，应当按照《企业会计准则》和《关于规范金融机构资产管理业务的指导意见》等关于金融工具估值核算的相关规定，确认和计量理财产品的净值。

商业银行开展理财业务，应当按照《商业银行资本管理办法》的相关规定计提操作风险资本。

（二）投资运作管理

1. 商业银行理财产品可以投资于国债、地方政府债券、中央银行票据、政府机构债券、金融债券、银行存款、大额存单、同业存单、公司信用类债券、在银行间市场和证券交易所市场发行的资产支持证券、公募证券投资基金、其他债权类资产、权益类资产以及国务院银行业监督管理机构认可的其他资产。

2. 商业银行理财产品不得直接投资于信贷资产，不得直接或间接投资于本行信贷资产，不得直接或间接投资于本行或其他银行业金融机构发行的理财产品，不得直接或间

接投资于本行发行的次级档信贷资产支持证券。

3. 商业银行面向非机构投资者发行的理财产品不得直接或间接投资于不良资产、不良资产支持证券，国务院银行业监督管理机构另有规定的除外。

4. 商业银行理财产品不得直接或间接投资于第 1 条所列示资产之外，由未经金融监督管理部门许可设立、不持有金融牌照的机构发行的产品或管理的资产，金融资产投资公司的附属机构依法依规设立的私募股权投资基金以及国务院银行业监督管理机构另有规定的除外。

三、理财产品会计核算

理财产品的会计核算应满足“三单要求”，即理财管理人和理财托管人对所管理、托管的理财应当以理财产品为会计核算主体，单独管理、单独建账、单独核算，对每只理财产品单独编制财务会计报告。

（一）理财资金账务处理

1. 客户认购理财

借：吸收存款/银行存款

　贷：实收理财资金

2. 客户申购理财

借：应收申购款

　贷：实收理财资金

　贷/借：损益平准金

实际收到认购资金时：

借：吸收存款/银行存款

　贷：应收申购款

3. 理财收益结转份额（红利再投）

借：应付利润

　贷：实收理财资金

　贷：损益平准金

4. 客户赎回理财

借：实收理财资金

借/贷：损益平准金

　贷：应付赎回款

　贷：应付赎回费

　贷：其他收入

赎回资金划付时：

借：应付赎回款

借：应付赎回费

　贷：银行存款/吸收存款

5. 结转利润

（1）结转支出至本期利润

借：本期利润

　贷：所有支出科目

（2）结转收入至本期利润

借：所有收入科目

　贷：本期利润

（3）结转本期利润至未分配利润

借/贷：本期利润

　贷/借：利润分配

6. 分配利润

（1）分配利润时：

借：利润分配

　贷：应付利润

（2）支付利润时：

借：应付利润

　贷：银行存款

（3）红利再投涉及利润分配核算如上。

（二）费用核算

1. 管理人报酬核算

（1）管理费计提

借：管理人报酬

　贷：应付管理人报酬

（2）管理费支付

借：应付管理人报酬

　贷：银行存款

2. 托管费核算

（1）托管费计提

借：托管费

　贷：应付托管费

（2）托管费支付

借：应付托管费

　贷：银行存款

3. 销售服务费核算

（1）销售服务费计提

借：销售服务费

　贷：应付销售服务费

（2）销售服务费支付

借：应付销售服务费

　贷：银行存款

4. 其他费用核算

（1）其他费用计提

借：交易费用/投资顾问费/其他费用等

　贷：应付交易费用/应付投资顾问费/其他应付款等

（2）其他费用支付

借：应付交易费用/应付投资顾问费/其他应付款

　贷：银行存款

（三）增值税核算

为准确核算理财产品净资产，应在增值税应税收入确认同时预估应交增值税及其附加，待实际纳税义务发生时再将预估税金结转至应交增值税及其附加相关科目。尽管资产估值损益暂时不构成应税收入，但其会随未来资产的终止确认而转化为投资损益，形成应税收入，因此需进行增值税预估处理。

1. 资产持有期间利息收益的增值税处理。对资产持有期间取得的增值税应税收益（如应税利息收入），若相关损益在纳税义务产生前计提，则在计提损益时预估增值税。

借：利息收入/投资收益

　贷：应交税金——预估应交增值税

结息时将预估应交增值税结转至应交增值税科目。

2. 估值变动的增值税处理。对资产持有期间的估值变动部分预估增值税。

借/贷：公允价值变动损益/其他综合收益

　贷/借：应交税金——预估应交增值税

3. 投资损益的增值税处理。资产终止确认，估值变动转化为投资损益时，冲销上述预估增值税账务。对于投资损益产生的金融商品转让价差，计提应交增值税。

借/贷：投资收益

　贷/借：应交税金——应交增值税

4. 增值税附加处理。根据确认的预估增值税和应交增值税计提增值税附加。

借/贷：税金及附加

　贷/借：应交税金——预估应交增值税附加/应交增值税附加

（四）理财资金投资会计核算

运用理财资金进行投资时应按照金融资产的三分类原则，分债券投资、结构化主体投资、货币市场基金投资、权益工具投资、衍生金融工具投资、外汇买卖业务、同业往来业务和债券借贷业务进行确认和计量。具体的会计处理参见本书第五章、第八章和第九章等相关内容介绍，此不赘述。

本章小结

1. 吸收存款是金融企业筹集资金的主要手段之一，也是商业银行的主要资金来源。按存款对象，存款可分为单位存款和储蓄存款；按存款人与银行的契约关系，存款可分为活期存款和定期存款；按资金性质，存款可分为一般存款和财政存款；按存款的币种，存款可分为人民币存款和外币存款。

2. 单位银行结算账户是指以单位名称开立的银行结算账户。单位银行结算账户按用途分为基本存款账户、一般存款账户、专用存款账户和临时存款账户。基本存款账户是存款人因办理日常转账结算和现金收付需要开立的银行结算账户；一般存款账户是存款人因借款或其他结算需要，在基本存款账户开户银行以外的银行营业机构开立的银行结算账户。

3. 个人银行结算账户分为Ⅰ类、Ⅱ类和Ⅲ类。Ⅰ类户是全功能的银行结算账户，存款人可通过Ⅰ类户办理存款、购买投资理财产品等金融产品、支取现金、转账、消费及缴费支付等；Ⅱ类户办理存款、购买投资理财产品等金融产品、办理限定金额的消费和缴费支付等；Ⅲ类户仅能办理小额消费及缴费支付，不得办理其他业务。

4. 单位存款的核算包括单位活期存款和单位定期存款存入、支取以及利息核算。其中利息计算方法有积数计息法和逐笔计息法，结合不同存款品种的特点，可以运用不同的具体方法计算存款利息。

5. 个人存款的品种非常丰富，除了传统的个人活期储蓄存款、个人定期储蓄存款的四种类型外，还有兼具了活期和定期特点的定活两便储蓄存款、个人通知存款等。

6. 银行的理财业务属于外表业务，实行净值化管理。每只理财产品单独管理、单独建账和单独核算。

重点概念

基本存款账户　一般存款账户　临时存款账户　专用存款账户　单位定期存款
整存整取　零存整取　整存零取　存本取息　个人通知存款　单位通知存款
单位协定存款　定活两便储蓄存款　教育储蓄　理财产品

思考与练习

1. 某商业银行开户单位A公司，于2023年5月8日存入一笔通知存款，金额为60万元，与银行约定为七天通知存款，当日银行挂牌公告的七天通知存款年利率为0.8%。2023年6月29日，A公司书面通知银行于2023年7月6日支取通知存款60万元。2023年7月6日A公司来行支取，七天通知存款利率从2023年7月1日起调整为1.1%，作出银行在客户存取款时及每月末时应编制的会计分录。

2. 储户刘明于2023年9月1日在某银行存入整存整取定期储蓄存款24 000元，存期 1 年，年利率为 1.95%，2023 年 11 月 12 日支取，支取日活期利率为 0.2%，银行按年计提利息，请编制该银行会计分录。

3. 开户单位 A 公司于 2023 年 5 月 16 日在某商业银行存入一笔通知存款，金额为 50 万元，与银行约定为七天通知存款。2023 年 7 月 10 日，A 公司书面通知银行于 2023 年 7 月 17 日支取通知存款 50 万元。2023 年 7 月 17 日 A 公司来行支取。当日银行挂牌公告的七天通知存款的年利率为 1.35%，计算每月末应计提利息和到期应该付给 A 公司的利息。

4. 储户柳林于 2023 年 6 月 28 日存入定活两便储蓄存款 50 000 元，并于 2024 年2 月 10 日全部支取，支取时银行挂牌公告的整存整取定期储蓄存款半年期利率为 1.65%，请计算到期支取时应该付给储户的利息。

5. 储户张云 2023 年按约定每月存入 2 000 元的 1 年期零存整取存款，年利率为 1.40%，1 年后取出。请计算到期支取时应该支付给储户的利息。

6. 储户李红每月存入 1 000 元的 3 年期零存整取存款，年利率为 1.57%，3 年后取出，请计算客户支取本金时应该付给客户的利息，并作出银行会计分录。

7. 根据表 2 -7 A 公司的分户账记录，计算该存款户第四季度的存款利息，并编制相应会计分录。

表 2 -7　　**A 公司分户账**　　单位：元

账号：××××　　户名：A 公司　　利率：0.3%

2023 年		摘要	借方发生额	贷方发生额	余额	天数	累计积数
月	日						
9	21	承前页			3 200		
9	30	转账收入		3 000			
10	25	现金支取	1 000				
11	3	现金存入		8 000			
11	25	转账支取	2 500				
12	18	转账支取	500				
12	20	结息					
12	21	转存利息					

第三章

贷款与贴现业务核算

本章学习目标

1. 熟知金融企业金融资产的“三分类”概念及管理要求；
2. 理解银行贷款的种类和各种贷款的初始计量和后续计量方法；
3. 掌握贷款损失准备的计提方法和会计处理；
4. 掌握贴现业务的基本流程和各环节的会计核算。

第一节　商业银行贷款业务概述

贷款是指银行以还本付息为条件，将一定数量的货币资金提供给借款人使用的一种资金运用方式。

商业银行用信用方式汇集的资金来源形成银行的负债和所有者权益，然后以信用的方式加以运用形成银行资产。其中以还本付息为条件，将一定数量的货币资金提供给借款人使用就形成了商业银行的贷款资产。传统上贷款一直是银行的主要资产。虽然近年来国际银行业的转型正在发生着从业务种类到盈利模式各方面的变革，但贷款仍旧是我国商业银行重要的资产业务之一，也是银行利润来源的主要途径之一。作为典型银行金融资产，贷款的会计处理也随着资本市场的发展和金融创新的深化不断完善。本章对贷款业务的会计核算以财政部于2017 年 3 月 31 日发布的《企业会计准则第 22 号——金融工具确认和计量》《企业会计准则第 23 号——金融资产转移》《企业会计准则第 24 号——套期会计》和 2017 年 5 月 2 日发布的《企业会计准则第 37 号——金融工具列报》等准则（以下简称新金融工具相关会计准则）为依据展开介绍。

一、金融资产的分类

按照《企业会计准则第 22 号——金融工具确认和计量》规定，金融企业应该根据其管理金融资产的业务模式和金融资产的合同现金流特征两个判断依据，对金融资产进行分类。企业管理金融资产的业务模式，是指企业如何管理其金融资产以产生现金流量。业务模式决定企业所管理金融资产现金流量的来源是收取合同现金流量、出售金融资产赚取价差还是两者兼有。金融资产的合同现金流量特征，是指金融工具合同约定的、反映相关金融资产经济特征的现金流量属性。分类为以摊余成本计量的金融资产的合同现金流量特征，应当与基本借贷安排相一致，即相关金融资产特定日期产生的合同现金流量仅为收回的本金和以未偿付本金金额为基础收取的利息。其中，本金是指金融资产在初始确认时的公允价值；利息包括对货币时间价值、与特定时期未偿付本金金额相关的信用风险，以及其他基本借贷风险、成本和利润率的对价。

1. 以摊余成本计量的金融资产。金融资产同时满足下列条件的，应当分类为以摊余成本计量的金融资产：

（1）企业管理该金融资产的业务模式是以收取合同现金流量为目标；

（2）该金融资产的合同条款规定，在特定日期产生的现金流量，仅为收回的本金和以未偿付本金金额为基础收取的利息。

2. 以公允价值计量且其变动计入其他综合收益的金融资产。金融资产同时满足下列条件的，应当分类为以公允价值计量且其变动计入其他综合收益的金融资产：

（1）企业管理该金融资产的业务模式既以收取合同现金流量为目标又以出售该金融资产为目标；

（2）该金融资产的合同条款规定，在特定日期产生的现金流量，仅为收回的本金和以未偿付本金金额为基础收取的利息。

3. 以公允价值计量且其变动计入当期损益的金融资产。对于既不能确定为以摊余成本计量的金融资产也不能确认为以公允价值计量且其变动计入其他综合收益的金融资产，则确认为以公允价值计量且其变动计入当期损益的金融资产（股票投资）。

根据以上分类原则，商业银行的贷款应该归入第一类以摊余成本计量的金融资产。

二、贷款的分类

银行贷款合同要素安排的不同产生了不同的贷款种类，会计核算上为了能够满足银行对贷款管理的要求，从不同的角度对贷款进行分类，并分门别类地进行核算。

（一）按借款期限分

1. 短期贷款，是指借款期在 1 年以内（包含 1 年）的工商企业流动资金贷款，包括季节性贷款、临时贷款等。

2. 中长期贷款，是指贷款期限在 1 年以上的贷款。由于中长期贷款不具有自动清偿的性质，只能通过企业的收益或借新债来偿还，因此贷款风险较大。银行在发放这类贷款时，要进行详细的信用分析。

（二）按贷款保障方式分

1. 信用贷款，是指银行完全凭借客户的信誉而无须提供抵押物或第三者保证而发放的贷款。这类贷款一般只贷给信誉好的大公司。

2. 保证贷款，是指由借贷双方之外的第三人以书面保证形式向贷款人承诺，当借款人不能如期偿还贷款时，由其承担未清偿贷款本金、利息的第三人信用担保贷款。

3. 抵押贷款，是指以借款人或第三人的不动产、动产和土地使用权作为抵押物抵押给银行而发放的贷款。

（三）按贷款目的分

1. 房地产贷款，是指由不动产做抵押，如土地、楼房和其他建筑物，而发放的贷款，包括为建筑和土地开发提供的短期贷款以及为购买农田、住宅、公寓、商业建筑物和国外不动产融资提供的长期贷款。

2. 金融机构贷款，是指对银行、保险公司、财务公司和其他金融机构的贷款。

3. 农业贷款，是指面向农牧业用于支持和帮助农作物的播种收获与饲养照料牲畜的贷款。

4. 工商业贷款，是指发放给企业，用于购买存货、付税和发放薪水的贷款。

5. 个人贷款，是指为支付个人费用的贷款，如购买汽车、房屋、电器和其他零售物品的贷款；用于修理和改善住宅的贷款以及其他支付医疗保健或其他个人费用的贷款。

其中，个人贷款按照用途可以大致细分为以下几类。

（1）个人住房消费贷款，是指金融机构向城镇购买、建造、大修各类型住房的自然人发放的贷款。

（2）汽车消费贷款，是指金融机构对在特约经销商处购买汽车的借款人发放的担保贷款。

（3）个人耐用消费品贷款，是指银行向借款人发放的用于支付其购买耐用消费品的人民币贷款。耐用消费品指单价在 2 000 元以上，正常使用寿命在 2 年以上的家庭耐用商品（住房、汽车除外）。

（4）个人助学贷款，是指金融机构对大专院校学生或其直系亲属发放的人民币担保贷款，主要用于支付学生在校的学费和生活费。

（5）旅游消费贷款，是指金融机构向客户发放的用于旅游度假消费的贷款。

（四）按贷款质量分类

现阶段已经普遍根据贷款风险程度按五级分类法，将贷款划分为正常、关注、次级、可疑、损失五种质量等级。

1. 正常类贷款是指借款人能够履行合同，有充分把握按时足额偿还本息的贷款。

2. 关注类贷款是指尽管借款人目前有能力偿还贷款本息，但是存在一些可能对偿还产生不利影响因素的贷款。

3. 次级类贷款是指借款人的还款能力出现了明显问题，依靠其正常收入已无法保证足额偿还本息的贷款。

4. 可疑类贷款是指借款人不能足额偿还本息，即使执行抵押或担保也肯定要造成一部分损失的贷款。

5. 损失类贷款是指银行在采取所有可能的措施和一切必要的法律程序之后，贷款本息仍然无法收回或只能收回极少部分的贷款。

五级贷款质量分类法的优点是它能充分揭示贷款的实际值和风险程度，同时能真实、全面、动态地反映贷款的不同质量状况，还能够及时发现银行贷款在发放、管理、监控、催收等诸环节存在的问题。

除以上常用的几种贷款分类方法外，实务中还有按贷款经营方式分为自营贷款和委托贷款；按计算方式分为固定利率贷款和浮动利率贷款；按贷款人主体数量分为单一贷款和银团贷款；按贷款币种分为人民币（或本币）贷款和外币贷款。

三、贷款业务会计科目的设置

商业银行对贷款业务核算涉及的会计科目主要有“贷款”“利息收入”“应收利息”“贷款损失准备”“抵债资产”等，各科目及核算内容如表 3－1 所示。

表 3－1　　贷款业务会计核算涉及的主要会计科目及核算内容

<table>
<tr><th colspan="2">科目名称</th><th>核算内容</th></tr>
<tr><td rowspan="4">资产类</td><td>贷款</td><td>核算金融企业（银行）按规定发放的各种客户贷款，包括质押贷款、抵押贷款、保证贷款、信用贷款等。本科目可按贷款类别、客户，分“本金”“利息调整”“已减值”等项目进行明细核算</td></tr>
<tr><td>应收利息</td><td>核算金融企业发放贷款、存放中央银行款项、拆出资金、买入返售金融资产等应收取的利息。本科目可按借款人进行明细核算</td></tr>
<tr><td>贷款损失准备</td><td>核算金融企业（银行）计提的减值准备</td></tr>
<tr><td>抵债资产</td><td>核算金融企业依法取得并准备按有关规定处置的实物抵债资产的成本。本科目可按抵债资产类别及借款人进行明细核算</td></tr>
<tr><td rowspan="2">损益类</td><td>信用减值损失</td><td>核算企业按《企业会计准则第 22 号——金融工具确认和计量》要求计提的各项金融工具减值准备所形成的预期信用损失</td></tr>
<tr><td>利息收入</td><td>核算金融企业确认的利息，包括发放的各类贷款、与其他金融机构之间发生的资金往来业务、买入返售金融资产实现的利息收入。本科目可按业务类别进行明细核算</td></tr>
</table>

四、贷款的确认与计量

（一）贷款的初始确认与计量

根据《企业会计准则第 22 号——金融工具确认和计量》，金融企业成为金融工具合同一方时，应当确认一项金融资产或金融负债。因此当商业银行向借款人贷款并获得收取本金和利息的权利时，应将贷款确认为商业银行的金融资产，归为“以摊余成本计量的金融资产”类。在初始确认贷款时银行应当按照公允价值计量，相关交易费用计入初始确认金额。

这里的交易费用，是指可直接归属于购买、发行或处置金融工具的增量费用。增量费用是指企业没有发生购买、发行或处置相关金融工具的情形就不会发生的费用，包括支付给代理机构、咨询公司、券商、证券交易所、政府有关部门等的手续费、佣金、相关税费以及其他必要支出，不包括债券溢价、折价、融资费用、内部管理成本和持有成本等与交易不直接相关的费用。企业会计准则将交易费用计入贷款的初始确认金额，使资产更能体现直接的相关成本；将包括交易费用在内的溢折价在存续期内按照实际利率进行摊销，使资产的期末价值更接近实际。

（二）贷款的后续计量

贷款属于"以摊余成本计量的金融资产"，其后续计量应当采用实际利率法计算其摊余成本及各期利息收入。

实际利率法是指计算金融资产或金融负债的摊余成本以及将利息收入或利息费用分摊计入各会计期间的方法。

1. 摊余成本的计算。贷款的摊余成本应该在初始确认金额的基础上经过若干项目的调整，具体计算公式为

摊余成本＝初始确认金额－扣除已偿还的本金＋（－）采用实际利率法将该初始确认金额与到期日金额之间的差额进行摊销形成的累计摊销额－累计计提的损失准备

2. 实际利率的确定。实际利率是指将金融资产或金融负债在预计存续期的估计未来现金流量，折现为该金融资产账面余额或该金融负债摊余成本所使用的利率。在确定实际利率时，银行应当在考虑金融资产或金融负债所有合同条款（如提前还款、展期、看涨期权或其他类似期权等）的基础上估计预期现金流量，但不应当考虑预期信用损失。

实际利率应在取得贷款时确定，在该贷款预期存续期间或适用的更短期间内保持不变。

其计算公式为

$$V = \frac{CF_1}{(1+R)^1} + \frac{CF_2}{(1+R)^2} + \cdots + \frac{CF_t}{(1+R)^t} = \sum_{i=1}^{t} \frac{CF_i}{(1+R)^t}$$

其中，V 表示贷款当前账面价值，R 表示实际利率，CF_i 表示预计未来各期的现金流量，t 表示贷款的预期存续期间或适用的更短期间。

由该公式可知，影响实际利率的因素有预期未来现金流量、贷款当前账面价值及计息期。

3. 当期实际利息收入的确定。金融企业应当按照实际利率法确认利息收入。利息收入应当根据贷款账面余额乘以实际利率计算确定。用公式表示为

各期利息收入 ＝ 贷款账面余额 × 实际利率

但下列情况除外：

（1）对于购入或源生的已发生信用减值的贷款，企业应当自初始确认起，按照该贷款的摊余成本和经信用调整的实际利率计算确定其利息收入。

（2）对于购入或源生的未发生信用减值，但在后续期间成为已发生信用减值的贷款，企业应当在后续期间，按照该贷款的摊余成本和实际利率计算确定其利息收入。

（3）企业按照上述规定对贷款的摊余成本运用实际利率法计算利息收入时，若该贷款在后续期间因其信用风险有所改善而不再存在信用减值，并且这一改善在客观上可与

应用上述规定之后发生的某一事件相联系（如债务人的信用评级被上调），企业应当转按实际利率乘以该贷款资产账面余额来计算确定利息收入。

4. 贷款损失准备的计提。我国金融企业应当以预期信用损失为基础，对贷款进行减值会计处理并确认损失准备。

> 损失准备是指金融资产、租赁应收款和合同资产的预期信用损失计提的准备。
> 预期信用损失是指以发生违约的风险为权重的金融工具信用损失的加权平均值。
> 信用损失是指企业按照原实际利率折现的、根据合同应收的所有合同现金流量与预期收取的所有现金流量之间的差额，即全部现金短缺的现值。

金融企业应当在每个资产负债表日评估相关贷款的信用风险自初始确认后是否已显著增加，并按照下列情形分别计量其损失准备、确认预期信用损失及其变动。

（1）如果该贷款的信用风险自初始确认后已显著增加，企业应当按照相当于该贷款整个存续期内预期信用损失的金额计量其损失准备。由此形成的损失准备的增加或转回金额，应当作为减值损失或利得计入当期损益。

（2）如果该贷款的信用风险自初始确认后并未显著增加，企业应当按照相当于该贷款未来12个月内预期信用损失的金额计量其损失准备。由此形成的损失准备的增加或转回金额，应当作为减值损失或利得计入当期损益。

未来12个月内预期信用损失，是指因资产负债表日后12个月内（若金融工具的预计存续期少于12个月，则为预计存续期）可能发生的金融工具违约事件而导致的预期信用损失，是整个存续期预期信用损失的一部分。

需要注意的是，对于金融企业购买或源生的已发生信用减值的贷款，应按照该贷款经信用调整的实际利率折现计算信用损失。由于预期信用损失考虑付款的金额和时间分布，因此即使企业预计可以全额收款但收款时间晚于合同规定的到期期限，贷款也会产生信用损失。

（三）贷款的终止确认

> 金融资产终止确认是指企业将之前确认的金融资产从其资产负债表中予以转出。

贷款在满足以下条件之一时终止确认：（1）收取该贷款现金流量的合同权利终止；（2）该贷款已转移，且符合《企业会计准则第23号——金融资产转移》规定的金融资产终止确认条件。因此，当金融企业转移了贷款资产所有权上几乎所有风险和报酬的时候，就应该在会计处理上终止确认该项贷款资产。在终止确认时，被转移贷款在终止确认日的账面价值与因转让贷款而收到的对价之间的差额计入当期损益。

【专栏3-1】　　新金融工具相关会计准则的主要内容

随着我国多层次资本市场的建设、金融创新的发展和对外开放的深化，金融工具会计处理实务出现了一些新情况和新问题。比如，现行金融工具分类和计量过于复杂，主观性强，影响金融工具会计信息的可比性；金融资产转移的会计处理过于原则，对金融资产证券化等会计实务指导不够；套期会计与企业风险管理实务脱节等。尤其是2008年国际金融危机发生后，上述金融工具会计问题凸显，国际会计准则理事会对金融工具国际财务报告准则进行了较大幅度的修订，并于2014年7月发布了《国际财务报告准则第9号——金融工具》，于2018年1月1日生效。

为切实解决我国企业金融工具相关会计实务问题，实现我国企业会计准则与国际财务报告准则的持续全面趋同，按照《中国企业会计准则与国际财务报告准则持续趋同路线图》的要求，财政部借鉴《国际财务报告准则第9号——金融工具》并结合我国实际情况和需要，2017年3月31日修订发布了《企业会计准则第22号——金融工具确认和计量》《企业会计准则第23号——金融资产转移》《企业会计准则第24号——套期会计》等三项金融工具会计准则（以下简称新金融工具相关会计准则或新准则）。

本次金融工具相关会计准则的修订，涉及内容较多，主要包括以下几个方面。

（一）金融资产分类由现行“四分类”改为“三分类”

现行金融工具确认和计量准则按照持有金融资产的意图和目的将金融资产分为四类（即以公允价值计量且其变动计入当期损益的金融资产、持有至到期投资、贷款和应收款项、可供出售金融资产），分类较为复杂，存在一定的主观性，在一定程度上影响了会计信息的可比性。新修订的金融工具确认和计量准则规定以企业持有金融资产的“业务模式”和“金融资产合同现金流量特征”作为金融资产分类的判断依据，将金融资产分类为以摊余成本计量的金融资产、以公允价值计量且其变动计入其他综合收益的金融资产以及以公允价值计量且其变动计入当期损益的金融资产三类，减少了金融资产类别，提高了分类的客观性和会计处理的一致性。

（二）金融资产减值会计由“已发生损失法”改为“预期损失法”

现行金融工具确认和计量准则对于金融资产减值的会计处理采用的是“已发生损失法”，即只有在客观证据表明金融资产已经发生损失时，才对相关金融资产计提减值准备。新修订的金融工具确认和计量准则将金融资产减值会计处理由“已发生损失法”修改为“预期损失法”，要求考虑金融资产未来预期信用损失情况，从而更加及时、足额地计提金融资产减值准备，便于揭示和防控金融资产信用风险。

（三）套期会计更加如实地反映企业的风险管理活动

现行的套期会计准则对套期会计规定了严格的适用条件，导致实务中企业开展的大量套期业务无法通过套期会计在财务报表中予以反映。新修订的套期会计准则更加强调套期会计与企业风险管理活动的有机结合，在拓宽套期工具和被套期项目的范围、以定性的套期有效性要求取代现行准则的定量要求、允许通过调整套期工具和被套期项目的数量实现套期关系的“再平衡”等方面实现诸多突破，从而有助于套期会计更好地反映企业的风险管理活动。

资料来源：《财政部会计司有关负责人就新金融工具相关会计准则的修订完善和发布实施答记者问》，http：//kjs. mof. gov. cn/zhengcejiedu/201704/t20170406_ 2576243. html。

第二节　贷款业务的会计核算

一、信用贷款的核算

信用贷款是指商业银行仅凭借款人的信誉而发放的，不需要提供担保的贷款。信用贷款一般采用逐笔核贷的会计核算方式。

（一）信用贷款发放的核算

借款人向银行申请贷款时，应向银行信贷部门提交相关贷款审批资料，经银行信贷部门审核批准后，双方商定贷款的额度、期限、用途和利率等，并签订符合《合同法》的借款合同。借款合同签订后，借款人填写一式五联借款凭证，在第一联凭证上加盖预留银行印鉴，由信贷部门在借款凭证上加注贷款编号、贷款种类、贷款期限、贷款利率等项目，加盖“贷款审查发放专用章”后，送会计部门凭以办理贷款的发放手续。

商业银行按当前市场条件发放的贷款，在初始确认贷款时应当按照公允价值计量，相关交易费用计入初始确认金额，会计分录如下：

借：贷款——本金（贷款的合同本金）

借或贷：贷款——利息调整（借、贷方差额）

　贷：吸收存款（实际支付的金额）

［**例 3-1**］某银行于 2023 年 1 月 1 日向其开户单位武义设备公司发放 1 年期贷款，合同本金为 500 万元，合同约定年利率为 7%，每季度收息一次。贷前调查过程中因聘请中介机构对该企业的信用等级及偿债能力进行评价，某银行向在本行开户的德律公司支付咨询费 50 000 元。编制会计分录如下：

借：贷款——本金	5 000 000	
贷款——利息调整	50 000	
贷：吸收存款——活期存款（武义设备公司）		5 000 000
吸收存款——活期存款（德律公司）		50 000

（二）信用贷款的后续计量与核算

每当资产负债表日，银行应该采用实际利率法，按照摊余成本对贷款进行后续计量。对正常贷款按照贷款账面余额与实际利率的乘积计算当期的利息收入；实际利率与合同利率差异较小的，也可以采用合同利率计算确定当期利息收入，并根据合同本金和合同利率计算确定当期应收未收利息。编制如下会计分录：

借：应收利息

借或贷：贷款——利息调整

　贷：利息收入

［**例 3-2**］某银行于 2023 年 1 月 1 日向 A 公司发放信用贷款，期限 5 年，合同本金为 1 250 万元，实际发放贷款 1 000 万元，合同年利率为 4.72%，按年计提利息，采用

实际利率法，到期一次收回本息。

2023 年 1 月 1 日发放贷款时计算实际利率。

$$V = \frac{CF_1}{(1+R)^1} + \frac{CF_2}{(1+R)^2} + \cdots + \frac{CF_t}{(1+R)^t} = \sum_{i=1}^{t} \frac{CF_i}{(1+R)^t}$$

$$10\ 000\ 000 = \frac{15\ 450\ 000}{(1+R)^5}$$

$$R = 9.09\%$$

某银行采用实际利率法计算利息收入和贷款摊余成本的过程如表 3－2 所示。

表 3－2　　实际利率法计算利息收入和贷款摊余成本　　单位：万元

年份	期初账面余额 a	实际利息收入 $b=a\times 9.09\%$	现金流入 c	期初账面余额 $d=a+b-c$
2023 年 12 月 31 日	1 000	90.90	0	1 090.90
2024 年 12 月 31 日	1 090.90	99.17	0	1 190.07
2025 年 12 月 31 日	1 190.07	108.18	0	1 298.25
2026 年 12 月 31 日	1 298.25	118.01	0	1 416.26
2027 年 12 月 31 日	1 416.26	128.74*	1 545	0

注：* 考虑了小数点尾差，最后一年的实际利息费用采用倒挤法计算，1 545－1 416.26＝128.74（万元）。

相关会计分录为：

(1) 2023 年 1 月 1 日发放贷款时：

借：贷款——本金　　12 500 000

　贷：吸收存款——单位活期存款——A 公司　　10 000 000

　　　贷款——利息调整　　2 500 000

(2) 2023 年 12 月 31 日，计提利息时：

借：应收利息　　590 000

　　贷款——利息调整　　319 000

　贷：利息收入——贷款利息收入　　909 000

(3) 2024 年 12 月 31 日，计提利息时：

借：应收利息　　590 000

　　贷款——利息调整　　401 700

　贷：利息收入——贷款利息收入　　991 700

(4) 2025 年 12 月 31 日，计提利息时：

借：应收利息　　590 000

　　贷款——利息调整　　491 800

　贷：利息收入——贷款利息收入　　1 081 800

(5) 2026 年 12 月 31 日，计提利息时：

借：应收利息　　590 000

贷款——利息调整　　590 100

贷：利息收入——贷款利息收入　　1 180 100

（6）2027 年 12 月 31 日，计提利息时：

借：应收利息　　590 000

贷款——利息调整　　697 400

贷：利息收入——贷款利息收入　　1 287 400

（7）2028 年 1 月 1 日，收回贷款本息时：

借：吸收存款——单位活期存款——A 公司　　15 450 000

贷：贷款——本金　　12 500 000

应收利息　　2 950 000

（三）信用贷款收回的核算

1. 贷款到期正常收回的核算。借款人出具支付凭证主动还款时，柜员审核无误后使用相关交易收回应偿还贷款，打印贷款还款记账凭证、贷款还款通知单，贷款还款通知单第一联作记账凭证传票，第二联交借款人。同时，系统自动将到期日应收利息的应有余额与现有余额进行比较，并将差额部分予以补提，收取本息。其会计分录为：

借：吸收存款——单位或个人活期存款——××户

贷：贷款——本金

应收利息——××户（前期应收未收利息）

利息收入——贷款利息收入（本期利息）

[例 3－3] 某银行 2023 年 3 月 20 日向开户企业 A 公司发放信用贷款 100 000 元，期限 3 个月，合同利率为 4.32%，到期一次收回本息。银行按月计提利息，采用合同利率法，则银行应编制会计分录如下。

（1）2023 年 3 月 20 日发放贷款时：

借：贷款——本金　　100 000

贷：吸收存款——单位活期存款——A 公司　　100 000

（2）2023 年 3 月 31 日按合同利率计算应收利息时：

$$应收利息 = 100\ 000 \times 12 \times 4.32\% \div 360 = 144（元）$$

借：应收利息——A 公司　　144

贷：利息收入——贷款利息收入　　144

2023 年 4 月 30 日和 5 月 31 日计算应收利息时：

$$应收利息 = 100\ 000 \times 4.32\% \div 12 = 360（元）$$

借：应收利息——A 公司　　360

贷：利息收入——贷款利息收入　　360

（3）2023 年 6 月 20 日到期收回本息时：

借：吸收存款——单位活期存款——A 公司　　101 080

贷：贷款——本金　　100 000

应收利息——A 公司　　864（144＋360＋360）

利息收入——贷款利息收入　　　　216（100 000×3×4.32%÷12－864）

2. 贷款展期的核算。借款人因故不能按期归还贷款时，短期贷款必须在到期日之前，中长期贷款必须在到期日之前1个月，由借款人填具一式三联“贷款展期申请书”，向信贷部门提出展期申请。每笔贷款只能展期一次，短期贷款展期不得超过原贷款的期限，中长期贷款展期不得超过原贷款期限的一半，最长不得超过3年。对展期贷款，全部以展期之日公告的贷款利率为计息利率。信贷部门审查展期申请同意后，应在展期申请书上签注意见，一联留存备查，其余两联作为贷款展期通知交会计部门办理贷款展期手续。

会计部门接到贷款展期申请书，对相关内容进行审查无误后，在贷款分户账及借据上注明展期还款日期及利率，同时，将一联贷款展期申请书加盖业务公章后退借款人收存，另一联贷款展期申请书附在原借据之后，按展期后的还款日期排列保管，无须办理转账手续。

3. 逾期贷款的核算。贷款到期，借款单位未事先向商业银行申请办理展期手续，或申请展期未获得批准，或者已经办理展期，但展期到期日仍未归还贷款的，即作为逾期贷款。商业银行应将该贷款转入该单位逾期贷款户，会计分录如下：

借：贷款——逾期贷款——××单位户

　贷：贷款——信用贷款——××单位户

或者使用红字冲销法：

借：贷款——逾期贷款——××单位户（蓝字）

　贷：贷款——信用贷款——××单位户（红字）

对于逾期贷款，从逾期之日起至款项还清前一日止，银行除按规定利率计息外，还应按实际逾期天数和人民银行规定的罚息率计收罚息。

二、担保贷款的核算

担保贷款是指银行以法律规定的担保方式作为还款保障而发放的贷款。担保贷款依担保方式的不同，又可以分为保证贷款、抵押贷款和质押贷款。担保贷款到期，若借款人不能按期归还贷款，应由保证人履行债务偿付责任或以财产拍卖、变卖的价款偿还贷款。

（一）保证贷款的核算

保证贷款是指按《中华人民共和国民法典》规定的保证方式，以第三人承诺在借款人不能偿还贷款时，按约定承担一般保证责任或连带责任而发放的贷款。

借款人申请保证贷款，应提交借款申请书和其他银行要求的相关资料，同时还应向银行提供保证人情况及保证人同意保证的有关证明文件，担保人承担了保证偿还借款的责任后，还应开具“贷款担保意向书”。

银行信贷部门要对保证人的资格和经济担保能力进行认真的审查核实。重点审核保证人的法人资格、经济效益和信用履历情况，从而避免因担保人无力担保或无意承担担保责任而使贷款产生损失。审核符合出贷要求后，银行要同借款人（被担保人）、担保人三方签订合法完整的借款合同、担保合同，明确各方责任。

保证贷款出贷后，银行和保证人应共同监督借款人按合同规定使用贷款和按期偿还贷款。贷款到期后，如果借款人按时还本付息，借款合同和担保合同随即解除，如果借款人无力偿还贷款本息，银行可通知担保人代偿。

保证贷款发放与收回的核算手续与信用贷款基本相同。只是当借款人无力偿还贷款本息时，银行应根据保证合同或借款合同向保证人收取贷款本息和逾期罚息。

（二）抵押贷款和质押贷款的核算

1. 抵押贷款的核算。抵押贷款是指按《中华人民共和国民法典》规定的抵押方式，以借款人或第三人的财产作为抵押物而发放的贷款。抵押贷款中可以作为抵押物的财产如下：

（1）抵押人所有的房屋和其他地面附着物；

（2）抵押人所有的机器、交通运输工具和其他财产；

（3）抵押人依法有权处置的国有土地使用权、房屋和其他地面附着物；

（4）抵押人依法有权处置的国有机器、交通运输工具和其他财产；

（5）抵押人依法承包并经发包方同意抵押的荒山、荒丘、荒滩等荒地的土地使用权；

（6）抵押人依法可以抵押的其他财产。

抵押人可以其中一种、某几种或全部财产作抵押，但法律、法规禁止转让的国有土地所有权、自然资源和文物，金银及其制品，医院、学校、幼儿园等福利设施，对所有权有争议的财产和非借款人所有的财产以及依法被查封、扣押、监管的财产不能作为抵押品。若借款人到期不能偿还贷款本息，银行有权依法处置其抵押品，并从所得价款中优先收回贷款本息。

抵押贷款中流动资金贷款最长不超过 1 年，固定资产贷款一般为 1～3 年（最长不超过 5 年）。抵押贷款不是按抵押物价值金额予以发放，而是按一定比例进行折扣，一般按抵押品现值的 50%～70% 确定贷款金额。抵押贷款应到期归还，一般不得展期。

2. 质押贷款的核算。质押贷款是指按《中华人民共和国民法典》规定的质押方式，以借款人或第三人的动产或权利作为质物而发放的贷款。质押贷款的发放，必须以质物为基础。质物可以是出质人的动产，也可以是出质人的权利。

以动产作质押的，必须将动产移交发放贷款的银行，并订立质押合同。可以作为质押的权利包括：汇票、支票、本票、债券、存款单、仓单和提货单；依法可转让的股份、股票；依法可转让的商标专用权、专利权、著作权中的财产权及可质押的其他权利。其中，以汇票、支票、本票、债券、存款单、仓单和提货单作质物的，应当在合同约定的期限内将权利凭证交付发放贷款的银行；以依法可以转让的股票作质物的，应向证券登记机构办理出质登记；以依法可以转让的商标专用权、专利权、著作权中的财产权作质物的，应向其管理部门办理出质登记。

3. 会计核算。抵押贷款和质押贷款发放及收回的核算与信用贷款相同，只是要对抵押物（质物）进行表外核算。贷款到期，若借款人不能归还贷款，银行可以处置抵押物或质物所得的价款收回贷款本息。

当发放贷款时，对抵押物（质物）进行详细登记，并列入表外科目核算，编制会计分录如下：

收入：待处理抵押品（质物）——××户

抵（质）押贷款收回时：

付出：待处理抵押品（质物）——××户

信贷部门应及时到有关部门解除抵押登记。

三、贷款损失准备的核算

商业银行经营的特殊性决定了其面临着较其他行业更大的风险，因此，在会计核算上，出于谨慎性原则，新金融工具相关会计准则要求考虑金融资产未来预期信用损失情况，以“预期损失模型”替代“已发生损失模型”，从而更加及时、足额地计提金融资产减值准备，加强防控金融资产的信用风险。

【案例分析3-1】　　信用风险显著增加

乙公司的融资结构包括不同分级的优先级担保贷款额度。甲银行为乙公司提供了其中一项分级贷款。尽管在发放该笔贷款时，乙公司的杠杆率相较于其他具有相似信用风险的发行人更高，但甲银行预计乙公司在该工具的存续期内能够满足贷款约定。此外，甲银行预计在该优先级贷款存续期内乙公司所属行业产生的收入和现金流是稳定的。然而，在提高现有业务毛利率的能力方面，仍然存在一定的商业风险。

自初始确认后，宏观经济波动对销售总量产生了不利影响，乙公司生成的收入和现金流低于其经营计划。尽管已经增加了对清理库存的投入，乙公司仍然没有实现预期的销售。为了增加流动性，乙公司已经动用了另一循环信用额度，从而导致其杠杆率升高。因此，乙公司现在已经处于对甲银行优先级担保贷款违约的边缘。

分析：初始确认时，考虑到初始确认时的信用风险水平，该贷款不符合《企业会计准则第22号——金融工具确认和计量》（CAS22—2017）中对已发生信用减值的金融资产的定义，因此甲银行认为其不属于源生的已发生信用减值的贷款。

甲银行在报告日对乙公司进行了总体信用风险评估，全面考虑了自初始确认后，所有与信用风险增加程度的评估相关的，无须付出不必要的额外成本或努力即可获得合理且有依据的信息。这些信息可能包括以下因素。

（1）甲银行预计宏观经济环境近期将继续恶化，并对乙公司生成现金流和去杠杆化的能力产生进一步的负面影响。

（2）乙公司离违约越来越近，可能会导致需要重组贷款或者调整合约。

（3）甲银行评估发现，乙公司债券的交易价格已下降，且新发放贷款的信用保证金已经提高以反映其信用风险的增加，而这些变化与市场环境的变化无关（如基准利率保持不变）。甲银行进一步与乙公司同行的价格进行比较，发现乙公司债券价格的下跌以及其贷款信用保证金的提高，很可能是由公司特有的因素造成的。

(4) 甲银行根据反映信用风险增加的可用信息，重新评估了该贷款的内部风险评级。

甲银行认为，按照 CAS22—2017 的规定，乙公司贷款自初始确认后信用风险已经显著增加。因此，甲银行对乙公司的优先级担保贷款确认了整个存续期预期信用损失。即使甲银行尚未调整该贷款的内部风险评级，结论依然如此——是否调整风险评级本身，并不是确定自初始确认后信用风险是否显著增加的决定性因素。

（一）计提贷款损失准备的核算

银行对由自身承担风险和损失的资产应当在每个资产负债表日评估各类贷款的信用风险，按照信用风险自初始确认后是否已显著增加，分别计量其损失准备、确认预期信用损失及其变动，计入当期损益。编制会计分录如下：

借：资产减值损失——贷款损失准备金户

　贷：信用损失准备

同时，

借：贷款——已减值

　贷：贷款——本金

　　　应收利息——××户（若此时存在应收未收利息时）

借或贷：贷款——利息调整

（二）已减值贷款利息的核算

在资产负债表日对后续期间成为已发生信用减值的贷款，金融企业应当在后续期间，按照该贷款的摊余成本和实际利率计算确定其利息收入。

由于减值贷款仍然具有时间价值，对减值贷款仍应继续确认利息收入。考虑到减值贷款的利息收入难以实现，在确认时，以冲销已计提的贷款损失准备的方式进行，将应收利息纳入表外科目核算。

借：贷款损失准备

　贷：利息收入——贷款利息收入　　　　　　（期初摊余成本×实际利率）

收入：应收未收利息——××户

已发生减值的贷款如以后又收到利息，则于收到时，按实际收到的金额记录：

借：吸收存款——活期存款——××户

　贷：贷款——已减值

（三）减值贷款价值恢复的核算

金融企业在前一会计期间已经按照相当于贷款合同整个存续期内预期信用损失的金额计量了损失准备，但在当期资产负债表日，该贷款合同已不再属于自初始确认后信用风险显著增加的情形的，企业应当在当期资产负债表日按照相当于未来 12 个月内预期信用损失的金额计量该贷款合同的损失准备，由此形成的损失准备的转回金额应当作为减值利得计入当期损益。会计分录为：

借：贷款损失准备

  贷：信用减值损失——贷款损失准备金户

（四）收回减值贷款的核算

借：吸收存款——活期存款——××户

  贷款损失准备

  贷：贷款——已减值信用

    资产减值损失——贷款损失准备金户

同时，销记表外登记的应收未收利息，其会计分录为：

付出：应收未收利息——××户

（五）贷款核销的核算

银行对符合条件的贷款损失经批准核销后，冲减已计提的相关贷款损失准备。

按法定程序核销贷款时，编制会计分录如下：

借：贷款损失准备

  贷：贷款——已减值

按管理权限报经批准后转销表外应收未收利息，减少表外“应收未收利息”账户金额。

付出：应收未收利息——××户

（六）已核销的贷款又收回的核算

已核销的资产损失，以后又收回的，其核销的相关贷款损失准备予以转回。已核销的贷款收回金额超过本金的部分，计入利息收入等。转回的贷款损失准备作增加当期损益处理。

借：贷款——已减值　　　　（原核销的已减值贷款余额）

  贷：贷款损失准备

借：吸收存款——××户（实际收到的金额）

  贷款损失准备（账面余额）

  贷：贷款——××贷款——××户（已减值）　　（原核销的已减值贷款余额）

借或贷：信用减值损失——贷款准备支出

[例3-4] 2023年1月1日，某银行向A企业发放了一笔信用贷款8 000万元，A企业实际收到款项7 514万元，贷款合同年利率为10%，期限4年，利息按年收取，A企业到期一次偿还本金，该贷款实际利率为12%。2023年末经测算未计提贷款损失准备。

2024年12月31日，银行认定该贷款的信用风险自初始确认后已显著增加，未收到当年应收利息并按照该贷款整个存续期内预期信用损失的金额计量其损失准备4 275.73万元。

2025年12月31日，银行按照该贷款整个存续期内预期信用损失的金额计量，应计提损失准备100万元，收到的实际利息为200万元。

2026年12月31日，经与A企业协商，银行最终收回贷款6 000万元，假设不考虑

其他因素（以下金额单位均为万元）。则

（1）2023 年 1 月 1 日发放贷款时：

借：贷款——本金　　8 000

　贷：吸收存款——单位活期存款——A 企业　　7 514

　　　贷款——利息调整　　486

2023 年 12 月 31 日摊余成本 = 7 514 ×（1 + 12%）- 800 = 7 615.68(万元)

（2）2024 年 12 月 31 日，计提贷款损失准备。计提贷款损失准备之前，

贷款的摊余成本 = 7 615.68 +（7 615.68 × 12%）= 8 529.56(万元)

借：信用减值损失——贷款准备支出　　4 275.73

　贷：贷款损失准备　　4 275.73

借：贷款——已减值　　8 529.56

　　贷款——利息调整　　270.44

　贷：贷款——本金　　8 000

　　　应收利息　　800

确认减值损失后，

贷款的摊余成本 =8 529.56 -4 275.73 =4 253.83（万元）

（3）2025 年 12 月 31 日，减值后确认利息收入并收到利息：

借：贷款损失准备　　510.46

　贷：利息收入——贷款利息收入　　510.46（4 253.83 ×12%）

借：吸收存款——单位活期存款——A 企业　　200

　贷：贷款——信用贷款——A 企业（已减值）　　200

收入：应收未收利息——A 企业　　800

计提贷款损失准备前，

贷款的摊余成本 = 4 253.83 + 510.46 - 200 = 4 564.29(万元)

（4）2025 年 12 月 31 日，计提贷款损失准备：

借：信用减值损失——贷款准备支出　　100

　贷：贷款损失准备　　100

确认减值损失后，

贷款的摊余成本 = 4 564.29 - 100 = 4 464.29(万元)

（5）2026 年 12 月 31 日，收到 A 企业归还贷款款项：

借：贷款损失准备　　535.71（4 464.29 × 12%）

　贷：利息收入——贷款利息收入　　535.71

借：吸收存款——单位活期存款——A 企业　　6 000

　　贷款损失准备　　3 329.56（4 275.73 -510.46 +100 -535.71）

　贷：贷款——已减值　　8 329.56（8 529.56 -200）

　　　信用减值损失——贷款准备支出　　1 000

付出：应收未收利息——A 企业　　800

第三节 贴现业务核算

贴现也是商业银行非常典型的资产业务。通过票据贴现，持票人可以提前收回垫付于商业信用的资金，而贴现行通过受让票据，获得未到期票据的债权，使商业信用转化为银行信用。它与银行的贷款业务一样都是向借款人融出资金，银行也要计收利息。但是，这两种银行资产业务还是有显著的区别，主要体现在以下几个方面。

贴现是指票据的持票人在票据到期之前，为取得资金，向银行贴付利息而将票据转让给银行，以此融通资金的行为。

一是资金投放对象不同。贴现业务是以商业汇票的持票人为放款对象。而贷款业务是以借款人为对象。

二是体现的信用关系不同。在贴现业务中银行和客户之间是票据转让（票据买卖）关系，贷款业务中两者是借款人与贷款人之间的借贷关系。

三是收取利息的时间不同。贴现业务是在办理贴现时收取利息。贷款则是在发放贷款以后定期收取利息或者到期一次还本付息。

四是还款的追索不同。银行贴现的票据到期，应该向票据的主债务人（承兑人）行使付款请求权（第一请求权），当付款请求权没有得到实现时，再向其前手——贴现申请人追索票款。而贷款到期后，银行应直接向借款人（贷款申请人）收回本息。

五是流动性不同。贴现作为银行资产，在贴现票据到期之前，可以通过转贴现或者再贴现的方式提前变现，回收资金。而贷款一般是按照合同的约定，在贷款到期时才能收回资金。

一、商业汇票贴现的核算

当持票人持未到期的票据向银行申请贴现时，银行柜员收到业务部门传递的票据授权书、贴现票据信息清单及商业汇票等，审核无误后，使用相关交易进行贴现放款，打印贴现凭证（见图 3－1），将第二联交申请人作收账通知，第一联作记账凭证，第三联和商业汇票专夹保管。其会计分录为：

借：贴现资产　　　　　　　　　　　　　　　　　　（贴现票据票面金额）
　贷：吸收存款——单位或个人活期存款——××户　　　　（实付贴现金额）
　　　贴现资产——利息调整　　　　　　　　　　　　　　　（差额）

其中：

实付贴现金额 = 汇票到期值 − 贴现利息

汇票到期值 = 汇票票面金额 + 汇票票面金额 × 期限 × 利率

贴现利息 = 汇票到期值 × 贴现期 × 贴现率

［**例 3－5**］2023 年 5 月 20 日，开户单位甲公司持一张于 2023 年 4 月 30 日签发，2023 年 9 月 5 日到期的银行承兑汇票到 Z 银行申请办理贴现。该汇票承兑人为 G 银行，票据金额为 5 000 000元，Z 银行经审查予以办理。若当时贴现率为 5%，则 Z 银行的会计分录为：

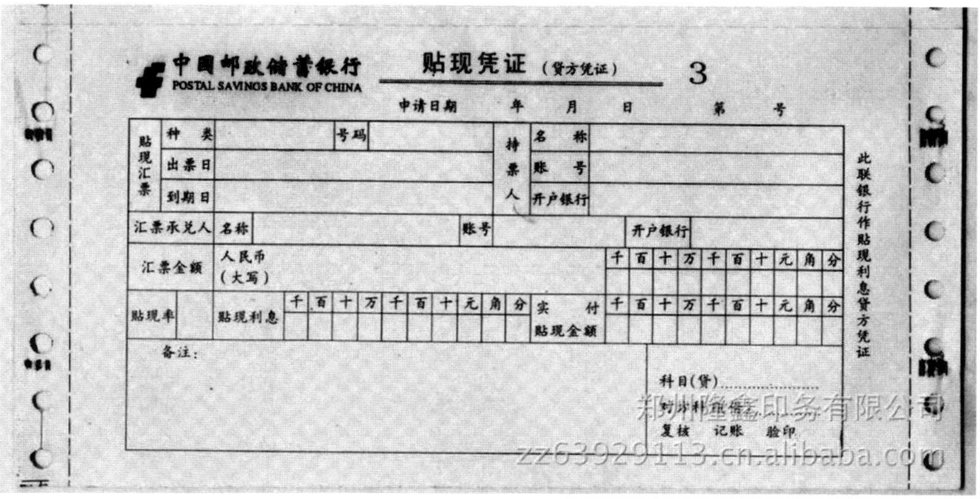

中国邮政储蓄银行 POSTAL SAVINGS BANK OF CHINA

贴现凭证 (贷方凭证)　3

申请日期　年　月　日　第　号

贴现汇票	种类		号码	持票人	名称
	出票日				账号
	到期日				开户银行
汇票承兑人	名称		账号		开户银行
汇票金额	人民币（大写）				千 百 十 万 千 百 十 元 角 分
贴现率		贴现利息	千 百 十 万 千 百 十 元 角 分	实付贴现金额	千 百 十 万 千 百 十 元 角 分

备注：

科目(贷)……

对方科目(借)……

复核　记账　验印

此联银行作贴现利息贷方凭证

图 3－1　贴现凭证样式

$$\text{贴现利息} = 5\ 000\ 000 \times 108 \times 5\% \div 360 = 75\ 000(\text{元})$$

$$\text{实付贴现金额} = 5\ 000\ 000 - 75\ 000 = 4\ 925\ 000(\text{元})$$

借：贴现资产——银行承兑汇票　　5 000 000

　贷：吸收存款——甲公司　　4 925 000

　　　贴现资产——利息调整　　75 000

二、资产负债表日的核算

资产负债表日，银行对贴现利息调整按照实际利率法或采用直线摊销法进行摊销，确认贴现利息收入时，其会计分录为：

借：贴现资产——利息调整

　贷：利息收入——票据贴现利息收入

［**例 3－6**］沿用［例 3－5］，Z 银行在 2023 年 5 月 31 日确认贴现利息收入（采用直线摊销法），摊销利息调整时的会计分录为：

$$\text{当月应确认的利息收入} = 75\ 000 \times 12 \div 108 = 8\ 333.33(\text{元})$$

借：贴现资产——利息调整　　8 333.33

　贷：利息收入——票据贴现利息收入　　8 333.33

【专栏 3－2】《商业汇票承兑、贴现与再贴现管理办法》部分规定

《商业汇票承兑、贴现与再贴现管理办法》已经 2022 年 8 月 24 日中国人民银行 2022 年第 7 次行务会议审议通过和中国银行保险监督管理委员会审签，自 2023 年1 月 1 日起施行。

第三章 贴现和再贴现

第十四条 商业汇票的贴现人应为在中华人民共和国境内依法设立的、具有贷款业务资质的法人及其分支机构。申请贴现的商业汇票持票人应为自然人、在中华人民共和国境内依法设立的法人及其分支机构和非法人组织。

第十五条 申请贴现的持票人取得贴现票据应依法合规，与出票人或前手之间具有真实交易关系和债权债务关系，因税收、继承、赠与依法无偿取得票据的除外。

第十六条 持票人申请贴现，须提交贴现申请、持票人背书的未到期商业汇票以及能够反映真实交易关系和债权债务关系的材料。

第十七条 持票人可以通过票据经纪机构进行票据贴现询价和成交，贴现撮合交易应当通过人民银行认可的票据市场基础设施开展。

第十八条 票据经纪机构应为市场信誉良好、票据业务活跃的金融机构。票据经纪机构应当具有独立的票据经纪部门和完善的内控管理机制，具有专门的经纪渠道，票据经纪业务与自营业务严格隔离。票据经纪机构应当具有专业的从业人员。

第十九条 转贴现业务按照人民银行和银保监会票据交易有关规定执行。

第二十条 办理商业汇票贴现业务的金融机构，可以申请办理再贴现业务。再贴现业务办理的条件、利率、期限和方式，按照人民银行有关规定执行。

第四章 风险控制

第二十一条 金融机构应当具备健全的票据业务管理制度和内部控制制度，审慎开展商业汇票承兑和贴现业务，采取有效措施防范市场风险、信用风险和操作风险。

第二十二条 商业汇票的承兑人和贴现人应当具备良好的经营和财务状况，最近二年不得发生票据持续逾期或者未按规定披露信息的行为。商业汇票承兑人对承兑的票据应当具备到期付款的能力。

第二十三条 财务公司承兑人所属的集团法人应当具备良好的经营和财务状况，最近二年不得发生票据持续逾期或者未按规定披露信息的行为，最近二年不得发生重大违法行为，以及其他严重损害市场主体合法权益或社会公共利益的行为。

第二十四条 银行承兑汇票和财务公司承兑汇票的最高承兑余额不得超过该承兑人总资产的15%。银行承兑汇票和财务公司承兑汇票保证金余额不得超过该承兑人吸收存款规模的10%。人民银行和银保监会可以根据金融机构内控情况设置承兑余额与贷款余额比例上限等其他监管指标。

第二十五条 商业汇票的付款期限应当与真实交易的履行期限相匹配，自出票日起至到期日止，最长不得超过6个月。

第七章 法律责任

第三十六条 商业汇票承兑人最近二年发生票据持续逾期或者未按规定披露信息的，金融机构不得为其办理票据承兑、贴现、保证、质押等业务。

第三十七条 金融机构为不具有真实交易关系和债权债务关系（因税收、继承、赠与依法无偿取得票据的除外）的出票人、持票人办理商业汇票承兑、贴现的，由银保监会及其派出机构根据不同情形依法采取暂停其票据业务等监管措施或者实施行政处罚；对直接负责的董事、高级管理人员和其他直接责任人员，依法追究相关责任。

第三十八条　商业汇票出票人、持票人通过欺诈手段骗取金融机构承兑、贴现的，依法承担相应责任；涉嫌构成犯罪的，移送司法机关依法追究刑事责任。

资料来源：上海票据交易所票据信息披露平台，https：//disclosure. shcpe. com. cn/？ yikikata = b788e182 - 46c4a951598230d7d55b7b3ca58263b3#/register/registerLaw/lawTwenty。

三、贴现到期收回的核算

（一）商业承兑汇票贴现到期收回的核算

由于商业承兑汇票的主债务人是一般工商企业，贴现行在票据到期前应该提前填好托收凭证向承兑人收取票款。如果贴现银行收到划回的票款，使用相关交易结清贴现款项，打印记账凭证，编制会计分录如下：

借：××科目（支付清算类科目）

　贷：贴现资产——商业承兑汇票

　　　利息收入——票据贴现利息收入

存在利息调整金额的，也应同时予以结转。

如果贴现银行收到付款人开户行退回委托收款凭证、汇票和拒付理由书或付款人未付票款通知书时，对于贴现申请人在本行开户的，银行可以从贴现申请人账户收取，会计分录为：

借：吸收存款——贴现申请人存款户

　贷：贴现资产——商业承兑汇票

借：贴现资产——利息调整

　贷：利息收入

若贴现申请人账户余额不足时，则不足部分转做逾期贷款，会计分录如下：

借：吸收存款——贴现申请人存款户

　　逾期贷款——贴现申请人贷款户

　贷：贴现资产——商业承兑汇票

[例3－7] 某银行开户单位B公司于2023年7月10日持商业承兑汇票到银行申请贴现，汇票面值为100 000元，到期日为2023年10月20日，经信贷部门审查后予以办理。贴现率为6‰，票据到期，银行向付款人收款，银行于2023年10月25日收到付款人开户行退回委托收款凭证、汇票和拒付理由书，于是向贴现申请人B公司追索票款，B公司账户余额为80 000元。则该银行在收到拒付相关凭证后的会计处理如下。

2023年10月25日向B公司追索票款时：

借：吸收存款——单位活期存款——B公司	80 000
贷款——逾期贷款——B公司	20 000

贴现资产——商业承兑汇票贴现——利息调整

380（100 000×19×6‰÷30）

贷：贴现资产——商业承兑汇票贴现——B 公司 100 000

利息收入——贴现利息收入 380

（二）银行承兑汇票贴现款到期收回的核算

银行承兑汇票的承兑人是付款人开户银行，信用可靠，一般不会发生退票情况，贴现银行在汇票到期前，以自己为收款人，填制委托收款凭证，向承兑银行收取贴现款。贴现银行等收到对方银行的联行报单及划回的款项时：

借：××科目（支付清算类科目，或存放中央银行款项）

贷：贴现资产——银行承兑汇票

存在利息调整金额的，也应同时予以结转。

借：贴现资产——利息调整

贷：利息收入

［例 3－8］ 沿用例［例 3－5］Z 银行于 2023 年 9 月 5 日收到承兑行 G 银行划回的全部票据金额。则会计分录为：

当期应确认的利息收入 = 75 000 × 4 ÷ 108 = 2 777.78

借：贴现资产——利息调整 2 777.78

贷：利息收入——票据贴现利息收入 2 777.78

借：××科目（支付清算类科目，或存放中央银行款项） 5 000 000

贷：贴现资产——银行承兑汇票 5 000 000

本章小结

1. 贷款是指商业银行以还本付息为条件，将一定数量的货币资金提供给借款人使用的一种资金运用方式。按照 2017 年修订的《企业会计准则第 22 号——金融工具确认和计量》，贷款应该归入第一类以摊余成本计量的金融资产。

2. 商业银行对贷款业务核算涉及的会计科目主要有“贷款”“利息收入”“应收利息”“贷款损失准备”“抵债资产”等。初始确认贷款时银行应当按照公允价值计量，相关交易费用计入初始确认金额。其后续计量应当采用实际利率法计算其摊余成本及各期利息收入。利息收入应当根据贷款账面余额乘以实际利率计算确定。

3. 金融企业应当以预期信用损失为基础，对贷款进行减值会计处理并确认损失准备。在每个资产负债表日评估相关贷款的信用风险自初始确认后是否已显著增加分别计量其损失准备、确认预期信用损失及其变动。

4. 担保贷款依担保方式的不同，又可以分为保证贷款、抵押贷款和质押贷款。抵押贷款、质押贷款发放和收回的核算与信用贷款相同，只是要对抵押物（质物）进行表外核算。贷款到期，若借款人不能归还贷款，银行可以处置抵押物或质物所得的价款收回贷款本息。

5. 银行贴现业务与银行的贷款业务都是向借款人融出资金，银行也要计收利息。但是，这两种银行资产业务在资金投放对象、体现的信用关系、收取利息的时间、还款的追索以及流动性几方面存在显著的区别。

6. 贴现资产初始确认时以公允价值入账，票据面额与实付贴现额的差额计入贴现资产——利息调整，并在以后的资产负债表日分期摊销。票据到期收回票款时由贴现行填写托收凭证向承兑人收取，如果承兑人不能付款，则贴现行应该向贴现申请人追索票款。

重点概念

贷款　抵押贷款　实际利率法　损失准备　预期信用损失　信用损失　贷款损失准备　贴现　实付贴现额

思考与练习

1. 某银行于2023年11月10日向其开户单位天下公司发放1年期贷款，合同本金为300万元，合同年利率为12%，约定每季度收息一次，并于2024年11月10日到期收回本金。假定实际利率与合同利率差异较小，银行每月确认利息收入。作出该银行各环节的会计分录。

2. 2023年1月1日，某银行向其开户单位乙公司发放1年期贷款，合同本金100万元，年利率为12%，约定到期一次还本付息，签订合同时支付给中介机构咨询费10 000元。银行于每月月末计提利息，并于2024年1月1日到期收回本息。假设不考虑其他因素，请作出该银行从发放贷款到收回贷款各环节的会计分录。

3. 2023年5月1日，某银行向其开户单位美玲公司发放1年期贷款，合同本金为100万元，合同年利率为12%，到期一次还本付息，同时发生交易费用1万元，支付给在本行开户的甲咨询公司。该银行于每月月末计提利息。2023年12月31日（资产负债表日）银行确认该贷款的信用风险自初始确认后并未显著增加，因此按照相当于该贷款未来12个月内预期信用损失的金额计量其损失准备为540 991元，2024年12月31日，该银行与美玲公司结算贷款，实际收到现金80万元。假设不考虑其他因素，请作出该银行每月末的会计分录。

4. 2023年8月15日，D银行收到客户B公司提交的银行承兑汇票，金额为680 000元，到期日为2023年11月20日，B公司申请贴现，D银行审定后同意办理贴现，贴现率为7.2%。作出D银行办理贴现时的会计分录。

5. 甲企业持有一张于2023年11月17日签发，面值为500 000元，90天到期的带息银行承兑汇票，利率为8%。由于甲企业急需资金，于2023年12月8日向G银行申请贴现，贴现率为10%，承兑银行在异地。票据到期，G银行收到承兑行划回的全部票款。作出G银行各环节会计分录。

第四章

支付结算业务核算

本章学习目标

1. 熟知支付结算的相关概念及银行办理支付结算业务的基本原则；
2. 掌握票据结算的基本业务流程和各环节的账务处理；
3. 熟练掌握各种结算方式及国内信用证结算的特点和账务处理方法。

第一节　支付结算概述

一、支付结算的概念和特征

支付结算是指单位、个人在社会经济活动中使用票据、信用卡和汇兑、托收承付、委托收款等结算方式所进行的货币给付及资金结算的行为。因为这些资金清算都是借助货币在交换和流通中发挥中介作用来完成的，所以又称货币结算。

由此可以看到，支付结算具有如下几个方面的特征。其一是支付结算必须通过中国人民银行批准的金融机构进行。这与一般的货币给付及资金清算行为明显不同。其二是支付结算是一种要式行为。所谓要式行为，就是指必须使用一定法律形式而进行的行为。其三是支付结算的发生取决于委托人的意志。其四是支付结算实行统一和分级管理相结合的管理体制。中国人民银行总行负责制定统一的支付结算制度，组织、协调、管理和监督全国支付结算工作。

二、支付结算的种类

商业银行作为经济活动中支付结算的中介，根据不同部门、不同单位资金账务往来的具体需要，制定了多种结算方式，供单位和个人选择使用。我国自1988年银行结算改革以来逐步建立了以汇票、本票、支票为主体三票一卡的结算制度。为进一步规范票据结算业务，2004年颁布的《中华人民共和国票据法》规定，“本法所称票据，是指汇票、本票和支票”，从而把结算制度中的三种票据形式纳入法律规范。《支付结算办法》中还确定了现行的几种非票据结算方式，包括汇兑、委托收款、信用卡和1990年4月恢复的托收承付结算方式。另外，2016年，中国人民银行、中国银监会修订了《国内信用证结算办法》，使国内信用证结算方式也成为国内企业间的重要结算方式之一。

三、结算业务的基本核算程序

在现行的结算方式体系中，不同的结算方式，其具体核算手续各不相同，但银行办理任何一种方式的结算，其基本程序是相同的。

1. 接受和审查凭证。这是银行办理结算业务的开始。单位与个人选定某种结算方式后，需填制相应的结算凭证，提交其开户行。开户行收到后进行审查，审查内容为凭证的经济内容是否合理、合法以及填写是否正确、齐全。银行对收进的凭证审查无误后，即在有关凭证上填写转账日期、使用科目及编号等内容。

2. 转移收付款单位间账户资金。这是所有结算方式的共同内容。其基本要求是，先从付款单位账户中付出款项，然后再存入收款单位账户，即贯彻“先付后收，收妥抵用”的原则，以防止银行垫款，在此基础上，力求提高结算速度，减少在途资金占用。

3. 通知收、付款单位。银行在收付款单位间进行转账，一般都由单位先提交结算凭证（收付款单位在同一银行开户的除外），然后进行资金划转，因而在划转后就必须通知有关付款单位和收款单位，使之了解其银行存款账户的收支情况，并据以在本单位的银行存款账上作出记录。

四、支付结算原则

只有参加结算的各方都严格遵守一定的结算原则，结算关系才能维持。

1. 恪守信用，履约付款。各种票据和结算凭证的各个关系人都必须严格执行经济合同协定和票据上所明确应履行的支付义务，不任意拖欠货款，及时办理货款清算，维护债权人的权益。

2. 谁的钱进谁的账，由谁支配。根据结算制度的规定，付款单位、个人在交易完成之后，应主动付出款项；银行则应准确、及时、全部地将付出金额转入收款人账内，不得随意挪占、截留客户和他行的结算资金，不压退票据和凭证，不限制和拒绝受理客户和他行的正常结算业务，以维护企业单位和银行自主支配资金的权利。

3. 银行不予垫款。银行为单位和个人只提供结算服务，不承担垫付款项的责任。具体地说，就是收款单位委托银行办理代收款项，在款项未收妥入账之前，单位不能支用；付款单位委托银行办理代付款项，账户上必须有足够支付的存款余额。

五、结算纪律与责任

单位和个人办理支付结算，不准签发没有资金保证的票据或远期支票，套取银行信用；不准签发、取得和转让没有真实交易和债权债务的票据，套取银行和他人资金；不准无理拒绝付款；不准任意占用他人资金；不准违反规定开立和使用账户。银行办理支付结算，不准以任何理由压票、任意退票、截留挪用客户和他行资金；不准无理拒绝支付应由银行支付的票据款项；不准受理无理拒付、不扣少扣滞纳金；不准违章签发、承兑、贴现票据，套取银行资金；不准签发空头银行汇票、银行本票和办理空头汇款；不准在支付结算制度之外规定附加条件，影响汇路畅通；不准违反规定为单位和个人开立账户；不准拒绝受理、代理他行正常结算业务；不准放弃对企事业单位和个人违反结算纪律的制裁；不准逃避向人民银行转汇大额汇划款项。

单位、个人以及银行，如违反《票据法》和结算规定，应承担责任，受到法律和有关规定的处罚。

第二节　非票据结算方式

一、汇兑的核算

（一）汇兑的概念

汇兑是汇款人委托银行将款项支付给收款人的结算方式。它是商业银行三大传统业务（存、放、汇）之一。单位和个人各种款项的结算，均可使用汇兑结算方式。

汇兑结算方式，适用于异地各单位之间的商品交易、劳务供应、资金调拨、清理交易旧欠、往来款项和自提自运的商品交易等各种经济往来引起的资金清算。单位和个人的零星款项，如医药费、稿费、外出人员的工资、差旅费等也可以通过银行办理（可支取现金）。同城异地都可使用汇兑。

（二）汇兑结算方式的基本规定

1. 汇款人在办理汇兑时应按要求填写汇兑凭证，汇兑凭证上必须记载下列事项：（1）表明是信汇还是电汇；（2）无条件支付的委托；（3）确定的金额；（4）收款人名称；（5）汇款人名称；（6）汇入地、汇入行名称、汇出地、汇出行名称；（7）委托日期；（8）汇款人签章。

2. 汇兑凭证收款人为个人的，收款人需到汇入行领取汇款，应在凭证上注明“留行待取”字样。凭印鉴支取的应加盖预留银行印鉴。

3. 汇款人确定不得转汇的，应在“备注”栏注明“不得转汇”字样。

4. 汇款人和收款人均为个人的可办理现金汇兑。

5. 未在银行开户的收款人，凭取款通知从汇入行取款时，必须交验本人身份证或汇入地有关单位证明。

6. 汇款人对汇出行还未汇出的款项可申请撤销，对汇出款项可申请退汇。要求退汇时，汇款人应备正式函件或本人身份证，连同原信、电汇回单向汇出行申请退汇，由汇出行通知汇入行，经汇入行证实汇款确未支付，方可退汇。

7. 汇入行对收款人拒绝接受的汇款，应立刻办理退汇；汇入行对发出取款通知，经2个月仍无法解付的汇款，可由汇入行主动办理退汇。

（三）汇兑业务流程及账务处理

汇兑是银行最基本的结算方式之一，其业务流程如图4－1所示。

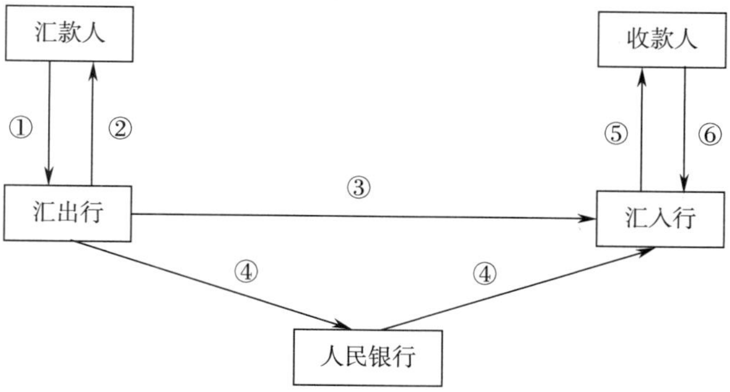

①提交汇兑凭证，交付款项；②款项收妥受理汇款；③④通过本行资金清算系统或人民银行转汇；⑤款项收妥入账，通知收款人；⑥收款人办理取款。

图4－1　汇兑业务基本流程

1. 汇出行的核算。汇出行的核算工作，主要是受理、审查汇款单位提交的信汇凭证，将款项划转给指定的收款单位或个人。

（1）受理电汇凭证。经办柜员受理电汇凭证时应认真审查：凭证的业务种类是否选择为“电汇”；凭证各项内容是否填写正确、完整；汇款人的印章与预留银行签章是否相符；汇款人的账户内有无足够支付的存款余额；汇款用途是否填写清楚、合理；对填明“现金”字样的电汇凭证，还应审查汇款人和收款人是否均为个人。

经办柜员受理个人电汇凭证，除按照上述要求审核凭证要素外，还须审核“客户签字”和“申请人”处的姓名、身份证件号码等要素是否符合个人申请办理电汇的规定。

汇款金额在50万元以上的，须按《大额支付交易确认制度》进行确认，汇款金额在20万元以上的，还须按《大额支付交易审批报告制度》逐级审批。

（2）汇款交易操作。审查无误后，经办柜员查询收款行行号，然后根据“电汇金额在50 000元（含）以下，通过小额支付系统办理，电汇金额在50 000元以上，通过大额支付系统办理”的规定，选择大、小额支付系统相关交易，办理往账录入，将电汇凭证各要素录入综合业务系统，并收取相关费用。

（3）复核并发送汇款信息。录入完毕，电汇凭证第一联加盖业务清讫章和经办柜员个人名章作借方凭证，第三联加盖业务清讫章和经办柜员个人名章交客户，第二联加盖业务公章和经办柜员个人名章交复核员。复核无误后，经办柜员操作相关交易办理往账发送，电汇凭证第二联与往账清单进行勾对后附入传票作附件。

如果受理同城汇款业务则由客户填写“结算业务申请书”或“个人结算业务申请书”办理，客户填写转账支票和进账单办理时，用进账单贷方凭证代替电汇凭证第三联作大、小额支付系统发送依据。其他处理程序同上。

（4）账务处理。如果是转账汇款，其会计分录为：

借：吸收存款——活期存款——××汇款人

　贷：待清算辖内往来——××行

如果是现金汇款，其会计分录为：

借：库存现金

　贷：应解汇款——××汇款人

借：应解汇款——××汇款人

　　贷：待清算辖内往来——××行

2. 汇入行的核算。收款人开户行收到支付系统贷记来账指令，打印“大（小）额支付系统专用凭证”，第一联作贷方传票附件，第二联加盖业务清讫章代收账通知交给收款人。

收款人在汇入行开有存款账户的，汇入行应将款项直接转入收款人账户。收款人未在汇入行开立存款账户的情况一般属于个人收款或留行待取等，汇入行应将款项转入以收款人姓名开立的应解汇款账户，收款人来行取款时，根据以下不同情况办理付款手续，会计分录为：

借：待清算辖内往来——××行

　　贷：吸收存款——活期存款/应解汇款——××收款人

汇入行收到通过行内系统、大小额支付系统发来的支付信息，经审核若来账账号和户名与本行开户客户的账号和户名不符，则系统自动转入“其他应付款”挂账。经查询确认后，进行手工入账或退汇处理。

3. 退汇的核算。退汇就是将已经汇出的尚未解付的汇款退回给汇款人。发生退汇的原因很多，但归纳起来，有汇款人主动申请退汇和汇入行主动办理退汇两种情况。

（1）汇款人申请退汇。

①汇出行承办退汇的处理。汇款人申请退汇，应备公函或本人身份证连同原信（电）汇回单交汇出行。汇出行接到退汇函件，应填制两联退汇通知书，在第一联上批注“×月×日申请退汇，待款项退汇后再办理退款手续”字样，第二联与公函一起保管，如汇款人要求用电报通知退汇时，凭退汇通知书拍发电报通知汇入行。

②汇入行的处理。汇入行接到退汇通知或退汇报文后，经查对该笔汇款尚未解付，应向收款人索回便条，以第二联通知书代借方传票，会计分录为：

借：应解汇款

　　贷：待清算辖内往来——××行

如该笔汇款已解付，发出查复报文，注明“该款已于×年×月×日解付”字样，不办理划款手续。

③汇出行收到退汇的处理。原汇出行接到退汇报文时，核对无误后款项退还至原汇款人存款账户，原汇款人未在本行开户的则记入“其他应付款”科目，会计分录为：

借：待清算辖内往来——××行

　　贷：吸收存款——活期存款——汇款人/其他应付款

如汇出行接到汇入行查复报文注明汇款业已解付的，应在留存的第二联退汇通知书上批注业务已解付情况，然后交原汇款人，打印查复书留存备查。

（2）汇入行主动退汇。收款单位拒收汇款或汇款超过规定期限（2 个月）仍无法解付时，汇入行可主动办理退汇。

汇入行办理退汇时应经业务主管授权，并在凭证上注明“退汇”字样。同时，销记应解汇款及临时存款账并登记“退票登记簿”。

原汇出行接到汇入行的退汇报文，审查为汇入行主动退汇的，报经业务主管后，将款项退回原汇款人账户，支付系统专用凭证第二联加盖业务清讫章作收账通知，登记“退票登记簿”交给原汇款人签收。

汇入行和原汇出行账务处理与汇款人申请退汇相同，此不赘述。

二、托收承付的核算

（一）异地托收承付概念

托收承付是根据购销合同由收款人发货后委托银行向异地付款人收取款项，由付款人向银行承认付款的结算方式。付款人承付货款分为验单付款和验货付款两种，由收付款人商量选定，并在合同中明确规定。此种结算方式只适用于异地。其基本业务流程如图4－2所示。

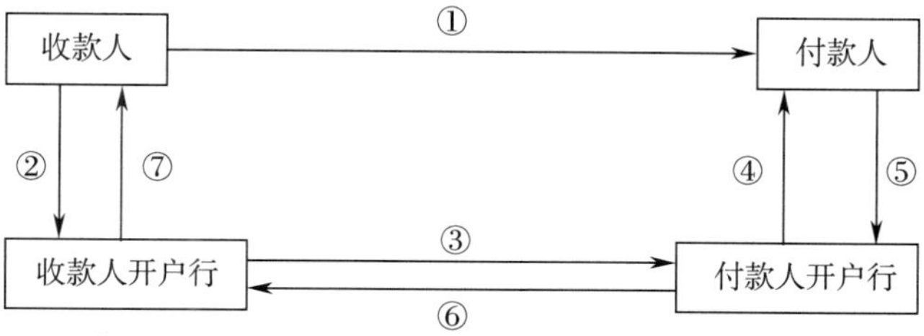

①根据合同发运商品；②提交托收凭证及其他单证；③邮寄托收凭证及单证；④通知付款人；⑤承付款项或拒绝付款；⑥划转款项或寄回有关凭证及单证；⑦通知款项已入账或被拒付。

图4－2　托收承付业务基本流程

（二）托收承付结算方式的基本规定

1. 必须用于国有企业、供销合作社以及经营管理较好，并经开户行审查同意的城乡集体所有制工业企业的有经济合同的商品交易，并在合同中注明“使用托收承付结算方式”。

2. 办理托收承付结算的款项，必须是商品交易，以及因商品交易而产生的劳务供应的款项。代销、寄销、赊销商品的款项，不得办理托收承付结算。

3. 收款人对同一付款人发货托收累计三次收不回货款的，收款人开户银行应暂停收款人向该付款人办理托收；付款人累计三次提出无理拒付的，付款人开户银行应暂停其向外办理托收。

4. 有较高的结算金额起点。每笔金额起点1万元，新华书店系统的每笔金额起点为1 000元。

5. 付款人在承付期内，未向银行提出异议，银行即视作承付，并在承付期满日的次日（遇法定休息日顺延）上午银行开始营业时，将款项主动从付款人账户付出，按照收款人指定的方式划给收款人。

6. 付款人在承付期满日营业终了时，如无足够资金支付，其不足部分，即为逾期未付款项，银行应根据逾期付款天数和逾期金额，按每天万分之五计算逾期付款赔偿金。赔偿金实行定期扣付，每月计算一次，于次月3日内单独划给收款人。付款人开户银行对逾期未付的托收凭证，负责进行扣款的期限为3个月。

（三）全额承付的核算

异地托收承付属非票据结算，没有具有流通性的票据作为收付款的依据，没有付款的无因性作为保障，因而可能出现拒付的情况，付款人是否付款、对多少款项进行承付都要视付款人的具体情况而定。这里先介绍全额承付的处理程序。

全额承付的核算分为以下四个阶段。

1. 托收。在托收阶段，收款单位按照经济合同规定，向付款单位发货后，应填制邮划托收承付结算凭证一式五联，并批注合同号码，连同交易单证（如发货票、调拨单等）、商品发运证件等交银行办理托收。

收款单位开户行接到上述凭证后，除对凭证内容进行一般审查外，还应审查：

（1）托收款项是否符合规定的使用范围和金额起点；

（2）是否订有经济合同，是否订明使用托收承付结算方式，有无写明合同名称号码；

（3）有无商品确已发运的证件，对于没有发运证件的，是否符合结算办法规定的条件等；

（4）托收凭证与所附单证的张数是否相符；

（5）第二联托收凭证上是否有收款人签章，其签章是否符合规定。

经审查受理后，银行将第一联加盖业务公章作回单，退回收款单位，凭第二联登记发出托收结算凭证登记簿后，专夹保管；第三、第四、第五联及交易单证一并寄付款单位开户行。如属于“验单付款”的还应在凭证上加盖“验单付款”戳记。

2. 承付。付款单位开户行接到托收凭证及交易单证后，应审查付款人是否在本行开户，所附单证的张数与凭证的记载是否相符。审查无误后，银行应在凭证上填注收到日期和承付期限，以便到期监督付款。

承付期是给付款单位审查单证或检验货物、安排资金和准备付款的时间。验单付款的承付期为 3 天，从发出承付通知的次日算起，中间遇节假日顺延。验货付款的承付期一般为 10 天，从运输部门向付款单位发出提货通知的次日算起，中间遇节假日顺延。付款单位在收到提货通知后，应立即通知银行并交验提货通知，以便银行确定承付期。

承付期确定后，银行应根据第三、第四联逐笔登记定期代收结算凭证登记簿，用于反映代收联行托收凭证的处理情况。银行登记后按到期日的先后顺序排列保管，以便按期监督付款，另将第五联承付通知加盖业务公章，连同交易单证及时送交付款单位，以便付款单位到期付款。

3. 划款。在付款期内，付款单位未向银行表示拒绝承付或未通知银行货物尚未到达，银行即视同承付或已验货处理。在付款单位存款账户上有足够的金额可以全额支付的情况下（如果存款账户余额不足，则按部分或延期支付处理），付款单位开户行应于承付期满日的次日上午营业开始时，进行到期付款处理，并根据情况选择行内汇划、大额支付、小额支付等渠道办理托收承付划回，交易成功打印记账凭证，系统自动核销“收到托收承付登记簿”，第三、第四联托收凭证作记账凭证附件。会计分录为：

借：吸收存款——活期存款——××付款人

　贷：待清算辖内往来——××行

4. 收款。收款人开户行收到行内系统、大小额支付系统发来的托收承付划回信息，若收到的信息与发出托收承付相符，则系统自动入账，打印汇款来账专用凭证，并与留存的第二联托收凭证进行核对，第二联托收凭证作来账凭证附件，来账凭证收账通知联交收款人。同时，收款人开户行进行托收承付销记交易处理，录入相关信息，系统自动销记“发出托收承付登记簿”。会计分录为：

借：待清算辖内往来——××行

　贷：吸收存款——××存款——××收款人

（四）异地托收承付的特殊核算

以上介绍了托收承付结算在正常情况下的处理手续，但在承付阶段，由于种种原因，有时也会发生一些不正常的情况，如提前承付、多承付、部分支付、逾期付款、全部或部分拒付等。

1. 提前承付的处理。付款人在承付期满日前通知银行提前付款，银行划款时可按照全额承付的手续处理，但应在托收凭证和登记簿备注栏分别注明“提前承付”字样。

2. 多承付的处理。多承付是付款单位因商品价格、数量和金额变动等原因，要求对本笔托收多承付款项，并随托收款在承付期后一并划回收款单位开户行。

因托收承付的特殊情况都首先出现在承付阶段，因此托收阶段的处理与前述相同，只从承付阶段开始有所区别。

（1）付款单位开户行的处理。付款单位开户行根据付款单位填制的“多承付理由书”（以拒付理由书改用）一式四联，以替代原托收凭证（原托收凭证作附件），并以原托收金额销记“定期代收异地托收结算凭证登记簿”，批注多承付金额以第二联多承付理由书代借方凭证，其会计分录与正常核算时付款阶段的会计分录相同。

（2）收款单位开户行的处理。收款单位开户行收到联行报单后，批注转账日期和多承付金额，其会计分录与正常核算时收款阶段的会计分录相同。转账后，银行将第四联多承付理由书代收账通知（原第四联作附件）交收款单位，并按原金额销记“发出托收结算凭证登记簿”，批注多承付金额。

3. 部分支付的处理。部分支付是付款单位在承付期满时，存款账户余额不足，产生部分款项划回。

在承付期满日营业终了时，付款单位存款账户上余额不足，不能全额支付，而只能支付一部分时，付款单位开户行应于承付期满日的次日上午营业开始时，先将这部分款项划转给收款单位开户行。由于这笔托收款项尚未付清，原留存的第三联托收凭证仍需作继续扣款的依据；同时部分划回的金额与原始凭证金额也不一致，因此，银行在划款时，需另填制特种转账借方、贷方传票各两联（电划只填制特种转账借方传票两联），并注明“部分支付”字样和原托收号码和余额，办理划款（会计分录同前，在此略）。同时银行在原留存的第三联托收凭证“备注”栏内加盖“部分支付”戳记，批注已付、未付金额后另行保管，并在“定期代收异地托收结算凭证登记簿”的“备注”栏内也应作同样的处理。

托收经办员和会计记账员要随时掌握付款人账户余额，以便将未承付部分款项及时分次划转给收款人开户行。以后陆续扣款时，除按上述手续办理外，银行还应逐次扣收逾期付款赔偿金，连同当次扣款一并划转给收款单位开户行，并在传票上注明扣收赔偿金的数据。扣清时银行应在原第三联上批注“扣清”字样作借方传票附件，同时销记“定期代收结算凭证登记簿”，原第四联随同联行报单和两联特种转账传票寄收款单位开户银行。

收款单位开户行在接到部分划款的联行报单及两联特种转账贷方传票时，应与原第二联核对无误后，批注部分转账的日期和部分支付金额。以转账贷方传票代收款单位存款科目传票作账务处理（会计分录同前，在此略），另一联特种转账贷方传票作收款通知交收款单位。同时，收款单位开户行按原托收金额销记甲类登记簿，以未收金额转入乙类登记簿（若原为乙类则不动）。待扣清时，原第二联作贷方传票附件，原第四联作收账通知附件交收款单位。

4. 逾期付款。

（1）付款人开户行的处理。付款人在承付期满日开户行营业终了前，账户无款支付的，付款人开户行应在托收凭证和登记簿备注栏分别注明“逾期付款”字样或注销登记簿，另登记“到期未收登记簿”（用定期代收结算凭证登记簿代替），并填制三联“托收承付结算到期未收通知书”（用异地结算通知书格式）。将第一、第二联通知书寄收款人开户行，第三联通知书留存。托收经办员和会计记账员要随时掌握付款人账户余额，等到付款人账户有款可以一次或分次扣款时，比照部分付款的有关手续办理，将逾期付款的款项和赔偿金一并划给收款人。对一次扣款的，第三联托收凭证作借方凭证附件。邮划的应将第四联托收凭证连同特种转账贷方凭证，随同联行邮划贷方报单寄收款人开户行，并销记到期未收登记簿。

逾期付款期满，付款人账户不能全部或部分支付该笔托收款项，付款人开户行应向付款人发出索回单证的通知，付款人于银行发出通知日的次日起两日内必须将第五联托收凭证及有关单证退回开户行，经银行核对无误后，在托收凭证和登记簿备注栏注明单证退回日期和“无款支付”字样，将第一联通知书和第三联托收凭证一并留存备查，将第二联通知书连同第四、第五联托收凭证及有关单证一并寄收款人开户行。

（2）收款人开户行的处理。收款人开户行接到第一、第二联托收承付结算到期未收通知书后，应在第二联托收凭证上加注“逾期付款”字样及日期，然后将第二联通知书交给收款人，第一联附于第二联托收凭证后一并保管。对于一次划回的，第二联托收凭证作贷方凭证附件，第四联作收账通知附件交给收款人，并销记登记簿。对于单独划回赔偿金的，在第二联托收凭证和登记簿上注明第×个月划回的赔偿金的金额。

收款人开户行在逾期付款期满后接到第四、第五联托收凭证（部分无款支付系第四联托收凭证）及两联无款支付通知书和有关单证，经核对无误后，抽出第二联托收凭证，并在该联凭证备注栏注明“无款支付”字样，销记登记簿。然后将第四、第五联托收凭证（部分无款支付系第四联托收凭证）及一联无款支付通知书和有关单证退给收款人。收款人在另一联无款支付通知书上签收，然后连同第二联托收凭证一并保管备查。

（3）赔偿金的收取。付款人在承付期满日银行营业终了时，如无足够资金支付，其不足部分，即为逾期未付款项，按逾期付款处理 。付款人开户银行对付款人逾期支付的款项，应当根据逾期付款金额和逾期天数，按每天万分之五计算逾期付款赔偿金。赔偿

金的计算方法为

$$赔偿金金额 = 逾期付款金额 \times 逾期天数 \times 0.05\%$$

逾期付款天数从承付期满日算起。承付期满日银行营业终了时，付款人如无足够资金支付，其不足部分，应当算作逾期1天，计算1天的赔偿金。在承付期满的次日（遇法定休息日，逾期付款赔偿金的天数计算相应顺延，但在以后遇法定休假日应当照算逾期天数）银行营业终了时，仍无足够资金支付，其不足部分，应当算作逾期2天，计算2天的赔偿金，依此类推。

赔偿金实行定期扣收，每月计算一次，于次月3日内单独划给收款人。在月内有部分付款的，其赔偿金随同部分支付的款项划给收款人，对尚未支付的款项，月终再计算赔偿金，于次月3日内划给收款人；次月又有部分付款时，从当月1日起计算赔偿金，随同部分支付的款项划给收款人，对尚未支付的款项，从当月1日起至月终再计算赔偿金，于第3月3日内划给收款人。第3月仍有部分付款的按照上述方法计扣赔偿金。

赔偿金的扣收列为企业销货收入扣款顺序的首位。付款人账户余额不足全额支付时，应排列在工资之前，并对该账户采取“只收不付”的控制办法，待一次足额扣付赔偿金后，才准予办理其他款项的支付。因此而产生的经济后果，由付款人自行负责。

每月单独扣付赔偿金时，付款人开户行应填制特种转账借方、贷方凭证各二联，并注明原托收号码及金额，在转账原因栏注明第×个月逾期付款的金额及相应扣付赔偿金的金额，以一联特种转账借方凭证作借方凭证。会计分录为：

借：吸收存款——活期存款——付款人户

　贷：待清算辖内往来——××行

转账后，另一联特种转账借方凭证加盖转讫章作付款通知交给付款人，并在登记簿备注栏注明第×个月扣付赔偿金的金额。将一联特种转账贷方凭证加盖联行专用章连同另一联特种转账贷方凭证随同联行邮划贷方报单寄收款人开户行。如付款人账户金额不足支付赔偿金额时，应排列在销货收入“扣款顺序”的工资之前，并对该账户采取“只收不付”的控制办法，待付款人账户能足额支付该月赔偿金时，应及时办理扣付。

[例4－1] A银行武汉某支行8月10日系统提示一笔由武汉佳佳公司承付的托收承付款项360 000元，承付期满。收款人为A银行长沙银迅支行开户的单位富源公司。A银行武汉某支行于8月11日早上办理划款手续时，发现付款人佳佳公司账户余额不足，只能支付150 000元，至8月25日上午开业时又支付60 000元，其余款项于9月20日上午开始营业时全部付清。则应收赔偿金及A银行武汉某支行编制的会计分录如下：

8月11日办理部分支付，编制会计分录：

借：吸收存款——活期存款——佳佳公司　　150 000

　贷：待清算辖内往来——长沙银迅支行　　150 000

$$8月25日应计收赔偿金 = 60\,000 \times 14 \times 0.05\% = 420(元)$$

借：吸收存款——活期存款——佳佳公司　　60 420

　贷：待清算辖内往来——长沙银迅支行　　60 420

8月31日，

月末计收赔偿金 = 150 000 × 22 × 0.05% = 1 650（元）

3 日内划给收款人，编制会计分录：

借：吸收存款——活期存款——佳佳公司　　1 650

　贷：待清算辖内往来——长沙银迅支行　　1 650

9 月 20 日上午开始营业时全部付清，

应计收赔偿金 = 150 000 × 18 × 0.05% = 1 350（元）

借：吸收存款——活期存款——佳佳公司　　151 650

　贷：待清算辖内往来——长沙银迅支行　　151 650

5. 拒绝付款。付款单位在承付期内，经审查单证或检验货物，发现托收的款项、发货日期、到货地点及商品的品种、质量、价格、数量等与合同规定不符，或款项已付，或计算有错等情况，可以向银行提出拒绝付款。拒付是监督收款单位履行经济合同和维护付款单位权益的一项措施。它对促进收付款双方遵守合同，严肃结算纪律起着积极作用。

（1）全部拒付的处理。

①付款人在承付期内提出全部拒付时，应填具四联全部拒付理由书，连同有关的拒付证明、第五联托收凭证及所附单证送交开户行。

拒付审查由会计部门负责，先经经办人员审查，然后交银行会计主管人员复审。对无理的拒付，而增加银行审查时间的，应从承付期满日起，为收款人计扣逾期付款赔偿金。

对符合规定同意拒付的，必须经会计主管人员审查，金额较大的要报经主管行长（主任）批准后方可办理拒付。未经批准，任何人不得擅自受理拒付或自行拒付退票。受理拒付时，银行应在拒付理由书上签注意见，由经办和会计主管人员签章，经行长（主任）审批的应由其签章，并在托收凭证上和登记簿备注栏注明“全部拒付”字样。然后银行将第二联拒付理由书加盖业务公章作为回单退还付款人，将第二联连同第三联托收凭证一并留存备查，将第三、第四联连同有关的拒付证明和第四、第五联托收凭证及单证一并寄收款人开户行。

②收款人开户行接到第四、第五联托收凭证及有关单证和第三、第四联全部拒付理由书及拒付证明，经核对无误后，抽出第二联托收凭证，并在该联备注栏注明“全部拒付”字样、日期、销记登记簿。然后银行将第四、第五联托收凭证及有关单证和第四联拒付理由书及拒付证明退给收款人。收款人在第三联拒付理由书上签收，然后连同第二联托收凭证一并保管备查。

（2）部分拒付的处理。

①付款人在承付期内提出部分拒付时，应填制四联部分拒付理由书，连同有关的拒付证明、拒付部分商品清单送交开户行。开户行应按照全部拒付的审查程序和要求认真审查。对不符合规定的拒付，银行不得受理拒付。对符合规定同意拒付的，银行依照全部拒付的审查手续办理，并在托收凭证和登记簿备注栏注明“部分拒付”字样及部分拒付金额。对同意承付部分，以第二联拒付理由书代借方凭证，第三联托收凭证作借方凭证附件。部分拒付编制的会计分录同全额承付。

转账后，银行将第一联拒付理由书加盖转讫章作支款通知交给付款人，将第三、第四联和第四联托收凭证连同拒付部分的商品清单和有关证明，随同联行邮划贷方报单一并寄收款人开户行。如系电报划款，部分拒付和部分承付，除拍发电报外，银行另将第三、第四联部分拒付理由书，连同拒付部分的商品清单和有关证明邮寄收款人开户银行。

②收款人开户行接到联行邮划贷方报单及所附的第四联托收凭证和第三、第四联部分拒付理由书以及拒付部分的商品清单、证明后，抽出第二联托收凭证，并在该联备注栏注明“部分拒付”字样、日期和部分拒付金额。以第三联拒付理由书作贷方凭证，第二联托收凭证作贷方凭证附件。

转账后，银行将第四联托收凭证作第四联部分拒付理由书的附件，连同拒付部分的商品清单和证明交给收款人。

如部分拒付，银行将部分承付金额分次划回时，对划回的款项应比照部分划回的有关手续处理，并将每次划回的金额在托收凭证上注明。

三、委托收款结算

（一）委托收款概念

委托收款是收款人委托开户行向付款人收取款项的一种结算方式。其基本业务流程如图4－3所示。

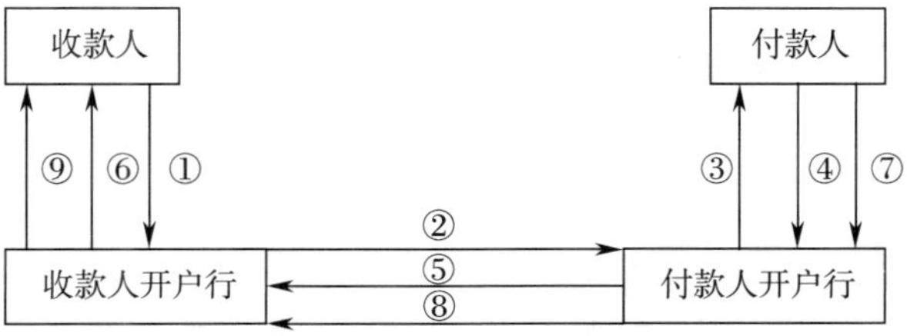

①收款单位提交委托收款凭证；②发出委托收款；③付款单位签收凭证、债务证明；④付款单位通知付款或票据到期付款；⑤划回款项；⑥入账后给收款单位；⑦付款单位无款或拒绝付款；⑧寄回付款单位无款或拒绝付款通知、凭证；⑨无款或拒绝付款通知、凭证退交委托收款单位。

图4－3　委托收款业务基本流程

（二）委托收款的基本规定

1. 委托收款结算方式在同城、异地均可使用。

2. 委托收款适用于各单位和个体经济户的商品交易、劳务供应与其他款项的结算。单位和个人凭已承兑商业汇票、债券、存单等付款人债务证明办理款项的结算，均可以使用委托收款结算方式。

3. 在同城范围内，收款人收取公用事业费或根据国务院的规定，可以使用同城特约委托收款。

4. 委托收款以银行以外的单位为付款人的，委托收款凭证必须记载付款人开户银行名称；以银行以外的单位或在银行开立存款账户的个人为收款人的，委托收款凭证必须记载收款人开户银行名称；以未在银行开立存款账户的个人为收款人的，委托收款凭证必须记载被委托银行名称。欠缺记载的，银行不予受理。

5. 办理委托收款，由收款人主动委托开户行办理，并填制委托收款凭证和有关的债务证明，托收款项无金额起点限制。

6. 委托收款以银行为付款人的，银行应当在当日将款项主动支付给收款人；以单位为付款人的，银行应及时通知付款人。

7. 付款人审查有关债务证明后，对收款人委托收取的款项需拒绝付款的，可以在接到通知日的次日起3日内办理拒绝付款。

（三）委托收款的账务处理

1. 收款人开户行受理委托收款的处理手续。收款人办理委托收款时，应填制委托收款凭证。收款人在第二联委托收款凭证上签章后，将有关委托收款凭证和债务证明提交开户行。

收款人开户行应按要求严格审查，无误后，进行发出委托收款登记交易处理，录入有关信息，系统自动登记“发出委托收款登记簿”；第一联托收凭证退收款人，第二联专夹保管，第三联加盖结算专用章连同第四、第五联托收凭证及有关债务证明一并寄付款人开户行。

2. 付款人开户行的处理手续。付款人开户行收到收款人开户行寄来的第三、第四、第五联托收凭证及有关债务证明，审查无误后，在凭证上注明收到日期，进行收到委托收款登记交易处理，录入有关信息，系统自动登记“收到委托收款登记簿”。以单位为付款人的，付款人开户行将第五联托收凭证加盖业务公章后，连同有关债务证明一并交付款人通知其付款。

（1）全额付款的处理。银行按规定付款时，付款人账户有足够款项支付的，承付方式选择“全额付款”，并根据情况选择行内汇划、大额支付、小额支付或同城交换等渠道办理委托收款划回，交易成功打印记账凭证，系统自动核销“收到委托收款登记簿”，第三、第四（同城交换时此联需提出）、第五联托收凭证及有关债务证明作记账凭证附件。会计分录为：

借：吸收存款——××存款——××付款人户

　贷：待清算辖内往来/清算资金往来

（2）无款支付的处理。银行按规定付款时，付款人账户不足支付全部款项的，银行进行委托收款到期付款交易处理，承付方式选择“无款支付”，系统自动核销“收到委托收款登记簿”。银行打印三联付款人未付款项通知书，第一联通知书和第三联托收凭证留存备查，另两联通知书连同第四联托收凭证及有关债务证明一并寄收款人开户行。

（3）拒绝付款的处理。付款人若办理拒绝付款的，应在接到付款通知的次日起3日内填制四联拒付理由书，连同债务证明及第五联托收凭证一并送交开户行。

银行审核无误后，进行委托收款到期付款交易处理，承付方式选择“拒绝付款”，录入相关信息，系统自动核销“收到委托收款登记簿”。银行将第一联拒付理由书退付款人，第二联拒付理由书连同第三联托收凭证留存备查，第三、第四联拒付理由书连同债务证明和第四、第五联托收凭证一并寄收款人开户行。

3. 收款人开户行办理委托收款划回的手续。

（1）款项划回的处理。收款人开户行接到通过同城票据交换提入的第四联托收凭证，或根据接收的行内系统、大小额支付系统的支付信息后打印汇款来账专用凭证，与留存的第二联托收凭证进行核对，第二联托收凭证作来账凭证附件，来账凭证收账通知联交收款人。同时，收款人开户行进行委托收款销记交易处理，录入相关信息，系统自动销记“发出委托收款登记簿”。会计分录为：

借：待清算辖内往来/清算资金往来

　贷：吸收存款——活期存款——××收款人

（2）无款支付的处理。收款人开户行接到无款支付而退回的第四联托收凭证和第二、第三联付款人未付款项通知书以及有关债务证明，核对无误后，在第二联托收凭证上注明“无款支付”字样。收款人开户行进行委托收款销记交易处理，录入相关信息，系统自动销记“发出委托收款登记簿”。然后银行将第四联托收凭证及一联未付款项通知书和有关债务证明退收款人，另一联未付款项通知书与第二联托收凭证一并保管。

（3）拒绝付款的处理。收款人开户行接到第四、第五联托收凭证及有关债务证明和第三、第四联拒付理由书，核对无误后，在第二联托收凭证上注明“拒绝付款”字样。收款人开户行进行委托收款销记交易处理，录入相关信息，系统自动销记“发出委托收款登记簿”。然后银行将第四、第五联托收凭证及有关债务证明和第四联拒付理由书一并退收款人，第三联拒付理由书与第二联托收凭证一并保管。

四、信用卡业务的核算

（一）信用卡的概念和种类

信用卡是指商业银行向个人和单位发行的，凭以在特约单位购物、消费和向银行存取现金，且具有消费信用的特制载体卡片。

按照人民银行颁布的《银行卡业务管理办法》的界定，信用卡按是否向发卡银行交存备用金分为贷记卡、准贷记卡两类。贷记卡是指发卡银行给予持卡人一定的信用额度，持卡人可在信用额度内先消费、后还款的信用卡。准贷记卡是指持卡人须先按发卡银行要求交存一定金额的备用金，当备用金账户余额不足支付时，可在发卡银行规定的信用额度内透支的信用卡。

（二）信用卡的基本规定

1. 凡在中国境内金融机构开立基本存款账户的单位可申领单位卡，单位卡可申领若干张。凡具有完全民事行为能力的公民可申领个人卡。

2. 单位卡账户的资金一律从其基本存款账户转账存入，不得交存现金，不得将销货收入的款项存入其账户。单位人民币卡可办理商品交易和劳务供应款项的结算，但不得透支；超过中国人民银行规定起点的，应当经中国人民银行当地分行办理转汇。单位卡一律不得支取现金。个人卡账户的资金以其持有的现金存入或以其工资性款项及属于个人的劳务报酬收入转账存入。严禁将单位的款项存入个人卡账户。

3. 信用卡备用金存款利息，按照中国人民银行规定的活期存款利率及计息办法计算。

4. 信用卡预借现金业务包括现金提取、现金转账和现金充值。持卡人通过ATM等自助机具办理现金提取业务，每卡每日累计不得超过人民币1万元；持卡人通过柜面办理现金提取业务、通过各类渠道办理现金转账业务的每卡每日限额，由发卡机构与持卡人通过协议约定；发卡机构可自主确定是否提供现金充值服务，并与持卡人协议约定每卡每日限额。发卡机构不得将持卡人信用卡预借现金额度内资金划转至其他信用卡，以及非持卡人的银行结算账户或支付账户。

5. 对信用卡透支利率实行上限和下限管理，透支利率上限为日利率万分之五，透支利率下限为日利率万分之五的70%。信用卡透支的计结息方式，以及对信用卡溢缴款是否计付利息及其利率标准，由发卡机构自主确定。持卡人透支消费享受免息还款期和最低还款额待遇的条件与标准等，由发卡机构自主确定。持卡人在到期还款日前偿还所使用全部银行款项即可享受免息还款期待遇，无须支付非现金交易的利息。

（三）信用卡的会计核算手续

信用卡的会计核算与信用卡的使用是紧密联系在一起的，而信用卡的使用是由发卡行所赋予的卡的功能决定的，我国目前信用卡的功能主要包括凭信用卡存取现金、凭信用卡购物消费及透支。因而信用卡的会计核算手续就主要包括开设信用卡账户、信用卡存取现金、信用卡购物消费和信用卡透支。

1. 信用卡发卡的处理手续。贷记卡发行时，申请人无须存入款项，只需要为申请人开立信用卡账户，不涉及表内账务处理。因此，下面介绍准贷记卡发卡的处理手续。

（1）单位卡发卡的处理手续。单位申请使用信用卡，应按发卡银行规定向发卡银行填写申请表。发卡银行审查同意后，应及时通知申请人前来办理领卡手续，并按规定向其收取备用金和手续费。发卡银行填制一联特种转账贷方凭证，作收取手续费贷方凭证。申请人从其基本存款账户交存备用金。单位卡发卡分两种情况进行处理。

①申请人在发卡银行机构开户的，发卡银行接到申请人送来的支票和两联进账单，经审查无误，编制记账凭证，支票、第二联进账单作记账凭证附件，回单和收账通知联交客户，同时收取手续费。其会计分录为：

借：吸收存款——单位活期存款——××申请人

　　贷：吸收存款——信用卡存款——××持卡人

　　　　手续费收入及佣金收入

②申请人不在发卡银行机构开户的，发卡银行接到申请人送来的支票和两联进账单，经审查无误，在第二联进账单上按票据交换场次加盖“收妥后入账”的戳记，及时提出交换或通过系统内渠道发送信息，在第一联上加盖转讫章交给持票人。其会计分录为：

借：清算资金往来/待清算辖内往来

　　贷：吸收存款——信用卡存款——××持卡人

　　　　手续费收入及佣金收入

（2）个人卡发卡的处理手续。个人申请使用信用卡，应按发卡银行规定向发卡银行填写申请表并向发卡银行交验身份证件。发卡银行审查同意后，应及时通知申请人前来办理领卡手续，并按规定向其收取备用金和手续费。个人卡发卡分两种情况进行处理。

①申请人交存现金的，银行收妥后，发给其信用卡。其会计分录为：

借：库存现金

　　贷：吸收存款——信用卡存款——××持卡人

贷：手续费及佣金收入

②申请人转账存入的，银行接到申请人交来的支票及进账单，应按照支付结算办法有关个人卡账户资金来源的规定认真审查后，按单位卡发卡的有关手续处理。

发卡银行在办理信用卡发卡手续时，应登记信用卡账户开销户登记簿和发卡清单，并在发卡清单上记载领卡人身份证件号码，并由领卡人签收。

2. 信用卡存取现金的处理手续。

（1）在发卡行存取现金的处理。

①存入现金的处理。发卡行接到持卡人的信用卡和缴存现金，审核无误后刷卡，打印个人业务存款凭证交持卡人签字确认后收回，将回单及信用卡交持卡人。会计分录为：

借：库存现金

贷：吸收存款——信用卡存款——××持卡人

②支取现金的处理。发卡行接到持卡人的信用卡和身份证（凭个人密码支取的免验身份证），审查无误后，打印个人业务取款凭证交取款人签字确认后收回，将现金、回单、信用卡及身份证交持卡人。会计分录为：

借：吸收存款——信用卡存款——××持卡人

贷：库存现金

（2）在非发卡行存取现金的处理。

①存入现金的处理。受理取现业务的银行接到持卡人的信用卡和现金，选择不同渠道办理划款。在异地非发卡行存入现金的，银行还应按规定收取手续费。会计分录为：

借：库存现金

贷：待清算辖内往来/其他科目

手续费及佣金收入

发卡行收到交易信息，实时进行账务处理，打印记账凭证和交易流水清单，交易流水清单作记账凭证附件。会计分录为：

借：待清算辖内往来/其他科目

贷：吸收存款——信用卡存款——××持卡人

②支取现金的处理。受理取现业务的银行接到持卡人的信用卡，比照前述手续进行处理，并根据情况选择相应渠道办理转账。在异地非发卡行支取现金的，银行还应按规定收取手续费。会计分录为：

借：待清算辖内往来/其他科目

贷：库存现金

手续费及佣金收入

发卡行收到交易信息，实时进行账务处理，打印记账凭证和交易流水清单，交易流水清单作记账凭证附件。会计分录为：

借：吸收存款——信用卡存款——××持卡人

贷：待清算辖内往来/其他科目

3. 信用卡购物消费的处理手续。持卡人持卡在特约单位或通过POS机终端购物消费或享受劳务后，办理支付结算时，特约单位应根据签购单填制两联进账单并按发卡银行分别填制汇计单送交开户行办理进账手续。

特约单位开户行收到特约单位送来的进账单和按发卡行分别填制的汇计单及签购单时，应认真审查：签购单及其内容是否为本行可受理的信用卡；签购单上有无持卡人签名、特约单位名称和编号；信用卡是否在有效期内；超过规定交易限额的，有无授权号码；汇计单和签购单的内容是否一致；汇计单、签购单和进账单的结计金额是否正确；手续费计算是否正确。银行审核无误后分不同情况进行处理。

（1）发卡行为本行的，会计分录为：

借：吸收存款——信用卡存款——××持卡人

　贷：吸收存款——活期存款——××特约商

　　　手续费及佣金收入

（2）发卡行为他行的，通过中国银联跨行交易清算系统办理转账。中国银联的跨行清算通过中央银行的大额支付系统完成资金划拨，会计分录为：

借：待清算辖内往来/存放中央银行款项

　贷：吸收存款——单位活期存款——××特约商

　　　手续费及佣金收入

发卡行收到交易信息，实时进行账务处理，打印记账凭证和交易流水清单，交易流水清单作记账凭证附件。会计分录为：

借：吸收存款——信用卡存款——××持卡人

　贷：待清算辖内往来/存放中央银行款项

[例4-2] Z银行武汉某支行收到开户单位华联商场提交的汇计单、签购单及进账单，签购单总金额为800 000元，发卡行均为跨系统他行。该支行审查无误后办理转账，并按1%收取手续费。Z银行武汉某支行编制会计分录为：

借：待清算辖内往来——武汉分行	800 000	
贷：吸收存款——单位活期存款——华联商场		792 000
手续费及佣金收入		8 000

4. 信用卡透支的处理手续。

（1）持卡人透支的处理。当持卡人使用信用卡取现或者在消费终端消费透支时，发卡行比照以上的取现和购物消费手续处理，并且编制会计分录：

借：贷款——信用卡透支

　贷：吸收存款/现金/待清算辖内往来/存放中央银行款项

（2）还款的处理。持卡人还款时，发卡行按各种费用、利息、取现金额、消费额的顺序扣款。会计分录为：

借：××科目

　贷：贷款——信用卡透支

　　　吸收存款——信用卡存款——××持卡人（若有剩余款项）

（3）收取滞纳金、超限费的处理。银行收取滞纳金或超限费时，打印业务收费凭证，收费凭证回单交持卡人。会计分录为：

借：库存现金/其他科目

　贷：营业外收入——罚款收入

第三节　票据结算业务的核算

一、银行汇票的核算

（一）银行汇票的概念

银行汇票是出票银行签发的，由其在见票时按照实际结算金额无条件支付给收款人或持票人的票据。银行汇票的出票银行为银行汇票的付款人，代理付款人是代理本系统出票银行或跨系统签约银行审核支付汇票的银行机构。单位和个人的各种款项结算，均可使用银行汇票。《票据法》规定，汇票的绝对应记载事项有：表明“汇票”的字样；无条件支付的委托；确定的金额；付款人名称；收款人名称；出票日期；出票人签章（其样式见图4－4）。

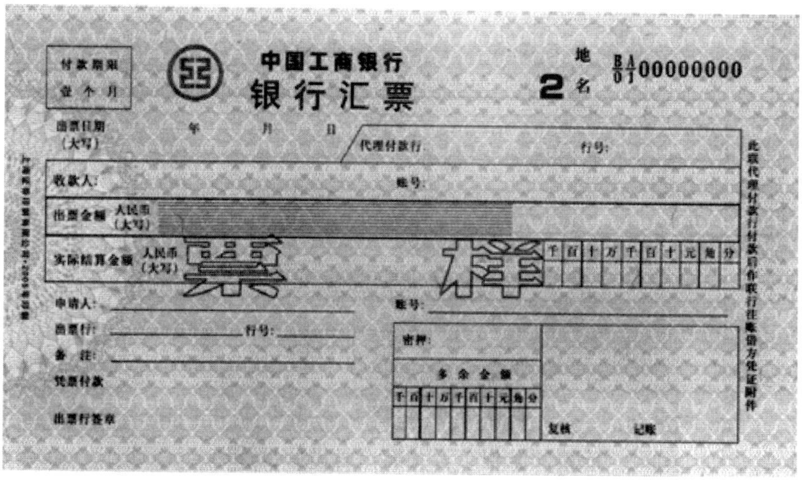

图4－4　银行汇票正联正面

（二）银行汇票的有关规定

1. 银行汇票主要用于异地间的款项结算，如果同城使用银行汇票，则必须有另一家具备办理银行汇票资格的，与出票银行同属一系统的银行方可办理。

2. 银行汇票的出票和付款，全国范围限于中国人民银行和各商业银行参加“全国联行往来”的银行机构办理。

3. 跨系统银行签发的转账银行汇票应通过同城票据交换将银行汇票和解讫通知提交

给同城的有关银行审核支付后抵用。

4. 代理付款人不得受理未在本行开立存款账户的持票人为单位直接提交的银行汇票。

5. 银行汇票的提示付款期限自出票日起 1 个月，超过有效提示付款期的银行汇票，代理付款人不予受理。

6. 银行汇票的收款人和申请人均为个人，需要使用银行汇票向代理付款人支取现金的，申请人须在“银行汇票”上填明代理付款人名称，在“汇票金额”栏填写“现金”字样后再填写汇票金额。

7. 签发转账银行汇票，不得填写代理付款人名称，但由人民银行代理兑付银行汇票的商业银行，向设有分支机构地区签发转账银行汇票的除外。

8. 填明“现金”字样的银行汇票不得背书转让。但填明“现金”字样和代理付款行的银行汇票丧失，可以由失票人向付款人和代理付款人挂失止付，在经过相关程序后，失票人可以凭法院出具的其享有票据权利的证明，向出票银行请求付款或退款。

9. 持票人或申请人因汇票超过有效提示付款期或其他原因要求退款时，应将银行汇票和解讫通知同时提交到出票银行，并出具单位证明或个人身份证件，银行经审核无误后方可办理。若缺少解讫通知，出票银行应于汇票提示付款期满 1 个月后才能办理。

（三）银行汇票业务流程及会计处理

银行汇票业务基本操作流程如图 4－5 所示。

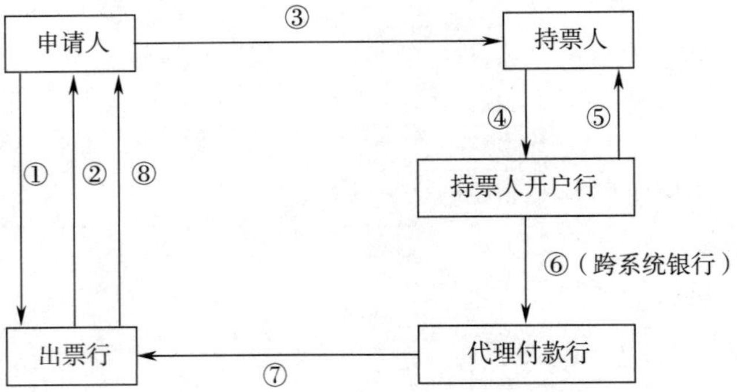

①申请签发银行汇票；②收妥款项后出票；③交收款人（持票人）；④提示付款；⑤持票人开户行收妥后入账；⑥提交代理付款行；⑦银行间清算资金；⑧多余款退原申请人。

图 4－5　银行汇票业务基本操作流程

从账务处理角度看，银行汇票业务分为出票、付款和结清三个阶段。下面分别从这三个环节展开会计处理的介绍。

1. 银行汇票出票的处理手续。

（1）申请人提交汇票申请书。申请人需要使用银行汇票，应向银行提交一式三联申请书，在申请书的业务种类“汇票”处进行勾记。申请人为单位的在申请书第一联加盖预留银行签章；出票申请人和收款人均为个人，需要使用银行汇票在代理付款行支取现金的，应在“收款人开户行”栏填明代理付款行行名，同时提供申请人身份证件，在申请书第一联上填写身份证件相关信息，如为代理还须填写代理人身份信息。

（2）汇票受理岗审核凭证。汇票受理岗认真审查申请书要素是否填写齐全、清晰，是否详细填明委托日期、申请人名称及账号或地址、收款人名称、汇款金额，是否加盖预留银行签章。

对于申请人为单位的，银行使用电子验印系统核对申请书上印鉴，使用支付密码的，由综合业务系统校验其密码是否正确。

申请人为个人的，银行通过非接口方式对出票人的身份信息进行联网核查，代理人办理的，银行还应核查代理人的身份信息，并打印核查结果。

（3）交易操作。验印无误后，银行根据申请书在系统中输入相关要素。银行在申请书第一、第三联上加盖业务清讫章和个人名章后第三联（回单联）退客户、第一联作借方传票，申请书第二联加盖业务公章和个人名章交汇票签发岗。

（4）收取手续费。“汇票受理”交易联动业务收费窗口，按规定收取手续费。

个人申请人直接交存现金的，出票行应收妥现金后按银行汇票的收费标准收取手续费，同时按照反洗钱规定中关于一次性交易的相关要求履行身份识别义务。

（5）签发银行汇票。汇票签发岗审核申请书内容，审核无误后，复核已录入要素是否与申请书一致，确认无误后提交“汇票签发”交易，打印银行汇票一式四联，第一联为开出汇票卡片，第二联为银行汇票，第三联为解讫通知，第四联为多余款收账通知。

个人申请现金银行汇票的，银行出票时在“出票金额人民币（大写）”之后紧接填写“现金”字样，再填写出票金额，在“代理付款行名称”栏填明确定的代理付款行名称。

银行汇票打印好后，银行将汇票及申请书第二联交汇票签章岗。

（6）汇票签章。汇票签章岗收到汇票后，审核汇票凭证上的有关要素是否与申请书一致，包括汇票的出票金额、收款人名称、种类，特别注意不可转让汇票是否已注明“不可转让汇票”字样。审核无误后，汇票签章岗在汇票第二联出票行签章栏签章，签章应为汇票专用章和签发行法定代表人或其授权经办人的签名或盖章；同时汇票第一、第二联上要加盖经办人和复核人名章。汇票签章岗登记“银行汇票交接登记簿”，交申请人签收，并在申请书第三联（回单联）上加盖“汇票已取”戳记，同时授权将该笔汇票资金移存至资金清算中心。

（7）凭证的保管。汇票签发岗将申请书第二联加盖“附件”章戳作“开出汇票”科目传票附件，将汇票的第一、第四联专夹保管。

（8）出票行签发银行汇票的账务处理。

借：吸收存款——活期存款——申请人户/现金

　贷：汇出汇款

[例4－3] B银行收到开户单位甲公司提交的银行汇票申请书金额215 000元，要求签发银行汇票，审查无误后立刻办理。会计分录为：

借：吸收存款——活期存款——甲公司	215 000	
贷：汇出汇款		215 000

2. 银行汇票付款的处理手续。由于银行受理他行签发的银行汇票时对于本系统银行汇票采用“见票即付”的原则，对于跨系统银行签发的银行汇票采用“收妥后入账”的原则，因此付款环节的处理分以下几种情况分别处理。

（1）代理付款行兑付系统内银行汇票的核算。持票人在银行汇票的有效提示付款期内向银行提示付款时，必须同时提交银行汇票和解讫通知联，缺少任何一联，银行不予受理。

持票人为单位的必须向其开户银行提示付款，并在汇票背面“持票人向银行提示付款签章”处签章，签章必须与预留银行印鉴相同，并另填两联进账单送交开户银行。未在银行开立存款账户的个人持票人，可以向选择的任何一家银行机构提示付款。提示付款时，个人持票人应在汇票背面“持票人向银行提示付款签章”处签章，并填明本人身份证件名称、号码及发证机关。

银行审核无误后，进行下列操作。

第一，汇票签发岗操作“兑付申请”交易，根据汇票第二、第三联输入相关要素后系统自动核押，核押成功后系统自动登记“兑付汇票登记簿”，然后将汇票交汇票兑付岗。

第二，汇票兑付岗按要求审核无误后，操作“兑付发送”交易，系统自动发送“申请清算银行汇票资金报文”。交易成功后，汇票兑付岗会收到汇票资金清算报文，然后打印支付系统专用凭证，加盖业务清讫章及个人名章，支付系统专用凭证第一联作贷方凭证，第二联作收账通知交客户。汇票和解讫通知联加盖业务清讫章和附件章作为支付系统专用凭证（贷方）的附件。

①持票人在代理付款行开立账户时，会计分录为：

借：待清算辖内往来——××行（或其他联行科目）

　　贷：吸收存款——活期存款——持票人户

②持票人未在代理付款行开立账户时，银行除接上述有关规定认真审查外，还必须审查持票人的身份证件等内容。银行审查无误后，以持票人姓名开立“应解汇款”账户，该账户只付不收，付完清户，不计付利息。其会计分录为：

借：待清算辖内往来——××行（或其他联行科目）

　　贷：应解汇款——持票人户

需要转汇的，需由持票人重新填制结算业务申请书，银行审核收款人和用途必须是原收款人和用途，在汇票凭证上加盖“转汇”戳记。经审查无误后银行按照选择的支付结算方式和汇划渠道办理转汇。其会计分录为：

借：应解汇款——持票人户

　　贷：待清算辖内往来/清算资金往来

如果原持票人需要支取现金的，代理付款行经审查汇票上填写的申请人和收款人确为个人并按规定填明“现金”字样，以及填写的代理付款行名称确为本行的，联网核查持票人或代理人身份后，可办理现金支付手续。其会计分录为：

借：应解汇款——持票人户

　　贷：现金

[例 4－4] B 银行收到开户单位乙企业提交的进账单及第二、第三联银行汇票，出票行为异地同系统行，其汇款金额为 30 000 元，进账单及实际结算金额为 17 800 元，审查无误后立即办理，其会计分录为：

借：待清算辖内往来 17 800

贷：吸收存款——活期存款——乙企业 17 800

（2）代理付款行兑付跨系统银行汇票的核算。银行接到在本行开立账户的持票人交来的跨系统银行签发的汇票和解讫通知及两联进账单或接到未在本行开立账户的持票人为个人交来的跨系统银行签发的汇票和解讫通知及进账单时，审核无误后操作相应交易，通过同城票据交换将汇票和解讫通知提交给同城出票银行的同系统代理付款行，办理收妥抵用。其会计分录为：

借：清算资金往来——同城票据清算

贷：其他应付款——××户（收款人）

出票行的同系统行提回银行汇票和解讫通知，经审查无误后作出账务处理，其会计分录为：

借：待清算辖内往来——××行

贷：清算资金往来——同城票据清算

持票人开户行（或接受持票人汇票的银行）在下次票据交换时未见到退票，办理收妥入账，其会计分录为：

借：其他应付款——××户（收款人）

贷：吸收存款——活期存款/应解汇款——持票人户

3. 银行汇票结清的处理手续。代理付款行付款后，行内系统自动做结清处理，次日营业开始直接打印银行汇票结清汇总凭证。分别作如下处理：

（1）汇票全额付款，银行应在汇票卡片的实际结算金额栏填入全部金额，在多余款收账通知的多余金额栏填写“0”，汇票卡片作借方凭证，会计分录为：

借：汇出汇款

贷：待清算辖内往来——××行

同时销记汇出汇款账。

（2）汇票有多余款的，银行应在汇票卡片联和多余款收账通知上填写实际结算金额。其会计分录为：

借：汇出汇款

贷：待清算辖内往来——××行

吸收存款——活期存款——申请人户

同时销记汇出汇款账，在多余收款通知多余金额栏填写多余金额，加盖转讫章，通知申请人。

（3）申请人未在银行开立账户，多余金额应先转入其他应付款科目，会计分录为：

借：汇出汇款

贷：待清算辖内往来——××行

其他应付款——申请人户

同时销记汇出汇款账，并通知申请人持申请书存根及本人身份证件来行办理取款手续。取款时，银行以多余款收账通知代其他应付款科目借方凭证，会计分录为：

借：其他应付款——申请人户

贷：现金

［例4－5］B银行收到本系统深圳支行发来银行汇票已兑付的电子汇划信息解讫通知，其结算金额为45 000元，银行汇票出票金额为50 000元。经审查，该银行汇票系本行签发，原汇款单位是在本行开户的丙公司，审查无误后立刻办理，会计分录为：

借：汇出汇款　50 000

贷：待清算辖内往来　45 000

吸收存款——活期存款——丙公司　5 000

4. 银行汇票退款的处理手续。申请人由于汇票超过付款期限或其他原因要求退款时，应交回汇票和解讫通知，并按照支付结算办法规定提交证明或身份证件。出票行经与原专夹保管的汇票卡片核对无误，即在汇票和解讫通知的实际结算金额大写栏填写“未用退回”字样，操作“未用申请”交易，向汇票清算中心申请资金退回。其会计分录为：

借：汇出汇款

贷：吸收存款——活期存款——申请人户

或　现金

同时销记汇出汇款账。银行在多余款收账通知的多余金额栏填入原出票金额并加盖转讫章作收账通知，交给申请人。申请人由于短缺解讫通知要求退款的，应当备函向出票行说明短缺原因并交回持有的汇票，出票行于提示付款期满1个月后比照退款手续办理退款。

持票人超过付款期不获付款的，在票据权利时效内请求付款的，应当向出票行说明原因，并提交汇票和解讫通知。持票人为个人的，还应交验本人身份证件。出票银行经与原专夹保管的汇票卡片核对无误，多余金额结计正确无误，即在汇票和解讫通知的备注栏填写“逾期付款”字样，通过大（小）额支付系统、同城清算系统或系统内转账等相关交易将资金支付给持票人。其会计处理是先为持票人开立“应解汇款”账户，再按持票人选择的支付结算方式和汇划渠道办理转账。

二、商业汇票结算

（一）商业汇票的概念

商业汇票是出票人签发的，委托付款人在指定日期无条件支付确定的金额给收款人或者持票人的票据。商业汇票按承兑人不同分为商业承兑汇票和银行承兑汇票。商业承兑汇票由银行以外的付款人承兑，银行承兑汇票由银行承兑。商业汇票的付款人为承兑人。商业汇票同城异地都可以使用。银行承兑汇票和商业承兑汇票的样式如图4－6和图4－7所示。

（二）商业汇票的基本规定

1. 在银行开立存款账户的法人以及其他组织之间，必须具有真实的交易关系或债权债务关系，才能使用商业汇票。

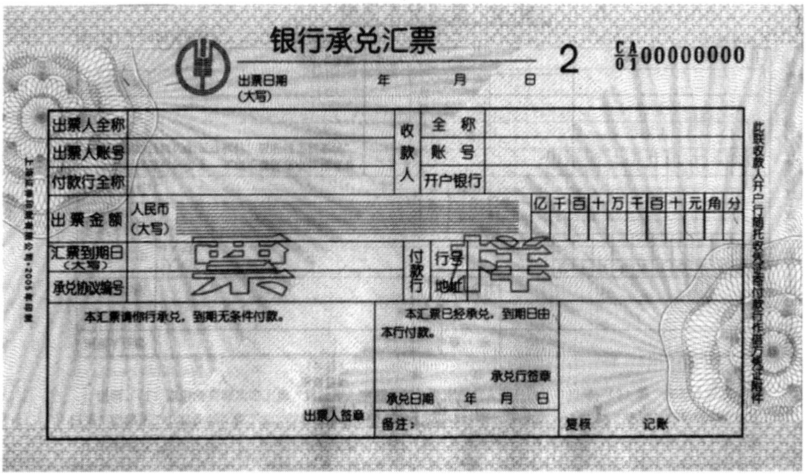

银行承兑汇票　2　CA 01 00000000

出票日期（大写）　年　月　日

出票人全称

出票人账号

付款行全称

收款人　全称　账号　开户银行

出票金额　人民币（大写）　亿 千 百 十 万 千 百 十 元 角 分

汇票到期日（大写）

付款行　行号　地址

承兑协议编号

本汇票请你行承兑，到期无条件付款。

出票人签章

本汇票已经承兑，到期日由本行付款。

承兑行签章

承兑日期　年　月　日

备注：　复核　记账

票样

此联收款人开户行随托收凭证寄付款行作借方凭证附件

图 4－6　银行承兑汇票样式

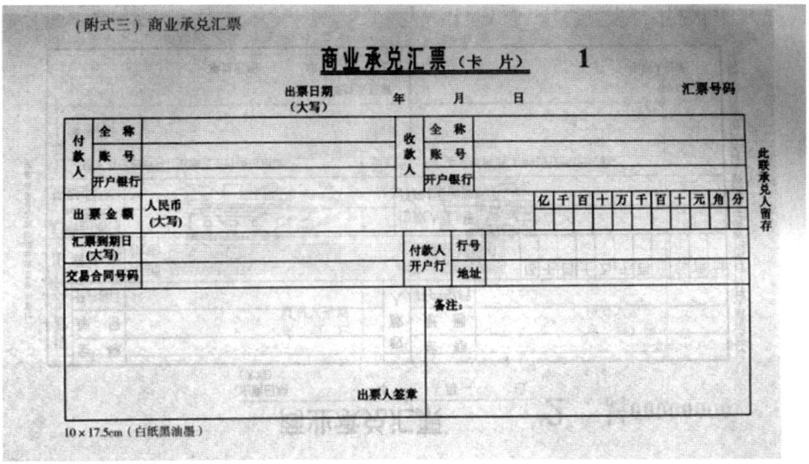

（附式三）商业承兑汇票

商业承兑汇票（卡　片）　1

出票日期（大写）　年　月　日　汇票号码

付款人　全称　账号　开户银行

收款人　全称　账号　开户银行

出票金额　人民币（大写）　亿 千 百 十 万 千 百 十 元 角 分

汇票到期日（大写）

付款人开户行　行号　地址

交易合同号码

备注：

出票人签章

此联承兑人留存

10×17.5cm（白纸黑油墨）

图 4－7　商业承兑汇票样式

2. 商业承兑汇票的出票人，为在银行开立存款账户的法人以及其他组织，与付款人具有真实的委托付款关系，具有支付汇票金额的可靠资金来源。银行承兑汇票应由在承兑银行开立存款账户的存款人签发。

3. 签发商业汇票必须记载的事项有：表明“商业承兑汇票”或“银行承兑汇票”的字样；无条件支付的委托；确定的金额；付款人名称；收款人名称；出票日期；出票人签章。

4. 付款人承兑商业汇票，应当在汇票正面记载“承兑”字样和承兑日期并签章。银行承兑汇票的承兑银行，应按票面金额向出票人收取万分之五的手续费。

5. 商业汇票的付款期，由收、付款人双方协商解决，但最长不得超过 6 个月。商业汇票的提示付款期限，自汇票到期日起 10 日。定日付款的汇票付款期限自出票日起计算，并在汇票上记载具体的到期日；出票后定期付款的汇票，付款期限自出票日起按月计算，并在汇票上记载；见票后定期付款的汇票付款期限自承兑或拒绝承兑日起按月计算，并在汇票上记载。

6. 商业承兑汇票可以在出票时向付款人提示承兑后使用，也可以在出票后先使用再向付款人提示承兑。定日付款或出票后定期付款的商业汇票，持票人应当在汇票到期前向付款人提示承兑。见票后定期付款的汇票，持票人应当自出票日起 1 个月内向付款人提示承兑。汇票未按规定期限提示承兑的，持票人丧失对其前手的追索权。

7. 银行承兑汇票的出票人应于汇票到期日前将票款足额交存其开户银行。未能交足时，承兑行除凭票无条件付款以外，对出票人尚未支付的汇票金额按每天万分之五计收罚金。

商业汇票是由付款人或收款人签发的远期票据，收款人或持票人在汇票到期后可以委托其开户银行代为收取票款。

（三）商业承兑汇票的会计处理

商业承兑汇票业务基本操作流程如图 4－8 所示。

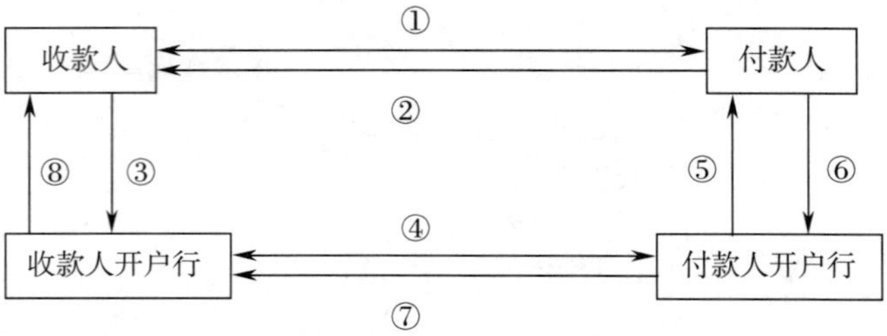

①根据合同填制商业承兑汇票（由收款人出票的，应交付款人承兑）；②盖章承兑并交付票据；③到期委托银行收款；④发出票据及委托收款凭证；⑤通知付款并交付票据；⑥承付款项或退回票据及拒绝付款证明；⑦划回款项或退回票据及拒绝付款证明；⑧款项收妥或退回票据及拒绝付款证明。

图 4－8　商业承兑汇票业务基本操作流程

1. 持票人开户行受理汇票的处理。持票人持商业承兑汇票委托开户银行收款时，应填制委托收款凭证，并在“委托收款凭据名称”栏注明“商业承兑汇票”及其汇票号码，连同汇票一并送交开户行。银行应认真审查：（1）汇票是否是统一规定印制的凭证，提示付款期限是否超过；（2）汇票上填明的持票人是否在本行开户；（3）出票人、承兑人的签章是否符合规定；（4）汇票必须记载的事项是否齐全，出票金额、出票日期、收款人名称是否更改，其他记载事项的更改是否由原记载人签章证明；（5）是否作成委托收款背书，背书转让的汇票其背书是否连续，签章是否符合规定，背书使用粘单的是否按规定在粘接处签章；（6）委托收款凭证的记载事项是否与汇票记载的事项相符。经审查无误，银行在委托收款凭证各联上加盖“商业承兑汇票”戳记。

2. 付款人开户行收到汇票的处理手续。付款人开户行接到持票人开户行寄来的委托收款凭证及汇票时，应认真审查：付款人确在本行开户；承兑人在汇票上的签章与预留银行的签章相符。经审查无误，银行将第五联委托收款凭证交给付款人，通知其付款。

付款人开户行接到付款人的付款通知或在付款人接到开户行的付款通知的次日起 3 日内仍未接到付款人的付款通知的，应按照支付结算办法规定的划款日期和以下情况处理。

（1）付款人在银行的账户有足够款项支付的，付款人开户行进行委托收款到期付款交易处理，将商业承兑汇票、委托收款凭证第三、第四联（同城交换时此联须提出）作记账凭证附件，同时销记“收到委托收款凭证登记簿”。款项的划转根据收款人开户行情况分别通过系统内划款、大小额支付系统或者同城票据交换进行处理，其会计分录为：

借：吸收存款——活期存款——付款人户

贷：待清算辖内往来——××行/存放中央银行款项/清算资金往来

（2）付款人的银行账户不足支付的，银行应填制付款人未付票款通知书，在委托收款凭证备注栏注明“付款人无款支付”字样，将汇票及有关凭证退回给持票人开户行，并设立登记簿，逐笔登记汇票的支付和退回。

（3）持票人开户行收到划回票款或退回凭证的处理手续。持票人开户行通过同城票据交换提回委托收款凭证第三、第四联，或者接收到大小额支付系统、系统内支付信息后打印专用凭证，收款通知联交收款人。其会计分录为：

借：待清算辖内往来——××行/存放中央银行款项/清算资金往来

贷：吸收存款——活期存款——持票人户

[例4-6] 7月27日，C银行武汉洪山支行（本行）收到A银行长沙市枫树山支行寄来的商业承兑汇票及委托收款凭证，金额为60 000元，汇票出票人、承兑人均系本行开户单位乙公司，收款人为A银行长沙市枫树山支行开户单位甲公司，汇票已到期，本行选择大额支付渠道办理资金汇划。当日，A银行长沙市枫树山支行收到行内系统转来的大额支付系统划回的票款的信息。

（1）C银行武汉洪山支行划款时：

借：吸收存款——单位活期存款——乙公司　　　60 000

贷：待清算辖内往来——C银行湖北省分行　　　60 000

（2）A银行长沙市枫树山支行办理收款转账时：

借：待清算辖内往来——A银行湖南省分行

贷：吸收存款——单位活期存款——甲公司

（四）银行承兑汇票的会计处理

银行承兑汇票业务基本流程如图4-9所示。

1. 承兑行办理承兑的处理。承兑申请人签发一式四联银行承兑汇票后，在第一、第二联上注明承兑行名称及申请日期，加盖印章，同时填制一式三联承兑协议，连同第一、第二、第三联汇票及购销合同一并送交承兑行。承兑行同意承兑后，即与申请人订立一式三份的“银行承兑协

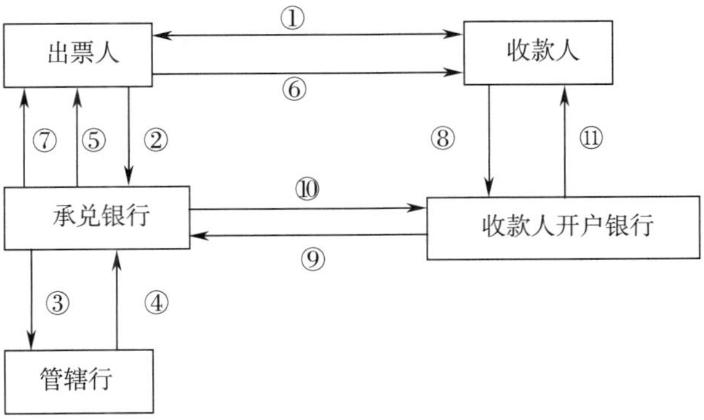

①签订合同；②送交资料申请承兑；③报送上级行审批；④同意办理或不同意办理；⑤签订承兑协议盖章承兑并收费或退回有关资料；⑥交付票据；⑦到期收取票款；⑧到期委托银行收款；⑨发出票据及委托收款凭证；⑩划回票据或拒绝付款；⑪款项收妥或退回票据及拒绝证明。

图4-9　银行承兑汇票业务基本流程

议”，一份由信贷部门留存，另两份和三联汇票一并送交会计部门。

会计部门审核后，在三联汇票上注明承兑协议编号，并在第二联汇票上加盖专用章，将第二、第三联汇票连同一份承兑协议交给承兑申请人。

如果根据承兑协议约定，需要承兑申请人存入一定比例保证金的，开立保证金账户，该账户无须预留印鉴。其会计分录为：

借：库存现金/吸收存款——××承兑申请人

　　贷：存入保证金——银行承兑汇票保证金——××承兑申请人

同时，向申请人收取手续费。其会计分录为：

借：吸收存款——活期存款——××承兑申请人

　　贷：手续费及佣金收入

然后，在表外科目上登记：

收入：银行承兑汇票

签发好银行承兑汇票后，银行在汇票第二联“承兑人签章”栏加盖汇票专用章和有授权的经办人员名章；第一、第二联加盖单位预留银行签章，通过验印系统验印后，将验印结果打印在第一联汇票卡片上；第二、第三联交承兑申请人，并在“银行承兑汇票交接登记簿”上签收；将第一联汇票卡片和承兑协议专夹保管。

［**例4－7**］2023年7月27日G银行洪山支行同意开户单位仟吉公司提出商业汇票的承兑申请，票据金额为500 000元，付款期3个月，按照票面金额的5‱收取手续费，并收取100 000元的保证金。会计分录为：

借：吸收存款——活期存款——仟吉公司	100 250	
贷：存入保证金——银行承兑汇票保证金——仟吉公司		100 000
手续费及佣金收入		250
收入：银行承兑汇票——仟吉公司	500 000	

2. 持票人开户行受理汇票委托收款的核算。持票人办理银行汇票委托收款时，应将银行汇票及填制好的委托收款凭证一式五联一并提交其开户行。收款人开户行应认真审查，在第三联委托收款凭证上加盖结算专用章，将第三、第四、第五联委托收款凭证连同银行承兑汇票一起，与支行指定的专人在“凭证（资料）交接登记簿”上进行交接，由指定的专人负责寄出，并登记委托收款凭证登记簿。

3. 承兑银行对到期汇票的处理。银行承兑汇票到期日未见票时，后台自动将银行承兑汇票保证金转入承兑申请人结算户，然后将票款从申请人结算户转入应解汇款账户；承兑申请人结算账户资金不足部分，系统按承兑申请人客户号预开承兑垫款账号，进行垫款处理。会计分录为：

借：存入保证金——银行承兑汇票保证金——××承兑申请人

　　吸收存款——活期存款——××承兑申请人

　　贷款——逾期贷款——××承兑申请人

　　贷：应解汇款——××承兑申请人

承兑行在银行承兑汇票到期后的见票当日，再以收到的第三、第四联委托收款凭证通过应解汇款账户付款。会计分录如下：

借：应解汇款——××承兑申请人

　贷：待清算辖内往来或清算资金往来

并销记表外科目：

付出：银行承兑汇票

［例4－8］ 沿用［例4－7］，3个月后银行承兑汇票到期，承兑申请人仟吉公司账户可用余额为300 000元，则汇票到期日承兑行G银行洪山支行的会计分录如下：

借：存入保证金——银行承兑汇票保证金——仟吉公司　　100 000

　　吸收存款——活期存款——仟吉公司　　300 000

　　贷款——逾期贷款——仟吉公司　　100 000

　贷：应解汇款——仟吉公司　　500 000

［例4－9］ 沿用［例4－7］及［例4－8］，G银行洪山支行收到同城G银行武昌支行提交的承兑申请人为仟吉公司签发的银行承兑汇票及委托收款凭证，审查无误后，办理转账。编制会计分录如下：

借：应解汇款——仟吉公司　　500 000

　贷：待清算辖内往来　　500 000

并销记表外科目：

付出：银行承兑汇票　　500 000

【专栏4－1】　新一代票据业务系统

新一代票据业务系统是经中国人民银行批准建设的全国统一的综合性票据业务平台，由上海票据交易所（以下简称“票交所”）建设运营，负责处理商业汇票的出票、承兑、背书、贴现、转贴现、回购、再贴现、质押、保证、追索等票据全生命周期业务。

2022年8月，新一代票据业务系统上线，41家银行、10家财务公司作为首批机构投产新一代票据业务系统全流程业务功能。

新一代票据业务系统的建成给票据市场带来三大突破性改变。

一是打破了电子商业汇票系统和票据交易系统分别处理电票贴现前和贴现后业务的系统格局，通过优化技术路线，实现一个业务系统、一套接口功能兼容纸电票据全生命周期业务流程，彻底解决了票据市场因两个系统并行导致的业务处理复杂、运行风险大、成本投入多等技术问题。

二是对传统电票的签发和流转形式进行了优化升级，通过科技赋能，引入票据“找零支付”功能，既支持出票企业以传统方式签发固定金额的票据，又支持企业以创新方式签发标准金额票据组成的票据包。选择签发票据包的持票企业可以在转让背书、贴现等业务环节将持有的票据包按实际金额分包使用，更好地满足企业多样化的支付需求。

三是前移风险关口，加强综合防控，引入了企业信息报备、账户主动管理、承兑信息披露、信用信息查询等身份校验和信用约束机制，形成前后一体、多管齐下的风控体系，有效提升了风险综合管控能力。新一代票据业务系统的上线，标志着票据业务系统对票据市场发展的技术支撑进一步增强，为票据市场更好地服务实体经济奠定了更加坚实的基础。

资料来源：中国电子银行网，https：//www. cebnet. com. cn/20220824/102825528. html。

4. 持票人开户行收到汇票款项的处理。持票人开户行收到同城范围付款人开户行的划收凭证及所附第三、第四联委托收款凭证时，由会计结算部记账后在第四联收账通知上加盖业务清讫章，由收款人开户行交收款单位，第三联作贷方凭证。

收到支付系统贷记来账指令，银行打印大（小）额支付系统专用凭证，第一联作贷方传票，第二联加盖业务清讫章代收账通知交给收款人，小额支付系统专用凭证第三、第四联作传票附件，并销记“发出委托收款凭证登记簿”。会计分录为：

借：待清算辖内往来——××行/清算资金往来

贷：吸收存款——活期存款——持票人

［例 4－10］G 银行武昌支行接到系统内划回款项信息，系本行开户单位茶港公司为持票人的银行承兑汇票，金额 500 000 元全部划回。该行收到划回款项的会计分录为：

借：待清算辖内往来　　500 000

贷：吸收存款——活期存款——茶港公司　　500 000

三、银行本票结算

（一）银行本票的概念

银行本票是银行签发的，承诺自己在见票时无条件支付确定的金额给收款人或者持票人的票据。单位和个人在同一票据交换区域需要支付各种款项，均可以使用银行本票，其基本样式如图 4－10 所示。

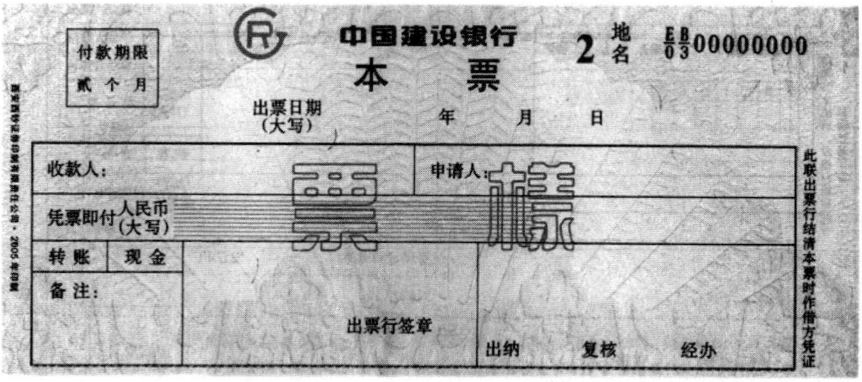

图 4－10　银行本票样式

（二）银行本票的基本规定

1. 银行本票分为现金银行本票和转账银行本票。用于转账的银行本票，须在银行本票上划去“现金”字样；用于支取现金的银行本票，须在银行本票上划去“转账”字样。未在银行本票上划去“现金”和“转账”字样的，一律按照转账银行本票办理。现金银行本票的申请人和收款人均为个人，现金银行本票仅限系统内银行，兑付申请人或收款人为单位的，不得申请签发现金银行本票。

2. 现金银行本票不得背书转让，转账银行本票可以背书转让。出票银行在银行本票正面记载“不得转让”字样的，银行本票不得背书转让。

3. 银行本票的绝对应记载事项有：表明“银行本票”的字样；无条件支付的承诺；确定的金额；收款人名称；出票日期；出票人签章。欠缺记载上列事项之一的，银行本票无效。

4. 银行本票的提示付款期限自出票日起最长不得超过两个月。持票人超过付款期限提示付款的，代理付款人不予受理。

5. 银行本票的代理付款人是代理出票银行审核支付银行本票款项的银行。

6. 申请人应将银行本票交付给本票上记明的收款人，收款人受理银行本票时，应审查：收款人是否确为本单位或本人；银行本票是否在提示付款期限内。

（三）银行本票会计核算手续

银行本票业务的处理程序分为出票、付款和结清三个阶段。银行本票业务主要通过同城票据交换系统、各行行内系统办理。2008 年，依托小额支付系统办理银行本票业务（以下简称小额本票业务）在全国正式开通后，跨系统银行本票和系统内银行本票均可通过小额支付系统办理，其基本业务流程如图 4－11 所示。

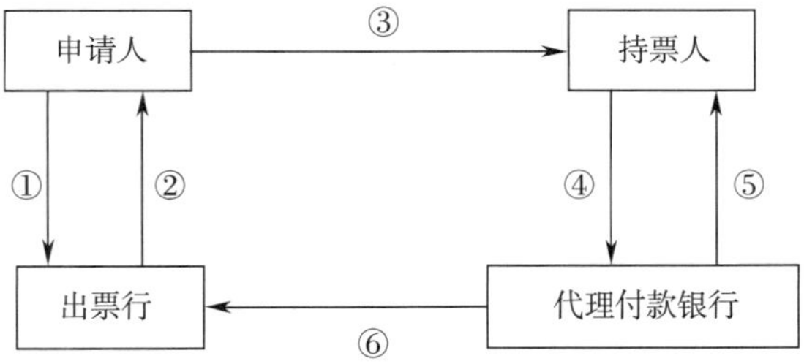

①申请办理银行本票；②出票行签发银行本票；③申请人将签发的银行本票交持票人；④持票人向开户银行提示付款；⑤银行兑付本票；⑥与出票行办理资金清算。

图 4－11　银行本票业务基本流程

1. 银行本票出票的处理手续。

（1）申请人提交申请书。单位申请人需要使用银行本票，应向银行提交一式三联“结算业务申请书”，在申请书的业务种类“本票”处进行勾记，并在申请书第一联上加盖预留银行印鉴。申请人和收款人均为个人、申请人需要使用现金银行本票（只能在系统内使用）的，须向银行提交一式三联申请书，在申请书的业务种类“本票”处进行勾记，并提供申请人身份证件，同时在申请书第一联填写身份证件相关信息。

（2）本票受理岗认真审查申请书。本票受理岗认真审查申请书内容：是否填明收款人名称、申请人名称、支付金额、申请日期等要素；单位申请签发银行本票的是否加盖了预留银行的签章，使用电子验印系统核对申请书上印鉴，产生验印流水号。使用支付密码的，由综合业务系统校验其密码是否正确。个人申请签发银行本票的通过非接口方式对申请人的身份信息进行联网核查，如果是代理人代为办理的，还需核查代理人的身份信息，并打印核查结果。

(3) 本票签发业务交易操作。银行根据申请书在系统相应模块输入相关要素，打印核证行后进行检查确认。银行在申请书第一、第三联上加盖业务清讫章和个人名章后第一联作借方传票，第三联退客户；申请书第二联加盖业务公章和个人名章交本票签发岗。

(4) 收取手续费。“本票受理”交易联动业务收费窗口，按规定收取相关费用。直接交存现金的，出票行应收妥现金并按规定收取有关费用。

(5) 签发银行本票。本票签发岗审核申请书内容无误后，复核系统记录要素是否与申请书一致，确认无误，提交“本票签发”交易，打印银行本票。本票签发岗将银行本票交本票签章岗，本票签章岗在本票第二联出票行签章栏签章，签章应为本票专用章加签发行法定代表人或其授权人的签名或盖章。

(6) 登记“凭证交接登记簿”。银行根据本票第二联登记“凭证交接登记簿”交申请人签收，并在结算业务申请书第三联上注明“本票已取”字样。银行将本票的第一联专夹保管，结算业务申请书第二联加盖“附件”章戳作“开出本票”科目传票附件。

(7) 出票行出票的账务处理。如果出票行为小额支付系统的直接参与者，可直接办理银行本票出票。编制的会计分录为：

借：吸收存款——活期存款——××申请人/库存现金

　贷：开出本票

若出票行为小额支付系统的间接参与者，则应委托其所属的直接参与者（即代理清算行）代为办理。

2. 银行本票付款的处理手续。现金银行本票的代理付款行应为出票行系统内营业机构，转账银行本票的代理付款行可为任一银行营业机构。其中，通过小额支付系统签发的银行本票，代理付款行还必须为小额支付系统的直接参与者，小额支付系统的间接参与者不能委托其所属的直接参与者办理银行本票的代理付款业务。

(1) 出票行兑付本行签发的银行本票的处理。出票行接到持票人交来的本行签发的银行本票时，抽出专夹保管的本票卡片进行核对，对个人持票人还应审查其身份证件等，审核无误后，办理解付。会计分录为：

借：开出本票

　贷：吸收存款——活期存款——××持票人/库存现金

出票行兑付本行签发的银行本票亦即结清银行本票。

(2) 代理付款行兑付系统内银行本票的处理。代理付款行接到在本行开立账户的持票人直接交来的银行本票和三联进账单时，审查无误后，进行本票兑付交易，根据本票第二联输入相关要素，由系统自动核押，核押成功后自动登记“兑付本票登记簿”，打印入账核证行，本票第二联作传票附件。会计分录为：

借：待清算辖内往来——××行

　贷：吸收存款——活期存款——××持票人/库存现金

(3) 代理付款行兑付跨系统银行本票的处理。代理付款行接到在本行开立账户的持票人直接交来的他行本票和三联进账单时，审核无误后，进行跨行兑付交易，根据本票第二联的相关要素通过小额支付系统发出实时借记业务包至出票银行，并根据出票银行实时返回的业务回执办理本票兑付，银行本票作借方传票附件。会计分录为：

借：待清算支付款项

　贷：吸收存款——活期存款——××持票人

如果通过同城票据交换渠道解付时，提出银行本票，会计分录为：

借：清算资金往来——同城票据清算

　贷：吸收存款——活期存款——××持票人

3. 银行本票结清的处理手续。出票行收到行内系统或小额支付系统发来的解付成功信息，系统自动核销登记簿，在PC机上打印小额支付系统来账凭证作“开出本票”科目借方传票，抽出专夹保管卡片核对无误后将卡片作当日“开出本票”科目传票附件。如果出票行收到通过票据交换提入的银行本票，抽出专夹保管的本票卡片进行核对，无误后，进行银行本票结清处理。会计分录为：

借：开出本票

　贷：待清算辖内往来/待清算支付款项/清算资金往来——同城票据清算

[**例4-11**] G银行某支行当日发生下列银行本票业务：

(1) 开户单位甲公司提交“结算业务申请书”，要求签发金额为50 000元的银行本票一份，银行经审查无误，予以办理，编制会计分录：

借：吸收存款——活期存款——甲公司	50 000	
贷：开出本票		50 000

(2) 开户单位乙公司持本系统其他机构签发的银行本票一张，金额为20 000元，要求入账，银行经审查无误后予以办理，编制会计分录：

借：开出本票	20 000	
贷：吸收存款——活期存款——乙公司		20 000

(3) 银行接到在本行开立账户的持票人丙公司交来的跨系统本票和进账单。本票金额为10 000元，通过同城票据交换，提出银行本票，会计分录为：

借：清算资金往来——同城票据清算	10 000	
贷：吸收存款——活期存款——丙公司		10 000

(4) 银行收到行内系统发来的银行本票解付成功信息，系本行10天前签发的面额为35 000元的银行本票，经审查无误后予以办理，编制会计分录：

借：开出本票	35 000	
贷：待清算辖内往来		35 000

四、支票的核算

(一) 支票概念

支票是出票人签发的，委托办理支票存款业务的银行在见票时无条件支付确定的金额给收款人或者持票人的票据。2007年，全国支票影像交换系统建成并运行后，单位和个人在全国范围的各种款项结算，均可以使用支票。

支票上印有“现金”字样的为现金支票，现金支票只能用于支取现金。支票上印有“转账”字样的为转账支票，转账支票只能用于转账。支票上未印有“现金”或“转账”字样的为普通支票，普通支票可以用于支取现金，也可以用于转账。在普通支票左上角划两条平行线的，为划线支票，划线支票只能用于转账，不得支取现金。支票的样式如图 4－12 至图 4－14 所示。

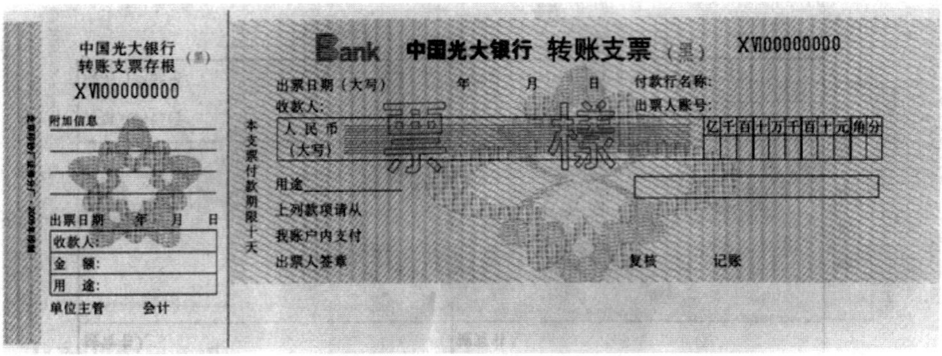

图 4－12　转账支票样式

图 4－13　普通支票样式

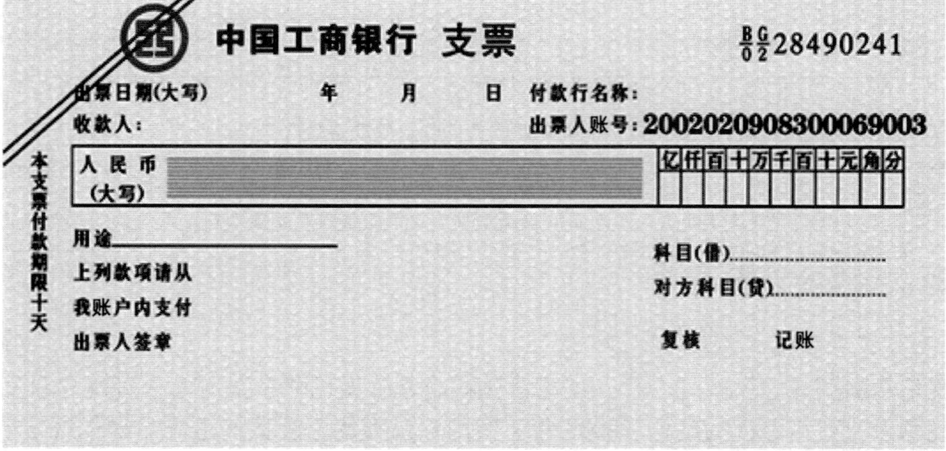

图 4－14　划线支票样式

（二）支票的基本规定

1. 支票的出票人，为在经中国人民银行当地分支行批准办理支票业务的银行机构开立可以使用支票的存款账户的单位和个人。

签发支票必须记载下列内容：表明“支票”的字样；无条件支付的委托；确定的金额；付款人名称；出票日期；出票人签章。欠缺记载上列事项之一的，支票无效。签发支票应使用碳素墨水或墨汁填写，中国人民银行另有规定的除外。

2. 支票的付款人为支票上记载的出票人开户银行。出票人签发大额支票［单位银行账户单笔金额等值人民币 50 万元（含）以上的转账支付、单笔金额等值人民币 20 万元（含）以上的现金支付］，付款人（出票人开户银行）在见票时应按“大额支付交易确认制度”与出票人核实确认。

3. 支票的金额、收款人名称，可以由出票人授权补记。支票未补记前不得背书转让和提示付款。

4. 支票的出票人签发支票的金额不得超过付款时在付款人处实有的存款金额。禁止签发空头支票。

5. 出票人签发空头支票、签章与预留银行签章不符的支票、使用支付密码地区支付密码错误的支票，银行应予以退票，并按票面金额处以 5% 但不低于 1 000 元的罚款；持票人有权要求出票人赔偿支票金额 2% 的赔偿金。对屡次签发的，银行应停止其签发支票。

6. 支票的有效提示付款期是自出票日起 10 日内，超过提示付款期限提示付款的，持票人开户行不予受理，付款人不予付款。

7. 签发现金支票和用于支取现金的普通支票，必须符合国家现金管理的规定。用于支取现金的支票仅用于收款人向付款人提示付款，不得背书转让。持票人委托开户银行收款的支票，应作委托收款背书，银行应通过票据交换收妥后入账。

支票圈存是指借助支付密码技术，由收款人在收受支票时，通过互联网 PC(WEB)、手机WAP、电话语音(包括固定电话和手机)、银联POS等受理终端，经由小额支付系统向出票人开户行发出圈存指令，预先从出票人账户上圈存支票金额，以保证支票的及时足额支付。

8. 支票影像业务处理必须遵循“先付后收、收妥抵用、全额清算、银行不垫款”的原则。支票票面金额圈存业务由客户申请发起，客户也可随时退出支票票面金额圈存业务。支票圈存业务的上限金额为 50 万元。

9. 支票可以挂失止付。但付款人或代理人自收到挂失止付通知书起 12 日内没有收到人民法院的止付通知书的，自第 13 日起，持票人提示付款并依法向持票人付款的，不再承担责任。

【专栏 4－2】　　中国工商银行支票直通车

一、功能定义

支票直通车是中国工商银行利用 POS 网络开发出的旨在加快支票结算速度，提高支票结算安全性，方便支票结算交易的一项创新结算产品。

二、产品简介

支票直通车为受理转账支票较多的特约单位和购货单位客户提供了方便、快捷的金融服务。支票直通车的功能包括在线实时支付、在线确定是否空头、在线鉴别支票密码。

三、申办条件

销售单位必须在工商银行开立结算账户并与工商银行签订《支票直通车协议书》。使用支票购货及消费的单位和个人，在工商银行开立了结算账户，并使用支付密码。

四、解决方案

销售单位在受理购物（消费）单位提交的转账支票后，通过与工商银行计算机系统连接的支票受理终端，利用支付密码实时核验支票的有效性，确认无误后，工商银行计算机系统将立即按票面金额自动扣除购物单位的账户存款。如果是销售商品的应允许购物单位当时提走所购商品，如果是餐饮、服务的应允许消费。待销售单位将受理的转账支票交到开户银行后，工商银行于交票当日将款项计入其账户中。

五、特点与优势

1. 立即扣划款项，避免空头支票。利用银行免费向客户提供的支票受理终端实时掌握转账支票的真实有效性，立即扣划购物（消费）单位的银行账户存款。

2. 当时销售商品，加速商品周转。在扣划完购物款项后，可安全、放心地让购物单位当时提走商品，减少了库存占压，加速了商品周转。

3. 结算方式灵活，扩大了客户范围。客户如果是餐饮、消费企业，尽可大胆、放心地接待用转账支票进行消费的客户，扩大了客户范围。

4. 结算手段先进，吸引更多客户。此项业务具有可当时提走商品或消费的特点，必将得到广大消费者的青睐，吸引他们前来商场购物。

5. 跨越地域限制，面向异地销售。开展此业务后，可直接受理非本城市（地区）消费者的转账支票而确保万无一失。

资料来源：中国工商银行网站，https：//www. icbc. com. cn/column/1438058779622391875. html#2。

（三）转账支票的处理手续

1. 持票人、出票人在同一银行机构开户的处理。银行接到持票人或出票人送来的支票和两联进账单时，应认真审查：（1）支票是否是统一规定印制的凭证，支票是否真实，提示付款期限是否超过；（2）支票填明的持票人是否在本行开户，持票人的名称是否为该持票人，与进账单上的名称是否一致；（3）出票人账户是否有足够支付的款项；（4）出票人的签章是否符合规定，与预留银行的签章是否相符，使用支付密码的，其密码是否正确；（5）支票的大小写金额是否一致，与进账单的金额是否相符；（6）支票必须记载的事项是否齐全，出票金额、出票日期、收款人名称是否更改，其他记载事项的更改是否由原记载人签章证明；（7）背书转让的支票是否按规定的范围转让，其背书是否连续，签章是否符合规定，背书使用粘单的是否按规定在粘接处签章；（8）持票人是否在支票的背面作委托收款背书。经审查无误后，银行将转账支票加盖业务清讫章和个人名章作借方凭证，进账单第二联加盖业务清讫章和个人名章作贷方凭证。银行将进账单第一联加盖业务公章作受理回单、第三联加盖业务清讫章作收账通知一并交给持票人（出票人送交支票的，进账单第三联由受理行传递给收款人开户行交收款人）。会计分录为：

借：吸收存款——活期存款——出票人户

　贷：吸收存款——活期存款——持票人户

［例4-12］Z银行某支行收到开户单位甲公司签发的转账支票和进账单，金额为15 000元，支付本行开户单位乙公司货款，经审查无误后，办理转账。银行应编制会计分录如下：

借：吸收存款——单位活期存款——甲公司　　15 000

　贷：吸收存款——单位活期存款——乙公司　　15 000

2. 持票人、出票人在系统内不同银行开户的核算。

（1）持票人开户行受理客户送交支票的处理。持票人开户行接到客户（持票人或者出票人）送交的支票和三联进账单，审核无误后，直接通过系统进行单位活期存款转账存入交易处理，进账单第一联加盖业务公章作受理回单、第三联加盖业务清讫章作收账通知一并交给持票人。会计分录为：

借：待清算辖内往来——××行

　贷：吸收存款——活期存款——持票人

系统联动出票人开户行对出票人账户扣款转账。会计分录为：

借：吸收存款——活期存款——××出票人

　贷：待清算辖内往来——××行

［例4-13］Z银行武汉分行光谷科技支行收到开户单位丙公司提交的转账支票和进账单，金额为30 000元，该支票的签发人是在Z银行武汉分行汉口北支行开户的丁公司。则Z银行武汉分行光谷科技支行应编制会计分录如下：

借：待清算辖内往来——汉口北支行　　30 000

　贷：吸收存款——单位活期存款——丙公司　　30 000

Z银行武汉分行汉口北支行应编制会计分录如下：

借：吸收存款——单位活期存款——丁公司　　30 000

　贷：待清算辖内往来——光谷科技支行　　30 000

（2）出票人开户行受理客户送交支票的，比照以上处理，会计分录相反。

3. 持票人、出票人在跨系统行处开户的处理手续。当持票人、出票人在跨系统行处开户时，银行之间可以通过同城票据交换系统或者是小额支付系统进行款项划转。这里仅介绍通过小额支付系统划款的处理。

（1）持票人开户行受理持票人送交支票的处理手续。

①持票人开户行收到持票人送交的支票和三联进账单，审核无误后，通过小额支付系统向出票人开户行发出普通借记业务包，第一联进账单交持票人，第二联进账单专夹保管，支票按同城票据交换规定及时提出交换。

②出票人开户行（间接参与者）审核普通借记业务包及支票无误后，通过小额支付

系统发出确认付款回执包。会计分录为：

借：吸收存款——××存款——××出票人

贷：待清算辖内往来——××行

③持票人开户行（间接参与者）收到出票人开户行返回的确认付款回执包，使用一式两联人民银行支付系统专用凭证打印来账报文。第一联专用凭证作记账凭证，第二联进账单作记账凭证附件；第二联专用凭证作回单交持票人。会计分录为：

借：待清算辖内往来——××行

贷：吸收存款——××存款——××持票人

[例 4-14] D 银行武汉分行江汉支行收到开户单位东风公司提交的转账支票和进账单，金额为 70 000 元，通过小额支付系统向出票人五常公司开户行 Z 银行武汉分行东湖支行发出普通借记业务包。Z 银行东湖支行审核普通借记业务包及支票无误后，通过小额支付系统发出确认付款回执包。D 银行江汉支行收到返回的确认付款回执包。则

Z 银行武汉分行东湖支行编制的会计分录为：

借：吸收存款——单位活期存款——五常公司　　70 000

贷：待清算辖内往来——Z 银行武汉分行　　70 000

D 银行武汉分行江汉支行编制的会计分录为：

借：待清算辖内往来——D 银行武汉分行　　70 000

贷：吸收存款——单位活期存款——东风公司　　70 000

（2）出票人开户行受理出票人送交支票的处理。

①出票人开户行收到出票人交来的支票和进账单，审核无误后，金额在 5 万元（含）以下的，通过小额支付系统向收款人开户行发出普通贷记业务包；金额在 5 万元以上的，通过大额支付系统向收款人开户行发出普通贷记支付报文，第一联进账单交出票人，第二、第三联进账单不需提出交换，与支票一并留存。会计分录为：

借：吸收存款——活期存款——××出票人

贷：待清算辖内往来——××行

②收款人开户行收到出票人开户行发来的普通贷记报文，使用一式两联人民银行支付系统专用凭证打印来账报文。第一联专用凭证作记账凭证，第二联专用凭证作回单交收款人，会计分录为：

借：待清算辖内往来——××行

贷：吸收存款——活期存款——××持票人

第四节　国内信用证结算

一、信用证结算概述

《国内信用证结算办法》对国内信用证的定义是：“国内信用证（以下简称信用

证），是指银行（包括政策性银行、商业银行、农村合作银行、村镇银行和农村信用社）依照申请人的申请开立的、对相符交单予以付款的承诺。”

我国的国内信用证是以人民币计价、不可撤销的跟单信用证。信用证可以转让，适用于国内企事业单位之间货物和服务贸易的结算。信用证的开立和转让，应当具有真实的贸易背景。

（一）信用证的种类及作用

根据其性质/期限/流通方式等不同特点，信用证可以分为不同的种类，常见的种类划分如下。

1. 按照信用证项下的汇票是否附有货运单据，信用证可分为跟单信用证和光票信用证两种。

2. 按照开证银行对信用证所负责任的程度，信用证可分为可撤销信用证和不可撤销信用证两种。

3. 按照信用证有无保兑，信用证可分为保兑信用证和非保兑信用证。

4. 按照信用证付款期限的不同，信用证可分为即期信用证和远期信用证。

5. 按照出口商对信用证的权利能否转让，信用证可分为可转让信用证和不可转让信用证。

6. 按照信用证的议付，信用证可分为自由议付信用证和限制议付信用证两种。

（二）信用证业务当事人

1. 申请人指申请开立信用证的当事人，一般为货物购买方或服务接受方。

2. 受益人指接受信用证并享有信用证权益的当事人，一般为货物销售方或服务提供方。

3. 开证行指应申请人申请开立信用证的银行。

4. 通知行指应开证行的要求向受益人通知信用证的银行。

5. 交单行指向信用证有效地点提交信用证项下单据的银行。

6. 转让行指开证行指定的办理信用证转让的银行。

7. 保兑行指根据开证行的授权或要求对信用证加具保兑的银行。

8. 议付行指开证行指定的为受益人办理议付的银行，开证行应指定一家或任意银行作为议付信用证的议付行。

【专栏4－3】 国内信用证审单基本原则

第四条 信用证与作为其依据的贸易合同相互独立，即使信用证含有对此类合同的任何援引，银行也与该合同无关，且不受其约束。

银行对信用证作出的付款、确认到期付款、议付或履行信用证项下其他义务的承诺，不受申请人与开证行、申请人与受益人之间关系而产生的任何请求或抗辩的制约。

受益人在任何情况下，不得利用银行之间或申请人与开证行之间的契约关系。

第五条　在信用证业务中，银行处理的是单据，而不是单据所涉及的货物或服务。

第六条　银行收到单据时，应仅以单据本身为依据，认真审核信用证规定的所有单据，以确定是否为相符交单。

相符交单指与信用证条款、《国内信用证结算办法》及本规则的相关适用条款及单据之内、单据之间相互一致的交单。

第七条　信用证项下单据应使用中文出具，银行不审核非中文文字表述内容。

第八条　银行只对单据进行表面审核，对任何单据的形式、充分性、准确性、内容真实性、虚假性或法律效力，或对单据中规定或添加的一般或特殊条件，银行不承担责任；对任何单据所代表的货物或服务的描述、数量、重量、品质、状况、包装、交付、价值或存在与否，或对发货人、承运人、货运代理人、收货人、货物的保险人或其他任何人的诚信与否、作为或不作为、清偿能力、履约或资信状况，银行不承担责任。

第九条　银行不审核信用证未规定的单据。银行收到此类单据，应退还或将其照转，银行对此不负责任。

如信用证含有一项条件，却未规定用以表明该条件得到满足的单据，银行将视为未作规定不予理会，但提交的单据中显示的相关信息不得与上述条件冲突。

第十条　对由于任何电报、信函或单据邮递过程中发生延误、遗失所造成的后果，或者电讯传递过程中发生的差错，银行不承担责任。

第十一条　对于因特大水灾、地震等不可抗力而中断营业导致的一切后果，银行不承担责任。除经开证行特别授权外，银行恢复营业后，对于在营业中断期间逾交单期或有效期的信用证，将不再据以议付或付款。

资料来源：《中国支付清算协会 中国银行业协会关于印发〈国内信用证审单规则〉的公告》。

（三）即期信用证业务流程

即期信用证业务流程如图 4－15 所示。

1. 受理申请及审核。申请人向其开户行申请开立信用证的，应填制一式三联开证申请书，并在开证申请书背面开证申请人承诺书上签章，连同有关购销合同交其开户行。申请书第一联受理回单，申请人留存；第二联开证依据，银行会计部门留存；第三联开证存查，银行信贷部门留存。开证行收到后，在第一联开证申请书加盖业务公章交申请人，并审查以下内容：（1）申请书记载的事项是否符合要求；（2）申请人是否签章，签章是否与其预留银行的签章相符；（3）各条款之间是否矛盾；（4）申请书记载的有关条款是否与购销合同一致。审核无误后，同意开证的，银行应根据申请人的资信情况，确定向其收取保证金的比例，或同时要求申请人提供其他担保。

申请人向银行交存保证金时，应提交支票和三联进账单，银行将支票作借方凭证，

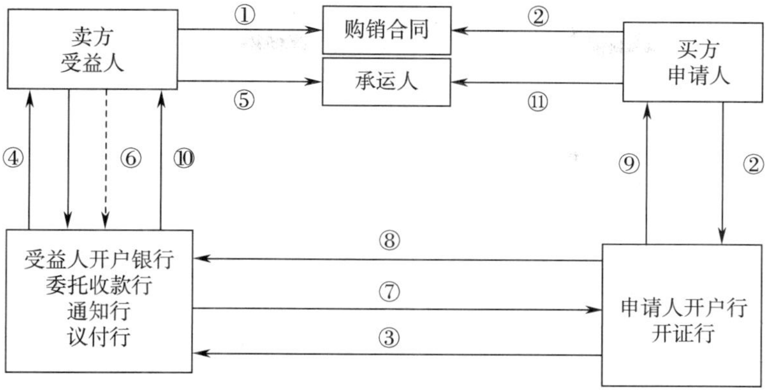

①购销双方签约，合同订明采用信用证结算方式。②买方向开户行申请开证。③开证行受理开证申请，收取保证金并开出信用证。④通知行核对后，向受益人通知信用证。⑤卖方通过承运人向买方发货。⑥受益人发货后向开户行交单，委托其向开证行收款。⑦委托收款行向开证行交付单据，索要货款。⑧开证行收到单据，审核后付款。⑨开证行向开证申请人交付单据，并发送付款通知。⑩委托收款行收到开证行划来货款，向受益人发出收款通知。⑪买方凭收到的单据向承运人提取货物。

图 4－15　即期信用证业务流程

第一联进账单作回单加盖转讫章交申请人，第二联进账单作贷方凭证，第三联进账单作贷方凭证附件。会计分录为：

借：吸收存款——申请人户

　贷：保证金存款——信用证保证金（申请人户）

要求申请人提供抵押、质押或保函的，银行登记备忘科目登记簿，有关单证专夹保管。

收入：重要或有价单证

2. 开证。开证行根据第二联开证申请书和《国内信用证结算办法》的规定开立信用证。

采用信开信用证的，银行填制一式四联信开信用证，第一联信用证副本，通知行留存；第二联信用证正本，交受益人；第三联信用证副本，开证行留存；第四联开证通知，申请人留存。开证行应在第一、第二、第三联信用证指定位置加编密押，并在第一、第二联信用证上加盖信用证专用章及经办人名章。经复核无误后，银行将信用证第一、第二联寄交通知行，第四联加盖业务公章交申请人。

采用电开信用证的，银行缮打一式两联电开信用证，第一联信用证副本，开证行留存；第二联开证通知，申请人留存。开证行加编密押并核对无误后，以电传方式向通知行发送电开信用证信息，第二联加盖业务公章交申请人。

开证行开立信开或电开信用证后，根据第三联信开信用证或第一联电开信用证作表外科目核算：

收入：开出即期（或远期）信用证

并按规定向申请人收取开证手续费及邮电费。信用证样式见附式 4－1。

附式 4－1 **××银行国内信用证**

开证日期：____年____月____日 信用证编号：____________

（本文□选项以勾选为准）

开证申请人	全称		受益人	全称	
	地址邮编			地址邮编	
	电话			电话	
信用证金额	人民币（大小写）				
通知行名称、行号、地址及邮编					
有效期及有效地点					
是否可议付	□以下银行可议付 □任意银行可议付 □不可议付				
议付行名称及行号					
是否可转让	□可转让 □不可转让				
转让行名称及行号					
是否可保兑	□可保兑 □不可保兑				
保兑行名称及行号					

第一联 正本，交受益人

交单期：________________

付款期限：□即期 □远期

□货物装运日/服务交付日后____天 □见单后____天

□货物收据签发日/服务提供日后____天 □其他____________

转　　运：□允许 □不允许

货物运输或交货方式/服务方式：____________

分批装运货物/分次提供服务：□允许 □不允许

货物装运地（港）： 货物目的地、交货地（港）：

服务提供地点：____________

最迟装运货物/服务提供日期：____年____月____日，分期装运/提供服务：____________

货物/服务描述：

受益人应提交的单据：

其他条款：

1. 溢短装条款比例。
2. 如果提交了单证不符的单据，我行将在付款时扣除____元人民币的不符点费。

3.
4.

本信用证依据《国内信用证结算办法》开立。本信用证为不可撤销信用证。我行保证在收到相符单据后，履行付款的责任。如信用证为远期信用证，我行将在收到相符单据次日起五个营业日内确认付款，并在到期日付款；如信用证为即期信用证，我行将在收到相符单据次日起五个营业日内付款。议付行或交单行应将每次提交单据情况背书记录在正本信用证背面，并在交单面函中说明。

开证行全称：
地址及邮编：
电话：
传真：

开证行签章：

注：信开信用证一式四联，第一联正本，交受益人；第二联副本，通知行留存；第三联副本，开证行留存；第四联副本，开证申请人留存。

交单记录（正本背面）

交单日期	业务编号	交单金额	信用证余额	交单行/议付行名称	经办人签字

资料来源：中国支付清算协会官网。

二、信用证修改的处理手续

（一）受理信用证修改申请及审核

申请人向其开证行申请修改信用证的，应填制一式三联信用证修改申请书，并在申请书背面信用证修改申请人承诺书上签章，连同受益人同意修改的书面证明提交开证行。第一联受理回单，申请人留存；第二联修改依据，银行会计部门留存，第三联修改存查，银行信贷部门留存。开证行受理修改申请的，应审查申请书修改的条款是否明确，是否符合《国内信用证结算办法》的规定，是否与信用证其他条款相抵触，是否为增额或减额修改等项内容。对增额修改追加担保的，开证行比照有关提供担保的方法处理。对减额的修改，开证行可根据申请人的资信情况，减少相应的保证金。

（二）开立信用证修改书

开证行根据第二联信用证修改申请书和《国内信用证结算办法》的规定开立信用证修改书（见附式4－2）。

附式 4－2 **××银行国内信用证修改书**

编号：________修改日期：____年____月____日
通知行全称：____
地址及邮编：____
我行现对____年____月____日开立的编号为____________的跟单国内信用证进行第____次修改。
申请人全称：____
地址：____
受益人全称：____
地址：____
原证金额（大小写）：人民币________________________________
本次信用证修改内容如下：
1.
2.
3.
4.
原证其他条款不变。

第一联 正本，交受益人

本修改书依据《国内信用证结算办法》开立，本修改书是原信用证有效的组成部分，受益人需提交书面证明明确是否接受本次修改，对本次修改的内容不允许部分接受，部分接受将被视作拒绝接受修改。

本次修改费用由申请人承担。若该笔费用由受益人承担，我行将在支付交单款项时直接扣除，或通知交单行/议付行费用明细和付款指示，由交单行/议付行向受益人全额收取汇至我行。

开证行全称：____
地址及邮编：________________________________
开证行行号：________________________________
电话：__________________ 传真：__________________

开证行签章

注：信开信用证修改书一式四联，第一联正本，交受益人；第二联副本，通知行留存；第三联副本，开证行留存；第四联副本，开证申请人留存。

采用信开信用证修改书的，开证行填制一式四联信开信用证修改书，第一联信用证修改书正本，交受益人；第二联信用证修改书副本，通知行留存；第三联信用证修改书副本，开证行留存；第四联信用证修改书副本，开证申请人留存。开证行应在第一、第二、第三联信用证修改书指定位置加编密押，并在第一、第二联信用证修改书上加盖信用证专用章及经办人名章。经审核无误后，开证行将修改书第一、第二联寄交通知行，第四联加盖业务公章交申请人。

增额或减额的修改开证行应该根据第三联信开信用证修改书或者第一联电开信用证修改书作表外科目核算，并收取修改手续费及邮电费。

收入（或付出）：开出即期（或远期）信用证

三、议付行的处理手续

议付行指开证行指定的为受益人办理议付的银行，开证行应指定一家或任意银行作为议付信用证的议付行。以下以受益人开户行为指定议付行为例介绍其会计处理手续。

（一）议付来单的处理

1. 受理来单及审核。受益人向开户行申请议付的，应填制一式两联信用证议付/委托收款申请书，第一联受益人留存，第二联开户行留存；并填制一式五联议付凭证，第一联借方凭证，第二联贷方凭证，第三联贷方凭证，第四联收账通知，第五联到期卡。受益人在第一联信用证议付/委托收款申请书和第一联议付凭证上加盖预留银行签章后连同信用证通知书、信用证修改通知书、信用证正本、信用证修改书及单据一并提交议付行。议付行应认真审查如下几条：（1）信用证是否为本行议付信用证；（2）是否在交单期或信用证有效期内交单议付；（3）信用证议付/委托收款申请书和议付凭证内容填写是否齐全；（4）受益人是否签章，签章是否与预留银行的签章相符；（5）单据是否齐全，与信用证规定的条款是否相符；（6）信用证是否为远期信用证。

2. 议付行对单证相符同意议付的处理。

（1）议付行应按规定计算议付利息、实付议付金额，第一联议付凭证作借方凭证，第二联议付凭证作××存款科目贷方凭证，第三联议付凭证作营业收入科目贷方凭证。会计分录为：

借：议付信用证款项

　　贷：吸收存款——受益人户

　　　　利息收入

议付行办理转账后，第五联议付凭证和第一联信用证议付/委托收款申请书专夹保管，登记“信用证议付登记簿”，并按规定向受益人收取议付手续费。

（2）议付行在信用证正本背面记明议付日期、业务编号、增额、议付金额、信用证余额、议付行名称，并加盖业务公章，第二联议付/委托收款申请书上加盖业务公章和第四联议付凭证上加盖转讫章连同信用证通知书、信用证修改通知书和信用证正本、信用证修改书退受益人。

（3）议付行办妥转账手续后索偿资金，议付行制作一式两联交单面函（寄单通知书）（见附式4－3），第一联加盖业务公章随填制的委托收款凭证，连同单据一并寄开证行或保兑行索偿资金；第二联议付行留存，并按照发出委托收款的手续处理。

附式 4－3　　××银行国内信用证交单面函

交单日期：____年____月____日　　　　交单业务编号：____________

致：开证行全称：________________

开证行地址及邮编：________________

开证行 SWIFT 号：　　　　　　　　开证行行号：

电话：________________传真：________________

现将________________号国内信用证项下单据寄至贵行，发票号________________，发票金额（人民币）________________，我行对受益人　□已议付　□未议付。请按信用证规定及我行付款指示付款。

受益人名称：________________

付款期限：________________，到期日：________________

单据金额（大小写）：人民币________________

交单行费用（大小写）：人民币________________

费用明细：

索偿金额（大小写）：人民币________________

付款指示：

收款行名称	
收款行 SWIFT 号	
大额支付系统行号	
账户名	
账号	

单据及份数：

特别指示：

1. 请按照《国内信用证结算办法》及时付款或发出到期付款确认书。
2. 若拒付，请及时向我行发出拒付通知，一次性列明凭以拒付的全部不符点及单据处理方式。
3. 请在该笔单据的后续业务中引用我行的交单业务编号。
4. 请在付款报文中引用我行编号：________________。

交单行全称：____

交单行 SWIFT 号：____

大额支付系统行号：____

地址及邮编：____

电话：____________________　　传真：____________________

备注：我行已将本次交单情况背书记录在正本信用证背面。

交单行签章

注：本交单面函一式两联，一联随交单面函寄开证行，一联留存。

3. 议付行对单证不符的处理。

（1）议付行审核单据发现不符，可洽受益人修改后相符同意议付的，比照议付来单的正常处理。

（2）议付行审核单据发现不符，洽受益人修改后仍不符，拒绝议付的，应制作一式两联拒绝议付/不符点通知书（格式由各行制定），注明拒绝议付理由，一联留存，另一联加盖业务公章连同有关单证退受益人。

（二）委托收款来单的处理

受益人委托交单行交单，应在信用证交单期和有效期内填制信用证交单委托书，并提交单据、信用证正本及信用证通知书、信用证修改书正本和信用证修改通知书（如有）。交单行应在收单次日起五个营业日内对其审核相符的单据寄单。开户行审查填写符合要求，单证齐全，第一联信用证交单委托书，连同有关单证一并寄开证行，并按照发出委托收款的手续处理。

四、开证行对来单的处理手续

（一）单据相符足额付款的处理

开证行在收到交单行寄交的单据及交单面函（寄单通知书）或受益人直接递交的单据的次日起 5 个营业日内，及时核对是否为相符交单。单证相符或单证不符但开证行或保兑行接受不符点的，对即期信用证，应于收到单据次日起 5 个营业日内支付相应款项给交单行或受益人（受益人直接交单时，本节下同）；对远期信用证，应于收到单据次日起 5 个营业日内发出到期付款确认书，并于到期日支付款项给交单行或受益人。开证行收到议付行寄来的委托收款凭证、单据及寄单通知书或受益人开户行寄来的委托收款凭证、信用证正本、信用证修改书正本、单据及信用证议付/委托收款申请书，应抽出信用证留底，在规定的时间内审查以下内容：（1）是否为本行开出的信用证；（2）单据是否在规定的交单期或信用证有效期内提交；（3）索偿金额是否符合信用证规定；（4）单据的种类及其份数与随附单据是否相符；（5）议付行是否为指定银行；（6）委托收款结算凭证的记载事项是否正确。

审查单证相符的，作以下处理：

1. 即期信用证付款的处理，会计分录为：

借：信用证保证金——申请人户

或　吸收存款——申请人户

　贷：联行往账等科目

开证行办妥付款手续后，应填制一式两联信用证来单通知书，第一联加盖业务公章，连同有关单据交开证申请人，并由其签收；第二联开证行留存，并作表外科目核算。

付出：开出即期信用证。

有抵押物、质押物或保函的，予以退还，并销记备忘科目登记簿。

付出：重要或有价单证。

2. 远期信用证付款的处理。开证行应在规定的时间内向受益人开户行（含议付行）发电，未议付的由其转告受益人，确认到期付款。到期日付款比照即期全额付款处理，并作表外科目核算。

付出：开出远期信用证。

（二）单据相符，不足付款的处理

开证行在付款时，开证申请人交存的保证金和存款账户余额不足支付信用证款项的，按以下情况处理：

（1）对开证申请人作逾期贷款处理；

（2）提供抵押、质押担保的，按规定处理抵押物和质押物后，仍不足支付的，转入呆账贷款处理；

（3）提供保函的，应向担保人收取款项。

（三）开证行对不符单据的处理

开证行对不符的单据，应制作一式两联拒绝议付/不符点通知书，一联留存；另一联加盖业务公章，凭以在规定时间内向受益人开户银行（含议付行）发电，告知单证不符，拒绝付款。受益人开户行未议付的，由该行转告受益人。

开证行保留单据并洽开证申请人，开证申请人同意付款的，开证行比照全额付款处理 。开证申请人不同意付款的，开证行将单据退议付行或将信用证正本、信用证修改书正本和单据退交受益人。

五、受益人开户行（含议付行）收到开证行划来款项的处理

受益人开户行（含议付行）收到开证行寄来的邮划代收报单或电划的电报时，按照委托收款划回的手续处理，并办理转账。会计分录为：

借：联行来账等科目

　贷：议付信用证款项

　或　吸收存款——受益人户

属于议付的，议付行应销记“信用证议付登记簿”和“发出委托收款凭证登记簿”；属于受益人通过其开户行委托收款的，开户行应在委托收款收账通知联加盖转讫章通知受益人，并销记“发出委托收款凭证登记簿”。

六、信用证注销的处理手续

1. 开证行在信用证有效期内未收到任何单据，在信用证有效期满 1 个月后，应注销信用证，解除开证申请人的信用证担保，并作如下处理：

（1）退还保证金，会计分录为：

借：信用证保证金——申请人户

　贷：吸收存款——申请人户

（2）退还抵押物、质押物或保函。销记备忘科目登记簿，（付出）重要或有价单证。

开证行办理解除担保后，注销信用证，作表外科目核算，（付出）开出即期（或远期）信用证。

2. 开证行收到开证申请人提出对未逾有效期信用证的注销申请和信用证正本时，应审查开证申请人与受益人同意注销的证明，无误后，解除开证申请人的担保。

本章小结

1. 支付结算是指单位、个人在社会经济活动中使用票据、信用卡和汇兑、托收承付、委托收款等结算方式所进行的货币给付及资金结算的行为。单位、个人和银行办理支付结算必须遵守三个结算原则：恪守信用，履约付款；谁的钱进谁的账，由谁支配；银行不垫款。

2. 我国银行结算方式包括票据结算和非票据结算两种。其中票据结算方式包括银行汇票、银行承兑汇票、商业承兑汇票、银行本票、支票；这些票据结算的业务流程以及账务处理与票据的基本特征密切相关。非票据结算方式也非常丰富，有汇兑、托收承付、委托收款、信用卡以及国内信用证等，各种结算方式都有其独特的业务流程，银行应该按照不同结算方式的特点和相关会计制度进行相应的账务处理。

重点概念

支付结算　银行汇票　商业汇票　商业承兑汇票　银行承兑汇票　银行本票　转账支票　现金支票　普通支票　划线支票　汇兑　托收承付　委托收款　贷记卡　准贷记卡　国内信用证

思考练习

1. 2023 年 7 月 11 日，甲公司向开户银行丁银行武昌支行提交银行汇票申请书，金额为 50 000 元，收款人为上海的一家企业乙公司。丁银行审查后同意签发银行汇票。7 月18 日，G 银行上海虹桥支行收到开户单位乙公司提交的银行汇票解讫通知和进账单，出票金额为 50 000 元，实际结算金额为 40 000 元。该汇票系丁银行武昌支行签发，G 银行上海虹桥支行审核无误后将汇票和解讫通知提交同城有关代理行付款行审核支付，超过退票时间未收到退票通知。7 月 20 日，丁银行武昌支行收到该银行汇票已兑付的电子汇划信息，经审核无误办理转账。

（1）请作出丁银行武昌支行签发汇票和结清票款时的会计处理。

（2）请作出 G 银行上海虹桥支行办理付款时和退票时间过后办理收妥入账时的会计处理。

2. 某年 2 月 10 日，客户楚乔提交银行汇票申请书及现金 6 500 元，委托 Z 银行武汉汉正街支行签发银行汇票持往上海购物。2 月 23 日，Z 银行上海虹桥支行收到楚乔提交的现金银行汇票及解讫通知，金额为 6 500 元，该汇票系异地 Z 银行武汉汉正街支行签发，经审核无误后，办理支取现金手续。2 月 28 日，Z 银行武汉汉正街支行收到该银行汇票已兑付的电子汇划信息，经审核无误办理清算。根据上述资料，编制两家银行各环节的会计分录。

3. A 银行东湖开发区支行受客户丙公司提交的商业承兑汇票及委托收款凭证，向同城的J银行收取即将到期的商业承兑汇票款73 000元。J银行收到交换提回的票据后向汇票付款人丁公司提示付款。汇票到期J银行将汇票金额划转A银行东湖开发区支行。编制两家银行的会计分录。

4. 3月10日，甲公司根据购销合同发运一批商品给乙公司，价值300 000元。双方约定使用银行承兑汇票结算货款，出票人为乙公司，收款人为甲公司，票据金额为300 000元，承兑期为6个月。乙公司按约定向开户行A银行武汉桥口支行申请承兑，该银行即与乙公司签署“银行承兑协议”，向乙公司收取保证金60 000元，并按票面金额万分之五的比例收取承兑手续费。9月10日，银行承兑汇票到期，A银行武汉桥口支行划收票款时，乙公司基本存款账户可用资金为100 000元。9月13日，A银行武汉桥口支行收到N银行南昌滨江支行寄来的承兑申请人为乙公司的银行承兑汇票及委托收款凭证，审查无误后，选择同城票据交换渠道办理资金汇划，将委托收款凭证第四联提出交换。9月15日，N银行南昌滨江支行收到通过同城票据交换提入的第四联委托收款凭证，将款项收入开户单位甲公司账户。根据上述资料，编制两家银行各时间点的会计分录。

5. A银行东湖开发区支行收到开户单位皇冠公司签发的转账支票和进账单，金额为85 000元，支付A银行天河支行开户单位秀玉公司货款，经审查无误后，办理转账。请作出两家银行的会计分录。

6. 3月10日，丁银行武汉洪山支行收到开户单位佳佳公司提交的电汇凭证一份，汇往上海某连锁酒店1808号房李玲差旅费80 000元，汇入行为A银行上海康桥支行。J银行武汉洪山支行审查无误后，选择小额支付渠道办理资金汇划。A银行上海康桥支行收到划来的款项，审查无误后，通知收款人李玲来行取款。3月15日，李玲来行领取汇款，银行以现金支付。请作出两家银行的会计分录。

7. J银行北京某支行收到N银行广州某支行寄来的托收承付结算凭证及有关单证，系向本行开户单位甲公司托收货款，金额为800 000元，审查无误后，于当日通知甲公司付款（验单付款）。7月8日承付期满，J银行北京某支行7月9日上午营业划款时，由于甲公司存款账户余额不足，只能支付500 000元，逾期至7月22日营业时支付余款。中国建设银行北京甲支行根据金额选择大额支付渠道办理资金汇划。N银行广州某支行收到大额支付系统划回的托收承付款，收入开户单位乙公司账户。根据上述资料，编制两家银行各环节的会计分录。

8. 4月10日T银行武汉七里支行受理其开户单位甲公司一笔委托收款，金额为36 000元，代收行为本市N银行武汉新华支行，付款单位为乙公司。4月12日，N银行武汉新华支行接到委托收款凭证和有关债务证明后全额付款，将委托收款凭证第四联提出交换。4月17日，T银行武汉七里支行收到交换提入的委托收款凭证，将款项收入甲公司账户。根据上述资料，编制两家银行的会计分录。

9. D银行武汉某支行接到开户单位甲公司提交的转账支票和进账单，金额为30 000元，申请办理单位信用卡（准贷记卡），经审查同意办理。作出D银行武汉某支行的会计分录。

第五章

外汇业务核算

本章学习目标

1. 熟知金融企业外汇业务的内容；
2. 理解外汇业务核算的特点；
3. 运用外汇分账制进行外汇业务处理；
4. 掌握各类外汇业务核算的流程。

根据《中华人民共和国外汇管理条例》，外汇是指下列以外币表示的可以用作国际清偿的支付手段和资产：（1）外币现钞，包括纸币、铸币；（2）外币有价证券，包括债券、股票等；（3）外币支付凭证或者支付工具，包括票据、银行存款凭证、银行卡等；（4）特别提款权；（5）其他外汇资产。

金融企业的外汇业务，是指以记账本位币以外的货币进行的款项收付、往来结算等业务。根据目前我国对外经济交往的基本方式和特点，我国金融企业外汇业务主要包括外汇买卖业务、外汇存款业务（含个人外汇存款和单位外汇存款）、外汇贷款业务、国际贸易结算业务和非贸易外汇业务（含汇兑业务、买入汇款业务、非贸易外汇托收业务和信用卡业务）。

第一节　外汇业务核算的特点和原则

一、外汇业务核算的特点

作为金融企业会计核算业务的一个分支，外汇业务核算具有与其他会计核算业务相同的一些特点，如以权责发生制为记账基础，采用复式借贷记账法（表外科目可用单式记账法）。但是，由于外汇业务涉及面更广、政策性更强，它还具有一些自身的特点。

（一）采用外汇分账制

外汇分账制也称原币记账法，是指当各项外汇业务发生时，对各种外汇的收付，凡有人民币外汇牌价的外币，平日都直接以该外币填制会计凭证。采用外币分账制核算的金融企业，应按业务发生时的各种原币填制凭证、登记账簿、编制会计报表。期末，应将以原币编制的财务会计报告折算为人民币。具体折算方法为：资产负债表，除权益类项目外，其他项目按照期末汇率折合为人民币；权益类项目按照历史汇率折合为人民币。不同汇率之间形成的差额，作为外币折算差额单列项目反映。利润表，按期末汇率折合为人民币。外汇分账制的特点是虽记账复杂，但所有币种都以原币核算，数据准确，便于分类核算。

与外汇分账制对称的是外汇统账制，也称本币记账法，指当外汇业务发生时，将一切外汇收付均按一定比价折成人民币记账。企业发生外币业务时，将有关外币金额折合为记账本位币记账。除另有规定外，所有与外币业务有关的账户，采用业务发生时的汇率，或业务发生当期期初的汇率折合。各种外币账户的外币余额，期末时按照期末汇率折合为记账本位币。按照期末汇率折合的记账本位币金额与账面记账本位币金额之间的差额，作为汇兑损益，计入当期损益；属于筹建期间的，计入长期待摊费用；属于与购建固定资产有关的借款产生的汇兑损益，按照借款费用资本化的原则进行处理。外汇统账制的特点是记账简单，所有币种都以即期或当期汇率折算，便于加总核算。

目前，我国金融企业处理外汇业务均采用外汇分账制。

（二）设置“货币兑换”特定科目

“货币兑换”科目是实行外汇分账制的特设科目，属于资产负债共同类，用于核算外汇银行间发生的外汇买卖及兑换业务，在会计核算和账务处理中起着桥梁和平衡作用。

金融企业发生结售汇、外币买卖以及各种货币之间的兑换及账务间的联系均通过“货币兑换”科目，并按业务发生时的汇率记账。“货币兑换”科目应采用多栏式账簿，同时记录外币金额、汇率等。

（三）允许编制多借多贷的复杂会计分录

“货币兑换”这个特定科目的设计，使外汇业务核算往往需要编制多借多贷的复杂会计分录，以综合反映同一笔经济业务中不同币种资金的来龙去脉。因此，与传统会计学原理认为会计分录只能是简单分录（一借一贷或多借一贷或一借多贷）不同，外汇业务核算允许编制多借多贷的复杂会计分录。

（四）联行、代理行往来关系复杂

外汇银行在办理外汇业务时，须经常借助与境内外联行和代理行的合作，故每笔业务至少要涉及两家银行机构，账务往来关系较复杂。

1. 联行。联行指银行根据业务发展需要，在境内外设置的分支行。

联行之间外汇资金往来使用“存放总行款项”“存放系统内款项”“系统内存放款项”三个科目核算。其中，前两个科目分别用来表示本行对总行、对其他分行的债权，第三个科目表示本行对总行或其他分行的债务。

2. 代理行。为了适应不断增长的国际结算的需要，我国外汇银行有必要与境外银行广泛建立代理关系。凡与总行已换函确认建立代理关系，并已交换印鉴、密押、费率表等控制文件的境外银行，称为境外代理行。代理行关系确定后，由于业务发展的需要，双方还可进一步换函商定建立往来账户，用于记载资金往来。我国外汇银行与境外代理行相互间的资金账务往来，称为代理行往来。

代理行往来使用“存放境外同业款项”和“境外同业存放款项”两个科目核算。“存放境外同业款项”反映外汇银行存放在境外账户行的外汇款项，该科目目前有两种核算管理形式——总行集中记账和分行开立分账户。总行集中记账是指以总行名义在境外代理行开户，各经办行共同使用该账户，经办行在账务上不得设置“存放境外同业款项”科目，一切账务统一由总行记账和销账。分行开立分账户是指境内具备开户和管理条件的分行报经总行批准，在境外代理行开立与总行往来账户头寸挂钩的分账户，分行可以使用“存放境外同业款项”科目，一切代收代付业务都可直接通过该账户核算，但存欠头寸仍由总行集中掌握和调拨。

“境外同业存放款项”反映境外代理行存放在我国外汇银行的资金运动。该科目分普通户和专户两种。专户限于兑付信用卡时使用，一切账务往来均由分行与境外委托行直接办理，无须通过总行。普通户适用于贸易和信用卡以外的非贸易往来结算，统一由总行受理境外银行开户申请，由总行统一集中记账。境内分支行使用该账户时，必须通过“存放总行款项”科目报单划总行办理结算。

二、外汇业务核算原则

（一）记账本位币

记账本位币，是指企业经营所处的主要经济环境中的货币。按照《企业会计准则第19号——外币折算》的规定，金融企业通常应选择人民币作为记账本位币。业务收支以人民币以外的货币为主的企业，可以选定其中一种货币作为记账本位币。但是，其编报的财务报表应当折算为人民币。我国商业银行一般选择以人民币作为记账本位币。

（二）外币交易

外币交易是指以外币计价或者结算的交易，可以分为外币货币性项目和外币非货币性项目。

1. 外币货币性项目。外币货币性项目是指企业持有的货币资金和将以固定或可确定的金额收取的资产或者偿付的负债。货币性项目分为货币性资产和货币性负债。货币性资产包括库存现金、银行存款、应收账款、其他应收款、长期应收款等；货币性负债包括短期借款、应付账款、其他应付款、长期借款、应付债券、长期应付款等。

2. 外币非货币性项目。外币非货币性项目是指货币性项目以外的项目，包括存货、长期股权投资、固定资产、无形资产等，具体又包括以历史成本计量的外币非货币性项目和以公允价值计量的外币非货币性项目，如交易性金融资产（股票、基金等）。

（三）外币折算的会计处理

外币交易应当在初始确认时，采用交易发生日的即期汇率将外币金额折算为记账本位币金额；也可以采用按照系统合理的方法确定的、与交易发生日即期汇率近似的汇率折算。

在资产负债表日，对于外币货币性项目，采用资产负债表日即期汇率折算。因资产负债表日即期汇率与初始确认时或者前一资产负债表日即期汇率不同而产生的汇兑差额，计入当期损益，同时调增或调减外币货币性项目的记账本位币金额。以历史成本计量的外币非货币性项目，仍采用交易发生日的即期汇率折算，不改变其记账本位币金额。由于已在交易发生日按当日即期汇率折算，因此其不产生汇兑差额。

第二节　外汇买卖业务的核算

一、外汇买卖的概念

外汇买卖是指按照一定的汇价，将一种货币兑换成另一种货币的交易行为。它包括将本国货币兑换成外国货币、将外国货币兑换成本国货币以及将一种外国货币兑换成另一种外国货币三种类型。

外汇市场交易中的外汇买卖与这里的外汇买卖是两个不同的概念。在外汇市场交易中，外汇买卖是指市场主体为保值或谋利而进行的一种买进或卖出外汇的活动，而本章所讲的外汇买卖则是指各国金融企业为进行国际结算而将一种货币兑换成另一种货币的活动，因此，外汇买卖是金融企业外汇业务的基础。

二、外汇汇率

在外汇买卖活动中，两种货币的折算标准就是汇率（或称汇价）。汇率也可表述为：以一种货币表示的另一种货币的价格。

汇率有两种表示方法。一种是直接标价法，指用一定单位的外国货币为标准折算为若干数额的本国货币，即所谓“外币不动本币动”。这种标价方法是以一定数量的外币所折算本币数额的多少直接反映外汇汇率的升降，因而得名。另一种是间接标价法，它是以一定单位的本国货币为标准折算为若干数额的外国货币，即所谓“本币不动外币动”。在间接标价法下，一定数量的本币所折算外币数额的多少与外汇汇率的升降走向相反。目前，国际上绝大多数国家包括我国均采用直接标价方法。

汇率还有单档汇率和双档汇率之分。单档汇率就是对每种外汇只挂一个汇率，银行向客户买卖外汇时均按同一汇率办理。由于买卖没有差价，因此以单档汇率买卖外汇时，银行要向客户逐笔收取一定的手续费。双档汇率是对每一种外汇挂出两个汇率，一个是银行向客户买入各种外币的汇率，称为买入汇率；另一个是银行向客户卖出各种外币的汇率，称为卖出汇率。买入汇率一般比卖出汇率低1‰～5‰，差价是银行买卖外汇的营业收益。目前，我国外汇市场的外汇汇率是双档汇率，具体又分为现汇买入价、现汇卖出价、现钞买入价和现钞卖出价。

三、外汇买卖业务的核算

（一）外汇买卖的账务处理

1. 买入外汇的核算。金融企业从客户手中买入外汇（简称结汇）时，借记有关科目（外币），贷记货币兑换科目（外币），相应付出人民币，借记货币兑换科目（人民币），贷记有关科目（人民币）。

借：库存现金（或相关科目）　外币
　贷：货币兑换——钞买价（或汇买价）　外币
借：货币兑换——钞买价（或汇买价）　人民币
　贷：库存现金（或相关科目）　人民币

［例5－1］某银行从居民张某手中买入100美元现钞，结付人民币，当日美元钞买价为100:665。会计分录为：

借：库存现金（或相关科目）　USD100.00
　贷：货币兑换——钞买价　USD100.00
借：货币兑换——钞买价　CNY665.00
　贷：库存现金　CNY665.00

［例5－2］某银行对某出口企业一笔50 000美元的货款结汇，当日美元汇买价为100:670。会计分录为：

借：存放境外同业款项——××境外账户行户　USD50 000.00
或　存放总行款项　USD50 000.00
或　存放系统内款项——××分行户　USD50 000.00
　贷：货币兑换——结售汇户　USD50 000.00
借：货币兑换——美元结汇户　CNY335 000.00
　贷：××活期存款——××企业户　CNY335 000.00

2. 卖出外汇的核算。金融企业卖出外汇简称售汇，是指金融企业按规定的汇率卖给企事业单位或个人外汇，并收取相应人民币的业务。售汇的流程是：（1）审核“购买外汇申请”；（2）审核正本有效商业单据和有效凭证，如符合售汇条件，在“购买外汇申请书”上加盖售汇专用章，并在海关报关单上签注售汇金额、日期并签章；（3）审核客户是否有足够的人民币头寸购汇；（4）将审核无误的“购买外汇申请书”第一联和有效凭证、有效商业单据转资金部门作为办理售汇的依据，第二联交会计部门作为人民币转账支票附件，第三联退客户；（5）登记“售汇登记簿”；（6）按当日外汇卖出价编制一式五联“售汇凭证”，加盖经办人员名章后，第一联“售汇水单”交客户留底，第二联作外币外汇买卖借方传票，第三联作人民币外汇买卖贷方传票，第四联作人民币相应科目转账借方传票，第五联“售汇统计卡”留存，作为编制统计报表的依据。

金融企业向客户卖出外汇时，借记货币兑换科目（外币），贷记有关科目（外币），相应借记有关科目（人民币），贷记货币兑换科目（人民币）。

借：库存现金（或相关科目）　人民币
　贷：货币兑换——钞卖价（或汇卖价）　人民币
借：货币兑换——钞卖价（或汇卖价）　外币
　贷：库存现金（或相关科目）　外币

［例5－3］某外贸公司持外汇局审批的“购买外汇申请书”和人民币存款资金向某

分行购买 10 000 美元以支付进口货款，当日美元汇卖价为 100:673。会计分录为：

借：××活期存款——某外贸公司户　　CNY67 300.00

　贷：货币兑换——汇卖价（673%）　　CNY67 300.00

借：货币兑换——汇卖价（673%）　　USD10 000.00

　贷：汇出汇款（或其他科目）　　USD10 000.00

3. 套汇业务的核算。套汇是指将一种外币兑换成另一种外币的业务。由于现钞和现汇流动性不同，同种货币的钞汇互换也视同套汇业务。

按现行规定，我国金融企业在办理套汇业务时，应通过人民币进行换算，即对收进的一种外币按买入价折合成人民币，再将所折合的人民币按另一种外币的卖出价折合成该种货币的外汇金额。

（1）不同币种现汇之间套汇的核算。金融企业为客户办理不同币种现汇之间的套汇业务，在进行会计核算时，必须先套算出另一币种的金额。

［例 5－4］某客户用 10 万美元活期存款兑换成欧元，以备支付货款。银行审核各种有效商业单据和有效凭证无误后，为客户办理此项业务。当日美元汇买价为 100:670，欧元汇卖价为 100:798。

$$\frac{\text{已知的外币金额}\times\text{该外币汇率}}{\text{另一种外币汇率}}=\text{要套算的另一种外币金额}$$

根据上述公式可知：

$$\frac{100\ 000\times 6.7}{7.98}=83\ 959.90$$

会计分录为：

借：××活期存款——××企业户　　USD100 000.00

　贷：货币兑换——套汇户　　USD100 000.00

借：货币兑换——美元套汇户（670%）　　CNY670 000.00

　贷：货币兑换——欧元套汇户（798%）　　CNY670 000.00

借：货币兑换——套汇户　　EUR83 959.90

　贷：××活期存款——××企业户　　EUR83 959.90

（2）同种货币现钞与现汇之间套汇的核算。与前类套汇一样，金融企业为客户办理现汇和现钞之间的套汇业务，必须先套算出卖出现钞（或现汇）的金额。

汇买钞卖的计算公式为

$$\text{卖出现钞金额}=\text{买入现汇金额}\times\text{汇买价}/\text{钞卖价}$$

钞买汇卖的计算公式为

$$\text{卖出现汇金额}=\text{买入现钞金额}\times\text{钞买价}/\text{汇卖价}$$

［例 5－5］某客户因公出国，要求从其现汇账户上支取 USD10 000，银行审核各种出国手续无误后，卖出现钞，买进现汇。当日美元汇买价为 100:670，现钞卖出价为100:673。

$$\text{应卖出美元现钞金额}=\text{USD}(10\ 000\times 6.70/6.73)=\text{USD}9\ 955.42$$

会计分录为：

借：××活期存款——××企业户　　USD10 000.00

　贷：货币兑换——套汇户　　USD10 000.00

借：货币兑换——美元现汇套汇户（670%）　　CNY67 000.00

　贷：货币兑换——美元现钞套汇户（673%）　　CNY67 000.00

借：货币兑换——套汇户　　USD9 955.42

　贷：库存现金　　USD9 955.42

（二）外币买卖月报表的编制

外币买卖月报表是反映金融企业代理国家买卖外汇业务状况的会计报表，该表可以反映各种外汇资金的余缺及结存情况，以便有关部门据此平衡外汇头寸，避免外汇风险。

外币买卖月报表格式如表5-1所示。该表应于每月终了后10天内，由各管辖分行汇总辖内数据后报送总行。

表5-1　　外币买卖月报表

编制企业名称　　　　年　　月　　日

货币	本月发生额		本月末金额	
	借方	贷方	借方	贷方

（三）外币买卖损益的计算和结转

各分支行年终决算时，将“货币兑换”科目各种账户的外币余额，按决算牌价折合成人民币，与同币种同账户的货币兑换人民币余额核对，如有差额，即为本年度该账户外汇买卖的人民币损益。

若外币的货币兑换分户账余额在贷方，折合成人民币的金额大于该外币的货币兑换同账户的人民币借方余额，或外币的货币兑换分户账余额在借方，折合成人民币的金额小于该外币的货币兑换同账户上的人民币贷方余额，其差额即为收益。此差额应通过会计分录从人民币货币兑换该分户账中转出，会计分录为：

借：货币兑换——××币种户　　人民币

　贷：其他营业收入——外汇买卖收入户　　人民币

若外币的货币兑换分户账余额在贷方，折合成人民币的金额小于该外币的货币兑换同账户的人民币借方余额，或外币的货币兑换余额在借方，折合成人民币的金额大于该外币的货币兑换同账户上的人民币贷方余额，其差额即为亏损。此差额应通过会计分录从人民币货币兑换该分户账中转出，会计分录为：

借：其他营业支出——外汇买卖损失户　　人民币

　贷：货币兑换——××币种户　　人民币

［**例5－6**］某行2022年度营业终了，外汇买卖科目各账户余额如下：

美元户货币兑换贷方余额USD843 218.00，人民币借方余额CNY5 635 394.44；

港元户货币兑换借方余额HKD2 380 000.00，人民币贷方余额CNY2 093 448.00；

日元户货币兑换贷方余额JP￥10 800 000.00，人民币借方余额CNY623 332.80。

假定决算牌价为：USD100＝CNY670，HKD100＝CNY86.00，JP￥100＝CNY6.10，

根据决算牌价，美元余额折合人民币CNY5 649 560.60，同原人民币金额CNY5 635 394.44相比，盈利CNY14 166.16；港元金额折合人民币CNY2 046 800，同原人民币金额CNY2 093 448.00相比，亏损CNY46 648.00；日元金额折合人民币CNY658 800.00，同原人民币金额CNY623 332.80相比，盈利CNY35 467.20。

结转外汇买卖损益的会计分录为：

借：货币兑换——美元户	CNY14 166.16	
贷：其他营业收入——货币兑换收入户		CNY14 166.16
借：其他营业支出——货币兑换损失户	CNY46 648.00	
贷：货币兑换——港元户		CNY46 648.00
借：货币兑换——日元户	CNY35 467.20	
贷：其他营业收入——货币兑换收入户		CNY35 467.20

第三节　外汇存款业务的核算

外汇存款是指外汇银行以信用方式组织、吸收单位和个人暂时闲置的并能自由兑换或在国际上能够得到偿付的外币资金。目前，我国外汇银行可以吸收的外汇存款币种有美元（USD）、欧元（EUR）、加拿大元（CAD）、日元（JPY）、澳大利亚元（AUD）、新加坡元（SGD）、英镑（GBP）、港元（HKD）、瑞士法郎（CHF）。如以其他自由兑换的外币存入，应按存入日外汇牌价折算成上述货币中的一种。

外汇存款一般按存款人性质的不同分为单位外汇存款和个人外币储蓄存款两大类。

一、单位外汇存款

（一）存款对象

单位外汇存款的存款对象包括在中国境内的企事业单位（含中资机构和外商投资企业）、国家机关、社会团体、部队、各国驻华外交代表机构、领事机构、商务机构、驻华国际组织和民间机构。

（二）存款种类

按存期的不同，单位外汇存款分为单位活期存款和单位定期存款两类。

1. 外币单位活期存款，是指单位客户将外币存款存入银行，事先不约定存期，随时可以存取，按银行挂牌公布的活期存款利率计息的一种存款。该存款按照日积数计息法根据实际天数计息，按季结息，每季末月20日为结息日，计息期内遇利率调整分段计息。

2. 外币单位定期存款，是指单位客户存入外币存款时与银行约定存期，在存款到期支取时，银行按存入日约定的利率计付利息的一种存款。

外币单位定期存款按单笔存款金额分为小额外币单位定期存款和大额外币单位定期存款。小额外币单位定期存款指单笔起存金额低于300万等值美元的非金融机构定期存款，大额外币单位定期存款指单笔起存金额为300万（含）等值美元以上的非金融机构定期存款（注：大、小额外币单位定期存款的金额标准以中国人民银行公告为准）。

存款存入时须约定存期，小额外币单位定期存款存期分1个月、3个月、6个月、1年、2年5个档次；大额外币单位定期存款存期分7天、14天、1个月、2个月、3个月、6个月、1年、2年8个档次。外币单位定期存款采用存款证实书，整存整取，起存金额为不低于人民币10 000元的等值外汇。

（三）存款账户的开立和管理

单位申请开立外汇存款账户时，填制“开户申请书”一式三联，第一联单位留存，第二联银行有关部门存查，第三联银行会计部门作开户记录卡。“开户申请书”经开户单位的上级主管部门审查盖章证明以后，连同支票预留印鉴、营业执照正本、企业代码证，送开户银行。开户银行根据不同的存款对象开立外汇存款账户，登记开销户登记簿，留存营业执照复印件。外币单位定期存款由客户凭单位存款存入凭条办理有关存入手续，并预留印鉴。银行在国家外汇管理局核定的最高限额内，从其外币单位活期存款账户内转出资金，存入外币单位定期存款账户。

存款账户开立后，开户单位应按照外汇管理部门核定的收支范围、使用期限、最高金额使用外汇账户，不得出租、出借或串用外汇账户。开户银行应根据外汇管理部门的要求报告外汇账户的开立、使用及变动情况。

（四）会计核算

1. 存款的核算。

（1）以外币现钞存入现汇户时，应按当日钞买价和汇卖价进行套汇折算入账。

借：库存现金　　外币
　贷：货币兑换——套汇户（钞买价）　　外币
借：货币兑换——××币种套汇户（钞买价）　　人民币
　贷：货币兑换——××币种套汇户（汇卖价）　　人民币
借：货币兑换——套汇户（汇卖价）　　外币
　贷：××活期存款——××单位户　　外币

（2）以转账方式存入时，应根据汇入汇款通知书、信用证结算凭证、转账支票等结算专用凭证以及填制好的送款单办理存入核算。

借：存放总行款项（或相关科目）　　外币
　贷：××活期存款——××单位户　　外币

（3）若存入币种与开户币种不同，则需通过套汇处理（会计分录从略）。

2. 取款的核算。

（1）从现汇账户支取原币现钞时，银行按当日汇价汇买钞卖套汇后，付给原币现钞，会计分录为：

借：××活期存款——××单位户　外币

　贷：货币兑换——套汇户（汇买价）　外币

借：货币兑换——××币种套汇户（汇买价）　人民币

　贷：货币兑换——××币种套汇户（钞卖价）　人民币

借：货币兑换——套汇户（钞卖价）　外币

　贷：现金　外币

（2）以原币汇往国外或国内异地时，会计分录为：

借：××活期存款——××单位户　外币

　贷：汇出汇款（或有关科目）　外币

（3）支取货币与原存款货币不同时，应按套汇处理，会计分录为（以存美元取英镑为例）：

借：美元活期存款——××单位户　美元

　贷：货币兑换——套汇户（汇买价）　美元

借：货币兑换——美元套汇户（汇买价）　人民币

　贷：货币兑换——英镑套汇户（汇卖价）　人民币

借：货币兑换——套汇户（汇卖价）　英镑

　贷：汇出汇款（或有关科目）　英镑

（4）以活期存款转存定期存款时，凭存款单位开设的转账支票开立外汇存款证实书，会计分录为：

借：××活期存款——××单位户　外币

　贷：定期存款——××单位户　外币

3. 利息的核算。单位外汇活期、定期存款利息的计算方法与本币活期、定期存款相同。

单位外汇活期存款结息会计分录为：

借：利息支出——活期存款利息支出户　外币

　贷：××活期存款——××单位户　外币

单位外汇定期存款在结息日计算应付利息时会计分录为：

借：利息支出——定期存款利息支出户　外币

　贷：应付利息——××单位户　外币

4. 销户。存款单位因账户使用到期、机构撤销、合并、更改账户名称等原因要求销户时，应向开户行核对外汇存款余额无误后，办理销户手续，同时，将未用完的各种空白结算凭证交回银行。

中资机构撤销账户时，账户余额除经批准可能转移或汇出外，其余由外汇银行按规定办理销户结汇，会计分录为：

借：××活期存款——××单位户　外币

　贷：货币兑换——结售汇户（汇买价）　外币

借：货币兑换——结售汇户（汇买价）　　人民币

　贷：××活期存款——××单位户　　人民币

二、个人外币储蓄存款

个人外币储蓄存款的存款对象是居住在国外或港澳台的外国人、外籍华人、华侨、港澳台同胞、短期来华旅游者和居住在中国境内的驻华机构的外籍人员以及我国境内居民。

个人外币储蓄存款分为活期存款、定期存款、通知存款。定期存款按期限分为起存金额分别为不低于20元、50元1个月、3个月、6个月、1年、2年五个档次。

（一）存款账户的种类

按存入的资金形态不同，个人外币储蓄存款账户分为现汇户和现钞户。现汇户是指由境外汇入的外汇或携入的外币票据转存存款的账户；现钞户是指存款人以可自由兑换的外币现钞存入的存款账户。存款人如以现钞账户资金汇出境外，银行按当日汇价买进现钞、卖出现汇。如存款人从现汇账户支取现钞，在外汇管理部门规定的限额以内者，按1:1提取；超过规定限额的，银行按当日汇价买入现汇、卖出现钞。

按存款对象的不同，外币储蓄存款账户可分为居民个人存款账户和非居民个人存款账户。居民个人存款账户是指在本国居留满1年以上的自然人、在境外居留不满1年的本国人、在境外留学或就医以及在驻外使领馆工作的本国人的存款账户。非居民个人存款账户是指在本国境内居留不满1年的自然人和在本国留学或就医以及在外国驻本国使领馆工作的外国人的存款账户。

（二）会计核算

1. 存款的核算。

（1）存款人将外币现钞存入现钞户时，由存款人填写存款凭条，银行经审核现钞与存款凭条无误后，开具存折或存单，会计分录为：

借：库存现金　　外币

　贷：活期储蓄存款——××户　　外币

　或　定期储蓄存款——××户　　外币

（2）从境内、境外汇入的汇款或托收的外币票据收妥存入现汇户时，由存款人填写存款凭条，银行经审核无误后，开具存折或存单，会计分录为：

借：存放总行款项　　外币

或　存放同业款项——××行户　　外币

或　存放境外同业款项——××境外账户行户　　外币

　贷：应解汇款及临时存款　　外币

借：应解汇款及临时存款　　外币

　贷：活/定期储蓄存款——××户　　外币

2. 取款的核算。

（1）从现钞户支取外币现钞，会计分录为：

借：活/定期储蓄存款——××户　　外币

贷：库存现金　　外币

（2）以现汇户资金汇出境外时，银行经审核支款凭条、账卡、存单、存款无误后，根据“汇出汇款申请书”签发结算凭证，办理转账手续，会计分录为：

借：活/定期储蓄存款——××户　　外币

贷：汇出汇款　　外币

同时按规定收取邮电费、手续费（会计分录从略）。

3. 利息的核算。个人外币储蓄存款利息的计算方法与本币储蓄存款基本相同。在计算利息时，除日元计算至元位外，其他货币应计至分位。支付时应付足辅币，如确无辅币，可按当日外汇牌价作外汇买卖处理，折付人民币。

外币储蓄存款的事后监督按人民币《储蓄事后监督管理办法》的规定办理。

第四节　外汇贷款业务的核算

外汇贷款是指外汇银行将其在境内外筹措的外汇资金贷放给需要外汇资金的企事业单位，以支持境内生产建设和进出口贸易的业务。

一、外汇贷款的管理规定

（一）外汇贷款的对象

借款人申请外汇贷款，应具备以下条件：

1. 借款用于从事符合国家产业政策和社会发展规划要求的建设与生产经营活动；

2. 贷款使用确有经济效益，能按期偿还贷款本息；

3. 在银行开立基本账户和一般账户，在其账户内保有不低于贷款余额10%的存款作为结算支付保证；

4. 除国务院另有规定外，有限责任公司和股份有限公司对外股本权益性投资累计额未超过其净资产总额的50%；

5. 实行贷款卡的地区，应持有人民银行颁发的贷款卡。

（二）外汇贷款的管理

1. 外汇贷款的币种有美元、英镑、日元、港元和欧元等。

2. 外汇贷款的期限根据借款人的生产经营用期和还款能力，由借贷双方共同商定，一般不超过5年。

3. 外汇贷款的利率按现行贷款利率政策执行。

4. 外汇贷款必须专款专用，严格按用款计划和规定用途发放。

5. 外汇贷款应如期归还，过期不还者，银行按规定加收罚息。

（三）外汇贷款的种类

我国外汇银行开办的外汇贷款有以下几种：

一是外汇银行将吸收的外汇存款以有偿方式贷放给国内企事业单位，包括现汇贷款、票据贴现、进出口押汇、打包贷款、银团贷款等。

二是外汇银行利用从国外筹措的外汇资金为本国经济发展服务，包括买方信贷贷款、国际商业银行贷款、国际金融机构贷款、外国政府贷款、银团贷款等。银行发放这类贷款，需经国家外汇管理局批准，由国外资金的提供者及国内主管部门授权，以转贷形式，通过分支机构贷给国内用款单位。故此类贷款也称转贷款。

鉴于目前外汇贷款业务开展的实际情况，本节主要介绍现汇贷款和买方信贷贷款的有关内容。进出口押汇、打包贷款的核算见下一节。

二、现汇贷款的核算

现汇贷款是指银行以自主筹措的现汇资金向借款人提供的资金融通业务。现汇贷款的币种由借款人选择，借什么货币，还什么货币，并收取原币利息；期限分 1 个月、3 个月、6 个月、1 年、2 年、3 年六个档次。

（一）发放现汇贷款的核算

发放现汇贷款时，银行会计部门根据企业递交的“现汇贷款专户及还本付息专户申请表”，认真审核是否有当地外汇管理部门签章、所列开户行是否为贷款行、是否有最高限额控制、开户币别与贷款币别是否相符等，审查合格后由会计主管签字确认，开立外汇贷款专户。会计分录为：

借：××贷款——××借款人户　　外币
　贷：××存款——××借款人外汇贷款专户　　外币

贷款企业通过银行以信用证或其他结算方式对外付款时，参照第五节会计核算手续办理。

（二）现汇贷款偿还的核算

1. 以现汇资金偿还时：

借：××存款——××借款人还本付息专户　　外币
　贷：××贷款——××借款人户　　外币
　　　利息收入——××贷款利息收入户　　外币

2. 以人民币购汇归还时：

借：××活期存款——××借款人户　　人民币
　贷：货币兑换——××币种结售汇户（汇卖价）　　人民币
借：货币兑换——结售汇户（汇卖价）　　外币
　贷：××贷款——××借款人户　　外币
　　　利息收入——××贷款利息收入户　　外币

3. 以贷款货币以外的外币归还时：

借：××存款——××借款人还本付息专户　　外币
　贷：货币兑换——套汇户（汇买价）　　外币
借：货币兑换——××币种套汇户（汇买价）　　人民币
　贷：货币兑换——××币种套汇户（汇卖价）　　人民币

借：货币兑换——套汇户（汇卖价）　　外币
　贷：利息收入——××贷款利息收入户　　外币

（三）利息的核算

现汇贷款利率可以根据合同规定采用浮动利率、固定利率或优惠利率，计息天数按公历实际天数，算头不算尾。现汇贷款根据合同按季或按月结息，每季末月的20日或每月20日为规定结算日。

1. 借款单位主动付息或其还本付息专户存款足够付息时：

借：××存款——××借款人还本付息专户　　外币
　贷：利息收入——××贷款利息收入户　　外币

2. 借款人未能主动付息或其还本付息专户无足够余额时：

借：应收利息——××借款人户　　外币
　贷：利息收入——××贷款利息收入户　　外币

3. 待借款人付息时：

借：××存款——××借款人还本付息专户　　外币
　贷：应收利息——××借款人户　　外币

三、买方信贷贷款

买方信贷是指出口国政府支持本国银行向进口商或进口方银行提供贷款，以供进口商向本国购买技术设备的一种信贷方式。本节所介绍的买方信贷贷款是指我国外汇银行作为进口方银行向境内进口企业发放由境外银行提供的转贷款，从而支持进口贸易发展的一种业务。

买方信贷的会计核算主要包括对外签订协议、支付定金、使用买方信贷款、偿还贷款本息四个环节。

（一）对外签订协议

买方信贷总协议由总行统一对外签订。总协议下，每个项目的具体信贷协议可由总行对外签订，亦可由总行授权分行对外签订。不论总行或分行对外签订协议，均由总行建立“买方信贷用款限额登记簿”，按协议商定的金额登记用款限额台账。

收　买方信贷用款限额　　外币

（二）支付定金的核算

买方信贷贷款一般占贸易合同总额的85%，其余15%要以现汇支付定金。支付定金后，才能使用贷款。

1. 借款单位用现汇支付定金时：

借：××活期存款——××借款人户　　外币
　贷：存放总行款项　　外币
　或　存放境外同业款项——××境外账户行户　　外币

2. 借款单位以人民币购汇支付定金时：

借：××活期存款——××借款人户　　人民币

　　贷：货币兑换——××币种结售汇户（汇卖价）　　人民币
借：货币兑换——结售汇户（汇卖价）　　外币
　　贷：存放总行款项　　外币
　　或　存放境外同业款项——××境外账户行户　　外币

（三）使用买方信贷款的核算

借款单位使用买方信贷向境外出口商开立信用证时，必须注明“该笔款项系与境外贷款行签订的××贷款协议项下支付”。进口商银行收到出口方银行寄来的有关单据，经审核无误后，根据信贷协议，向境外出口商发出提款通知，办理支款手续，使用买方信贷款。

1. 总行收到出口方银行贷款起息日通知时：
借：存放系统内款项——利用××买方信贷××分行专户　　外币
　　贷：引进境外资金——借入××资金买方信贷户　　外币
同时，按支款金额销记“买方信贷用款限额登记簿”。
付　买方信贷用款限额　　外币

2. 分行收到总行买方信贷起息通知时：
借：利用境外资金贷款——利用××买方信贷××借款人户　　外币
　　贷：系统内存放款项——借入××资金买方信贷总行专户　　外币

（四）偿还贷款本息的核算

按规定，买方信贷本息由总行统一对外偿付，按出口方银行通知的起息日起息，按协议规定的利率计息。

1. 借款单位偿还本息时：
借：××活期存款（或相关科目）——××借款人户　　外币
　　贷：利用境外资金贷款——利用××买方贷款××借款人户　　外币
　　　　利息收入——××贷款利息收入户　　外币
　　　　应付利息——应付总行买方信贷利息户　　外币

2. 分行向总行归还贷款本息时：
借：系统内存放款项——借入××资金买方信贷总行专户　　外币
　　金融机构往来支出——与总行往来利息支出　　外币
　　应付利息——应付总行买方信贷利息　　外币
　　贷：存放总行款项——往来户　　外币

3. 总行收到分行归还贷款本息时：
借：系统内存放款项——××分行往来户　　外币
　　贷：存放系统内款项——利用××买方信贷××分行资金　　外币
　　　　金融机构往来利息收入——辖内资金往来利息收入户　　外币

4. 总行对外偿还本息时：
借：引进境外资金——借入××资金买方信贷户　　外币
　　金融机构往来利息支出——拆入款项利息支出户　　外币
　　贷：存放境外同业款项——××境外账户行户　　外币

第五节 国际贸易结算业务的核算

国际贸易结算是指不同国家（地区）的企业之间，通过银行办理货币收付，以结清商品进出口所引起的债权债务关系，是外汇银行的主要业务之一。中华人民共和国成立以后的相当长一段时期内，我国银行在办理进出口贸易结算时，一直并用记账结算和现汇结算两种方式。记账结算指两国政府签订贸易和支付协定，各以本国政府名义分别在对方国家指定的银行开立结算账户，两国之间因进出口贸易所发生的债权债务通过该账户相互抵消，而不需支付外汇逐笔结算。现汇结算指贸易双方的债权债务要通过支付现汇逐笔结清。近年来，由于国际经济环境的变化，记账结算范围有不断缩小的趋势。我国从1991年起基本上只使用现汇结算方式。鉴于此，此处只介绍现汇结算方式下国际贸易结算业务的核算。

现汇结算有汇款、托收、信用证三种基本形式。下面将分别介绍这三种方式下贸易结算的核算步骤。

一、汇款项下国际贸易结算

汇款是银行应汇款人的要求，以一定的方式，将外汇资金通过其境外联行或代理行汇交收款人的业务。在国际贸易结算中，汇款方式一般适用于金额不大的货款、贸易从属费用或跨国公司内部贸易的结算。

（一）汇出汇款的核算

汇出汇款的汇款人必须是有进出口经营权并经国家外汇管理局批准允许向境外汇出外汇资金的企事业单位。汇出汇款时，汇款人须用英文填写一式三联“汇出汇款申请书”，银行（汇出行）审核后根据申请书向境外汇入行填发“汇款委托书”或汇票。

1. 电汇或信汇的核算。

（1）汇款人以其现汇存款汇出汇款时，会计分录为：

借：××活期存款——××企业户	外币
贷：汇出汇款	外币
借：库存现金	人民币
贷：中间业务收入——其他中间业务收入户	人民币（邮电费）

（2）汇出行收到境外汇入行解付通知书或借记报单，向汇入行拨交汇款头寸，应抽销汇出汇款卡片账，会计分录为：

借：汇出汇款	外币
贷：存放系统内款项——××汇入行户	外币
或　相关科目	外币

若汇款人以人民币资金购汇支付汇款，应按当日外汇牌价（汇卖价）折算成现汇，会计分录从略。

2. 票汇的核算。汇出行审核汇款人填写的“汇出汇款申请书”无误、汇款金额到账后，即可向汇款人开出一式五联“票汇凭证”。第一联“汇票正本”经有权签字人签字后，交汇款人凭以向境外付款行取款；第二联“汇票通知书”（票根）通知付款行已签发汇票，请付款行凭汇票付款；第三联作“汇出汇款”科目贷方传票；第四联作“汇出汇款”科目借方传票，解付汇款后，核销专用；第五联作“汇出汇款”卡片账或留底。

票汇的账务处理与电汇、信汇相同。

3. 转汇的核算。如经办行不能直接办理境外汇款业务，须委托总行或其他行转汇。经办行办理转汇时，会计分录为：

借：××活期存款——××企业户　　外币
　贷：存放系统内款项——××转汇行户　　外币
　　　存放总行款项　　外币

转汇行办理汇出汇款时，会计分录为：

借：存放系统内款项——××经办行户　　外币
　贷：汇出汇款　　外币

4. 退汇的核算。退汇指汇款人或收款人在汇款尚未解付以前要求撤销该笔汇款。

电汇、信汇的退汇，汇款人应提出书面申请并交回原汇款回执。汇出行在汇款卡片上批注退汇原因和日期，并立即通知境外汇入行。待收到汇入行同意退汇的通知后，汇出行通知汇款人办理退汇手续。

票汇的退汇，汇款人应提交书面申请并交回经背书的原汇票，经汇出行核准无误后，在汇票上加盖“注销”戳记，办理退汇手续，退交的汇票作为退汇传票附件，并通知汇入行注销，寄回票根。

退汇的会计分录为：

借：汇出汇款　　外币
　贷：××活期存款——××企业户　　外币
或借：汇出汇款　　外币
　　贷：货币兑换——结售汇户　　外币
借：货币兑换——××币种结售汇户　　人民币
　贷：××活期存款——××企业户　　人民币

（二）汇入汇款的核算

1. 电汇或信汇的核算。对有现汇账户的收款企业，会计分录为：

借：存放系统内款项（或相关科目）——××分行户　　外币
　贷：活期存款　　外币

对没有现汇账户的企业，收款时必须结汇，会计分录为：

借：存放境外同业款项——××境外账户行户　　外币
或　相关科目　　外币
　贷：货币兑换——结售汇户　　外币

借：货币兑换——结售汇户　　人民币
　贷：××活期存款——××企业户　　人民币

2. 票汇的核算。

（1）汇入行收到汇出行的贷记报单或票根，经核对无误后，即办理转账，会计分录为：

借：存放系统内款项——××分行户　　外币
或　相关科目　　外币
　贷：应解汇款及临时存款　　外币

（2）持票人前来取款时，应在汇票上背书，银行核对汇票签字无误后办理解付，会计分录为：

借：应解汇款及临时存款　　外币
　贷：××活期存款——××企业户　　外币

对没有现汇账户的收款企业应结汇（会计分录略）。

3. 转汇的核算。汇入行收到境外汇入汇款，而收款人在汇入行没有开立账户，汇入行应以原币转汇至收款人所在地行办理解付。

转汇时，转汇行会计分录为：

借：应解汇款及临时存款　　外币
　贷：存放总行款项　　外币
　或　存放系统内款项——××分行户　　外币

解付行收到汇入行贷记报单时，会计分录为：

借：存放总行款项　　外币
或　存放系统内款项——××分行户　　外币
　贷：××活期存款——××企业户　　外币

或结汇入收款人人民币账户（会计分录略）。

4. 退汇的核算。当收款人地址不详、名字不对、账号不符，且查询未果时，银行应办理退汇。退汇的账务处理与汇出汇款相同。

二、托收项下国际贸易结算

托收是指出口商根据贸易合同规定，在货物发运后提交跟单汇票，委托银行向进口商收取货款的结算方式。

（一）出口托收的会计核算

在托收方式下的出口贸易中，我国外汇银行（托收行）接受国内出口企业委托，向境外进口方银行（代收行）填发“托收委托书”，委托其代为向进口商收取货款。出口托收核算分为寄单托收和收妥结汇两大步骤。

1. 寄单托收的核算。发出托收时，通过表外科目核算，会计分录为：

收　应收外汇托收款　　外币

2. 收妥结汇的核算。托收行收到境外代收行的贷记报单，对委托人（出口企业）

办理结汇或以原币入账，同时销记表外科目。对以进出口企业为收款人的托收款项，应按照国家外汇管理局的规定，凭合同、发票、海关报关单、外汇核销单为企业办理结汇。对以三资企业或国家外汇管理局核准可以保留一定额度外汇的企业为收款人的托收款项，可直接入账，但对超过额度以外者，应办理结汇手续。

以原币入账时的会计分录为：

借：存放系统内款项——××分行户　　外币

　贷：××活期存款——××企业户　　外币

　或　相关科目　　外币

借：××活期存款——××企业户　　人民币

或　库存现金　　人民币

　贷：中间业务收入——结算手续费收入户　　人民币

手续费收入＝出口托收票面金额×汇买价×1.5‰

销记表外科目：

付　应收外汇托收款　　外币（原外币金额）

结汇时的会计分录略。

如出口托收单据遭到付款人拒付，托收行应在收到函电的一个工作日内通知委托人，并根据委托人指示，通知境外代收行代为保存全套单据，或要求境外代收行将全套单据退回。

托收行收到境外退单退票，清点无误后退回委托人，并销记“应收外汇托收款”表外科目。

（二）进口代收的核算

进口代收是指我国外汇银行作为代收行，接受境外托收行的委托，向境内进口企业提示单据并代为收取货款的业务。

1. 收到境外寄来代收单据，通过表外科目核算：

收　代收外汇托收款项　　外币

2. 确认付款及售汇。进口单据经进口商确认或远期汇票承兑并到期时，代收行即按有关规定办理售汇付款，同时销记“代收外汇托收款项”表外科目。

（1）以原币对外付款时：

借：××活期存款——××企业户　　外币

　贷：汇出汇款　　外币

等收到总（分）行或境外委托行借记报单后，代收行销记汇出汇款底卡，会计分录为

借：汇出汇款　　外币

　贷：存放境外同业款项——××境外账户行户　　外币

　或　存放系统内款项——××分行户　　外币

　或　存放总行款项　　外币

（2）售汇付款时：

借：××活期存款——××企业户　　人民币

贷：货币兑换——××币种结售汇户　　人民币
借：货币兑换——结售汇户　　外币
贷：汇出汇款　　外币
以下同（1）。

如进口商拒付货款，应提出拒付理由，连同单据退交代收行，转告境外委托行；如部分拒付，应征得委托行同意后再按实际金额付款，并按实际付款金额销记“代收外汇托收款项”表外科目。

三、信用证项下国际贸易结算

根据2007年7月1日开始实施的国际商会第600号出版物《跟单信用证统一惯例》定义，信用证是开证行根据买方（申请人）的要求和指示，向卖方（受益人）开立的，承诺在一定期限内提交符合规定的单据的条件下，即期或在将来可以确定的日期支付一定金额的书面文件。信用证是我国目前最主要的国际贸易结算方式。

（一）信用证项下出口贸易核算

信用证项下出口贸易核算，是指我国外汇银行作为出口方银行根据境外进口方银行开来信用证中规定的条款，审查出口企业交来的单据，为出口企业办理审单、寄单和收汇的核算业务，它主要包括信用证的受理与通知、收汇结汇两个环节。

1. 信用证的受理与通知。

（1）信用证的受理。受证行收到境外开来的信用证时，应进行严格审核。审核的内容包括：①核对来证密押或印鉴；②来证国家或地区是否属我国对外政策允许的；③开证行的资信；④信用证的性质是撤销还是不可撤销的；⑤信用证的内容，如开证银行名称、地址、开证日期、受益人、开证申请人、信用证金额、有效期及有效地点等。

（2）信用证的通知。经审核，如银行认为来证可以受理时，即编制信用证通知流水号，将信用证正本通知出口商，同时，根据信用证留底联填制“境外开来保证凭信记录卡”回联，并进行表外科目核算。

收　境外开来保证凭信　　外币

（3）信用证的修改。境外来证经受益人同意修改增加金额时，除在信用证主文件上批注外，还应作如下会计处理：

收　境外开来保证凭信　　外币（增额）

修改减额时：

（红字）收　境外开来保证凭信　　外币（减额）

（4）退证及注销未用金额。若受益人同意退证，或逾期自动注销，或将信用证金额的一部分或全部转往他行，会计分录与修改减额相同。

一切修改、转让及退证，均按银行规定费率向主动提出要求方计收有关手续费，纳入通知行有关账户核算。

2. 信用证出口贸易中的信贷融资。

（1）出口商收到来证，应及时备货发货。若备货资金不足，可向银行申请打包贷款。打包贷款是指信用证的受益人以信用证正本为抵押，向银行申请的贷款，用于满足出口商品的进货、备料和装运需要。

打包贷款有如下基本规定：

①期限从批准之日起至信用证项下款项收妥或办理出口押汇、贴现之日止，一般不超过 3 个月，最长不超过信用证有效期满后 21 天。

②利率按照统一规定的人民币或外汇同档次流动资金贷款利率执行。

③贷款一般以人民币发放，在特殊情况下，如需支付外汇运费，可融通发放少量外汇资金。

④贷款金额一般为信用证金额的 40% ~70% 。

企业申请打包贷款时，应填制“打包贷款申请书”一式五联，并提供信用证正本、出口销售合同、出口批文或许可证、与国内客商签订的购货合同等文件。银行审核后，填写“打包贷款审查意见表”，连同企业出具的“打包贷款申请书”留存联归档保管。“打包贷款申请书”除银行国际业务部、信贷部门及客户各留存一联外，另两联作借、贷方传票一并交会计部门作账务处理。

发放打包贷款时，会计分录为：

借：贸易短期贷款——××借款人打包贷款户　　人民币
　贷：××活期存款——××借款人户　　人民币

收回打包贷款时，抽出专夹保管的贷方传票联，同时销记卡片账。

借：××活期存款——××借款人户　　人民币
或　相关科目　　人民币
　贷：贸易短期贷款——××借款人打包贷款户　　人民币
　　　利息收入——贸易贷款利息收入户　　人民币

（2）出口商交来全套单据，如急需资金融通，可向银行申请叙做出口押汇融资。出口押汇又称买单结汇，是指出口方银行买入出口单据，按票面金额扣除从议付日到预计收汇日的利息及有关手续费后，将净额预先付给出口商的一种出口融资方式。

银行叙做出口押汇时，除按正常手续办理信用证议付外，出口商还需填制“出口押汇申请书”一式五联，并与押汇银行签订“出口押汇总质权书”。“出口押汇申请书”除国际业务部、信贷部门、客户各留存一联外，另两联作借、贷方传票随“出口押汇总质权书”复印件一并交会计部门进行账务处理。

借：进出口押汇——××出口押汇户　　外币
　贷：××活期存款——××押汇收入户　　外币
　　　利息收入——贸易贷款利息收入户　　外币
　　　中间业务收入——结算手续费收入户　　外币
　　　中间业务收入——其他中间业务收入户　　外币（邮电费）
　　　其他应付款——××境外行户　　外币（预扣境外银行费用）

结汇后入账的会计分录略。

需要指出的是，若受益人在该笔出口业务中事先已借用过打包贷款，银行在叙做出口押汇时必须扣还打包贷款本息，会计分录为：

借：进出口押汇——××出口押汇户　　外币
　贷：货币兑换——结售汇户（汇买价）　　外币
借：货币兑换——××币种结售汇户（汇买价）　　人民币
　贷：贸易短期贷款——××借款人打包贷款户　　人民币
　　利息收入——贸易贷款利息收入户　　人民币
　　××活期存款——××借款人户　　人民币（余额）

3. 收妥结汇。

（1）对外商投资企业和允许保留外汇账户的进出口企业，出口收汇的处理为：

借：存放境外同业款项——××境外账户行户　　外币
或　相关科目　　外币
　贷：××活期存款——××企业户　　外币
　　中间业务收入——结算手续费收入户　　外币
　　中间业务收入——其他中间业务收入户　　外币

同时，

付　国外开来保证凭信　　外币

（2）对不允许保留外汇账户的进出口企业，必须按外汇局的规定办理结汇。

借：存放境外同业款项——××境外账户行户　　外币
或　相关科目　　外币
　贷：中间业务收入——结算手续费收入户　　外币
　　中间业务收入——其他中间业务收入户　　外币
　　货币兑换——结售汇户　　外币
借：货币兑换——××币种结售汇户　　人民币
　贷：××活期存款——××企业户　　人民币

同时，

付　国外开来保证凭信　　外币

如受益人事先叙做过出口押汇贷款，银行应从收回的货款中扣还押汇贷款本息。

借：存放境外同业款项——××境外账户行户　　外币
或　相关科目　　外币
　贷：进出口押汇——出口押汇户　　外币
　　利息收入——贸易贷款利息收入户　　外币
　　××活期存款——××押汇人户　　外币（剩余部分）

（二）信用证项下进口贸易的核算

信用证项下进口贸易的核算，指我国外汇银行应申请人的要求，向境外受益人开出信用证，保证在规定的时间内收到信用证规定单据的前提下，对外支付信用证指定币种和金额的款项的业务。它主要包括开立信用证、修改信用证和审单付款三个环节。

1. 开立信用证。进口公司与境外出口商签订贸易合同后，根据合同条款向银行申请开立信用证。申请开证时，公司应填具“开证申请书”。银行在审核“开证申请书”后还必须向申请人收取保证金。

借：××活期存款——××开证企业户　　外币或人民币

　贷：保证金——××开证企业户　　外币或人民币

同时，通过或有资产和或有负债科目进行核算：

借：应收信用证款项　　外币

　贷：应付信用证款项　　外币

按总行规定收取开证手续费时：

借：××活期存款——××开证企业户　　外币或人民币

或　现金　　外币或人民币

　贷：中间业务收入——结算手续费收入户　　外币或人民币

开证手续费 = 开证金额 × 汇卖价 × 1.5‰

2. 信用证的修改、注销与撤销。

（1）信用证的修改。信用证开出后，进口商因故要求修改信用证条款或金额时，应向开证行提出书面申请，修改减额时，会计分录为：

借：应付信用证款项　　外币（减额）

　贷：应收信用证款项　　外币（减额）

开证行修改增额时，应落实付款保证，并备齐与开立信用证相同的手续后，再做处理：

借：应收信用证款项　　外币（增额）

　贷：应付信用证款项　　外币（增额）

（2）信用证的注销。无论是否发生过对外支付，信用证均应在逾期 3 个月后注销。会计分录与修改减额相同。

（3）信用证的撤销。信用证未逾期，但经有关各方同意，且通知行已确认并收回信用证正本的，该信用证可以撤销。会计分录与修改减额相同。

3. 审单与付汇。进口付汇有单到境内审单付汇、境外审单主动借记和境外审单电报索汇三种方式。

（1）单到境内审单付汇。开证行收到境外寄来的全套进口单据，经审核符合“单证一致、单单一致”的要求后，编制“单据到达通知书”送进口商。进口商承付后，银行即办理付汇手续。

借：保证金——××开证企业户　　外币

　　××活期存款——××开证企业户　　外币

　贷：汇出汇款　　外币

　　　中间业务收入——结算手续费收入户　　外币

同时，

借：应付信用证款项——××开证企业户　　外币

　贷：应收信用证款项——××开证企业户　　外币

待收到境外账户行或总（分）行借记报单，解付汇款时：

借：汇出汇款　外币

　贷：存放境外同业款项——××境外账户行户　外币

　或　存放总行款项　外币

　　　存放系统内款项　外币

（2）境外审单主动借记。受益人将全套单据交议付行审单，如果单证、单单一致，议付行应立即主动借记开证行在该行所开立的账户，并将单据连同借记报单一并寄送开证行。开证行收到后，填制借方传票与该报单对转，并填制“单据到达通知书”，会计分录为：

借：保证金——××开证企业户　外币

　　××活期存款——××开证企业户　外币

　贷：利息收入——贴现利息收入户　外币

　　　存放境外同业款项——××境外账户行户　外币

　或　相关科目　外币

同时，

借：应付信用证款项——××开证企业户　外币

　贷：应收信用证款项——××开证企业户　外币

其中“利息收入——贴现利息收入”是指从境外议付日到境内开证行向进口单位收款日之间的外币垫款利息。

（3）境外审单电报索汇。议付行审单后不主动借记开证行账户，而是用加押电报向开证行索汇。开证行核押相符后，即用电汇方式向境外付汇，并向进口商收取货款。这种付款方式的会计核算与单到境内审单付汇方式相同（会计分录略）。

4. 信用证进口贸易中的信贷融资。信用证进口贸易中的信贷融资——进口押汇是开证行根据所开立的信用证，在单单、单证相符的条件下，对外付款，同时通知进口商付款赎单的一种融资垫款。

借款单位申请进口押汇时，必须填制“进口押汇申请书”，并提供信托收据、贸易合同和其他有关资料。“进口押汇申请书”一式四联，一联由信贷部门保管，一联由客户留存，另两联交会计部门作进口押汇借、贷方传票。会计分录为：

借：进出口押汇——××进口押汇户　外币

　　保证金——××开证人户　外币

　贷：存放境外同业款项——××境外账户行户　外币

　或　相关科目　外币

同时，

借：应付信用证款项　外币

　贷：应收信用证款项　外币

进口商向银行偿付押汇本息、赎取单据时，银行抽出专夹保管的“进口押汇申请书”贷方传票联，同时核销卡片账，并扣除自进口押汇日起至企业赎单还款日止利息。

会计分录为：

借：××活期存款——××开证人户　　外币
　贷：进出口押汇——××进口押汇户　　外币
　　利息收入——贸易贷款利息收入户　　外币

第六节　非贸易外汇业务的核算

非贸易外汇又称无形贸易外汇，是指不经过进出口商品买卖而收支的外汇。非贸易外汇业务涉及面很广，包括的项目很多，其中主要的有外币兑换、个人汇款、买入外币票据、外币票据托收、兑付信用卡等。

一、外币兑换

广义的外币兑换包括外币现钞、旅行支票、汇票及信用卡等的收兑。本节介绍的是狭义的外币兑换，即外币现钞兑换。

（一）兑入外币

可兑入外币的币种必须在我国银行公布的可自由兑换货币范围之列。对无兑换牌价的外币或已停止流通还有价值的外币，在征得客户同意后，可作光票托收处理；对无法鉴别真伪的外钞，银行有权拒绝收兑，也可在征得客户同意后委托其他外汇银行鉴别或按托收方式处理。

在兑入外币时，银行经办人员应要求客户出示有效证件，并填制一式三联“外币兑换水单”，连同外币一同收进，核对无误后交复核员。复核员认真复核兑入外钞的真伪及流通情况，检查水单填写是否清楚完整。最后，出纳员配好现金，交复核员复核无误后，连同“外币兑换水单”一联交客户。会计分录为：

借：库存现金　　外币
　贷：货币兑换——结售汇户　　外币
借：货币兑换——××币种结售汇户　　人民币
　贷：库存现金　　人民币

（二）兑出外币

1. 兑出外币的范围。

（1）临时来华的外国人、华侨、港澳台同胞出境时未使用完的人民币，可以凭本人已签证护照、有效期6个月以内的原兑换水单兑回原币，但兑回金额不能超过原兑换水单的人民币总额。

（2）凡属预算外国家供汇的出国团组的用汇，可凭政府批件和组织部批件按规定比例供汇。预算内出国团组用汇到中国银行办理。

（3）个人提取外币现钞当日累计等值1万美元以下（含）的，凭本人有效身份证件在银行办理。境内机构（除特殊规定以外①）不得收取、提取外币现钞。

2. 兑出外币的会计核算。兑出外币时，银行经办人员填制一式三联“外币兑换水单”，将全套水单及人民币交出纳员复兑配款，支付相应外币现钞。会计分录为：

借：库存现金　　人民币

　贷：货币兑换——××币种结售汇户　　人民币

借：货币兑换——结售汇户　　外币

　贷：库存现金　　外币

经办行在办理外币兑换业务时，应按比重设立“外币现钞库存登记簿”，每日营业终了，凭外币借、贷方“现金”科目传票按币别登记，同时结出余额，与“现金”科目总账余额及实际外币现钞库存数核对相符，保证账账、账款、账簿相符。

二、个人汇款

个人汇款是银行应汇款人要求将款项汇交指定收款人的一项非贸易结算业务。

（一）个人汇出汇款

1. 个人汇出汇款的管理规定。境内个人外汇汇出境外用于经常项目支出，按以下规定办理：（1）外汇账户内汇出境外当日累计等值5万美元以下（含）的，凭本人有效身份证件在银行办理；超过上述金额的，凭本人有效身份证件、有交易额的相关材料办理。（2）持外币现钞汇出当日累计等值1万美元以下（含）的，凭本人有效身份证件办理；超过上述金额的，凭本人有效身份证件、经海关签章的“海关申报单”或本人原存款银行外币现钞提取单据、有交易额的相关材料办理。

境外个人经常项目下外汇汇出境外，按以下规定办理：（1）外汇账户内汇出，凭本人有效身份证件办理。（2）持外币现钞汇出，当日累计等值1万美元以下（含）的，凭本人有效身份证件办理；超过上述金额的，还应提供经海关签章的“海关申报单”或本人原存款银行外币现钞提取单据。

2. 个人汇出汇款的核算。

（1）以现汇账户存款汇出时，客户填写一式三联“汇出汇款申请书”，银行审核无误后，回单联盖章退还客户，会计分录为：

借：活期储蓄存款——××户　　外币

　贷：汇出汇款　　外币

借：活期储蓄存款——××户　　人民币

或　库存现金　　人民币

　贷：中间业务收入——结算手续费收入户　　人民币

　　　中间业务收入——其他中间业务收入户　　人民币（邮电费）

待收到境外账户行或总（分）行借记报单解付汇款时，会计分录为：

① 特殊规定详见国家外汇管理局发布的《经常项目外汇业务指引（2020年版）》第四章第八十条至第八十五条。

借：汇出汇款　　外币

　贷：存放境外同业款项——××境外账户行户　　外币

　或　存放总行款项　　外币

　或　存放系统内款项——××分行户　　外币

（2）以现钞账户存款汇出时，银行审核客户所填的“汇出汇款申请书”无误后，根据当天外汇牌价进行钞买汇卖处理，会计分录为：

借：活期储蓄存款——××户　　外币

　贷：货币兑换——套汇户　　外币

借：货币兑换——××币种现钞套汇户（钞买价）　　人民币

　贷：货币兑换——××币种现汇套汇户（汇卖价）　　人民币

借：货币兑换——套汇户　　外币

　贷：汇出汇款　　外币

收取邮电费、手续费以及向境外汇入行解付汇款的会计核算办理与现汇账户存款汇出相同。

（二）个人汇入汇款

1. 个人汇入汇款的管理规定。

（1）经常项目个人汇入汇款。

①一次性解付外币现钞或兑换人民币等值10 000美元以下的，银行可直接办理；

②一次性解付外币现钞或兑换人民币等值10 000美元以上（含10 000美元）、50 000美元以下的，应提供真实身份证明和相关合同协议、完税证明后，银行方可办理；

③一次性解付外币现钞或兑换人民币等值50 000美元以上（含50 000美元）、20万美元以下的，凭所在地外汇局的核准件办理；

④一次性解付外币现钞或兑换人民币等值20万美元以上（含20万美元）的，由所在地外汇局报国家外汇管理局审核后，凭所在地外汇局核准件办理。

（2）资本项目个人汇入汇款。

①一次性解付外币现钞或兑换人民币等值20万美元以下的，凭所在地外汇局核准件办理；

②一次性解付外币现钞或兑换人民币等值20万美元以上（含20万美元）的，由所在地外汇局报国家外汇管理局审批同意后，凭所在地外汇局核准件办理。

2. 个人汇入汇款的核算。经办行收到个人汇入汇款时，登记“应解汇款及临时存款登记簿”，并以书面或电话形式通知客户凭有效证件前来取款，会计分录为：

借：存放境外同业款项——××境外账户行户　　外币

或　相关科目　　外币

　贷：应解汇款及临时存款——××户　　外币

收款人前来取款时，银行销记“应解汇款及临时存款登记簿”，会计分录为：

借：应解汇款及临时存款　　外币

　贷：库存现金　　外币

或　××储蓄存款——××户　　　　外币

也可结汇成人民币现金或转人民币储蓄存款（会计分录略）。

对收款人名称、地址不详的汇入汇款，银行应及时查询。向收款人发出通知逾3个月而收款人未办理取款手续的，收款行应主动退汇。

三、买入外币票据

买入外币票据简称买汇，是指银行买入客户的以其他银行为付款人的票据，并按一定计算方式扣收贴息且保留追索权的业务。

（一）买入外币票据的条件

买入的外币票据应符合下列条件：

第一，外币币种属中国人民银行公布的外汇牌价表中所列的外国货币；

第二，签发外币票据的银行与买汇行或其总行建立了往来关系，且信誉良好；

第三，托收买汇票据收妥的票款能顺利转入经办行或其总行账户；

第四，经办行具有鉴别票据真伪或持票人签字、印鉴的能力。

需特别指出的是，对于类似非美国境内银行付款的美元票据或非加拿大境内银行付款的加拿大元票据，不能按买入外币票据处理。

根据以上条件，可以买入的外币票据主要有旅行支票、银行本票、国际限额汇票、银行汇票、旅行信用证、环球旅行信用证、光票信用证。

（二）买入外币票据的审核

1. 提示的票据应是清洁（无涂改）、完整（无破损）、有效（一般票据的有效期为6个月）和真实的。

2. 持票人提示票据时，须出示身份证或护照。如持票人不是票据上注明的收款人，应出示收款人的证件、印章及持票人证件。

3. 票据的收款人应在票据注明的指定位置或背面背书。背书人的名字应与票据上注明的收款人相符。如收款人的名字是英文名字，应以英文背书。如票据的收款人为单位，必须用蓝黑色油墨盖章背书。

4. 买入的票据对客户保留无限期追索权。

（三）买入外币票据的核算

1. 买入票据

（1）兑付原币时，会计分录为：

借：买入外币票据——××票据户　　　　外币

　贷：利息收入——贴现利息收入户　　　　外币

　　　库存现金　　　　外币

　或　××存款——××存款人户　　　　外币

如有辅币，可按当日外汇买入价折付人民币。

（2）兑付人民币时，会计分录为：

借：买入外币票据——××票据户　　　　外币

贷：利息收入——贴现利息收入户　　外币
　　货币兑换——结售汇户　　外币
借：货币兑换——××币种结售汇户　　人民币
　贷：××存款——××存款人户　　人民币
　或　库存现金　　人民币

2. 发出托收。经办行买入外币票据后，应采用“立即贷记”方式办理托收。“票据托收委托书”上应详细列明票据的发售机构、付款行、票据面额、张数、总金额等。会计分录为：

收　应收外汇托收款　　外币

3. 收妥票款。收到国外贷记报单，票款收妥的会计分录为：

借：存放境外同业款项——××境外账户行户　　外币
或　相关科目　　外币
　贷：买入外币票据　　外币

同时，

付　应收外汇托收款　　外币

四、外币票据托收

（一）外币票据托收的范围

凡属下列情况之一者，按托收方式处理：

1. 不能按买汇方式办理的各种外币；

2. 未列入中国人民银行外汇牌价表内的各种外币现钞，或虽已列入但无法鉴别真伪及残损破旧不能立即收兑的外币现钞；

3. 境外有市价的外币有价证券的出售或收取息金；

4. 中华人民共和国成立前华侨、外商企业所发行的有价证券；

5. 代向境外银行托收存款本息。

（二）托收票据的处理

经办行收到客户交来的票据时，应要求客户填写一式两联“票据托收申请书”，第一联由经办人员加盖公章、名章以及银行保留永久追索权条章后，交客户作为收据：第二联作为银行办理托收时的凭证。根据“票据托收申请书”的内容，经办行编制一式四联“票据托收委托书”，第一联作托收委托书，随票据寄国外代收行或付款行委托收款，第二、第三联作“应收外汇托收款”表外科目记账凭证，第四联作卡片账。

外币票据是重要的有价单证，如当日受理的票据不能及时寄送代收行，须视同现金入库保管，次日寄送。票据的交接须手续严密、严防遗失。

（三）外币票据托收的会计核算

1. 受理托收时，计收手续费和邮电费。

借：库存现金　　人民币
　贷：中间业务收入——结算手续费收入户　　人民币

中间业务收入——其他中间业务收入户　　人民币（邮电费）

2. 发出托收。向境外代收行或付款行发出托收时，用表外科目记账。

收　应收外汇托收款　　外币

3. 收妥款项。

借：存放境外同业款项——××境外账户行户　　外币

或　相关科目　　外币

　贷：应解汇款及临时存款——××户　　外币

同时，

付　应收外汇托收款　　外币

如托收的票据被退票，经办行应及时通知客户。在收到退回的票据正本后，经办行在退票登记簿上进行登记，并通知客户前来办理有关退票手续。经办行应收回“托收申请书”第一联，同时销记“应收外汇托收款”表外科目。因退票所发生的费用，由客户承担。

如客户再次要求托收已被退票的票据，经办行应要求其补齐手续，视为办理一笔新的托收业务。

4. 委托人取款。委托人取款时，须按要求出示有效身份证，在“托收申请书”第二联上签盖原印章，并交回第一联，经经办行核对印章相符后，方能办理取款手续。

借：应解汇款及临时存款——××户　　外币

　贷：库存现金　　外币

　或　××存款——××户　　外币

或借：应解汇款及临时存款——××户　　外币

　　贷：货币兑换——结售汇户　　外币

借：货币兑换——××币种结售汇户　　人民币

　贷：库存现金　　人民币

　或　××存款——××户　　人民币

五、兑付信用卡

信用卡是一种由银行或其他专门机构发行的短期消费信贷的信用凭证，是当今非贸易结算领域中广泛使用的一种信用工具。

（一）受理信用卡的种类

根据总行与境外发卡机构签订的代理协议，我国外汇银行受理和代兑的信用卡主要有维萨卡（VISA CARD）、大来卡（DINNER'S CLUB CARD）、运通卡（AMERICAN EXPRESS CARD）、万事达卡（MASTER CHARGE CARD）、JCB卡（JCB CARD）。

（二）信用卡业务的会计核算

1. 取现时的会计核算。经办行受理持卡人取现申请时，首先要认真、仔细地审核信用卡。审核的内容包括：该卡可否直接接受，有无地区限制，是否在有效期内，是否在止付名单上，持卡人护照姓名是否与信用卡的姓名一致等。经审卡认可，由经办人员在

“取现单据”上填写取现金额、4%附加手续费、总金额、取现日期等，再由持卡人在将其有效证件号码摘登在“取现单据”上备案，然后经办人员将兑付的现金连同信用卡一并交持卡人。会计分录为：

借：其他应收款——信用卡清算垫款　　外币

　贷：库存现金　　外币

　　中间业务收入——代收代付手续费收入户　　外币

兑付信用卡后，经办行应按信用卡的类别将取现单存根联汇总，填制总计单，通知总行清算款项，索回垫款及手续费，同时将总计单和作为附件的取现单寄给境外发卡机构，总行国际卡处理中心则委托总行账户行与外卡中心清算。

总行国际卡处理中心收到外卡中心划拨资金时：

借：存放境外同业款项——××境外账户行户　　外币

或　其他科目　　外币

　贷：系统内存放款项——××分行信用卡户　　外币

　　中间业务收入——代收代付手续费收入户　　外币

分行信用卡部收到总行国际卡处理中心划拨资金时：

借：存放总行款项　　外币

　贷：系统内存放款项——××经办行户　　外币

经办行收到实划资金，销记垫款，会计分录为：

借：存放系统内款项——分行信用卡户　　外币

　贷：其他应收款——信用卡清算垫款　　外币

　　中间业务收入——代收代付手续费收入户　　外币

2. 持卡消费的核算。持卡人可凭卡在特约单位按各卡规定的最高消费限额直接购物或支付劳务费用。若超过最高限额消费，当地签约代办行须经过授权方能办理。持卡消费时，4%手续费由特约单位以消费额回扣形式负担，不得加计于持卡人账单，也不得通过提价手段变相转嫁于持卡人。

特约单位受理信用卡消费时，审卡手续与代办行兑现时相同。消费交易发生的当天，特约单位应根据每笔交易的签购单金额，在扣除4%回扣后，将净金额和特约单位编号、名称、地址等填制一式两联的进账单送交代办银行。代办行经审核无误后，即可为特约单位办理进账手续，会计分录为：

借：其他应收款——信用卡结算垫款　　外币

　贷：××活期存款——××商户　　外币

　　中间业务收入——代收代付手续费收入户　　外币

其余会计处理手续与取现时相同。

本章小结

1. 目前，我国金融企业外汇业务主要包括外汇买卖业务、外汇存款业务、外汇贷款业务、国际贸易结算业务以及非贸易外汇业务。

2. 外汇业务核算除了一般会计业务核算的特点外，还有其独特的特点，包括采用外分账制、设立“货币兑换”特定科目、允许编制多借多贷的会计分录、银行往来关系复杂等。

3. “货币兑换”科目是实行外汇分账制的特设科目，属于资产负债共同类，用于核算外汇银行间发生外汇买卖及兑换业务，在会计核算和账务处理中起着桥梁和平衡作用。

4. 外汇买卖是指按照一定的汇价，将一种货币兑换成另一种货币的交易行为。它包括将本国货币兑换成外国货币、将外国货币兑换成本国货币以及将一种外国货币兑换成另一种外国货币三种类型。

5. 外汇存款一般按存款人性质的不同分为单位外汇存款和个人外币储蓄存款两大类。

6. 外汇贷款包括外汇银行将吸收的外汇存款以有偿方式贷放给境内企事业单位和将境外机构提供的贷款转贷给境内借款单位两类。

7. 根据结算方式的不同，国际贸易结算业务的核算分为汇款、托收、信用证项下的核算三种。其中，信用证是我国目前采用最多的结算方式。

8. 非贸易外汇业务又称无形贸易外汇业务，是指不经过进出口商品买卖而收支的外汇业务。其包括的项目很多，主要有外币兑换、个人汇款、买入外币票据、外币票据托收、兑付信用卡等。

重点概念

外汇分账制　联行　代理行　外汇买卖　信用证　转贷款　结汇　售汇
非贸易外汇业务　托收　汇入汇款　汇出汇款　外币兑换　买入外币票据
外币票据托收　打包贷款　出口押汇　进口押汇

思考与练习

2022 年 3 月 24 日，A 银行对外公布的外汇牌价见表 5－2：

表 5－2　　A 银行外汇牌价

货币名称	现汇买入价	现钞买入价	现汇卖出价	现钞卖出价
美元	635.79	630.53	638.49	636.49
港元	81.24	80.59	81.56	81.56

1. A 银行开户单位康佳贸易公司要求从其美元存款账户提取并兑换 5 000 港元用于支付货款，采用汇出汇款方式对外支付，请作出该银行办理该项业务时的会计分录。

2. A 银行开户单位金斯顿公司持 8 000 现钞美元，要求汇往波士顿。请作出该银行办理该项业务时的会计分录。

3. 2022年3月24日某进出口公司，将即期信用证下全套单据金额60 000美元连同押汇申请书交A银行，经审核，单据符合要求，该行当天按6.5%的利率扣收15天的利息，并将余额按当日美元挂牌价折合人民币后收入该公司人民币存款账户。2022年4月10日，A银行收到境外开证行（代理行）的贷记通知，金额为60 100美元，其中100美元为代理行费用，经审核无误后，办理转账。

（1）请作出A银行3月24日叙做出口押汇时的会计分录。

（2）请作出A银行4月10日收到贷记通知时的会计分录。

4. A银行某分行于2022年3月24日，向针织进出口公司发放信用贷款，金额50 000美元，转入该公司美元存款账户，请作出A银行的会计分录。

5. A银行某分行，向针织进出口公司发放信用贷款，金额为50 000美元，转入该公司港元存款账户，请作出A银行发放贷款时的会计分录。

6. 印心针织进出口公司2022年3月24日通过A银行信汇50 000美元给美国某公司，银行收取1‰费率，一周后，A银行收到国外代理行借方报单，随即办理转账，请作出A银行的会计分录。

7. A银行某分行2022年1月20日接到美国代理行开来的即期信用证，金额为USD100 000，受益人为康佳贸易公司。信用证规定，单到开证行验单付款，中国银行某分行审证后当天通知康佳贸易公司。2月20日，康佳贸易公司备货出运，将全套出口单据及跟单汇票USD100 000送交分行，分行经审单合格于8月22日寄单索汇，并向开证行计收加急通知费，议付费USD1 000。3月24日分行接到代理行的已贷记通知，报单金额为USD101 000，当天康佳贸易公司结汇。请作出该分行的会计分录。

8. A银行某分行受针织进出口公司委托，于2022年2月13日向香港华商公司开出即期信用证一份，金额为35 000港元，用于购买机械器材信用证，支付方式为国内审单付款。2月25日该行接到香港H银行寄来的全套单据，金额为35 000港元，及预付费用300港元，共计35 300港元，随即通知针织进出口公司。该公司于3月24日送来确认全额承付书，A银行当即办理付汇结汇手续。请作出A银行某分行的会计分录。

第六章

金融机构往来业务核算

本章学习目标

1. 了解金融机构往来业务的基本内容；
2. 理解和掌握商业银行系统内往来资金汇划与清算的核算；
3. 掌握商业银行与中央银行往来核算的内容与会计核算；
4. 掌握商业银行同业往来的会计核算。

金融机构往来是指不同系统的金融机构以及同一系统内部各分支机构之间相互代理收付款项、调拨及融通资金等业务所引起的资金账务往来。本章主要介绍以银行为代表的金融机构的资金往来和支付结算业务。按照参与主体的不同，金融机构往来业务可划分为商业银行系统内往来业务、商业银行与中央银行往来业务、商业银行同业往来业务。同一系统内部各分支机构之间的账务往来通常称为商业银行系统内往来。

金融机构往来业务核算的特点包括三个方面：一是会计核算的主体是金融机构，不涉及金融机构以外的其他企事业单位；二是会计核算以金融机构相互之间的资金往来为对象，与各金融机构本身经营的业务内容没有直接联系；三是各机构之间相互往来而占用的资金需比照金融市场的利率水平计付利息，具体标准由机构内部规定或相互往来的双方协商决定。

第一节　商业银行系统内往来的核算

一、商业银行系统内往来的概念和基础处理

（一）商业银行系统内往来的概念

商业银行系统内往来传统上也称联行往来，是指同一银行系统内部各行处间因办理支付结算和内部资金调拨等业务所发生的资金账务往来。商业银行系统内往来业务是实现银行之间资金划拨的工具，是各经济实体间支付结算业务的延伸，也是金融机构往来业务会计核算的基础和重要组成部分。

商业银行系统内往来业务以银行体系为载体，在我国银行“一级法人，多级经营”的管理体制下，主要是实行“统一领导，分级管理”的三级联行管理体制。即为便于对众多的联行分支机构及业务进行监督管理，在同一银行系统内，按资金往来业务所涉及的范围，划分为全国联行往来、分行辖内往来和支行辖内往来三级联行往来核算体系，采取总行、分行和支行三级联行管理体制。

1. 全国联行往来。全国联行往来核算是指全国范围内不同省、自治区、直辖市联行之间的资金往来，适用于总行与全国各级银行机构之间以及异省、市各机构之间的资金账务往来。参加全国联行往来核算系统的各个银行机构，由总行统一颁布全国联行行号和核发联行专用章，各机构凭以办理全国联行往来业务。全国联行往来所涉及的账务及汇差清算，由总行直接负责监督管理。

2. 分行辖内往来。分行辖内往来适用于省、自治区、直辖市分行与所管辖的各级银行机构之间以及同一分行辖内各机构之间的资金账务往来。参加分行辖内往来的各个银行机构，由管辖分行颁发辖内行号和辖内联行专用章，据以办理分行辖内联行往来业务。分行辖内往来所涉及的账务，由分行直接负责监督管理。

3. 支行辖内往来。支行辖内往来适用于县支行（城市区办事处）与辖内所属各机构之间以及同一支行（城市区办事处）辖内各机构之间发生的资金账务往来。支行辖内往来由县支行（城市区办事处）组织实施并监督管理账务。

（二）商业银行系统内往来的基础处理

商业银行系统内往来虽然涉及范围广泛，方法也比较复杂，但就联行往来中各行处的关系而言，各种情况下的联行又有其共同之处。一是往来双方的资金关系是相互代理收付款项，联行是同系统两个银行间的互称；二是从业务处理的金额来看，联行往来对应双方账务的数字应当完全一致，方向相反；三是为保证账务处理准确无误，各级联行和联行往来中的各行处均要进行对账。即商业银行系统内往来业务的基本做法是：直接往来、分别核算、集中监督。

1. 划分往账与来账，运用报单贯串往来账务。当联行往来业务发生时，首先受理资金账务往来的银行称为往账行，对方银行称为来账行。联行间资金账务往来一律以联行报单为依据，规定由首先办理业务、记载联行往账的往账行填发报单，所以往账行也称发报行（或称甲行）；来账行根据收到的报单处理联行来账，所以来账行也称收报行（或称乙行）。在联行间的日常往来业务中，一家银行可能是某项业务的发报行，也可能是另一项业务的收报行，既要记载往账，也可能需要记载来账。为了便于对账和结平联行账务，保持联行往来账务的对应平衡关系，要求联行往账和联行来账必须在账务上划分清楚。以报单为依据直接进行业务往来，并通过增加报单的联次，使发报行、收报行、管辖行三方都掌握同一内容的报单，据以监督和核算，使联行往来的各方形成一个有机的整体。

2. 集中监督，坚持对账。为督促各行及时、准确地办理联行往来业务，保证联行往来的安全性，必须进行联行对账。传统对账业务有三种操作方式。

（1）集中监督，分散对账。由联行账务的发生行向管辖行寄送往账报告表，管辖行通过往账报告表编制对账单寄送各来账行，由来账行根据已收到的来账与对账单逐笔勾对。这种方法在过去手工操作方式下，一直是全国联行往来的主要对账方式，通过三联报单贯串联行账务，来账行设置“已核对联行来账”“未核销报单款项”两个科目，用于在对账过程中转销有关来账业务。由于在这种方式下来账行业务量较重，再加上计算机操作对手工操作的取代，目前这种对账方式已较少使用。

（2）集中监督，集中对账。这种方式采取四联式报单操作。往账行以报单的往账卡登记往账业务后，向来账行寄出报单的来账卡及来账报告卡，并于每日营业终了以往账报告卡为依据编制往账报告表寄往管辖行对账中心，让对账中心据以监督往账；来账行也需要以来账卡为依据编制来账报告表寄送对账中心，用以让对账中心监督来账。这种方法大大减轻了分散对账方式下来账行的工作量，并由对账中心集中处理，便于实行统一管理和电脑操作。近年来，工商银行、农业银行等实行的分行录磁、总行对账中心通过设置“已配对”“未配对”“待查对”等账户办理集中对账业务即是这种对账方式的具体体现。1999 年 5 月 24 日起，工商银行以资金清算汇划系统取代了联行往来制度，但在对账业务上，仍然实行集中配对对账的方式。

（3）总额对账，管辖行监督。这种方式过去主要用于涉及范围较小、业务量较少的支行往来业务的对账处理。区别对账行和非对账行，以编制报单的日期为准，划分月度，按月进行总额核对，月对月清。由于电子联行、电子汇兑等业务的实施，传统的支行联行往来业务基本已被新的操作方式取代，因而，该对账方式也已较少使用。

3. 划分年度，结平账务。联行往来账务以年度为界限，新年度开始，收报行和发报行均将上年度末全部联行往来各有关科目余额分别反映在各有关科目的上年户内，以便分别处理上年度未清账务和本年新发生账务。

二、传统联行往来业务的会计核算

（一）联行往来的日常会计处理

1. 联行往来的会计科目如表 6 – 1 所示。

表 6 – 1　　联行往来的会计科目

科目名称		核算内容
资产类	存放联行款项	用于核算银行日常签发、受理联行划拨款项而存放联行的各种往来款项。在签发联行往来借方凭证或受理联行往来贷方凭证时，记该科目的借方。期末与“联行存放款项”科目按余额较小的一方的金额对转做账
负债类	联行存放款项	核算银行日常签发或受理联行划拨款项以及联行存放本行的各种往来款项。在签发联行往来贷方凭证或受理联行往来借方凭证时，贷记本科目。期末与“存放联行款项”科目按余额较小的一方的金额对转

2. 联行报单。联行报单是联行往来的专用会计凭证，与会计科目一样，各系统联行根据各自的需要均设置有不同联次、不同用途的报单。联行报单常见的主要有四联式报

单：第一联来账卡片，由发报行寄收报行。收报行转账后代“联行来账”科目卡片账；第二联来账报告卡，收报行随联行来账报告表寄管辖行；第三联往账报告卡，发报行随联行往账报告表寄管辖行；第四联往账卡片，发报行留存代“联行往账”科目卡片账。报单的联次和各联的用法是固定不变的，各联不能互相替代，亦不得混用。但各系统联行使用的报单，按传递方式的不同，可以分为邮划报单和电划报单。前者经邮局寄递，后者通过电报传递。根据业务性质和联行科目的记账方向不同又可以将报单划分为借方报单和贷方报单。这两种分类相结合，就产生了邮划借方报单、邮划贷方报单、电划借方报单和电划贷方报单。又因电划时，往账行给来账行的仅是一纸电文，来账行必须根据电文补制报单，于是又出现了电划借方补充报单和电划贷方补充报单。而且在以上六种报单中，仅此两种补充报单由来账行编制，其他四种均由发报行编制。

在电划业务中，因往账行给来账行的仅是一纸电文，不需另寄凭证，所以，电划报单就不需要第一、第二联，只有第三、第四联（为便于使用，这仅有的两联报单仍编号为3、4，空出1、2）。而来账行要根据往账行的电文补制四联报单，并以补充报单的第一、第二联代正常电划报单的第一、第二联使用（即用作来账卡和来账报告卡），第三、第四联作业务传票登账或做对开户单位的通知使用。

联行报单的格式由管辖行统一规定。其号码由管辖行按邮划借方、邮划贷方、电划借方、电划贷方四种报单分别编制。各行、处对联行报单应作为空白重要凭证，纳入表外核算。

（二）联行往来业务的会计处理

联行往来业务的具体处理方式因不同系统的银行、不同地区的银行而有较大不同。在这里，我们以比较有代表性的全国联行往来业务为例，介绍联行往来业务的主要处理方式。

发报行是联行业务的发生行，其任务是正确、及时地向收报行填发联行报单或拍发电报，并及时向管辖分行编送寄发联行往账报告表。作为联行往来的起点，做好发报行的工作是保证联行往来正确核算的基础，对提高联行工作的质量、确保资金安全起着重要的作用。发报行的基本工作主要是填发报单、编寄往账报告表、处理往账账项和查询查复。

1. 发报行的会计处理。联行业务发生后，发报行应首先根据业务的性质和会计分录中联行科目的借贷方向确定报单的种类。如在办理银行汇票、银行承兑汇票等票据兑付业务时，发报行须代他行代付款项，业务处理时的会计分录为：

借：存放联行款项或联行往账

　　贷：××科目

联行科目出现在借方，则须填制联行借方报单。如在办理汇兑、委托收款等业务时，发报行须代收报行代收资金，业务处理时的会计分录为：

借：××科目

　　贷：联行存放款项或联行往账

联行科目出现在贷方，则须填制贷方报单。

2. 收报行的会计处理。收报行是联行往来的受理行，负责联行来账的处理，其基本任务是，认真受理审查发报行寄来的报单及电报，准确、及时地办理转账和向管辖分行编寄来账报告表。收报行的核算是联行往来业务的工作重点和关键。对于审查无误的报单，收报行应及时办理转账。收报行在收到借方报单时的会计分录为：

借：××科目

　贷：联行存放款项或联行来账

收报行在收到贷方报单时的会计分录为：

借：存放联行款项或联行来账

　贷：××科目

转账后，收报行在报单的"转账日期"栏内填上日期或盖上日期戳。

（三）联行汇差的核算

联行汇差是联行各行处间相互代理收付款项轧抵之后的差额，表示的是联行间相互存欠资金的实际情况。就一家银行而言，在联行业务处理中，代理他行代收和代付的款项，在一定的时间内总量平衡的概率很小，通常有一个差额，形成一笔汇差资金。如果在一定的时间内某行代理收款的金额大于代理付款的金额，则为应付汇差；如情况相反，则表现为应收汇差。汇差资金直接影响每一银行营运资金的规模和周转速度，所以汇差资金应及时清算，应付汇差应及时清算付出，应收汇差应及时清算予以收回。

按照汇差资金核算管理的规定，各经办行处于每日营业终了，根据当天联行往来各有关科目的借、贷方发生额，填制"汇差资金划拨凭证"一式三联，并分别结计合计数，而后相互轧差。如为借方大于贷方的差额即为应收汇差；反之，即为应付汇差。

[例6－1] 某行营业部本日联行类各科目的发生额为联行往账科目借方400 000元，贷方700 000元；联行来账科目借方600 000元，贷方500 000元，则据此填制"汇差资金划拨凭证"一式三联，如表6－2所示。

表6－2　　中国××银行汇差资金划拨凭证

××年×月×日

总字第　　号

字第　　号

收受行	××分行	签发行	××支行
科目名称	借方发生额	贷方发生额	
联行往账	400 000	700 000	
联行来账	600 000	500 000	
合计	1 000 000	1 200 000	

续表

<table>
<tr><td>应付汇差金额</td><td colspan="2">贷方合计大
于借方合计
200 000</td><td colspan="2">应收汇差金额</td><td>借方合计大
于贷方合计</td></tr>
<tr><td colspan="3">会计分录：
（借）全国联行汇差 200 000
（贷）汇差资金划拨 200 000</td><td colspan="3">会计分录：
（借）
（贷）</td></tr>
<tr><td rowspan="4">汇差资金
划拨科目</td><td colspan="2">上日余额（借或贷）</td><td colspan="2"></td><td rowspan="4">会计
签发行
复核
盖章
记账</td></tr>
<tr><td colspan="2">应付汇差（贷）</td><td colspan="2"></td></tr>
<tr><td colspan="2">应收汇差（借）</td><td colspan="2"></td></tr>
<tr><td colspan="2">本日余额（借或贷）</td><td colspan="2"></td></tr>
</table>

根据所填划拨凭证，轧出汇差资金为应付汇差，即以第一、第二联划拨凭证分别代转账借、贷方传票办理汇差资金核算手续，会计分录为：

借：全国联行汇差

　贷：汇差资金划拨——全国联行汇差资金总行户

如轧出汇差为应收汇差，则会计分录相反。

汇差资金划拨凭证第三联，应寄送管辖分行或凭以向管辖分行拍发电报。转账后，联行往账和联行来账两科目的余额轧差，应与全国联行汇差科目的余额一致，但方向相反。

管辖分行根据收到的各经办行处寄来的第三联汇差资金划拨凭证（如系收到电报，应据以补制汇差资金划拨凭证第三联），将应付汇差、应收汇差凭证分别整理加计合计数，轧计全辖汇总汇差数，并填制凭证进行转账处理和向总行拍发电报。汇总后如为应付汇差，则：

借：汇差资金划拨——××行处全国联行汇差资金户

　贷：汇差资金划拨——总行户

管辖分行汇总后如为应收汇差，其会计分录相反。

总行则根据收到的各分行电报，补制汇差资金划拨凭证，分别代转账借、贷方传票，予以转账处理。

如收到应付汇差，则：

借：汇差资金划拨——××分行户

　贷：全国联行汇差——××分行户

如收到应收汇差，则会计分录相反。

同一联行系统内，全国联行往来汇差资金一般不采取直接清算的做法，即所谓的“先汇划，后清算，动账不动钱”的联行体制。联行汇差平时一般只有如上所述的账务处理，实际的资金调拨，必须由总行统一控制调度。应付汇差通过人民银行汇往上级行或上级行指定的调入行；应收汇差由上级行或上级行指定的行处通过人民银行汇入款项及时补足。如某分行按总行要求调出应付汇差，则会计分录为：

借：汇差资金划拨——总行户

贷：存放中央银行款项

记载各经办行联行汇差实际情况的“汇差资金划拨”科目分户账，使用乙种账账页。各级行处按月向上级行寄送对账单，并按季向上级行计付（或计收）汇差利息。

三、商业银行系统内资金汇划与清算

商业银行系统内资金汇划与清算是指对由系统内资金调拨、划拨支付结算款项等业务引起的系统内行处间的资金往来按照一定的清算模式进行实际资金划转的过程。资金汇划清算系统是系统内联行办理结算资金和内部资金汇划与清算的工具，其特征是突破传统的三级联行管理体制，以资金汇划清算来代替传统的联行业务，由汇划业务经办行（以下简称经办行）、清算行、省/自治区分行和总行清算中心通过计算机网络组成。其中，经办行是具体办理结算资金和内部资金汇划业务的行处。汇划业务的发生行是发报经办行，汇划业务的接收行为收报经办行；清算行是在总行清算中心开立备付金存款账户，办理其辖属行处汇划款清算的分行，包括直辖市分行、总行直属分行及二级分行。省/自治区分行在总行开立备付金户，只办理系统内资金调拨和内部资金利息汇划；总行清算中心是办理系统内各经办行之间的资金汇划、各清算行之间的资金清算及资金拆借、账户对账等账务的核算和管理的部门。

结算（Settlement）系为实现因货物买卖、服务贸易、金融投资、消费等引发的债权债务及资金转移而发生的货币收付。结算按其支付形式的区别，分为现金结算和转账结算两种。清算（Clearing）系发生在银行联行、同业之间的货币收付，用以清讫双边或多边债权债务的过程和方法。资金清算，是由于支付结算业务往来所产生的资金划拨，是各种支付结算行为最后的资金交割。

（一）会计科目的设置

表 6－3　　商业银行资金汇划清算系统会计科目

科目名称		核算内容
资产类	系统内上存款项	用于核算和反映下级行存放在上级行的清算备付金。本科目为省分行、直辖市分行、总行直属分行、二级分行使用。省分行、直辖市分行和清算行在该科目下设置“上存总行备付金”账户。省分行在该科目下设置“上存省分行调拨资金”账户
	存放中央银行款项	核算商业银行存放于中央银行的各种款项，包括业务资金的调拨、办理同城票据交换和异地跨系统资金汇划、提取或缴存现金等
负债类	系统内款项存放	是各上级行用于核算和反映下级行备付金存款和调拨资金的科目。该科目为总行、各省分行使用。总行在系统内款项存放科目下按清算行和省分行设“备付金存款”账户。省分行在该科目下设“调拨资金存款”账户
共同类	辖内往来	是辖内各支行或网点用于核算和反映存放在上级行的备付金存款或下级行或网点上存的备付金存款
	清算资金往来	核算各支行、分行通过新型电子汇划业务系统办理的支付结算往来款项

（二）联行电子汇划款项的核算

联行电子汇划款项分为两大类：划出款项和划入款项。

划出款项是指本行待对方银行收款而引起的款项划出，也称为贷方报单业务。此时在联行往来的两个行处之间，本行为付款行，对方为收款行。划出款项具体包括汇兑、委托收款、托收承付等结算业务及系统内资金的调拨等情况。

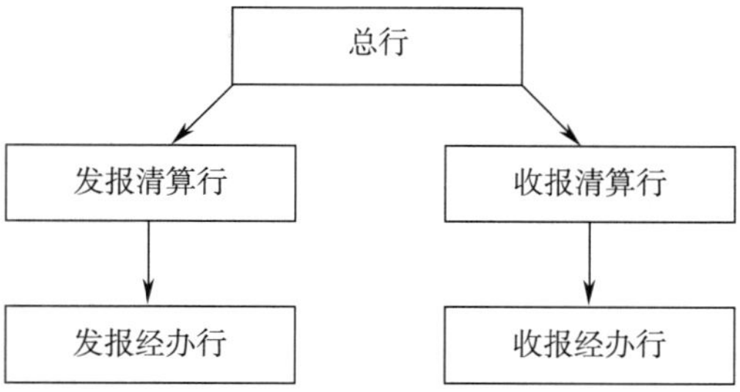

图 6－1　资金汇划清算系统业务流程

划入款项是指本行待对方银行付款而引起的款项划入，也称为借方报单业务。此时在联行往来的两个行处之间本行为收款行，对方为付款行。划入款项具体包括银行汇票的解付、信用卡的解付以及定期借记业务等。

1. 发报经办行的处理。发报经办行是汇划业务的发生行，行使联行业务发报行的职责。其主要工作包括以下几个方面：

（1）根据汇划凭证录入有关内容，如为代收资金业务。会计分录为：

借：××科目

　贷：辖内往来

如为借报业务，则会计分录相反。

（2）业务数据经过复核、按规定权限内授权无误后，产生有效汇划数据，发送至清算行。

（3）每日营业终了，发报经办行须打印“辖内往来汇总记账凭证”；打印“资金汇划业务清单”，以此作“辖内往来汇总记账凭证”的附件，并手工核对当天原始汇划凭证的笔数、金额合计与“资金汇划业务清单”发送借贷方报单笔数、合计数及“辖内往来”发报汇总借贷方凭证笔数和发生额。

2. 发报清算行的处理。发报清算行应按辖属发报经办行在“辖内往来”科目下设置分户账。发报清算行根据收到的发报经办行传输来的跨清算行汇划业务，以计算机自动进行有关记载处理。如收到贷方汇划业务，会计分录为：

借：辖内往来

　贷：系统内上存款项——上存总行备付金户

如为借方汇划业务，则会计分录相反。

发报清算行汇划款项经过按规定权限授权、编押及账务处理后由计算机自动传输给总行。如遇发报清算行在总行清算中心备付金存款不足，“上存总行备付金”账户余额可暂时在贷方反映，但发报清算行要迅速筹措资金补充备付金头寸。

发报清算行营业终了的处理除使用“系统内上存款项”科目和向总行传输对账数据外，其余与发报经办行相同。

3. 总行清算中心的处理。总行清算中心收到各发报清算行汇划款项，由计算机自动登记后，将款项传输至收报清算行。每日营业终了，总行清算中心更新各清算行在总行开立的备付金存款账户。如为贷方汇划款项，则会计分录为：

借：系统内款项存放——发报清算行备付金存款户

　贷：系统内款项存放——收报清算行备付金存款户

如为借方汇划业务，则会计分录相反。

总行清算中心每日营业终了，进行日终处理及账务核对，同时，对生成的传输数据要备份保存，防止数据丢失，并打印“备付金存款分析表”“资金汇划系统资金流向表”“各分行系统内借款情况表”“试算平衡表”等，定期打印“资金汇划系统业务量及结算结构统计表”。

4. 收报清算行的处理。收报清算行收到总行清算中心传来的汇划业务数据，计算机自动检测收报经办行是否为辖属行处，并经审核无误后自动进行账务处理。对实时业务及时处理并传至收报经办行；对批量业务处理后次日传至收报经办行。

处理方式分为集中式和分散式两种。

（1）集中式。收报清算行作为业务处理中心，负责全辖汇划收报的集中处理及汇出汇款、应解汇款等内部账务的集中管理。在“辖内往来”科目下设置“全辖户”和“自身户”两个账户。“全辖户”主要核算批量业务当日挂账、与经办行的辖内往来和代理经办行记账等业务；“自身户”主要核算来账错押的挂账、应解汇款、银行卡、储蓄等内部账务划转业务。

收报清算行在收到总行清算中心传来的实时汇划数据后，及时代经办行记账。如为贷方汇划业务，会计分录为：

借：系统内上存款项——上存总行备付金户

　贷：辖内往来

借：辖内往来

　贷：××科目

如为借方汇划业务，则会计分录相反。

收报清算行收到总行清算中心传来的批量汇划数据后，日终进行挂账处理。如为贷方汇划业务，则会计分录为：

借：系统内上存款项——上存总行备付金户

　贷：其他应付款——待处理汇划款项户

如为借方汇划业务，会计分录为：

借：其他应收款——待处理汇划款项户

　贷：系统内上存款项——上存总行备付金户

次日清算行代经办行确认后转销“其他应付款”和“其他应收款”科目。如为贷方汇划业务，会计分录为：

借：其他应付款——待处理汇划款项户

　贷：辖内往来

借：辖内往来

　贷：××科目

如为借方汇划业务，会计分录为：

借：辖内往来

　贷：其他应收款——待处理汇划款项户

借：××科目

　贷：辖内往来

（2）分散式。采用分散模式的收报清算行，收到总行传来的汇划数据后均传至收报经办行处理。

收报清算行对实时汇划数据要及时传至收报经办行记账。如为贷方汇划业务，则会计分录为：

借：系统内上存款项——上存总行备付金户

　贷：辖内往来

如为借方汇划业务，则会计分录相反。

对批量汇划数据由收报清算行挂账。如为贷方汇划业务，则：

借：系统内上存款项——上存总行备付金户

　贷：其他应付款——待处理汇划款项户

如为借方汇划业务，会计分录为：

借：其他应收款——待处理汇划款项户

　贷：系统内上存款项——上存总行备付金户

次日待收报经办行确认后传至收报经办行记账。如为贷方汇划业务，会计分录为：

借：其他应付款——待处理汇划款项户

　贷：辖内往来

如为借方汇划业务，会计分录为：

借：辖内往来

　贷：其他应收款——待处理汇划款项户

5. 收报经办行的处理。收报经办行收到收报清算行传来的实时汇划、批量业务，经检查无误后，打印“资金汇划（借方）补充凭证”或“资金汇划（贷方）补充凭证”一式两份，并自动进行账务处理。如为贷方汇划业务，会计分录为：

借：辖内往来

　贷：××科目

如为借方汇划业务，则会计分录相反。

如收到“信汇付款指令”业务，收报经办行先进行账务处理，会计分录为：

借：辖内往来

　贷：其他应付款——待处理汇划款项户

待收到发报经办行邮寄的第三、第四联信汇凭证核对相符后，再从“其他应付款”科目转入客户账户，会计分录为：

借：其他应付款——待处理汇划款项户

　贷：××科目

如先收到发报经办行寄来的第三、第四联信汇凭证，应专夹保管，待汇划业务数据到达后再作账务处理。

收报经办行的日终处理与发报经办行的处理相同。每日营业终了，应分别借贷方报单打印“资金汇划业务清单”，与借方或贷方“辖内往来汇总记账凭证”、借方或贷方“资金汇划接收处理清单”、“资金汇划借方（贷方）补充凭证”核对相符。每天打印的“资金汇划借方（贷方）补充凭证”要与“空白重要凭证保管使用登记簿”中使用、结存数量、号码核对一致，并进行销号。

四、商业银行系统内资金调拨的核算

系统内资金调拨是商业银行系统内上下级行之间因日常结算、资金清算和经营管理需要而存放、缴存和借入、借出各种款项的业务。

（一）系统内备付金上存和调回的核算

1. 上存备付金的核算。商业银行的资金汇划清算系统采取“实存资金，同步清算，头寸控制，集中监督”的基本做法。各清算行和省/自治区分行必须在总行清算中心开立备付金存款账户，通过人民银行将款项直接存入总行清算中心。二级分行也必须通过人民银行向管辖区分行上存用于调拨的资金，用于办理汇划业务和系统内各种资金划拨业务的清算需要。

各清算行和省/自治区分行向总行清算中心存入备付金时，应填制特种转账凭证进行账务处理。会计分录为：

借：其他应收款——待处理汇划款项户

　贷：存放中央银行款项

待接到总行清算中心收账信息后，贷记“其他应收款”科目：

借：系统内上存款项——上存总行备付金户

　贷：其他应收款——待处理汇划款项户

二级分行通过人民银行向管辖区分行上存用于调拨的资金时，会计分录为：

借：其他应收款——待处理汇划款项户

　贷：存放中央银行款项

待接到省/自治区分行收账信息后：

借：系统内上存款项——上存省/自治区分行调拨资金户

　贷：其他应收款——待处理汇划款项户

总行清算中心收到各清算行和省/自治区分行上存的备付金后，当日通知有关清算行，会计分录为：

借：存放中央银行款项

　贷：系统内款项存放——××分行备付金存款户

省/自治区分行收到二级分行上存准备金时：

借：存放中央银行款项

　贷：系统内款项存放——××二级分行调拨资金存款户

2. 调回备付金的核算。出现头寸不足时，各清算行或省/自治区分行必须通过人民银行补足在总行的备付金存款。各清算行或省/自治区分行如在人民银行头寸不足，可向管辖行资金营运部门发出借款申请，通过系统内借款补充在人民银行的存款。如二级分行在总行备付金不足，日终又不能立即借入资金补足，总行清算中心有权主动代省/自治区分行强行借出资金，弥补二级分行备付金存款，同时通知二级分行和省/自治区分行。总行清算中心按季计算各清算行及省/自治区分行存入总行的备付金存款和借款利息，并下划各行。账务处理不再赘述。

（二）系统内借款的核算

系统内借款是指下级行根据相关管理规定和业务经营需要向上级行借入资金。二级分行在总行清算中心的备付金存款不足可向管辖省/自治区分行借款；省/自治区分行和直辖市分行、直属分行头寸不足可向总行借款。上级行设置“系统内借出”科目，而下级行设置“系统内借入”科目。

1. 一般借入的处理。

（1）二级分行向管辖省/自治区分行借入资金。省/自治区分行接到二级分行借款申请，向总行清算中心办理资金借出手续，其会计分录为：

借：系统内借出——一般借出

　贷：上存系统内款项——上存总行备付金

总行清算中心收到省/自治区分行借出资金信息后，当日自动进行账务处理，其会计分录为：

借：系统内款项存放——××省/自治区分行备付金

　贷：系统内款项存放——××清算行备付金

清算行收到借款信息后，自动进行账务处理，其会计分录为：

借：上存系统内款项——上存总行备付金

　贷：系统内借入——一般借入

（2）省/自治区分行向总行借入资金。总行接到省/自治区分行借款申请，办理资金借出手续，其会计分录为：

借：系统内借出——一般借出

　贷：系统内款项存放——××省/自治区分行备付金

省/自治区分行收到借款信息后，自动进行账务处理，其会计分录为：

借：系统内上存款项——上存总行备付金

　贷：系统内借入——一般借入

2. 强行借入的处理。二级分行在总行的备付金不足，日终不能立即借入资金补足时，总行清算中心有权主动代省/自治区分行强行向二级分行借出资金，同时通知二级分行和省/自治区分行。

（1）省/自治区分行在总行备付金账户有足够余额，总行清算中心日终批量处理时，系统自动代省/自治区分行强拆二级分行，会计分录为：

借：系统内款项存放——××省/自治区分行备付金

贷：系统内款项存放——××清算行备付金

省/自治区分行次日收到总行代本行强拆信息后，其会计分录为：

借：系统内借出——强行借出

贷：系统内上存款项——上存总行备付金

二级分行次日收到总行代省/自治区分行强拆信息后，其会计分录为：

借：上存系统内款项——上存总行备付金

贷：系统内借入——强行借入

（2）省/自治区分行在总行备付金账户余额不足，总行清算中心日终批量处理时，系统自动强拆省/自治区分行，然后代省/自治区分行强拆二级分行，会计分录为：

借：系统内借出——强行借出

贷：系统内款项存放——××省/自治区分行备付金

借：系统内款项存放——××省/自治区分行备付金

贷：系统内款项存放——××清算行备付金

省/自治区分行次日收到总行强拆及代本行强拆信息后，其会计分录为：

借：系统内上存款项——上存总行备付金

贷：系统内借入——强行借入

借：系统内借出——强行借出

贷：系统内上存款项——上存总行备付金

二级分行次日收到总行代省/自治区分行强拆信息后，其会计分录为：

借：系统内上存款项——上存总行备付金

贷：系统内借入——强行借入

3. 归还借款的处理。

（1）二级分行归还省/自治区分行借款。二级分行向总行清算中心发出还款通知，系统自动进行账务处理，其会计分录为：

借：系统内借入——一般借入或强行借入

贷：系统内上存款项——上存总行备付金

总行清算中心收到还款信息后，系统自动进行账务处理，其会计分录为：

借：系统内款项存放——××清算行备付金

贷：系统内款项存放——××省/自治区分行备付金

省/自治区分行清算中心收到还款信息后，系统自动进行账务处理，其会计分录为：

借：上存系统内款项——上存总行备付金

贷：系统内借出——一般借出或强行借出

（2）省/自治区分行归还总行借款。省/自治区分行向总行清算中心发出还款通知，系统自动进行账务处理，会计分录为：

借：系统借入——一般借入或强行借入

贷：系统内上存款项——上存总行备付金

总行清算中心收到还款信息后，系统自动进行账务处理，其会计分录为：

借：系统内款项存放——××省/自治区分行备付金

　贷：系统借出——一般借出或强行借出

如果二级分行或省/自治区分行借款到期不能归还，到期日营业终了，借款自动转入各该科目逾期贷款户，并自转入日开始按规定的逾期贷款利率计息。

第二节　商业银行与中央银行往来业务的核算

中央银行是金融企业的开户行，独立会计核算单位的金融企业根据需要在中央银行开设有关存款账户，存入一定的资金，以保证日常资金支付和按规定缴纳法定存款准备金。

一、商业银行存放中央银行款项业务核算

商业银行在中央银行开设存款账户，其基本用途包括三个方面：一是用于办理系统内资金调拨和汇差清算以及其他资金汇划与清算的需要；二是用于办理向中央银行缴存存款准备金的需要；三是用于商业银行向中央银行日常存取现金和借还贷款的需要。根据存款账户的基本用途，商业银行在中央银行开设的存款账户，在“存放中央银行款项”总账科目之下，按用途需要开设“备付金（结算往来）账户”“缴存准备金户”等分户账进行具体业务操作。中央银行对商业银行的宏观调控，主要通过商业银行在中央银行的存款账户来实施。

（一）商业银行向中央银行存入、支取现金的处理

为了维持日常业务，商业银行的业务库中必须保持一定数量的库存现金。但由于现金是流动性强而盈利性最低的资产，因此商业银行必须按业务量的实际需要确定一定的库存限额。在日常经营中，将超出一定库存限额的库存现金存入中央银行；在低于一定库存限额时再向中央银行领取。

存入现金时，各商业银行将超过库存限额的现金数以千元为单位填制“现金缴款单”一式两联主动交存人民银行。人民银行发行部门收妥款项登记发行账后，在“现金缴款单”上加盖“现金收讫”章和经手人名章，回单联退给商业银行。商业银行凭中央银行的回单处理账务。会计分录为：

借：存放中央银行款项

　贷：库存现金

支取现金时，商业银行应按照中央银行核定的月度现金计划及库存限额，填制现金支票，在人民银行存款账户余额内办理支取手续。会计分录为：

借：库存现金

　贷：存放中央银行款项

（二）商业银行向中央银行缴存存款业务核算

根据我国银行管理规定，各商业银行吸收的各项存款，应按规定的范围、方法和比

例向人民银行办理缴存存款。具体包括：各种财政性存款（包括国库存款、机关、团体、部队存款等）划归人民银行管理和使用，各商业银行吸收的财政性存款，应作为代办业务，全部缴存人民银行；各商业银行吸收的一般性存款（包括企业存款、储蓄存款和农村存款）要按国家规定的存款准备金比例存入人民银行，由人民银行集中支配和使用。但1999年以来，人民银行根据宏观调控政策的需要，对商业银行吸收的财政性存款视同一般性存款管理，按统一的法定存款准备金比例上缴存款准备金。

商业银行独立会计核算单位或会计核算中心集中全辖银行机构存款余额数，向中央银行办理缴存存款时，如果按过去的规定，需要区分财政性存款和一般性存款分别上缴，根据本行（区）各有关缴存存款科目的余额计算至角或分，填制“缴存存款各科目余额表”一式两份，然后对财政性存款填制“缴存财政性存款划拨凭证”（见表6－4）全额划缴人民银行（计至千位，千以下四舍五入），其会计分录为：

借：存放中央银行款项——财政性存款户

　贷：存放中央银行款项——存款结算户

表6－4　　缴存（或调整）财政性存款划拨凭证（贷方凭证）

年　月　日

总字第　号
字第　号

收受银行	名称		缴存银行	名称	
	账号			账号	

存款类别	年　月　日　余额 （位数）	缴存比例	应缴存款余额 （位数）
财政性存款		%	
1. 合计			
2. 已缴存金额			
3. 本次应补缴金额（1－2）			
4. 本次应退回金额（2－1）			

上列缴存金额或应补缴和应退回的金额，请从本行账户转账。 缴存银行盖章 年　月　日	备注：	会计分录： 科目（贷）________ 对方科目（借）________ 会计　复核　记账

第三联收受银行（人民银行）代转账贷方传票

商业银行也可以增设缴存中央银行款项科目，下设财政性存款和一般性存款两个分户，用于记载财政性存款和一般性存款缴存和调整情况。

对于一般性存款应按中央银行规定的比例计算应缴存的金额，填制缴存一般性存款划拨凭证划缴中央银行（计至千位）。

借：存放中央银行款项——一般性存款户

　贷：存放中央银行款项——存款结算户

由于吸收的各项存款均处于不断变化的状态，因此商业银行向中央银行的缴存存款必须根据存款余额的增减变动情况，按照中央银行规定的期限和方法不断调整。各商业银行向中央银行调整缴存存款的时间，城市分行、支行或会计核算中心一般每旬调整一次，于旬后5日内办理；县支行及其以下处、所，可每月调整一次，于月后8日内办理。具体操作办法由当地人民银行统一规定。

[例6-2] 截至上次调整期，G银行某核算中心已缴财政性存款188万元，一般性存款845万元。本次调整时，该中心所辖各行财政性存款科目余额合计为184.65万元，一般性存款各科目的余额合计为11 424.56万元，若一般性存款的缴存比例为8%，计算本次调整时该行两项缴存款的调增或调减数，并作出会计分录。

将有关资料汇总列表如下（见表6-5）：

表6-5　　G银行两项缴存款相关资料　　单位：万元

存款类型	本次余额	缴存比例	本次应缴数	上次已缴数	本次应调增（减）数
财政性存款	184.65	100%	184.65	188	-3.4
一般性存款	11424.56	8%	913.96	845	+69

根据表中所列资料，本期对财政性存款应调整收回，会计分录为：

借：存放中央银行款项——存款结算户　　34 000

　贷：存放中央银行款项——财政性存款户　　34 000

对一般性存款，则应增加上缴，会计分录为：

借：存放中央银行款项——一般性存款户　　690 000

　贷：存放中央银行款项——存款结算户　　690 000

如果按照新的管理办法，不再区分财政性存款和一般性存款，而是按统一的法定存款准备金的比例上缴，则商业银行可以吸收的所有存款余额为依据，根据调整时中央银行法定存款准备金的比例，计算应调整数额，办理调增或调减缴存存款的业务处理。调增时，商业银行的会计分录为：

借：存放中央银行款项——准备金户

　贷：存放中央银行款项——结算往来户

调减时商业银行的会计分录相反。

商业银行如果因为资金头寸不足，在规定的调整期不能缴足存款，则对能实缴的金额，先缴存财政性存款，后缴存一般性存款。对本次欠缴的金额，商业银行应填制有关存款的欠缴凭证，进行表外核算。人民银行应在商业银行调入足够的资金后，主动一次性收回商业银行欠缴的存款，并按照规定的比例向欠缴补缴的商业银行收取罚款。

二、商业银行向中央银行借款业务核算

商业银行在实际经营过程中，出现资金头寸不足或有其他政策性业务需要时，可按规定，向中央银行融通资金。其基本方式主要包括向中央银行申请各种形式的借款和再贴现。

（一）金融企业向中央银行借款业务的会计科目

表6-6　金融企业向中央银行借款业务的会计科目

科目名称		核算内容
资产类	存放中央银行款项	核算商业银行存放于中央银行的款项
负债类	贴现负债	核算商业银行办理商业票据的再贴现等业务所融入的资金
损益类	利息支出	核算商业银行在向中央银行借款和再贴现时支付的利息

（二）信用放款方式

中央银行对商业银行的贷款，包括年度性贷款、季节性贷款和日拆性贷款等，主要采取信用放款方式。贷款发放前，商业银行根据有关规定和用款实际需要，向人民银行提出申请，在获得批准后，填写借款借据，注明贷款种类，加盖预留中央银行印鉴，向中央银行办理借款手续。

中央银行审核发放后，将有关凭证退给借款银行，借款银行凭此转账，会计分录为：

借：存放中央银行款项

　贷：向中央银行借款——××借款户

贷款到期，商业银行应填制特种转账传票向中央银行办理还款手续。中央银行收账后，商业银行凭中央银行盖章的特种转账传票办理转账，会计分录为：

借：向中央银行借款——××借款户

　贷：存放中央银行款项

向中央银行借款的利息可以采取按季结息或利随本清的方式，付息时的会计分录为：

借：利息支出——再贷款利息支出

　贷：存放中央银行款项

［**例6-3**］N银行于2022年2月1日向人民银行申请季节性贷款50 000 000元，期限2个月，利率5‰，人民银行审核后同意办理；贷款到期后N银行办理还本付息。

（1）2022年2月1日，N银行借入款项时，会计分录为：

借：存放中央银行款项——准备金存款　　50 000 000

　贷：向中央银行借款　　50 000 000

（2）2月末计提利息时：

本月应计提利息＝50 000 000×5‰＝250 000（元）

借：利息支出——再贷款利息支出　　250 000

　贷：应付利息　　250 000

（3）2022年4月1日归还本息时：

借：向中央银行借款　　50 000 000

　　利息支出——再贷款利息支出　　250 000

　　应付利息　　250 000

贷：存放中央银行款项——准备金存款　　50 500 000

（三）下贷上转方式

下贷上转是一种辅助贷款方式，主要解决不能独立地向中央银行取得借款但又有用款需求的基层商业银行的资金需要。采用下贷上转方式的，由商业银行上级行向同级中央银行提出申请，但取得的借款由商业银行基层行使用。商业银行基层行从中央银行取得借款时，视同从上级行调入信贷资金。人民银行基层行贷出下贷上转贷款后，通过本系统联行电划上级行记商业银行上级行的借款账。贷款到期由商业银行上级行负责归还。

基层商业银行取得下贷上转贷款时，会计分录为：

借：存放中央银行款项

　贷：信贷资金调入——上级行户

商业银行上级行接到同级中央银行贷款通知时，会计分录为：

借：存放中央银行款项

　贷：向中央银行借款——××借款户

同时，因为贷款已经通过中央银行下拨给基层行，所以：

借：信贷资金调出——×下级行户

　贷：存放中央银行款项

还款、付息及其他手续可比照信用放款方式办理。

（四）再贴现

再贴现是金融企业以未到期的已贴现的商业汇票再向人民银行办理贴现的行为。再贴现也是中央银行对金融企业的一种资金融通行为。中央银行为了支持商业汇票的推广和使用，加强中央银行的宏观调控，引导资金流向，开办了再贴现业务，并做了明确规定：（1）以在中央银行开立有存款账户的金融企业为再贴现对象；（2）再贴现的金额按贴现汇票的票面金额计算，扣除再贴现利息后，将其差额作为实付再贴现额支付给申请再贴现的金融企业；（3）再贴现的期限从再贴现之日起至汇票到期日为止。但中央银行可以根据银根松紧或货币政策需要，对再贴现利率实行上下浮动。

金融企业申请再贴现时，应填写再贴现凭证一式五联（也可以贴现凭证改用），在第一联上加盖预留中央银行印鉴，连同加盖背书的再贴现票据一并送中央银行。中央银行接到上述票据和凭证后，根据有关规定审核无误，计算出再贴现利息和实付再贴现金额（计算方法与商业银行办理票据贴现业务时相同），以第一、第二、第三联再贴现凭证作转账传票，第四联盖章后作收账通知给申请再贴现的金融企业，第五联中央银行留存。

金融企业收到第四联再贴现凭证时，会计分录为：

借：存放中央银行款项　　（实收再贴现金额）

　　金融企业往来支出　　（再贴现利息）

　贷：贴现负债——××汇票户（面值）　　（贴现票据金额）

再贴现到期，中央银行作为持票人直接向付款人收回再贴现款。中央银行以保留的第五联再贴现凭证为附件，填制委托收款凭证并注明汇票种类和号码，交付款人或承兑行办理委托收款手续，并在票款收回后作再贴现票款收回的账务处理。

如果再贴现人民银行收到付款人开户行或承兑银行退回的委托收款凭证、汇票和拒付理由书或付款人未付款项通知书后，应追索票款，从申请再贴现的金融企业账户收取，并将汇票和拒绝付款理由书或付款人未付票款通知书交给申请再贴现的金融企业。

再贴现申请金融企业收到中央银行的再贴现款项支款通知时，应一方面向贴现申请单位追索贴现票款，另一方面作出支付人民银行扣回的再贴现票据款项的账务处理。

第三节　商业银行同业往来业务的核算

商业银行同业往来业务是指以金融同业客户为服务与合作对象，以同业资金融通为核心的各项业务。商业银行同业业务是商业银行近年来兴起并蓬勃发展的一项新业务，具体包括代理同业资金清算、同业存放、债券投资、同业拆借、外汇买卖、衍生产品交易、代客资金交易和同业资产买卖回购、票据转贴现等业务。近年来，一些股份制商业银行同业业务发展迅速，同业业务量、收入、利润等在商业银行各项业务的占比和贡献明显提高。本节主要介绍同业拆借和票据转贴现业务。

一、同业拆借

同业拆借是金融企业间临时融通资金的一种短期借贷行为，是资金的横向融通，是金融企业解决资金头寸不足的一种有效方法。同业拆借可以在同城进行，也可以在异地进行，还可以通过资金市场（不论是有形市场还是无形市场）进行，但都必须通过人民银行调动头寸，以保证资金能够准确、及时到位。借贷双方应按商定的借款条件（如拆借金额、期限、利率等）签订协议，共同履行。

（一）同业拆借的会计科目设置

表6－7　　同业拆借的会计科目

科目名称		核算内容
资产类	拆出资金	核算金融机构拆借给境内、境外其他金融机构的款项
	拆入资金	核算金融机构从境内、境外其他金融机构拆入的款项
损益类	利息支出——金融企业往来支出	核算金融企业在进行同业拆借时支付的利息
	利息收入——金融企业往来收入	核算金融企业确认的利息，包括发放的各类贷款、与其他金融机构之间发生的资金往来业务、买入返售金融资产实现的利息收入

（二）资金拆借的会计核算

1. 拆出行的核算。签订资金拆借的协议后，拆出行应开出支款凭证或汇款凭证，提交开户的中央银行划转款项。会计分录为：

借：拆出资金——××拆入银行户

或　拆放金融性公司——××拆入非银行金融性机构户
　贷：存放中央银行款项
2. 中央银行的核算。大额支付系统国家处理中心收到同业拆借支付报文，提交支付系统的清算账户管理系统进行账务处理。
（1）清算账户管理系统代理拆出行开户的中央银行进行账务处理的会计分录为：
借：××银行准备金存款——××拆出银行户
　贷：大额支付往来——人民银行××（拆出银行开户行）户
（2）清算账户管理系统代理拆入行开户的中央银行进行账务处理的会计分录为：
借：大额支付往来——人民银行××（拆入银行开户行）户
　贷：××银行准备金存款——××拆入银行户
3. 拆入行的核算。拆入行接到人民银行的收账通知后，会计分录为：
借：存放中央银行款项
　贷：拆入资金——××拆出银行户
　或　金融性公司拆入——××拆出非银行金融性机构户
（三）归还拆借资金的会计核算
1. 拆入行的核算。拆借款项的金融企业应按协议办理还款。归还拆借资金时，拆入行应将本息一并签发支款凭证，送交人民银行划转款项，会计分录为：
借：拆入资金——××拆出银行户
或　金融性公司拆入——××拆出非银行金融性机构户
借：利息支出——金融企业往来支出
　贷：存放中央银行款项
2. 中央银行的核算。大额支付系统国家处理中心收到同业拆借支付报文，提交支付系统的清算账户管理系统进行账务处理。
（1）清算账户管理系统代理拆入行开户的中央银行进行账务处理的会计分录为：
借：××银行准备金存款——××拆入银行户
　贷：大额支付往来——人民银行××行（拆入银行开户行）户
（2）清算账户管理系统代理拆出行开户的中央银行进行账务处理的会计分录为：
借：大额支付往来——人民银行××行（拆出银行开户行）户
　贷：××银行准备金存款——××拆出银行户
3. 拆出行的核算。原拆出行收到中央银行的收账通知后，会计分录为：
借：存放中央银行款项
　贷：拆出资金——××拆入银行户
　或　拆放金融性公司——××拆入非银行金融性机构户
　贷：利息收入——金融企业往来收入

二、票据转贴现业务

转贴现是指贴现银行将已贴现而未到期的汇票向其他商业银行进行票据再转让的行

为，是商业银行之间相互融通资金的一种方式。转贴现业务分为买断式转贴现和回购式转贴现。

（一）票据转贴现业务的会计科目设置

表6－8 票据转贴现业务的会计科目

科目名称		核算内容
资产类	贴现资产	核算申请转贴现银行进行买断式转贴现时，按照金融资产终止确认的原则所融入的资金；以及受理转贴现银行取得汇票的成本
负债类	贴现负债	核算商业银行办理商业票据的转贴现等业务所融入的资金。该科目分别设置“面值”“利息调整”进行明细核算
损益类	利息收入	核算转贴现的利息收入

（二）买断式转贴现

买断式转贴现是指申请转贴现的银行将票据权利转让给转贴现银行，票据到期由转贴现银行作为票据债权人向债务人收取票款。买断式转贴现贴现的同时转移票据权利，对于申请转贴现的银行应当反映“贴现”债权的减少，而受理转贴现的银行应当反映“贴现”债权的增加。

（1）受理转贴现的银行应编制如下会计分录：

借：贴现资产——汇票转贴现

　贷：存放中央银行款项

　　　利息收入——转贴现利息收入

（2）人民银行应编制如下会计分录：

借：××银行准备金存款——转贴现银行（实付贴现金额）

　贷：××银行准备金存款——申请转贴现银行

（3）申请转贴现银行应编制如下会计分录：

借：存放中央银行款项　（实际收到的金额）

　　贴现资产——利息调整　（账面余额）

　　利息支出——转贴现利息支出　（借贷方差额）

　贷：贴现资产——××汇票　（面值）

买断式转贴现票据到期，转贴现银行作为持票人向付款人收取票款。付款人若在异地，转贴现银行应在票据到期前，计算邮程，提前办理委托收款。转贴现银行将第五联贴现凭证作为第二联托收凭证的附件存放，其余手续比照发出托收凭证的处理。转贴现银行在收到款项划回时，比照委托收款的款项划回处理，应编制如下会计分录：

借：清算资金往来——联行往来

　贷：贴现资产——××汇票

对未收回票款的票据，应按照《票据法》的规定向转贴现申请人或其他前手进行追索。

（三）回购式转贴现

与买断式转贴现不同，回购式转贴现不转移票据权利，在票据到期前由原申请转贴现银行回购票据后，向承兑人收取票款。由于票据权利不转移，因此，回购式转贴现的申请行应当作为负债增加处理，而受理行应当作为资产增加处理。

（1）办理转贴现时，转贴现银行应编制如下会计分录：

借：贴现资产——××银行

　贷：存放中央银行款项

　　　利息收入——转贴现利息收入

申请贴现银行应编制如下会计分录：

借：存放中央银行款项

　　贴现负债——××银行利息调整

　贷：贴现负债——××银行

转贴现资金通过双方银行在人民银行的准备金账户转账。

（2）回购票据的款项，申请转贴现银行在票据到期时，将票据回购，应编制如下会计分录：

借：贴现负债——××银行

　贷：存放中央银行款项

转贴现银行应编制如下会计分录：

借：存放中央银行款项

　贷：贴现资产——××银行

（3）回购票据的款项，申请转贴现银行在票据到期时，向票据付款人收取，应编制如下会计分录：

借：清算资金往来——联行往来

　贷：贴现——××汇票

本章小结

1. 金融机构往来是指不同系统的金融机构以及同一系统内部各分支机构之间相互代理收付款项、调拨及融通资金等业务所引起的资金账务往来，包括商业银行系统内往来业务、商业银行与中央银行往来业务以及商业银行同业往来业务。

2. 商业银行系统内往来是指同一银行系统内部各行处间因办理支付结算和内部资金调拨等业务所发生的资金账务往来。具体的行内资金往来业务包括商业银行系统内资金汇划与清算，以及系统内上下级行之间因日常结算、资金清算和经营管理需要而存放、缴存和借入、借出各种款项的业务。

3. 中央银行是银行的银行，因此各家商业银行根据需要在中央银行开设有关存款账户，存入一定的资金，以保证日常资金支付和按规定缴纳法定存款准备金、办理再贷款、再贴现。

4. 商业银行同业往来业务是指以金融同业客户为服务与合作对象，以同业资金融通为核心的各项业务，具体包括同业折借、票据买断式转贴现和回购式转贴现等业务。

重点概念

金融机构往来　系统内资金汇划与清算　再贷款再贴现借记业务　同业折借　买断式转贴现　回购式转贴现

思考与练习

1. G银行武汉东湖支行收到开户单位武商量贩公司提交的电汇凭证，向G银行杭州西湖支行开户单位天泉食品公司汇出货款9 000元。G银行武汉东湖支行审核无误后，通过资金汇划清算系统办理款项汇划（批量），G银行杭州西湖支行收到汇划信息，确认无误后，将货款收入到开户单位天泉食品公司账户。G银行杭州分行采取分散管理的模式。请作出各经办行、清算行及总行的账务处理。

2. A银行武汉分行8月20日财政存款科目余额为88 921 000元。经查，该行8月20日在中央银行的缴存财政性存款账户余额为96 467 000元，缴存比例为10%，计算该行本旬应缴金额并编制会计分录。

3. 2023年4月1日，H银行持已贴现尚未到期的银行承兑汇票向B银行申请办理转贴现，汇票面额为100 000元，7月5日到期，再贴现率为3.6%，承兑行在异地。H银行办理转贴现时，该银行承兑汇票贴现资产（面值）账户借方余额为10 000元，贴现资产利息调整账户贷方余额为1 000元。计算实付转贴现金额并编制H银行的会计分录。

4. N银行通过信用放款向中央银行申请借款10 000 000元，请编制该行从申请借款到还款结息的会计分录。

5. 某市N银行需向G银行拆借资金1 000万元，经人民银行批准，同意办理拆借手续，利率为3%，期限为15天。分别作出N银行、G银行的会计分录。

6. 2024年4月1日，B银行持已贴现尚未到期的银行承兑汇票向中央银行申请办理回购式再贴现，汇票面额为1 000 000元，再贴现率为3.6%，承兑银行在异地，双方约定票据回购日为2024年6月21日，B银行于到期日主动向中央银行回购再贴现票据。计算再贴现利息并作出B银行办理再贴现业务时、每月末摊销再贴现利息时、到期回购再贴现票据时的会计分录。

第七章

中国现代化支付系统

本章学习目标

1. 了解中国清算支付体系发展现状；
2. 熟知中国现代化支付系统的构成；
3. 掌握大额支付系统、小额支付系统的业务处理流程；
4. 掌握大额支付系统、小额支付系统和网上支付跨行清算的会计处理。

第一节　中国支付清算体系概述

支付系统是支撑各种支付工具应用，实现资金清算并完成资金最终转移的通道。按照运营主体的不同，支付系统分为人民银行支付系统、银行机构支付系统等。其中，人民银行支付系统处理跨行支付业务，是支撑社会资金运动的骨干系统。按照对资金处理模式的不同，支付系统分为实时全额结算系统和延迟净额结算系统。前者逐笔实时处理支付业务；后者是对支付业务进行汇总后，在特定时间点进行收付差额计算处理。根据业务处理需要，有些支付系统同时具有实时全额结算和延迟净额结算功能，这样的系统称为混合结算系统。

一、中国人民银行清算总中心系统

中国现代化支付系统（CNAPS）是中国人民银行为适应我国市场经济发展的要求，充分利用现代计算机技术和通信网络技术开发建设的，高效、安全处理异地、同城各种支付业务及其资金清算和货币市场交易资金清算的应用系统。中国现代化支付系统由大额实时支付系统、小额批量支付系统、网上支付跨行清算系统、境内外币支付系统等组成。

（一）大额、小额支付系统

中国现代化支付系统建有两级处理中心，即国家处理中心（NPC）和全国省会处理中心（CCPC）。国家处理中心分别与各城市处理中心连接，其通信网络采用专用网络，以地面通信为主，卫星通信备份。CNAPS 主要由大额实时支付系统（HVPS）和小额批量支付系统（BEPS）两个应用系统组成。大额实时支付系统实行逐笔实时处理，全额清算资金。小额批量支付系统在一定时间内对多笔支付业务进行轧差处理，净额清算资金。

（二）网上支付跨行清算系统

网上支付跨行清算系统（IBPS）是中国现代化支付系统的重要应用系统，主要支持网上跨行零售支付业务的处理，采取业务指令实时转发、实时轧差的基本做法，商业银行可采用“一点接入、一点清算”方式与网上支付跨行清算系统连接，实现企业客户、个人客户及信用卡客户的实时跨行交易。网上支付跨行清算系统的参与者包括直接接入银行机构、直接接入非金融机构和代理接入银行机构。

网上支付跨行清算系统是伴随网上支付等新兴业务出现的系统，被誉为“超级网银”，它实现了各商业银行网银系统的互联互通，7×24 小时不间断运行。2019 年 4 月，依托网上支付跨行清算系统还开发了手机号码支付，只要输入对方手机号码，即可完成转账。

（三）境内外币支付系统

境内外币支付系统（CFXPS）是为中国境内的银行机构和外币清算机构提供外币支付服务的实时全额支付系统，支持美元、港元、英镑、欧元、日元、加拿大元、澳大利亚元、瑞士法郎的支付业务结算，满足了商业银行资金头寸调拨、企业或个人投资、商品和劳务交易引起的外币资金结算需求。境内外币支付系统是由中国人民银行牵头建设，由中国人民银行清算总中心集中运营，由直接参与机构等单一法人集中接入，采用“Y”形信息流结构，由外币清算处理中心负责对支付指令进行接收、清算和转发，由代理结算银行负责对支付指令进行结算，支付指令逐笔发送，实时全额结算，满足了国内对多个币种支付的需求，提高了结算效率和信息安全性。该系统运行时间为法定工作日。

二、其他相关支付体系介绍

1. 银行业金融机构行内支付系统。银行业金融机构行内支付系统是银行业金融机构综合业务处理系统的重要组成部分，也是其内部资金往来与资金清算的渠道，在支付清算系统中居于基础地位。近年来，各大商业银行先后建设了新一代的行内支付系统，这些系统采用以客户为导向的信息管理机制，并通过纵向分层、横向分区的结构，实现了业务处理系统数据集中，在满足扁平化管理需要的同时强化了风险管理功能。

2. 中国银联银行卡跨行支付系统。中国银联银行卡跨行支付系统由银行卡跨行支付系统及发卡银行行内银行卡支付系统组成。目前，我国已形成以中国银联银行卡跨行支付系统为主干，连接各发卡银行行内银行卡支付系统的银行卡支付网络架构。

3. 城市商业银行汇票处理系统。城市商业银行汇票使用经中国人民银行审批，由城市商业银行资金清算中心颁布的统一的银行汇票凭证、统一印模的汇票专用的密押系统。中国人民银行清算总中心负责城市商业银行汇票业务的资金清算。

4. 农信银支付清算系统。农信银支付清算系统是由农信银资金清算中心根据全国农村合作金融机构支付结算业务的特点，借鉴中国现代化支付系统和全国性商业银行资金清算及支付结算业务系统的先进经验，应用现代计算机网络和信息技术开发的、集资金清算和信息服务于一体的支付清算平台。

5. 人民币跨境支付系统。人民币跨境支付系统（Cross - Border Interbank Payment System，CIPS），是为满足全球各主要时区人民币业务发展的需要而建立的支付清算系统。人民银行于2012年开始分两期建设：一期主要采用实时全额结算方式，为跨境贸易、跨境投融资和其他跨境人民币业务提供清算、结算服务；二期采用更为节约流动性的混合结算方式，提高人民币跨境和离岸资金的清算、结算效率。该系统于2015年开始正式运营，一期的主要功能是为跨境人民币业务的处理提供便利，支持跨境货物贸易和服务贸易结算、跨境直接投资、跨境融资和跨境个人汇款等业务。其主要特点包括：（1）采用实时全额结算方式处理客户汇款和金融机构汇款两类业务。（2）各直接参与者一点接入，集中清算业务，缩短清算路径，提高清算效率。（3）采用国际通用ISO 20022报文标准，采纳统一规范的中文四角码，支持中英文传输，在名称、地址、收费等栏位设置上更有利于人民币业务的自动处理。CIPS报文设计充分考虑了与现行SWIFT MT报文的转换要求，便于跨境业务直通处理并支持未来业务发展需求。（4）运行时间覆盖亚洲、欧洲、非洲、大洋洲等人民币业务主要时区。（5）为境内直接参与者提供专线接入方式。

6. 网联清算平台。网联清算平台全称是非银行支付机构网络支付清算平台。网联清算有限公司（NetsUnion Clearing Corporation，NUCC）是经中国人民银行批准成立的网联清算平台的运营机构。网联清算平台作为全国统一的清算系统，主要处理非银行支付机构发起的涉及银行账户的网络支付业务，实现非银行支付机构及商业银行一点接入，提供公共、安全、高效、经济的交易信息转接和资金清算服务，组织制定并推行平台系统及网络支付市场相关的统一标准规范，协调和仲裁业务纠纷，并将提供风险防控等专业化的配套及延展服务。

网联清算平台作为国家级重要金融基础设施，采用先进的分布式云架构体系，在北京、上海、深圳建设了6个数据中心，实现平台系统高性能、高可用、高安全、高扩展、高可控、高一致性等全面高标准，适应行业高速发展态势。网联清算有限公司及网联清算平台的建立，实现了网络支付资金清算的集中化、规范化、透明化运作，节约连接成本，提高清算效率，支撑行业创新，促进公平竞争，助力资金流向有效监控，保障客户资金安全，并推动行业机构资源共享和价值共赢，实现市场长远健康发展。

第二节　大额实时支付系统

一、大额实时支付系统的业务范围

大额实时支付系统处理同城和异地的、金额在规定起点以上的大额贷记支付业务和紧急的小额贷记支付业务。其处理的支付业务范围包括一般大额贷记支付业务、即时转账业务和城市商业银行的银行汇票业务。

1. 一般大额贷记支付业务。一般大额贷记支付业务是由发起行发起，逐笔实时发往国家处理中心，国家处理中心清算资金后，实时转发接收行的业务。它包括商业银行之间的汇兑、委托收款划回、托收承付划回、中央银行和国库部门办理的资金汇划等。

2. 即时转账业务。即时转账业务是由与支付系统国家处理中心直接连接的特许参与者（第三方）发起，通过国家处理中心实时清算资金后，通知被借记行和被贷记行的业务。目前，即时转账业务主要由中央债券综合业务系统发起。

3. 城市商业银行的银行汇票业务。城市商业银行的银行汇票业务是支付系统为支持中小金融机构结算和通汇而专门设计的，支持城市商业银行的银行汇票资金移存和兑付的资金清算业务。

二、大额实时支付系统的业务流程

大额实时支付系统处理支付业务，其信息从发起行发起，经发起清算行、发报中心、国家处理中心、收报中心、接收清算行，至接收行止。

1. 发起行（发报行）是向发起清算行提交支付业务的参与者。

2. 发起清算行（清算账户行）是向支付系统提交支付信息并在人民银行开设清算账户的直接参与者或特许参与者。发起清算行也可作为发起行向支付系统发起支付业务。

3. 发报中心（城市处理中心，人民银行机构）是向国家处理中心转发发起清算行支付信息的城市处理中心。

4. 国家处理中心（人民银行机构）是接收转发支付信息，并进行资金清算处理的机构。

5. 收报中心（城市处理中心，人民银行机构）是向接收清算行转发国家处理中心支付信息的城市处理中心。

6. 接收清算行（清算账户行）是向接收行转发支付信息并在人民银行开设清算账户的直接参与者。

7. 接收行（收报行）是从接收清算行接收支付信息的参与者。接收清算行也可作为接收行接收支付信息。

其中，发起行和接收行是商业银行，属于间接参与者；发起清算行和接收清算行也是商业银行，属于系统的直接参与者；发报中心、国家处理中心和收报中心为中国人民银行。

大额实时支付系统的运行流程如图 7－1 所示。

三、大额实时支付业务的会计核算

1. 发起行和发起清算行的核算。发起行为清算账户行（直接参与者）发出贷记业务。

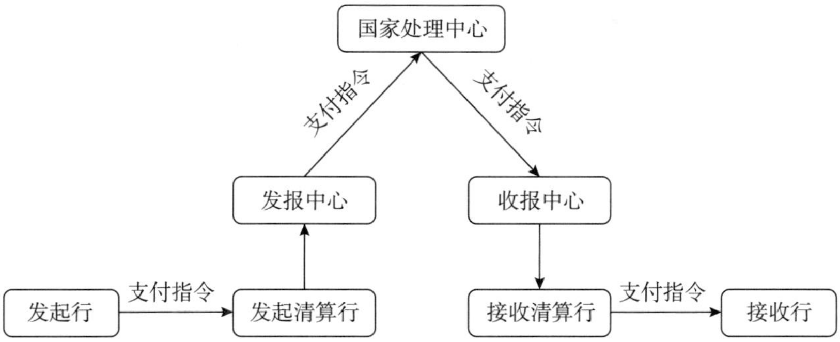

图 7－1　大额实时支付系统的运行流程

在支付结算业务中，贷记业务通常是本行客户付出款项给他行的开户单位。

借：吸收存款——付款人户

　贷：大额实时支付系统往账待清算

发起行为非清算账户行（间接参与者）发出贷记业务。此时，发起行需要先通过商业银行支付系统将款项转到发起清算行（清算账户行），再由清算账户行通过大额实时支付系统转账。

发起行向发起清算行发出贷记业务时，会计分录为：

借：吸收存款——付款人户

　贷：辖内上存款项（或其他科目）

发起清算行对于发起行发来的贷记业务，将其转发大额实时支付系统，由系统自动记账。会计分录为：

借：辖内款项存放（或其他科目）

　贷：大额实时支付系统往账待清算

凭证及日终处理。发起行办理支付业务时，客户所提交的“电汇凭证”“托收凭证”等均为发报依据，应作为电子汇划贷方报单的附件，而清算账户行的电子汇划往账报单则作为已发报凭证。发起清算行对于所有已发出的支付业务，只有收到国家处理中心返回的“已清算”结果，才表示该笔业务发送成功。发起清算行业务系统接收中国人民银行前置机的“大额支付业务核对报文”，自动核对并销记“支付系统往来报单登记簿”，自动进行资金清算的账务处理。会计分录为：

借：大额实时支付系统往账待清算

　贷：存放中央银行款项

2. 发报中心（城市处理中心）的核算。发报中心收到发起清算行发来的支付信息，确认无误后，逐笔加编全国密押，实时发送国家处理中心。

3. 国家处理中心的核算。国家处理中心收到发报中心发来的支付报文，会计分录为：

借：银行准备金存款——发起清算行户

　贷：大额支付往来——人民银行××行（发报中心）户

借：大额支付往来——人民银行××行（收报中心）户

贷：银行准备金存款——接收清算行户

4. 收报中心（城市处理中心）的核算。收报中心接收国家处理中心发来的支付信息，经确认无误后，逐笔加编地方密押，实时发送接收清算行。

5. 接收清算行和接收行的核算。接收行为清算账户行受理贷记业务时，接收到贷记业务信息后，转至银行行内业务处理系统。会计分录为：

借：大额实时支付系统来账待清算

贷：吸收存款——收款人户

接收行为非清算账户行时需通过接收清算行借助行内支付系统电子汇划将款项划至接收行。接收清算行受理贷记业务，通过电子汇划将款项转至接收行时，会计分录为：

借：大额实时支付系统来账待清算

贷：辖内款项存放（或其他科目）

接收行根据支付报文，将贷记支付款项转至客户账户。会计分录为：

借：辖内上存款项（或其他科目）

贷：吸收存款——收款人户

接收清算行的资金清算业务系统接收中国人民银行前置机的“大额支付业务核对报文”，自动核对并销记“支付系统往来报单登记簿”，自动进行资金清算的账务处理。会计分录为：

借：存放中央银行款项

贷：大额实时支付系统来账待清算

6. 大额实时支付系统结算收费的核算。发起行收取手续费。发起行在经办大额款项汇划业务时，即向客户扣收手续费。会计分录为：

借：吸收存款

贷：大额支付手续费暂收款项

中国人民银行向各清算账户行划收手续费，各清算账户行的会计分录为：

借：大额支付手续费暂收款项

贷：存放中央银行款项

各发起清算行向各发起行（非清算账户行）划收手续费后缴付中国人民银行。会计分录为：

借：辖内款项存放（或其他科目）

贷：存放中央银行款项

7. 国家处理中心年终账务结转。国家处理中心年终账务结转包括“大额支付往来”科目的结转、“汇总平衡”科目的结转、清算账户的结转、“支付清算资金往来”科目余额的核算。

第三节　小额批量支付系统的核算

一、小额批量支付系统的业务范围

小额批量支付系统（BEPS）是中国现代化支付系统（CNAPS）的重要组成部分。小额批量支付系统是以国家处理中心（NPC）为核心，以城市处理中心（CCPC）为接入节点的两层星型结构，并与大额实时支付系统在同一支付平台上运行，中央银行会计核算数据集中系统（ACS）、国家金库会计核算系统（TBS）、同城清算系统通过城市处理中心（CCPC）接入小额批量支付系统。根据小额批量支付系统的业务规则，所有业务经轧差即具有最终性，必须于当日完成资金清算。CCPC 收到同城清算系统的同城轧差净额后，转发到同城清算系统所在城市的 ABS 处理。ABS 将涉及支付系统直接参与者的同城轧差净额提交支付系统清算；对非直接参与者的同城轧差净额在 ABS 内部完成资金清算；国库核算系统（TBS）的同城轧差净额按照付方启动的原则通过大额实时支付系统与 ABS 进行清算。

该系统支付指令批量或实时发送，净额清算资金，金额起点有上限，费用低。小额批量支付系统能为银行业金融机构提供低成本、大业务量的支付清算服务，满足社会各种支付的需要；也可以与经批准的清算组织对接，为其提供支付清算和信息转发服务，促进清算组织的健康发展，从而提高整个社会的金融服务水平。其主要适用的支付业务有以下几种。

1. 普通贷记业务。普通贷记业务是指付款行向收款行主动发起的付款业务，主要包括汇兑、委托收款划回、托收承付划回、国库贷记汇划业务、网银贷记支付业务、中国人民银行规定的其他普通贷记业务。

2. 定期贷记业务。定期贷记业务是指付款行根据当事各方事先签订好的协议，定期向指定收款行发起的批量付款业务，主要包括代付工资、保险金、养老金等。其业务特点是单个付款人同时付款给多个收款人。

3. 普通借记业务。普通借记业务是收款行向付款行主动发起的收款业务，如代理银行完成财政授权支付后向国库申请清算资金、人民银行内部之间划付业务。

4. 定期借记业务。定期借记业务是当事各方按照事先签订的协议，定期发生的批量扣款业务，如收款单位委托其开户银行收取的水电煤气等公用事业费用。其业务特点是单个收款人向多个付款人同时收款。

5. 实时贷记业务。实时贷记业务是付款人发起的将确定款项实时贷记指定收款人账户的业务，包括跨行通存业务、柜台实时缴税等。

6. 实时借记业务。实时借记业务是收款人发起的将确定款项实时借记指定付款人账户的业务，包括跨行通兑业务、税务机关实时扣税业务等。

7. 清算组织发起的代收付业务。清算组织发起的代收付业务是支付系统允许清算组织作为特许参与者，接入 CCPC 办理代收代付业务。清算组织负责将代收付清单通过小额批量支付系统转发至代理行，由代理行负责发起定期借贷记业务。

8. 同成轧差净额清算业务。同城轧差净额清算业务是 CCPC 收到同城清算系统的同城轧差净额后，转发到同城清算系统所在城市的 ABS 处理。ABS 将涉及支付系统直接参与者的同城轧差净额提交支付系统清算；对非直接参与者的同城轧差净额在 ABS 内部完成资金清算。

9. 国库相关业务。国库相关业务主要包括一般的税款缴纳、实时扣税、批量扣税、预算收入上划、预算收入退库等预算收入类业务，财政拨款、财政直接支付、财政授权支付等预算支出类业务以及国债兑付、国债发行的资金清算等其他业务。

10. 跨行通存通兑业务。跨行通存通兑业务是指依托小额批量支付系统，实现不同银行营业网点的资源共享，储户可以通过任何一家银行的柜台办理跨行存取款的业务。

11. 支票圈存业务。支票圈存业务是指借助支付密码技术，由收款人在收受支票时通过 POS、网络、电话等受理终端，经由小额批量支付系统向出票人开户行发出圈存指令，预先从出票人账户上圈存支票金额，以保证支票的及时足额支付的业务。

12. 支票截留业务。支票截留业务是指持票人开户行收到客户提交的纸质支票后，通过小额批量支付系统向出票人开户行发起一笔借记业务，出票人开户行根据借记业务指令中提供的支票信息、支付密码、支票影像等确认支票的真实性，并通过小额批量支付系统完成跨行资金清算的业务。

13. 信息服务业务。信息服务业务是指支付系统参与者间相互发起和接收的，不需要支付系统提供清算服务的信息数据的业务。信息数据主要包括支票“圈存”等非支付类信息。

二、小额批量支付系统的业务流程

小额批量支付系统处理的同城贷记支付业务，其信息从付款行发起，经付款清算行、城市处理中心、收款清算行，至收款行止。

小额批量支付系统处理的异地贷记支付业务，其信息从付款行发起，经付款清算行、付款行城市处理中心、国家处理中心、收款行城市处理中心、收款清算行，至收款行止。

小额批量支付系统处理的同城借记支付业务，其信息从收款行发起，经收款清算行、城市处理中心、付款清算行、付款行后，付款行按规定时限发出回执信息原路径返回至收款行止。

小额批量支付系统处理的异地借记支付业务，其信息从收款行发起，经收款清算行、收款行城市处理中心、国家处理中心、付款行城市处理中心、付款清算行、付款行后，付款行按规定时限发出回执信息原路径返回至收款行止。

三、小额批量支付业务的会计核算

1. 贷记业务的核算。

（1）发出贷记业务。付款发起行为非清算账户行，经办柜员审核客户提交的有关贷记凭证后，需要通过商业银行行内电子汇划系统发往付款清算行。会计分录为：

借：吸收存款——付款人户

　贷：辖内上存款项（或其他科目）

付款清算行收到款项后，转账的会计分录为：

借：辖内款项存放（或其他科目）

　贷：小额批量支付系统待发报

付款发起行本身就是清算账户行时，会计分录为：

借：吸收存款——付款人户

　贷：小额批量支付系统待发报

清算账户行组包发报时，应在规定的时间内自动进行组包，并将其发至中国人民银行小额批量支付系统前置机。对于加急的小额支付业务报文，可由清算账户行人工进行组包发出。发出贷记业务时，会计分录为：

借：小额批量支付系统待发报

　贷：小额批量支付系统往账待清算

（2）接收贷记业务。收款清算行接收辖属收款行的贷记业务，会计分录为：

借：小额批量支付系统来账待清算

　贷：辖内款项存放（或其他科目）

通过商业银行行内电子汇划系统发至收款行，收款行的会计分录为：

借：辖内上存款项（或其他科目）

　贷：吸收存款——收款人户（或其他有关科目）

收款清算行受理自身为收款行的贷记业务，会计分录为：

借：小额批量支付系统来账待清算

　贷：吸收存款——收款人户（或其他有关科目）

2. 借记业务的核算。

（1）收款行发出借记业务。收款行柜员受理客户提交的有关借记凭证，经审核无误后，打印借记业务凭证，交复核柜员对报文进行复核，并将借记业务凭证专夹保管，待接收到回执后处理。无论收款行是否是清算账户行，发出借记阶段均无须进行账务处理。收款清算行发出借记业务包时也不产生账务，对于所有已发出的借记业务报文，收到接收行（付款行）的“成功”或“拒付”回执并进行账务处理后，该笔业务才处理完成。

（2）付款行接收借记业务。付款行在接收来账报文时，使用来账业务借方专用凭证进行批量打印。对于接收到符合自动处理条件的借记业务报文，系统自动进行处理；对于接收到不符合自动入账条件的借记业务报文，由柜员进行人工处理。

付款行对于符合扣账条件的借记业务报文，在记账同时产生“成功”回执报文。付款行为非清算账户行时，会计分录为：

借：吸收存款——付款人户（或其他有关科目）

　贷：辖内上存款项（或其他科目）

付款行为清算账户行时，会计分录为：

借：吸收存款付款人户（或其他有关科目）

贷：小额批量支付系统往账待清算

付款清算行受理辖属付款行的借记业务，在借记商业银行行内电子汇划科目的同时，贷记“小额批量支付系统往账待清算”科目。

对不符合扣账条件的借记业务报文，产生“拒付”回执报文，无须进行账务处理。

（3）收款行接收借记业务回执。收款行接收借记业务回执并进行下列账务处理后，其发出的借记业务才能完成，相应的账务处理应区分两种情况进行。

收款行为非清算账户行，会计分录为：

借：小额批量支付系统来账待清算

贷：辖内款项存放（或其他科目）

通过行内电子汇划系统发至收款行，收款行的会计分录为：

借：辖内上存款项（或其他科目）

贷：吸收存款——收款人户（或其他有关科目）

收款行本身就是清算账户行，会计分录为：

借：小额批量支付系统来账待清算

贷：吸收存款——收款人户（或其他有关科目）

3. 日终轧差和清算资金。

（1）清算账户行的处理。清算账户行业务系统接收人民银行前置机传送来的“小额业务包汇总核对报文”，按照该报文，系统自动对轧差日期、场次、节点相同的往来业务进行轧差。

当往账金额大于来账金额时，会计分录为：

借：小额批量支付系统往账待清算

贷：小额批量支付系统来账待清算

存放中央银行款项

当来账金额大于往账金额时，会计分录为：

借：小额批量支付系统往账待清算

存放中央银行款项

贷：小额批量支付系统来账待清算

小额批量支付系统的资金清算既包括清算账户行与人民银行（城市处理中心）的清算，也包括清算账户行与非清算账户行（收款行和付款行）的清算。法定工作日，清算账户行与人民银行按清算场次对当日的往账来账分别进行清算；清算账户行与非清算账户行之间则通过行内电子汇划系统进行清算。

（2）小额批量支付系统的轧差和资金清算的处理。

①净借记限额检查的处理。小额批量支付系统收到贷记支付指令和借记及实时贷记回执，提交清算账户管理系统（SAPS）进行付款清算行净借记限额检查。SAPS 将支付指令及回执中的成功金额与付款清算行的净借记限额可用额度进行比较。若成功金额小于等于净借记限额可用额度，则检查通过，实时纳入轧差并转发；若大于净借记限额可

用额度，则检查失败，作排队或退回处理。

净借记限额为直接参与者提供质押品所获取的质押额度、人民银行授予的信用额度和为保证支付业务的清算而在其清算账户中圈存的作为担保的资金之和。

付款清算行净借记限额可用额度 = 付款清算行净借记限额 - 付款清算行已提交未清算业务净借记差额 - 付款清算行本场轧差场次的当前净借记差额 + 付款清算行本场轧差场次的当前净贷记差额

小额批量支付系统和网上支付跨行清算系统共享净借记限额与可用额度。

②轧差处理。城市处理中心对通过净借记限额检查的同城贷记支付指令和借记回执，按付款清算行和收款清算行双边实时轧差。轧差公式为

某清算行提交清算的贷方净额（+）［或借方净额（-）］ = 同城贷记来账金额 + 他行返回同城借记回执成功交易金额 - 同城贷记往账金额 - 发出同城借记回执成功交易金额

国家处理中心对通过净借记限额检查的异地贷记支付指令和借记回执，按付款清算行和收款清算行双边实时轧差。轧差公式为：

某清算行提交清算的贷方净额（+）［或借方净额（-）］ = 异地贷记来账金额 + 他行返回异地借记回执成功交易金额 - 异地贷记往账金额 - 发出异地借记回执成功交易金额

小额批量支付系统处理的支付业务一经轧差即具有支付最终性，不可撤销。银行收到已轧差的贷记支付业务信息或已轧差的借记支付业务回执信息时，贷记收款人账户。

③资金清算的处理。国家处理中心和城市处理中心在规定提交时点对本场轧差净额进行试算平衡检查，检查无误后自动提交清算。国家处理中心收到同城和异地轧差净额清算报文，试算平衡检查无误后，自动完成相关账务处理。

第一，属于人民银行（库）轧差净额的处理。

属于人民银行（库）贷方差额的，其会计分录为：

借：小额支付往来——人民银行××行（库）户

　贷：汇总平衡科目——人民银行××行（库）户

属于人民银行（库）借方差额的，其会计分录为：

借：汇总平衡科目——人民银行××行（库）户

　贷：小额支付往来——人民银行××行（库）户

第二，属于清算行轧差净额的处理。

属于清算行贷方差额的，其会计分录为：

借：小额支付往来——人民银行××行户

　贷：××存款——××行户

属于清算行借方差额的，如清算账户可用头寸足以支付，其会计分录为：

借：××存款——××行户

　贷：小额支付往来——人民银行××行户

如清算账户可用头寸不足支付，作排队处理。完成账务处理后，小额批量支付系统自动生成清算通知发送至各参与者。各参与者根据清算通知变更业务状态，完成相应的账务处理。

第四节　网上支付跨行清算系统

一、网上支付跨行清算系统概述

网上支付跨行清算系统于2010年8月30日先期投产运行，并于2011年1月24日推广至全国。2017年4月，网银系统V1.5批量轧差处理模式在建设银行、中信银行等6家银行上线试点。随着移动支付场景和网银系统业务量的大幅增加，2017年8月，网银系统V1.6投产，增加了短信认证、扫码支付等新功能。2018年1月，网银系统架构调整为分布式架构，进一步增强了处理能力。近年来，网上支付跨行清算系统业务量和业务金额逐年增长，2023年前三季度，网上支付跨行清算系统处理业务42.31亿笔，金额74.9366万亿元，日均处理业务4 599.33万笔，金额8 115.34亿元。

网上支付跨行清算系统是以网上支付跨行清算系统处理中心（以下简称网银中心）为核心，各参与者以直联方通过前置机集中接入处理中心。网上支付跨行清算系统处理中心与大额实时支付系统国家处理中心和小额批量支付系统国家处理中心同位设置，共享数据，是人民银行支付系统的重要应用系统，主要支持网上跨行零售支付业务的处理，业务指令实时转发、定时轧差。

网上支付跨行清算系统主要支持网上跨行零售业务的处理。客户可通过在线方式提交支付业务，并可实时获取业务处理结果。系统支持商业银行以及经中国人民银行批准的非金融支付服务机构接入，并向客户提供7×24小时全天候服务。

网上支付跨行清算系统具有以下业务功能：处理网银贷记业务，网银借记业务，第三方贷记业务，跨行账户信息查询业务。其业务运行模式与小额批量支付系统相似，采取定场次清算的模式，设置贷记业务金额上限，与大额实时支付系统共享同一个清算账户等。

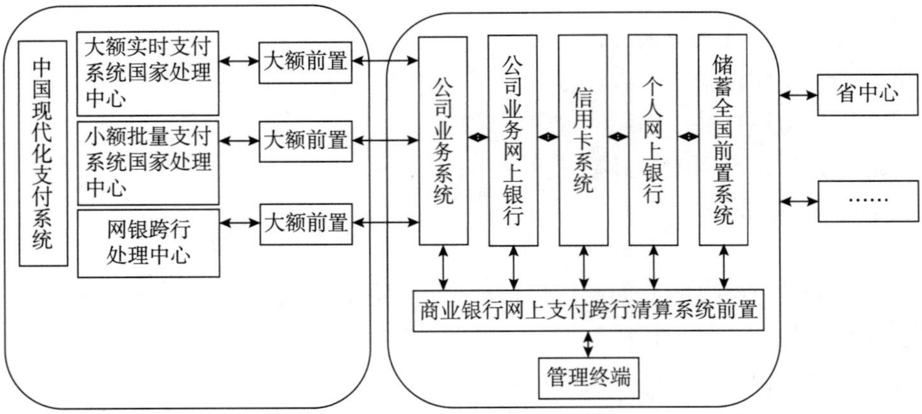

图7－2　网上支付跨行清算系统结构

二、主要业务内容

网上支付跨行清算系统处理的业务内容主要包括支付类业务、信息类业务、对账、兼错处打印。其中，支付类业务包括银行业金融机构（商业银行）处理的贷记往账、贷记来账、借记往账、借记来账和第三方贷记来账等。

从某一家商业银行角度看：贷记往账业务是指客户通过本行发起，经网上支付跨行清算系统向他行开户的收款人主动汇出款项的支付类业务；

贷记来账业务是指客户通过他行发起，经网上支付跨行清算系统向在本行开户的收款人主动汇款的支付类业务；

借记往账业务是指收款人经本行发起的、根据授权支付协议经网上支付跨行清算系统借记在他行开户的付款人账户的支付类业务；

借记来账业务是指收款人经他行发起的、根据授权支付协议经网上支付跨行清算系统借记在本行开户的付款人账户的支付类业务；

第三方贷记来账业务的第三方，是指提供第三方支付服务的商业银行或非金融支付组织，它们接受付款人委托，通过网上支付跨行清算系统向收款人主动汇款，本行可能是收款人开户行，也可能是付款人开户行。

三、公司业务网上支付的跨行清算

（一）贷记业务的核算

1. 发出贷记往账业务。

（1）发出交易时，县市中心的会计分录为：

借：吸收存款——付款人户

　贷：辖内上存款项（或其他有关科目）

（2）省中心接收往账信息，会计分录为：

借：辖内款项存放（或其他有关科目）

　贷：系统内上存款项（或其他有关科目）

（3）全国中心接收往账信息，会计分录为：

借：系统内款项存放（或其他有关科目）

　贷：跨行清算资金往来——人民银行网上跨行支付

收到人民银行清算报文，向人民银行付款时，会计分录为：

借：跨行清算资金往来——人民银行网上跨行支付

　贷：存放中央银行款项

2. 接收贷记来账业务。与发出贷记往业务相衔接，接收贷记来账业务的起点在全国中心。

（1）全国中心收到人民银行轧差报文，会计分录为：

借：跨行清算资金往来——人民银行网上跨行支付

　贷：系统内款项存放（或其他有关科目）

（2）省中心接收贷记来账，会计分录为：

借：系统内上存款项（或其他有关科目）

　贷：辖内款项存放（或其他有关科目）

（3）市县中心接收贷记来账、为客户收票，会计分录为：

借：辖内上存款项（或其他有关科目）

　贷：吸收存款——收款人户

（4）全国中心收到人民银行网上跨行清算通知后，会计分录为：

借：存放中央银行款项

　贷：跨行清算资金往来——人民银行网上跨行支付

（二）借记业务的核算

发出借记往账和接收借记来账业务的核算步骤与贷记业务的相应步骤相同，会计分录方向相反。

储蓄类业务及信用卡业务的借记与贷记业务处理手续可参照公司业务的核算流程，但需要核算个人跨行汇款的手续费收入。

中国人民银行对储蓄业务与公司业务的跨行清算均收取手续费，由商业银行总行通过“存放中央银行款项——准备金”科目支付，并向各级分行分摊，最终列入“手续费及佣金支出”科目。中国人民银行获得的手续费收入也要向各商业银行分润，最终计入结算业务收入或信用卡业务收入。

四、第三方贷记业务的核算

（一）发起第三方贷记业务的处理

1. 第三方机构的处理。第三方机构受理客户的付款或收款请求，组第三方贷记报文，加编数字签名后发送网银中心，并标记该业务状态为“已发送”。

待第三方机构收到各类通知时，相应修改业务状态，并进行以下处理。

（1）第三方机构收到“已拒绝”通知时，通知客户业务处理失败。

（2）第三方机构收到“已轧差”通知时，通知客户业务处理成功。

（3）第三方机构收到“已清算”通知时，如通过网上支付跨行清算系统代收付款人手续费，则应进行相应账务处理，其会计分录为：

借：存放中央银行款项——准备金存款

　贷：手续费收入

2. 网银中心的处理。网银中心收到第三方机构发来的第三方贷记报文，检查并核验数字签名无误后，转发付款清算行，同时标记该业务状态为“已转发”，检查未通过的，作拒绝处理。

3. 付款清算行的处理。付款清算行收到网银中心发来的第三方贷记报文，检查并核验数字签名无误后，转发系统内业务系统，检查未通过的，作拒绝处理。

（二）付款清算行发出回执的处理

1. 付款清算行的处理。付款清算行行内系统收到第三方贷记报文，核验、认证、检查通过的立即进行账务处理，其会计分录为：

借：吸收存款——××存款——××户

　贷：跨行清算资金往来——人民银行网上跨行支付

账务处理成功后组第三方贷记回执报文（业务状态为“已付款”），加编数字签名后实时发送网银中心。

付款清算行核验、认证、检查未通过的，组第三方贷记回执报文（业务状态为“已拒绝”），加编数字签名后实时发送网银中心。

待付款清算行收到各类通知时，相应修改业务状态，并进行账务处理。

（1）付款清算行收到“已拒绝”通知时，进行账务处理，其会计分录为：

借：吸收存款——××存款——××户（红字）

　贷：跨行清算资金往来——人民银行网上跨行支付（红字）

（2）付款清算行收到“已轧差”通知时，修改该业务状态为“已轧差”。

（3）付款清算行收到“已清算”通知时，进行账务处理，其会计分录为：

借：跨行清算资金往来——人民银行网上跨行支付

　贷：存放中央银行款项——准备金存款

2. 网银中心的处理。网银中心收到第三方贷记回执报文，检查核验通过的，将“已付款”第三方贷记报文转发收款清算行；未通过的，标记业务状态为“已拒绝”，并通知付款清算行和第三方机构。

3. 收款清算行的处理。收款清算行前置机收到网银中心转发的第三方贷记报文，检查核验通过的，转发行内系统；未通过的，作拒绝处理。

（三）收款清算行发出回执的处理

1. 收款清算行的处理。收款清算行行内系统收到第三方贷记报文，实时核验检查，根据检查结果组“已确认”或“已拒绝”的第三方贷记回执报文，加编数字签名后实时发送网银中心。

待收款清算行收到各类通知时，相应修改业务状态，并进行业务处理。

（1）收款清算行收到“已轧差”通知时，进行账务处理，其会计分录为：

借：跨行清算资金往来——人民银行网上跨行支付

　贷：吸收存款——××存款——××户

（2）收款清算行收到“已清算”通知时，进行账务处理，其会计分录为：

借：存放中央银行款项——准备金存款

　贷：跨行清算资金往来——人民银行网上跨行支付

2. 网银中心的处理。网银中心收到收款清算行发来的第三方贷记回执报文，检查并核验数字签名，对核验无误的“已确认”第三方贷记业务回执报文，立即进行净借记限额检查，核验失败的，标记该业务状态为“已拒绝”，同时通知付款清算行、收款清算行和第三方机构；净借记限额通过的，实时纳入轧差状态，如第三方机构未通过网上支付跨行清算系统代收收款人手续费，网银中心对收、付款清算行进行双边轧差；如第三方机构通过网上支付跨行清算系统代收收款人手续费，网银中心对收、付款清算行和第三方机构进行轧差，轧差完成后，将该业务状态标记为“已轧差”，并将通知报文加编数字签名发送至付款清算行、收款清算行。

网银中心收到“已拒绝”第三方贷记业务回执报文，标记该业务状态为“已拒绝”，通知付款清算行和第三方机构。网银中心在规定时点将本场轧差净额自动提交 SAPS 进行资金清算，待收到轧差净额“已清算”通知，标记该业务状态为“已清算”，并通知付款清算行、收款清算行和第三方机构。

【专栏 7-1】　中国人民银行支付新功能

中国人民银行支付系统升级二代后，清算总中心深化支付清算供给侧结构性改革，陆续推出支付系统信息科技与数据分析服务类业务，为金融机构、企业和个人提供多样化服务。

1. 跨行账户信息认证服务平台。2017 年 9 月，跨行账户信息认证服务平台投产运行——为个人客户提供在线Ⅱ类、Ⅲ类账户开户信息验证服务。

跨行账户信息认证服务平台依托小额批量支付系统，实现了参与机构间账户信息及资源的互通共享，全天候方便银行为个人客户提供Ⅱ类、Ⅲ类账户开户服务。

2. 手机号码支付业务。2019 年 4 月，手机号码支付业务上线——手机号码在手，转账立马就有。手机号码支付是依托网上支付跨行清算系统开展的一项新业务。用户通过商业银行将手机号码与常用银行账号进行绑定注册，后续的转账等支付过程中即可用手机号码要素代替账号要素。手机号码支付免去了输卡号及其他烦琐信息，转账只需一个手机号码就够了。手机号码支付全年 7×24 小时无间断服务，快捷直达银行账户，无须提现步骤。

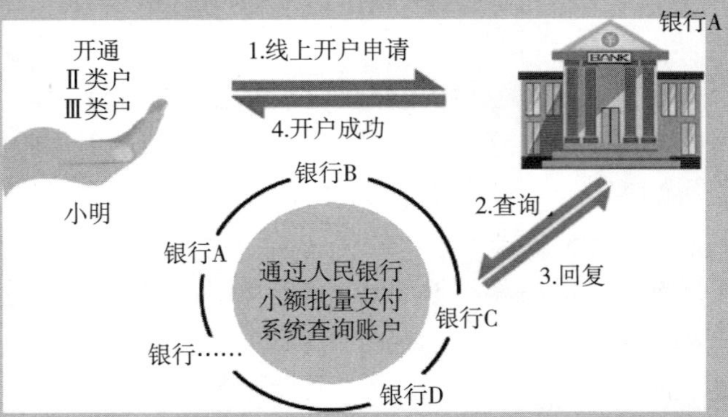

跨行账户信息认证服务平台

3. 企业信息联网核查系统。2019 年 6 月，企业信息联网核查系统上线——优化企业账户服务的好帮手。企业信息联网核查系统能够为银行和支付机构等参与机构提供企业相关人员手机号码、企业纳税状态、企业登记注册等信息真实性、有效性核查服务，为取消企业银行账户许可工作提供了有力的支撑。

助力全面取消企业开户许可

4. 电子信用证信息交换系统。2019 年 12 月，电子信用证信息交换系统投产试运行——国内信用证业务一站式服务平台。电子信用证信息交换系统实现了国内信用证业务的“一站式”办理，提高了国内信用证业务效率，降低了业务风险。其基本功能包括信用证基本业务的线上处理、资金线上清算、影像上传、信用证登记托管、合同重复性查询、发票信息查询等。

5. 全国综合业务服务平台——支持政府机构、企事业单位办理代收付业务、主动缴费业务以及相关的信息类业务。2020 年 7 月 23 日，中国人民银行清算总中心建设运营的全国综合业务服务平台（以下简称综合平台）投产上线。综合平台依托人民银行小额批量支付系统，为政府机构、企事业单位等入网机构办理资金代收付业务、主动缴费业务以及相关信息类业务，业务场景覆盖公共公益及居民基础生活类缴费领域。

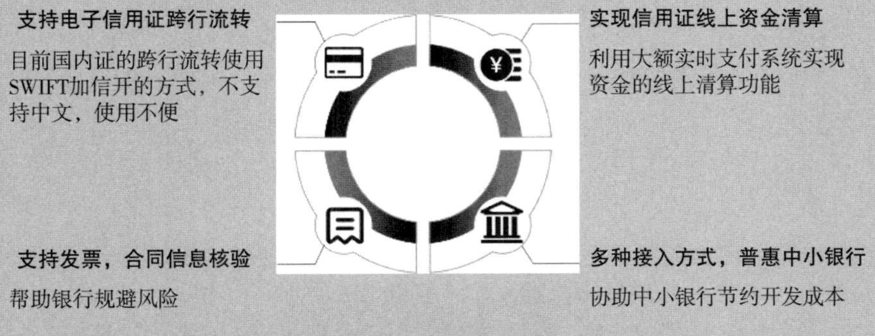

资料来源：中国人民银行清算总中心公众号，http://share.jiaxingren.com/?_hgOutLink=news/NewsDetail&id=770046。

本章小结

1. 我国的支付清算体系由中国人民银行清算总中心系统和其他相关支付系统构成。其中，中国人民银行清算总中心系统包括大额实时支付系统、小额批量支付系统、网上支付跨行清算系统和境内外币支付系统等；我国其他相关支付体系包括银行业金融机构行内支付系统、中国银联银行卡跨行支付系统、城市商业银行汇票处理系统、农信银支付清算系统、人民币跨境支付系统和网联清算平台。

2. 大额实时支付系统（HVPS）采取逐笔实时方式处理支付业务，全额清算资金。其最大的特点是实时清算，实现了跨行资金清算的零在途。其处理的支付业务范围包括一般大额贷记支付业务、即时转账业务和城市商业银行的银行汇票业务。

3. 小额批量支付系统（BEPS）支付指令批量或实时发送，净额清算资金。小额批量支付系统金额起点有上限，费用低，其主要适用的支付业务种类有普通贷记业务、定期贷记业务、普通借记业务、定期借记业务、实时贷记业务、实时借记业务等。

4. 网上支付跨行清算系统是伴随着网上支付等新兴业务出现的系统，被誉为“超级网银”，它实现了各商业银行网银系统的互联互通，7×24 小时不间断运行。网上支付跨行清算系统处理的业务内容主要包括支付类业务、信息类业务、对账、兼错处打印。其中，支付类业务包括银行业金融机构（商业银行）处理的贷记往账、贷记来账、借记往账、借记来账和第三方贷记来账等。

重点概念

中国现代化支付系统　大额实时支付系统　小额批量支付系统　贷记业务　借记业务　网上支付跨行清算系统　第三方贷记业务

思考与练习

1. 试述大额实时支付系统与小额批量支付系统的联系与区别。

2. 什么是支付清算体系？资金清算与支付结算的关系如何？

3. 2023 年 5 月 7 日，G 银行武汉某支行收到开户单位甲公司提交的电汇凭证，要求向 C 银行杭州某支行开户单位乙公司汇出货款 90 000 元。G 银行武汉某支行审核无误后，将支付信息经行内系统发往其所属的 G 银行武汉分行（清算账户行）通过大额实时支付系统汇出资金。C 银行杭州某支行收到其所属的清算账户行（C 银行杭州分行）通过行内系统发来的支付信息，确认无误后将货款收入开户单位乙公司账户。请作出 G 银行武汉某支行及其清算账户行、C 银行杭州某支行及其清算账户行和 SAPS 的账务处理会计分录。

4. 2022 年 3 月 8 日，G 银行天津分行（清算账户行）收到开户单位丙公司提交的电汇凭证，要求向 J 银行上海分行（清算账户行）开户单位甲公司汇出货款 12 000 元。G 银行天津分行审核无误办理转账后，行内系统按收款清算行组包，通过小额批量支付系统汇出资金。J 银行上海分行收到业务包，经确认无误由行内系统拆包，将货款收入开户单位甲公司账户。G 银行天津分行和 J 银行上海分行均收到了小额批量支付系统发来的已清算通知。请作出 G 银行天津分行、J 银行上海分行的账务处理。

21世纪高等学校金融学系列教材

第三篇

非银行金融机构业务核算篇

第八章

保险公司业务核算

本章学习目标

1. 熟知保险会计的概念及其核算内容；
2. 掌握非寿险、寿险业务的核算；
3. 掌握再保险业务的核算。

第一节　保险会计概述

一、保险业务的分类

保险是指投保人根据保险合同约定，向保险人支付保险费，保险人对于保险合同约定的可能发生的事故所造成的财产损失承担赔偿保险金责任，或者当被保险人死亡、伤残、疾病或者达到合同约定的年龄、期限等条件时，承担给付保险金的商业保险行为。

按照保险人是否在原保险合同延长期内承担赔付保险金责任，原保险业务可以分为非寿险业务和寿险业务。在原保险合同延长期内不承担赔付保险金责任的保险为非寿险业务；在原保险合同延长期内承担赔付保险金责任的保险为寿险业务。原保险合同延长期是指投保人自上一期保费到期日未缴纳保费，保险人仍承担赔付保险金责任的期间。

二、保险会计的主要业务内容

保险会计是指保险公司运用会计学的基本原理和方法来反映和监督保险公司各种经济业务活动的专业会计。

保险公司是经营保险业务和投资业务的经济组织，其业务具有自身的特点。为此，保险公司必须按照自身业务规律，组织会计核算，形成一套适用于保险公司的会计处理程序和方法。

保险会计的意义具体表现在：

（1）反映保险公司业务经营状况和经营成果，为保险公司管理提供准确可靠的数据和资料，满足投资者和债权人了解保险公司财务状况、经营成果和现金流量的需要。

（2）监督保险公司业务活动，对保险业务经营过程进行有效的控制。

（3）预测保险公司业务发展前景，参与保险公司经营决策。

（4）提供符合国家宏观管理和保险行业监管要求的会计信息。

因此，保险会计是整个保险公司工作的重要组成部分。

三、保险会计核算的特点

保险公司有其独特的经济业务活动，保险业务有其自身的组织规律，因此，保险业务在核算上表现出不同于其他金融企业的特点。

（1）各险种类别独立建账，独立核算盈亏。保险公司经营的各项业务活动，在会计核算上，按险种类别划分，各险种类别之间在业务经营期限、币种、赔付方式、收费方式上都存在很大的差别，因此，在账务处理上应分账核算。

（2）会计计量需要运用保险精算技术。保险公司的业务表现为根据保险合同向投保人收取保险费，并在合同有效期内承担相应的保险责任。为了保证向保险受益人提供赔偿或给付的义务，在向其支付赔偿或给付以前，保险公司应建立责任准备金。保险公司责任准备金的计算十分复杂，需要运用保险精算技术才能确定。

（3）保险资产构成的特殊性。在保险公司的流动资产中，实物形态的资产所占的比例很小，其收取的保费所形成的保险基金，主要以银行存款、债券等形式进行投资，因此，金融资产所占的比重很大。同时，根据有关规定，保险公司必须将其注册资本总额的20%作为法定保证金存入保险监督管理部门指定的银行，除公司清算时用于清偿债务外，不得动用。这一规定也使得保险公司资产的构成具有特殊性。

（4）保险公司需要估算负债来进行年度决算。由于保险公司的经营风险很大，为了防范风险和保障投保人的权益，保险公司必须计提各种责任准备金。因此，保险公司的负债，除了一般的结算性、金融性负债外，还包括其为履行未来赔付责任而从收取的保费中提取的各种责任准备金所形成的负债。比如，为尚未终止的非寿险保险责任提取的未到期责任准备金，为非寿险保险事故已发生尚未结案的赔案提取的未决赔款准备金，为尚未终止的人寿保险责任提取的寿险责任准备金，为尚未终止的长期健康保险责任提取的长期健康保险责任准备金等。

第二节　非寿险业务的核算

在实践中，非寿险业务包括企业财产保险、家庭财产保险、工程保险、责任保险、信用保证保险、机动车辆保险、船舶保险、货物运输保险、农业保险、短期健康保险和意外伤害保险等。

本节主要介绍非寿险业务中保费收入、赔付支出和各类责任准备金的核算。

一、保费收入的核算

保费收入是保险公司销售保险产品取得的收入，是保险公司的主要收入项目之一。保费收入的核算主要有保费的构成、保费收入的确认和保费收入的核算等内容。

1. 保费的构成。保费是购买保险产品所支付的价格。保险公司通过收取保费以建立保险基金，当被保险人遭受约定的灾害事故时，保险公司从该项基金中支付赔款或给付保险金。投保人缴纳的保险费通常分为纯保费和附加保费两部分。其中，纯保费是保险公司用来建立保险基金，将来用于赔付的那部分保费；附加保费主要用于保险公司各项开支和预期利润。

2. 保费收入的确认。根据《企业会计准则第25号——原保险合同》，保费收入应在下列条件均能满足时予以确认：

（1）原保险合同成立并承担相应保险责任；

（2）与原保险合同相关的经济利益能够流入公司；

（3）与原保险合同相关的收入能够可靠地计量。

此外，保险人代其他保险人收取的保费，应当作为应付款项处理，不应当确认为保费收入。在实际工作中，非寿险业务一般在签单时确认保费收入。

3. 保费收入的核算。保费收入核算应设置“保费收入”“应收保费”“预收保费”“保户储金”等科目。各科目应按险种或投保人分别设置明细账，进行明细分类核算。

（1）核算中应设置的会计科目。

①“保费收入”科目。该科目属于损益类科目，用来核算保险公司承保业务确认的保费收入。其贷方登记保险公司确认的保费收入及分保费收入调整增加的金额，借方登记发生的退保费、续保时的折扣、无赔款优待及分保费收入调整减少的金额。期末，应将该科目余额转入“本年利润”科目，结转后该科目无余额。该科目可按保险合同和险种进行明细核算。

②“应收保费”科目。该科目属于资产类科目，用来核算保险公司按照原保险合同约定应向投保人收取的保费。其借方登记保险公司发生的应收保费及已确认为坏账并转销的应收保费又收回的金额，贷方登记收回的应收保费及确认为坏账而冲销的应收保费，期末借方余额反映保险公司尚未收回的保费。该科目可按投保人进行明细核算。

③“预收保费”科目。该科目属于负债类科目，用来核算保险公司收到的未满足保费收入确认条件的保费。其贷方登记预收的保费，借方登记保费收入实现时结转保费收入的金额，期末贷方余额反映保险公司向投保人预收的保费。该科目可按投保人进行明细核算。

④“保户储金”科目。该科目属于负债类科目，用来核算保险公司收到投保人以储金本金增值作为保费收入的储金。保险公司收到投保人投资型保险业务的投资款，可将该科目改为“保户投资款”科目。保险公司应向投保人支付的储金或投资款增值，也在

该科目核算。“保户储金”科目贷方登记收到投保人交纳的储金，借方登记向投保人支付的储金，期末贷方余额反映保险公司应付未付投保人储金。该科目可按投保人进行明细核算。

⑤“应付保费”科目。该科目属于负债类科目，用于核算保险公司按原保险合同约定已向投保人收取的保费，日后发生退保、减保的保险费及代理其他保险公司办理保险业务收取的保险费。公司与其他保险公司联合共保的保险业务也在本科目核算。该科目的贷方登记应付的保费，借方登记支付的应付保费，余额在贷方，反映公司尚未支付的应付保费。该科目应设置应付退保费、应付共保保费两个二级科目，按被代理公司和险种设置明细账。

（2）账务处理。

①直接缴纳保费的核算。签发保险单时，直接缴纳保费的，财产保险公司会计部门根据业务部门交来的非寿险保费日报表、保费收据存根和银行收账通知办理转账。会计分录为：

借：库存现金（或银行存款）

　贷：保费收入——××险种

②预收保费的核算。如果发生保险客户提前缴费，或缴纳保费在前承担保险责任在后的业务，则应作为预收保费处理，到期再转入保费收入。会计部门根据业务部门交来的非寿险保费日报表和保费收据存根，以及银行收账通知进行账务处理。会计分录为：

借：银行存款

　贷：预收保费——××企业

保费收入实现时：

借：预收保费——××企业

　贷：保费收入——××险种

［**例8－1**］某市A财产保险公司于2023年6月20日收到某公司缴纳的保费500 000元，公司于7月16日起承担保险责任，则应编制会计分录为：

6月20日收到保费时：

借：银行存款	500 000	
贷：预收保费——某公司		500 000

7月16日确认保费收入时：

借：预收保费——某公司	500 000	
贷：保费收入——某险种		500 000

③应收保费的核算。有些保费经保险公司同意，可以分期缴纳。一经签单，全部保费均应作为保费收入，未收款的部分则作为“应收保费”处理，待下期收款时再冲销。会计处理为：

首期收款并发生应收保费时：

借：银行存款

应收保费——××企业
贷：保费收入——××险种

以后每期收到应收保费时：

借：银行存款
贷：应收保费——××企业

[例8－2] 2023年1月8日，某公司投保A财产保险公司财产综合险，与财产保险公司签订保险合同中约定保费为480 000元，双方协商共分3期支付。本月保险公司收到首期保费160 000元，保险公司应编制会计分录为：

公司收取首期保费时：

借：银行存款	160 000	
应收保费——某公司	320 000	
贷：保费收入——综合险		480 000

以后各期收取保费时：

借：银行存款	160 000	
贷：应收保费——某公司		160 000

④保户储金的核算。对于财产保险业务中的两全保险如家财两全险，投保人在投保时按保险金额与保险公司规定的储金比例一次性缴存保险储金，保险公司将该保险储金存入银行或者进行债券投资，将从银行取得的利息收入或投资收益作为保险费收入，保险期满，投保人到保险公司领回投保时所缴纳的全部保险储金本金。

[例8－3] 某市A财产保险公司会计部门收到业务部门交来的3年期家财两全险保户储金日报、储金收据和银行储金专户收款凭证100 000元，预定年利率为4.25%，3年后一次还本付息。其会计处理为：

收到保户储金时：

借：银行存款——储金专户	100 000	
贷：保户储金——家财两全险		100 000

每年计算利息时：

借：应收利息	4 250	
贷：保费收入——家财两全险		4 250

第三年还本付息时：

借：银行存款——活期户	12 750	
贷：应收利息		8 500
保费收入		4 250

同时：

借：保户储金——家财两全险	100 000	
贷：银行存款——活期户		100 000

【专栏8-1】 系统重要性保险公司的评估

为完善我国系统重要性金融机构监管框架，建立系统重要性保险公司评估与识别机制，根据《中华人民共和国中国人民银行法》《中华人民共和国保险法》等有关法律法规和《中国人民银行 中国银行保险监督管理委员会 中国证券监督管理委员会关于完善系统重要性金融机构监管的指导意见》（银发〔2018〕301号），制定《系统重要性保险公司评估办法》。

系统重要性，是指金融机构因规模较大、结构和业务复杂度较高、与其他金融机构关联性较强、在金融体系中提供难以替代的关键服务，一旦发生重大风险事件而无法持续经营，可能对金融体系和实体经济产生不利影响的程度。

一、评估流程与方法

（一）评估流程。系统重要性保险公司的评估按照以下流程每两年开展一次：

1. 确定参评保险公司范围。

2. 向参评保险公司收集评估所需数据。

3. 计算各参评保险公司系统重要性得分，形成系统重要性保险公司初步名单。

4. 结合其他定量和定性分析作出监管判断，对系统重要性保险公司初步名单作出调整。

5. 确定并公布系统重要性保险公司最终名单。

（二）评估方法。采用定量评估指标计算参评保险公司的系统重要性得分，并结合其他定量和定性信息作出监管判断，综合评估参评保险公司的系统重要性。

（三）参评保险公司范围。若某保险公司满足下列任一条件，则应纳入系统重要性保险公司评估范围：

1. 年度合并资产负债表期末资产合计在所有保险公司中排名前10位。

2. 曾于上一年度被评为系统重要性保险公司。

（四）系统重要性得分。中国人民银行、金融监管总局在完成数据收集后，计算参评保险公司系统重要性得分。每家参评保险公司某一具体指标的得分是其该指标数值除以所有参评保险公司该指标的总数值，然后用所得结果乘以10 000后得到以基点计算的该指标得分。各指标得分与相应权重的乘积之和，即为该参评保险公司的系统重要性得分。

（五）监管判断。中国人民银行、金融监管总局根据业务扩张速度、业务集中度、公司治理等定量或定性辅助信息，提出将系统重要性得分低于1 000分的参评保险公司加入系统重要性保险公司名单的监管判断建议。使用监管判断应有较高的条件，仅在个别情况下可改变根据系统重要性得分确定的系统重要性保险公司初步名单。

二、评估指标

（一）一级指标。中国人民银行、金融监管总局根据参评保险公司的规模、关联度、资产变现和可替代性等一级指标，评估其系统重要性程度和变化情况。

（二）规模。评估参评保险公司规模时，采用下列定量指标：

1. 总资产，是指保险公司的年度合并资产负债表中期末合计资产余额。该指标权重为 10%。

2. 总收入，是指保险公司的年度合并利润表中期末合计营业收入总和。该指标权重为 10%。规模类指标总权重为 20%。

（三）关联度。评估参评保险公司关联度时，采用下列定量指标：

1. 金融机构间资产，是指保险公司与其他金融机构交易形成的资产余额。该指标权重为 7%。

2. 金融机构间负债，是指保险公司与其他金融机构交易形成的负债余额。该指标权重为 7%。

3. 受第三方委托管理的资产，是指保险公司受非本集团公司委托管理的资产。该指标权重为 7%。

4. 非保险附属机构资产，是指保险公司有重大影响、控股或实际控制的境内外非保险机构的资产总额。该指标权重为 7%。

5. 衍生金融资产，是指保险公司的衍生金融资产金额。该指标权重为 2%。关联度类指标总权重为 30%。

（四）资产变现。评估参评保险公司资产变现能力时，采用下列定量指标：

1. 短期融资，是指保险公司的短期借款、衍生金融负债以及卖出回购金融资产。该指标权重为 10%。

2. 资金运用复杂性，是指保险公司的权益类资产余额、不动产类资产余额和境外资产余额之和。该指标权重为 10%。

3. 第三层次资产，是指保险公司持有的第三层次资产规模。该指标权重为 10%。资产变现类指标总权重为 30%。

（五）可替代性。评估参评保险公司可替代性时，采用下列定量指标：

1. 分支机构数量和投保人数量，是指保险公司依法设立的分公司、中心支公司、支公司、营业部数量，以及投保人数量。该指标权重为 6.67%。

2. 赔付金额，是指利润表中的年度赔付支出。该指标权重为 6.67%。

3. 特定业务保费收入，是指保险公司开展的农险、巨灾险、大病保险、出口信用保证保险、航天航空保险、航海保险、电力保险、核保险等业务获得的原保险保费收入。该指标权重为 6.67%。可替代性指标总权重为 20%。

资料来源：2023 年 10 月 20 日发布的《中国人民银行　国家金融监督管理总局关于印发〈系统重要性保险公司评估办法〉的通知》附件，https://www.cbirc.gov.cn/cn/view/pages/ItemDetail.html?docId=1132700&itemId=928&generaltype=0。

二、赔付支出的核算

赔付支出是指保险标的发生保险责任范围内的保险事故后，保险人向被保险人支付的损失补偿金及处理保险事故的相关费用支出。财产保险支出主要包括保险公司的理赔支出、手续费及佣金支出和销售费用、营业税金及附加、利息支出、其他支出等。下面主要介绍理赔支出的核算。

1. 核算中应设置的会计科目。为了反映和监督非寿险业务赔付支出的增减变动情况，主要设置“赔付支出”“预付赔付款”“损余物资”“应收代位追偿款”等科目。

（1）“赔付支出”科目。该科目属于损益类科目，用来核算保险公司支付的原保险合同赔付款项和再保险合同赔付款项以及实际发生的理赔侦查费用。

保险公司在确定支付赔付款项金额或实际发生理赔费用的当期，借记该科目，贷记“银行存款”“库存现金”等科目；承担赔付保险金责任应当确认的代位追偿款，借记“应收代位追偿款”科目，贷记该科目。收到应收代位追偿款时，应按实际收到的金额，借记“库存现金”“银行存款”等科目，原已计提坏账准备的，借记“坏账准备”科目，按应收代位追偿款的账面余额，贷记“应收代位追偿款”科目，按其差额，借记或贷记该科目；承担赔偿保险金责任取得的损余物资，应按同类或类似资产的市场价格计算确定的金额，借记“损余物资”科目，贷记该科目。处置损余物资，应按实际收到的金额，借记“库存现金”“银行存款”等科目，按损余物资的账面余额，贷记“损余物资”科目，按其差额，借记或贷记该科目。

该科目可按照险种和原保险合同或再保险合同进行明细核算。

（2）“预付赔付款”科目。该科目属于资产类科目，用来核算保险公司在处理各种理赔案件过程中，按照保险合同约定预先支付的赔付款。再保险接受人分入分保业务须支付的赔付款亦在该科目核算。该科目借方登记预先支付的赔付款，贷方登记结案后转作的赔付支出，以及收到分保账单后转销的现金理赔。期末借方余额反映保险公司实际预付的赔付款。

该科目可按投保人或受益人进行明细核算。

（3）“损余物资”科目。该科目属于资产类科目，用来核算保险公司按照原保险合同约定承担赔偿保险金责任后取得的损余物资。保险公司承担赔偿保险金责任取得的损余物资，按《企业会计准则第 25 号——原保险合同》计算确定的金额，借记该科目，贷记“赔付支出”科目；处置损余物资时，按实际收到的金额，借记“库存现金”“银行存款”等科目，已计提跌价准备的，借记该科目（跌价准备），按其账面余额，贷记该科目，按其差额，借记或贷记“赔付支出”科目。该科目期末借方余额反映企业承担赔偿保险金责任取得的损余物资的价值。

该科目可按损余物资种类进行明细核算。“损余物资”发生减值的，可单独设置“损余物资跌价准备”科目。

（4）“应收代位追偿款”科目。该科目属于资产类科目，用来核算保险公司按照原保险合同约定承担赔付保险金责任后确认的代位追偿款。保险公司承担赔付保险金责任应当确认的代位追偿款，借记该科目，贷记“赔付支出”科目；收回应收代位追偿款时，应按收到的金额，借记“库存现金”“银行存款”等科目，已计提坏账准备的，借记“坏账准备”科目，按其账面余额，贷记该科目，按其差额，借记或贷记“赔付支出”科目。该科目期末借方余额反映保险公司已确认但尚未收回的应收代位追偿款。追偿款属于代位求偿，实质上并不是一项收入，保险人承担赔付保险金责任应收取的代位追偿款冲减当期赔付成本。

该科目可按对方单位（或个人）进行明细核算。

2. 赔付支出的账务处理。会计部门在接到业务部门的理赔计算书后，应认真审查有关内容，审查无误后，根据不同情况分别处理。

（1）当时结案的核算。对于保险赔案清楚，能及时结案的，应通过“赔付支出”科目核算，会计分录为：

借：赔付支出

　贷：银行存款

［例8－4］ 2023年5月，某公司投保的一台机器设备出险，承保的A财产保险公司的会计部门收到赔款计算书和投保人签章的赔款收据，签发200 000元的转账支票给投保人。保险公司编制会计分录为：

借：赔付支出——企业财产险	200 000	
贷：银行存款——活期户		200 000

（2）预付赔付款的核算。由于赔款的计算和审核工作复杂，往往需要很长时间，保险公司为了使被保险人能及时恢复生产经营活动，经常采取按估计损失的一定比例预付部分赔款的办法，等损失核定后，再补足差额。

一是当出险后保险公司预付部分赔款时，会计分录为：

借：预付赔付款——企业财产险

　贷：银行存款

二是当损失核定后保险公司支付剩余赔款时，会计分录为：

借：赔付支出

　贷：预付赔付款

　　　银行存款

［例8－5］ 2023年1月5日，某公司投保的财产综合险出险，由于投保人与保险公司对其实际损失存在争议，尚未及时结算，保险公司预先支付赔款200 000元，后经双方协商，确认理赔支出总额为400 000元。保险公司在结案后以转账支票200 000元补足赔款，保险公司应编制的会计分录为：

预付赔款时：

借：预付赔付款——财产综合险	200 000	
贷：银行存款——活期户		200 000

结案后补足赔款时：

借：赔付支出——财产综合险	400 000	
贷：预付赔付款——财产综合险		200 000
银行存款——活期户		200 000

（3）损余物资的核算。保险财产遭受保险事故后，在多种情况下，不是完全灭失，

而是部分受损，物资还具有一定程度的利用价值，称为损余物资。损余物资一般应合理作价归被保险人所有，并在赔款中予以扣除。如果被保险人不愿意接受，保险公司应按全损赔付，损余物资归保险公司处理。

保险公司承担赔偿保险金责任后取得的损余物资，应当按照同类或类似资产的市场价格计算确定的金额确认为资产，并冲减当期赔付支出。会计分录为：

借：损余物资

　贷：赔付支出——××险种

日后处置损余物资时，保险公司应当按照实际收到的金额与损余物资账面价值的差额调整当期赔付支出。会计分录为：

借：银行存款

　　赔付支出——××险种（或贷方）

　贷：损余物资

若损余物资已计提跌价准备的，还应同时予以结转。

[例 8-6] 某商场仓库发生火灾，经计算，保险公司应赔付 300 000 元，其中损余物资折价 100 000 元归商场所有。应编制会计分录为：

借：赔付支出——财产综合险	200 000	
贷：银行存款		200 000

[例 8-7] 接［例 8-6］，若保险公司取得损余物资，经估价，同类资产的市场价值为 115 000 元，后保险公司将损余物资作价 100 000 元出售。假设损余物资没有发生减值。

赔付款项时，会计分录为：

借：赔付支出——财产综合险	300 000	
贷：银行存款		300 000

取得损余物资时，会计分录为：

借：损余物资	115 000	
贷：赔付支出——财产综合险		115 000

出售损余物资时，会计分录为：

借：银行存款	100 000	
赔付支出——财产综合险	15 000	
贷：损余物资		115 000

（4）应收代位追偿款的核算。应收代位追偿款是指保险人承担赔付保险金责任后，依法向第三者责任人索赔不属于其免责范围所造成的损失而应当取得的赔款。

[例 8-8] 2023 年 5 月 3 日，A 财产保险公司承保的某公司大型运输车发生保险事故，保险公司根据合同约定赔付保险金 120 000 元，并确认为代位追偿款。2 个月后该保险公司从责任方实际收回追偿款 100 000 元。

5 月 3 日，确认代位追偿款时，会计分录为：

借：应收代位追偿款	120 000	

贷：赔付支出——车辆险 120 000

收回代位追偿款时，会计分录为：

借：银行存款 100 000

赔付支出——车辆险 20 000

贷：应收代位追偿款 120 000

三、非寿险责任准备金的核算

非寿险责任准备金是指保险公司为履行其承担的保险责任或者备付未来赔款，从收取的保险费中按规定提存的资金准备，它是保险公司的一种资金积累，包括未到期责任准备金、未决赔款准备金。

1. 未到期责任准备金的核算。

（1）未到期责任准备金的确认。2022 年 3 月，中国银保监会发布了《保险公司非寿险业务准备金管理办法实施细则（1—7 号）》，未到期责任准备金是指在准备金评估日为尚未终止的保险责任而提取的准备金，包括未赚保费准备金及保费不足准备金。其中，未赚保费准备金是指以未满期部分保费收入为基础所计提的准备金，并应减除与获取保费收入相关联的保单获取成本的未到期部分。此外，保险公司应在未到期责任准备金评估过程中进行保费充足性测试，并根据测试结果提取保费不足准备金，作为未到期责任准备金的一部分。之所以会产生未到期责任准备金，其原因在于，保险合同规定的保险责任期限与企业会计年度在时间上不可能完全吻合，因为企业会计年度总是自公历 1 月 1 日起至同年 12 月 31 日止，而保险责任期限却可以发生在任何一个时间点上。因此，在会计年度结算时，必然有期限未届满或虽已收取但应属下一个年度收取的保险费，这一部分保险费即称为未到期责任准备金。到资产负债表日，保险人应按照精算重新计算确定的未到期责任准备金金额与已提取的未到期责任准备金金额的差额调整未到期责任准备金余额。

根据《企业会计准则》，保险人应当在确认非寿险保费收入的当期，按照保险精算确定的金额提取未到期责任准备金，作为当期保费收入的调整，并确认未到期责任准备金负债。

（2）未到期责任准备金的科目设置。为了反映和监督非寿险业务未到期责任准备金的增减变动情况，主要应设置“未到期责任准备金”“提取未到期责任准备金”科目进行核算。

①“未到期责任准备金”科目。该科目属于负债类科目，用来核算保险公司按规定提取的非寿险原保险合同未到期责任准备金。再保险接受人提取的再保险合同分保未到期责任准备金，也在该科目核算。该科目贷方登记按规定提取的未到期责任准备金，借方登记按规定冲减的未到期责任准备金。期末贷方余额反映保险公司的未到期责任准备金。该科目可按保险合同进行明细核算。

②“提取未到期责任准备金”科目。该科目属于损益类科目，用来核算保险公司提取的非寿险原保险合同未到期责任准备金和再保险合同分保未到期责任准备金。其借方

登记按规定提取的未到期责任准备金，贷方登记按规定冲减的未到期责任准备金。期末，应将该科目余额转入“本年利润”科目。结转后该科目无余额。该科目可按险种和保险合同进行明细核算。

（3）未到期责任准备金的账务处理。未到期责任准备金的账务处理包括未到期责任准备金计提、转销、资产负债表日的处理以及将提取未到期责任准备金结转本年利润等内容。

①未到期责任准备金的计提。保险人应当在确认非寿险保费收入的当期，按照保险精算确定的金额，提取未到期责任准备金，作为当期保费收入的调整，并确认未到期责任准备金负债。会计分录为：

借：提取未到期责任准备金——××险种

　贷：未到期责任准备金——××险种

②资产负债表日的处理。保险人应当在资产负债表日，按照保险精算重新计算确认的未到期责任准备金金额与已提取的未到期责任准备金余额的差额，调整未到期责任准备金余额。会计分录为：

借：未到期责任准备金——××险种

　贷：提取未到期责任准备金——××险种

③未到期责任准备金的转销。原保险合同提前解除的，保险人应当转销相关未到期责任准备金余额，计入当期损益。会计分录为：

借：未到期责任准备金——××险种

　贷：提取未到期责任准备金——××险种

④提取未到期责任准备金的期末结转。期末，保险公司应将“提取未到期责任准备金”科目的余额结转“本年利润”科目。会计分录为：

借：本年利润

　贷：提取未到期责任准备金——××险种

[例8-9] 2023年6月6日，A财产保险公司会计部门收到业务部门交来的财产基本险保费日报表、保费收据存根和银行收账通知，该业务签单生效时收到全部保费，按照保险精算计算确定的未到期责任准备金金额为5 000 000元；2023年6月30日，该保险公司按照保险精算重新计算确定的未到期责任准备金金额为4 500 000元。

2023年6月6日，确认未到期责任准备金5 000 000元时，会计分录为：

借：提取未到期责任准备金——财产基本险　　5 000 000

　贷：未到期责任准备金——财产基本险　　5 000 000

2023年6月30日，冲减未到期责任准备金500 000元时，会计分录为：

借：未到期责任准备金——财产基本险　　500 000

　贷：提取未到期责任准备金——财产基本险　　500 000

2. 未决赔款准备金的核算。

（1）未决赔款准备金的确认。未决赔款准备金是指保险人为非寿险保险事故已发生尚未结案的赔案提取的准备金，包括已发生已报案未决赔款准备金、已发生未报案未决赔款准备金、理赔费用准备金。

其中，已发生已报案未决赔款准备金，是指保险人为非寿险保险事故已发生并已向保险人提出索赔而尚未结案提取的准备金；已发生未报案未决赔款准备金，是指保险人为非寿险保险事故已发生但尚未向保险人提出索赔的赔案提取的准备金；理赔费用准备金，是指保险人为非寿险保险事故已发生但尚未结案的赔案可能发生的费用而提取的准备金。

根据《企业会计准则》，保险人应当在非寿险保险事故发生的当期，按照保险精算确定的金额提取未决赔款准备金，并确认未决赔款准备金负债。

（2）未决赔款准备金的科目设置。为了反映和监督非寿险业务未决赔款准备金的增减变动情况，主要应设置“未决赔款准备金”“提取未决赔款准备金”科目进行核算。

①“未决赔款准备金”科目。该科目属于负债类科目，用来核算保险公司为已经发生非寿险保险事故并已提出保险赔款和已经理算完结但未赔付，以及已经发生非寿险保险事故但尚未提出保险赔款的赔案按规定提取的未决赔款准备金。再保险接受人提取的再保险合同未决赔款准备金也在该科目核算。该科目贷方登记按规定提取的未决赔款准备金，借方登记按规定冲减的未决赔款准备金。期末贷方余额反映保险公司的未决赔款准备金。该科目可按保险合同进行明细核算。

②“提取未决赔款准备金”科目。该科目属于损益类科目，用来核算保险公司为已经发生非寿险保险事故并已提出保险赔款和已经理算完结但未赔付，以及已经发生非寿险保险事故但尚未提出保险赔款的赔案按规定提取的未决赔款准备金。再保险接受人提取的再保险合同未决赔款准备金也在该科目核算。该科目借方登记按规定提取的未决赔款准备金，贷方登记按规定冲减的未决赔款准备金。期末，应将该科目余额转入“本年利润”科目，结转后该科目无余额。该科目可按险种和保险合同进行明细核算。

（3）未决赔款准备金的账务处理。未决赔款准备金的账务处理包括未决赔款准备金的计提、冲减、将提取未决赔款准备金结转本年利润等内容。

①未决赔款准备金的计提。投保人发生非寿险保险合同约定的保险事故当期，保险公司应按保险精算确定的未决赔款准备金计提，编制会计分录为：

借：提取未决赔款准备金——××险种

　贷：未决赔款准备金——××险种

年末终了时，保险公司应按照保险精算重新计算未决赔款准备金的金额与充足性测试日已提取的未决赔款准备金余额的差额，补提相关的准备金，并编制会计分录。保险人按照保险精算重新计算未决赔款准备金的金额小于充足性测试日已提取的未决赔款准备金余额，不调整相关准备金；重新计算未决赔款准备金的金额大于充足性测试日已提取的未决赔款准备金余额，则需要调整相关准备金。保险公司编制的会计分录为：

借：提取未决赔款准备金

　贷：未决赔款准备金

②未决赔款准备金的冲减。原保险合同保险人确定支付赔付款项金额或实际发生理赔费用的当期，应冲减相应的未决赔款准备金金额，编制会计分录为：

借：未决赔款准备金——××险种
　　贷：提取未决赔款准备金——××险种

③提取未决赔款准备金的期末结转。期末，保险公司应将“提取未决赔款准备金”科目的余额结转“本年利润”科目，会计分录为：

借：本年利润
　　贷：提取未决赔款准备金——××险种

[**例 8－10**] 2023 年 6 月 30 日，A 财产保险公司与某公司签订了财险合同，按保险精算确定应提取未决赔款准备金 4 000 000 元，2023 年 7 月 30 日支付某公司赔款金额 4 000 000元，同时冲减相应的未决赔款准备金余额。该保险公司应编制会计分录如下：

提取未决赔款准备金时，会计分录为：

借：提取未决赔款准备金　　4 000 000
　　贷：未决赔款准备金　　4 000 000

支付保险赔付款项时，会计分录为：

借：赔付支出　　4 000 000
　　贷：银行存款　　4 000 000

冲减相应未决赔款准备金余额时，会计分录为：

借：未决赔款准备金　　4 000 000
　　贷：提取未决赔款准备金　　4 000 000

第三节　寿险业务的核算

在实践中，寿险业务类别包括定期寿险、终身寿险、两全保险、年金保险、分红保险和长期健康保险等。这些类别都属于人身保险。人身保险是以人的生命、身体或劳动能力为保险标的，以被保险人的生死、伤害、疾病为保险事故的保险业务。人身保险具有储蓄性、保险金额定额给付的确定性、保险期长期性等特点。

寿险业务的核算主要包括保费收入的核算、保险金给付的核算、准备金的核算等内容。

一、寿险业务保费收入的核算

寿险业务保费收入的确认，也应同时满足《企业会计准则》中规定的三个确认条件。同时，该准则还规定，对于寿险原保险合同，分期收取保费的，应当根据当期应收取的保费确定；一次性收取保费的，应当根据一次性应收取的保费确定。

为了反映和监督寿险业务保费收入的增减变动情况，主要应设置“保费收入”“预收保费”“应收保费”等科目进行核算。

寿险业务保费收入的核算包括业务发生时收取保费和预收保费两种情况。

1. 保险业务发生时收取保费的核算。保险业务发生时，分期收取保费的，应当根据当期应收取的保费确认保费收入；一次性收取保费的，应当根据一次性应收取的保费确认保费收入。会计分录为：

借：库存现金/银行存款/应收保费

　贷：保费收入——××险种

[**例8－11**] A财产保险公司的会计部门根据业务部门送来的保费日结单及所附收据存根和现金200 000元，审查后办理入账。应编制会计分录为：

借：库存现金　　200 000

　贷：保费收入　　200 000

2. 预收保费的核算。在预收保费的情况下，投保人提前缴纳的保险费，应通过“预收保费”科目核算。会计分录为：

借：库存现金（银行存款）

　贷：预收保费——××险种

将预收的保费转为已实现的保费收入时，会计分录为：

借：预收保费——××险种

　贷：保费收入——××险种

二、寿险业务保险金给付的核算

寿险业务保险金给付是保险公司对投保人在保险期满或在保险期中支付保险金，以及对保险期内发生保险责任范围的意外事故按规定给付的保险金。人寿保险公司的主要义务就是当被保险人发生保险事故时，根据保险合同的约定给付保险金，因此，给付保险金是人寿保险公司经营业务的重要组成部分。根据保险合同的约定给付保险金分为三种：满期给付、死伤医疗给付和年金给付。

人寿保险公司在办理给付保险金时，应由投保人提供有关单位及证明，经业务部门审查核实后，填制“满期给付领取收据”或“死伤医疗给付领取收据”等，并由投保人签章后，连同保险分户卡一并送交会计部门。会计人员认真复核后，向投保人支付保险金。

1. 满期给付的核算。被保险人生存到保险期满时，保险公司给付的保险金称作满期给付。我国开办的养老保险，当被保险人达到退休年龄或约定的领取年龄，并且缴费期限达到条款规定的年限时，可以办理月领养老金手续。缴费期限不足规定年限者，应办理一次性领取养老金手续。满期给付是综合投保年龄、保险期限、缴费时间和投保份数等因素，根据寿险数学精算出来的。满期给付一般由被保险人本人受领。

现阶段，我国开办的人寿保险满期险种主要有简易人寿保险、团体人寿保险、普通个人生存保险以及生死两全保险等。

为了反映和监督寿险业务满期给付的增减变动情况，主要应设置“满期给付”科目进行核算。该科目属于损益类科目，用来核算保险公司因人寿保险业务的被保险人生存至保险期满，公司按保险合同约定支付给被保险人的满期保险金。其借方登记所发生的满期给付金额，贷方登记按规定冲减的满期给付金额。期末，应将该科目余额转入“本年利润”科目，结转后该科目无余额。该科目可按保险合同和险种进行明细核算。

(1) 被保险人生存至期满，按保险条款规定支付保险金。

借：满期给付——××险种

　贷：银行存款

(2) 在满期给付时，如有保护质押贷款本息未还清者，应将其未还清的贷款本息从应支付的保险金中扣除。

借：满期给付——××险种（应给付金额）

　贷：保户质押贷款——××户（未收到的保户质押贷款本金）

　　利息收入——保户质押贷款利息收入户（欠息金额）

　　银行存款（实际支付金额）

(3) 在保险合同规定的缴费宽限期内发生满期给付。

借：满期给付——××险种（应给付金额）

　贷：保费收入——××险种（投保人未缴保费金额）

　　利息收入——保户质押贷款利息收入户（欠息金额）

　　银行存款（实际支付金额）

(4) 期末，将“满期给付”科目的余额转入“本年利润”科目。

借：本年利润

　贷：满期给付——××险种

[**例8-12**] 王林投保金额为50 000元的两全保险满期，尚有8 000元的保单质押贷款未归还，该笔贷款应付利息为406元，会计部门将贷款及利息扣除后办理给付。应编制会计分录如下：

借：满期给付——两全险	50 000	
贷：保户质押贷款——王林户		8 000
利息收入——保户质押贷款利息收入户		406
银行存款		41 594

2. 死伤医疗给付的核算。死伤医疗给付分为死亡给付、伤残给付和医疗给付三种。为了反映和监督寿险业务死伤医疗给付的增减变动情况，主要应设置“死伤医疗给付”科目进行核算。该科目属于损益类科目，用来核算保险公司因人寿保险及长期健康保险业务的被保险人在保险期内发生保险责任范围内的保险事故，公司按保险合同的约定支付给被保险人（或受益人）的保险金。其借方登记所发生的死伤医疗给付金额，贷方登记按规定冲减的死伤医疗给付金额。期末，应将该科目余额转入“本年利润”科目，结转后该科目无余额。该科目可按保险合同和险种进行明细核算。

死伤医疗给付的账务处理包括发生和期末结转死伤医疗给付两项内容。同时应考虑是否存在投保人贷款本息未还清和未交保费的情况。

(1) 被保险人在保险期内发生保险责任范围内的死亡、意外伤残、医疗事故而按保险责任支付保险金时，会计分录为：

借：死伤医疗给付——××险种

　贷：银行存款

（2）发生死伤医疗给付时，如有贷款本息未还清者，应将其未还清的贷款本息从应支付的保险金中扣除，会计分录为：

借：死伤医疗给付——××险种（应给付金额）

　贷：保户质押贷款——××户（未收到的保户质押贷款本金）

　　利息收入——保户质押贷款利息收入户（欠息金额）

　　银行存款（实际支付金额）

（3）在保险合同规定的缴费宽限期内发生死伤医疗给付时，会计分录为：

借：死伤医疗给付——××险种（应给付金额）

　贷：保费收入——××险种（投保人未缴保费金额）

　　利息收入——保户质押贷款利息收入户（欠息金额）

　　银行存款（实际支付金额）

（4）期末，将“死伤医疗给付”科目的余额转入“本年利润”科目时，会计分录为：

借：本年利润

　贷：死伤医疗给付——××险种

3. 年金给付的核算。年金给付是被保险人生存至规定的年龄，人寿保险公司按保险合同规定支付给被保险人的给付金额。

为了反映和监督人寿保险业务年金给付的增减变动情况，主要应设置“年金给付”科目进行核算。该科目属于损益类科目。

年金给付具体业务处理同满期给付和死伤医疗给付。

三、寿险业务准备金的核算

在寿险业务准备金核算中，保险公司对尚未终止的人寿保险责任应提取寿险责任准备金；对尚未终止的长期健康保险责任应提取长期健康险责任准备金；对尚未终止的意外伤害险和短期健康险责任应提取未到期责任准备金；对非寿险保险事故已发生尚未结案的赔案应提取未决赔款准备金。其中，未到期责任准备金和未决赔款准备金的核算，与非寿险业务中未到期责任准备金和未决赔款准备金的核算基本相同，这里主要对寿险责任准备金和长期健康险责任准备金的核算进行阐述。

1. 寿险责任准备金的核算。寿险责任准备金是指保险公司为将来要发生保险责任而提存的资金。寿险公司80%～90%的负债为寿险责任准备金，而这些准备金大小在精算假设上的轻微变化或在准备金评估方法上的变化都会对某个时期的收入和公司的价值产生极大的影响。

（1）科目设置。为了反映和监督寿险责任准备金的增减变动情况，主要应设置“寿险责任准备金”和“提取寿险责任准备金”科目进行核算。

“寿险责任准备金”科目。该科目属于负债类科目，核算保险公司为尚未终止的人寿保险责任提取的准备金。其借方登记按规定提取、补提的寿险责任准备金，借方登记按规定冲减的寿险责任准备金。期末余额在贷方，反映保险公司的寿险责任准备金。该科目可按保险合同进行明细核算。

“提取寿险责任准备金”科目。该科目属于损益类科目，核算保险公司为尚未终止的人寿保险责任提取的准备金。其借方登记按规定提取、补提的寿险责任准备金，贷方登记按规定冲减的寿险责任准备金。期末，应将该科目余额转入“本年利润”科目，结转后该科目无余额。该科目可按险种和保险合同进行明细核算。

（2）账务处理。

①寿险责任准备金的计提。保险人在确认寿险保费收入的当期，应按保险精算确定的寿险责任准备金提取，会计分录为：

借：提取寿险责任准备金——××险种

　贷：寿险责任准备金

②寿险责任准备金充足性测试。保险人至少应当于每年年度终了，对寿险责任准备金进行充足性测试。保险人按照保险精算重新计算确定的寿险责任准备金金额，超过充足性测试日已提取的寿险责任准备金余额的，应当按照其差额补提寿险责任准备金；保险人按照保险精算重新计算确定的寿险责任准备金金额小于充足性测试日已提取的寿险责任准备金余额的，不调整寿险责任准备金。

③寿险责任准备金的冲减。原保险合同保险人确定支付赔付款项金额或实际发生理赔费用的当期，应冲减相应的寿险责任准备金余额，会计分录为：

借：寿险责任准备金

　贷：提取寿险责任准备金——××险种

④寿险责任准备金的转销。寿险原保险合同提前解除的，保险人应将相关寿险责任准备金余额予以转销，会计分录为：

借：寿险责任准备金

　贷：提取寿险责任准备金——××险种

⑤提取寿险责任准备金的期末结转。期末，应将“提取寿险责任准备金”科目的余额结转至“本年利润”科目，会计分录为：

借：本年利润

　贷：提取寿险责任准备金——××险种

2. 长期健康险责任准备金的核算。长期健康险责任准备金是指保险人为尚未终止的长期健康保险责任提取的准备金。根据规定，保险人应当在确认寿险保费收入当期，按照保险精算确定的金额提取长期健康险责任准备金，并确认长期健康险责任准备金负债。

（1）科目设置。为了反映和监督长期健康险责任准备金的增减变动情况，主要应设置“长期健康险责任准备金”“提取长期健康险责任准备金”科目进行核算。

①“长期健康险责任准备金”科目。该科目属于负债类科目，核算保险公司为尚未终止的长期健康保险责任提取的准备金。其贷方登记按规定提取、补提的长期健康险责任准备金，借方登记按规定冲减的长期健康险责任准备金。期末余额在贷方，反映保险公司的长期健康险责任准备金。该科目可按保险合同进行明细核算。

②“提取长期健康险责任准备金”科目。该科目属于损益类科目，核算保险公司为尚未终止的长期健康保险责任提取的准备金。其借方登记按规定提取、补提的长期健康险责任准备金，贷方登记按规定冲减的长期健康险责任准备金。期末，应将该科目余额转入“本年利润”科目，结转后该科目无余额。该科目可按险种和保险合同进行明细核算。

（2）账务处理。

①长期健康险责任准备金的计提。保险人在确认寿险保费收入的当期，应按保险精算确定的长期健康险责任准备金提取，会计分录为：

借：提取长期健康险责任准备金——××险种

　贷：长期健康险责任准备金

②长期健康险责任准备金充足性测试。保险人至少应当于每年年度终了，对长期健康险责任准备金进行充足性测试。保险人按照保险精算重新计算确定的长期健康险责任准备金金额超过充足性测试日已提取的长期健康险责任准备金余额的，应当按照其差额补提长期健康险责任准备金；保险人按照保险精算重新计算确定的长期健康险责任准备金金额小于充足性测试日已提取的长期健康险责任准备金余额的，不调整长期健康险责任准备金。

③长期健康险责任准备金的冲减。原保险合同保险人确定支付赔付款项金额或实际发生理赔费用的当期，应冲减相应的长期健康险责任准备金余额，会计分录为：

借：长期健康险责任准备金

　贷：提取长期健康险责任准备金——××险种

④长期健康险责任准备金的转销。寿险原保险合同提前解除的，保险人应将相关长期健康险责任准备金余额予以转销。会计分录为：

借：长期健康险责任准备金

　贷：提取长期健康险责任准备金——××险种

⑤提取长期健康险责任准备金的期末结转。期末，应将“提取长期健康险责任准备金”科目的余额结转至“本年利润”科目。会计分录为：

借：本年利润

　贷：提取长期健康险责任准备金——××险种

【专栏8-2】　促进专属养老保险发展

为推动第三支柱养老保险持续规范发展，更好满足广大人民群众多样化养老需求，根据《中华人民共和国保险法》以及相关法律法规规定，经国家金融监督管理总局（以下简称金融监管总局）发布符合条件的人身保险公司可以经营专属商业养老保险的有关事项通知，部分条款如下：

一、专属商业养老保险是指资金长期锁定用于养老保障目的，被保险人领取养老金年龄应当达到法定退休年龄或年满60周岁的个人养老年金保险产品。

二、符合以下条件的保险公司可以经营专属商业养老保险：

（一）上年度末所有者权益不低于50亿元且不低于公司股本（实收资本）的75%；

（二）上年度末综合偿付能力充足率不低于150%、核心偿付能力充足率不低于75%；

（三）上年度末责任准备金覆盖率不低于100%；

（四）金融监管总局规定的其他条件。

养老主业突出、业务发展规范、内部管理机制健全的养老保险公司，可以豁免第一款关于上年度末所有者权益不低于50亿元的规定。

三、保险公司应当于每个年度结束后15个工作日内确认相关指标是否符合本通知第二条规定。如不符合，保险公司应当自年度结束后第16个工作日起停止销售专属商业养老保险产品，并向金融监管总局及其派出机构报告，妥善保存相关决策文件备查。相关指标重新符合本通知要求的，保险公司应当向金融监管总局报告。金融监管总局自收到报告后10个工作日内未提出不同意见的，保险公司可恢复销售。

四、专属商业养老保险产品命名格式为：保险公司名称+说明性文字+专属商业养老保险。

五、专属商业养老保险产品采取账户式管理，可以采取包括趸交、期交、灵活交费在内的多种保费交纳方式。产品设计分为积累期和领取期。保险公司可以依法合规建立持续奖励机制，引导消费者长期积累和领取养老金。

六、专属商业养老保险产品积累期采取保证加浮动的收益模式。保险公司应当为消费者提供一个以上的投资组合，不同投资组合保证利率可以不同。投资组合保证利率一经确定，不得调整。

在有效管控账户流动性的前提下，保险公司可以在积累期向消费者提供投资组合转换服务，并在保险合同中明确约定一定期限内可转换次数、转换金额，以及转换费用收取标准等。

七、保险公司应当提供定期、终身等多种养老金领取方式，除另有规定外，专属商业养老保险领取期限不得短于10年。养老金领取安排可衔接养老、护理等服务，但应当另行签订相关服务合同。

八、保险公司应当制定专属商业养老保险养老年金领取转换表（以下简称转换表），可以根据生命表、预定利率等变化适时调整，并在公司官方线上平台显著位置公布调整后的转换表。保险公司应当与消费者在保险合同中约定其适用的转换表。

九、专属商业养老保险的保险责任包括身故责任、年金领取责任，保险公司可以适当方式提供重大疾病、护理、意外等其他保险责任。

十、消费者在保险合同期内身故，赔付金额在积累期内不得低于账户价值，在领取期内不得低于保证领取剩余部分与养老年金转换时账户价值扣除已领取金额的较大者，累计给付金额与赔付金额之和不得低于养老年金转换时账户价值。对于其他养老金领取方式，累计给付金额与赔付金额之和不得低于消费者尚未领取部分。

十一、消费者罹患中国保险行业协会颁布《重大疾病保险的疾病定义使用规范(2020年修订版)》定义的重大疾病，或遭遇意外且伤残程度达到人身伤残保险评定标准1—3级的，可以申请特殊退保。

消费者在积累期申请特殊退保的，现金价值为申请时的账户价值。消费者在领取期申请特殊退保的，现金价值为申请时保证领取剩余部分与年金转换时账户价值扣除已领取金额的较大者。对于其他养老金领取方式，退保金额为消费者尚未领取部分。

在保险合同有效期内，如相关单位修订或颁布重大疾病保险疾病定义、人身伤残保险评定标准等，按修订后或颁布的内容执行。

十二、自2023年11月1日起，金融监管总局对专属商业养老保险产品保险条款和费率统一实行备案管理。保险公司除提交规定的备案材料外，还应当同时提交上年度末所有者权益、偿付能力充足率、责任准备金覆盖率等情况说明。

十三、保险公司经营专属商业养老保险业务，应当建立与业务发展相适应的风险管控机制和较长期限的销售激励考核机制、投资考核机制，健全内部控制体系和相关信息系统，制定账户管理、业务管理、财务管理和信息披露等制度。

十四、保险公司应当为专属商业养老保险业务建立单独的投资账户，加强账户管理，依法合规开展账户的建立注销、资金划转、投资管理、估值核算等工作，明确相关操作规范、审批权限等。

十五、保险公司可以在专属商业养老保险投资账户建立后的6个月内，使用自有资金向账户划拨启动资金，用于支持账户运作初期的资产配置，并向金融监管总局报告启动资金退出计划。

保险公司应当按照计划，一次性或分次将相关资金划转至自有资金归集账户，相关操作不得对账户资产配置和稳定运营产生重大不利影响，不得损害消费者合法权益。保险公司累计划转金额以启动资金及其相应收益为限。

十六、保险公司应当按年度结算投资组合收益，以每年12月31日24时作为当年投资组合收益结算时点，在次年1月前6个工作日内审慎确定并公布上一年度投资组合结算收益率。两个年度收益结算日之间特定日期的投资组合收益，为上一个年度收益结算日到该日期按投资组合最低保证利率计算的收益。

十七、保险公司应当加强负债管理，投资组合收益水平应当体现保险公司长期投资管理能力和养老资金安全、稳健管理要求。

十八、保险公司可以委托大型银行、股份制银行，以及开办个人养老金业务的城市商业银行在其经营区域内宣传和销售专属商业养老保险。

为有效履行对消费者的长期养老风险保障责任，保险公司应当在代理销售服务合同中要求接受其委托的商业银行提供真实、完整、有效的消费者信息。

十九、保险公司及接受其委托的商业银行通过官方线上平台宣传和销售专属商业养老保险的，应当符合《中国银保监会办公厅关于进一步规范保险机构互联网人身保险业务有关事项的通知》(银保监办发〔2021〕108号)关于经营互联网人身保险业务的在线运营能力和在线服务体系要求，并采取有效措施和技术手段，完整、客观记录在销售页面上呈现的营销推介、关键信息提示和投保人确认等重点环节，满足互联网保险销售行为可回溯管理要求。

二十、保险公司通过本通知第十九条规定方式宣传和销售专属商业养老保险，如在销售区域内未设立省级分支机构，应当与具备相应线下服务能力的其他已开设分支机构的保险公司等机构合作，以有效履行保险责任并提供相关服务。

二十一、保险公司应当履行销售管理主体责任，加强机构管理、人员管理和销售行为全流程管控。保险公司应当强化专属商业养老保险消费者权益保护，将其纳入公司消费者权益保护工作管理体系，完善消费投诉处理机制，依法合规、积极妥善处理投诉。

保险公司通过本通知第十九条规定方式宣传和销售专属商业养老保险的，应当在总公司专门建立或指定部门统一负责专属商业养老保险消费者权益保护工作。

资料来源：2023 年 10 月 25 日发布的《国家金融监督管理总局关于促进专属商业养老保险发展有关事项的通知》，https：//www. cbirc. gov. cn/cn/view/pages/ItemDetail. html？ docId = 1133267&itemId = 928&generaltype = 0。

第四节　再保险业务的核算

再保险又称分保，是指一个保险人（再保险分出人）分出一定的保费给另一个保险人（再保险接受人），再保险接受人对再保险分出人由原保险合同所引起的赔付成本及其他相关费用进行补偿的保险业务。在再保险业务中，分出保险业务的保险人称为原保险人或再保险分出人，亦即再保险合同的投保人；接受分保业务的保险人称为再保险人或再保险接受人（分入人）。

在再保险业务中，再保险分出人为了转移风险和责任，将原保险合同中一定比例的保费收入分给再保险接受人，这对再保险分出人而言为分出保费，对再保险接受人而言则为分保费收入。原保险人承保业务和进行经营管理要花费一定的开支，要向再保险人收取一定的分保手续费，称为分保佣金；原保险合同确认的赔付款项及理赔费用，按再保险合同约定应由再保险接受人承担的部分，对再保险接受人而言为分保赔付支出，对再保险分出人而言则为摊回赔付支出。

一、再保险业务的种类

再保险业务可分为比例再保险和非比例再保险两大类。

1. 比例再保险。比例再保险是指原保险人与再保险人以保险金额为基础，计算比例，分担保险责任限额的再保险。比例再保险又可分为成数再保险、溢额再保险、成数和溢额混合再保险。

成数再保险是指再保险分出人以保险金额为基础，对每一危险单位按固定比例即一定成数作为自留额，将其余的一定成数转让给再保险接受人，保险费和保险赔款按同一比例分摊的再保险。

溢额再保险是指再保险分出人以保险金额为基础，规定每一危险单位的一定额度作为自留额，并将其超过自留额的部分，即溢额，分给再保险接受人，再保险接受人按承担溢额责任占保险金额的比例收取分保费和分摊分保赔款的再保险。

成数和溢额混合再保险是前两种方式的混合运用。成数和溢额混合再保险并无一定的形式，可视分出公司的需要和业务质量而定。

2. 非比例再保险。非比例再保险又称超额再保险，是一种以赔款为基础，计算自赔限额和分保责任限额的再保险。非比例再保险又可分为超额赔款再保险和超额赔付率再保险。

超额赔款再保险是指由再保险分出人与再保险接受人签订协议，对每一危险单位损失或一次巨灾事故的累计责任损失规定一个自赔额，自赔额以上至一定限度由再保险接受人负责的再保险。

超额赔付率再保险是指以一定时期（一般为 1 年）的积累责任赔付率为基础计算责任限额，当实际赔付率超过约定赔付率时，其超过部分由再保险接受人负责一定限额的再保险。

二、再保险业务核算的特点

再保险业务与直接承保业务相比较，在核算上具有以下几个方面的特点。

1. 再保险业务产生的资产、负债及相关收支单独确认。根据《企业会计准则》规定，再保险分出人应单独核算其所持有的再保险合同，不应当将再保险合同形成的资产与有关原保险合同形成的负债相互抵销，也不应当将再保险合同形成的收入或费用与有关原保险合同形成的费用或收入相互抵销。

2. 再保险业务资金结算方式与原保险业务不同。再保险资金结算是在保险人之间进行，或通过保险经纪人进行的，采用的是“风险共担、利益共享”的原则。在再保险分出人发生赔款及手续费、佣金、营业税金及附加等业务的情况下，再保险接受人不直接向保险受益人支付赔款、向保险代理人或经纪人支付手续费和佣金以及其他相关税费，而是事先由再保险分出人支付赔款和税费，再保险接受人按分保比例事后与再保险分出人核算应负担的份额。因此，对再保险业务应核算摊回分保赔款和摊回分保费用。

3. 分保账单是再保险业务核算的专用凭证。分保账单是核算再保险业务的专用会计凭证，也是定期清算往来账款的唯一依据。它由再保险分出人编制并送再保险接受人。分保账单一般按季编制，账单中一般载明分保手续费、分保赔款、分保准备金、分保费等内容，会计部门根据账单中借贷方的差额，确定是应收还是应付。

4. 再保险业务没有手续费的核算。再保险业务是保险公司间的业务，不涉及向保险代理人或保险经纪人支付手续费的问题，没有手续费的核算。

再保险业务分为再保险分出业务的核算和再保险分入业务的核算两个方面。

三、分出业务的核算

分出业务核算是再保险业务中以再保险分出人为主体所进行的核算。其内容主要包括分出保费、摊回分保费用、摊回赔付支出以及各种准备金的核算。

1. 分出保费的计算方法。分出保费的计算是再保险分出业务核算的基础。分出保费的计算方法有按比例计算和非比例计算两种。

对于比例再保险，再保险分出人的自留额和再保险接受人的责任额都表示为保额的一定比例，该比例也是计算分出保费的依据，用公式表示为

$$分出保费 = 保费 \times 确定的比例$$

非比例再保险最典型的代表为超额赔款再保险，在此以超额赔款再保险为例，说明非比例再保险分出保费的计算。超额赔款再保险分出保费的计算包括预交最低再保险费、净保费收入总额、再保险费率三个要素。

2. 科目设置。为了反映和监督再保险分出业务分出保费、摊回分保费用、摊回赔付支出以及各种准备金的增减变动情况，再保险分出人主要应设置“应收分保账款”“应付分保账款”“存入分保保证金”“分出保费”“应收分保合同准备金”“摊回保险责任准备金”“摊回赔付支出”“摊回分保费用”等科目。

（1）“应收分保账款”科目。该科目属于资产类科目，用来核算保险公司从事再保险业务应收取的款项。其借方登记再保险业务发生的应收未收款项的增加，贷方登记再保险业务发生的应收未收款项的减少。期末借方余额，反映保险公司从事再保险业务应收取的款项。该科目可按再保险分出人或再保险接受人和再保险合同进行明细核算。

（2）“应付分保账款”科目。该科目属于负债类科目，用来核算保险公司从事再保险业务应付未付的款项。其贷方登记再保险业务发生的应付未付款项的增加，借方登记再保险业务发生的应付未付款项的减少。期末贷方余额，反映保险公司从事再保险业务应付未付的款项。该科目可按再保险分出人或再保险接受人和再保险合同进行明细核算。

（3）“存入分保保证金”科目。该科目属于负债类科目，用来核算保险公司从事再保险分出业务按合同约定扣存再保险接受人的保费形成的保证金。借方登记扣存的分保准备金，贷方登记返还的分保准备金。期末贷方余额，反映保险公司尚未返还的分保准备金。该科目可按再保险接受人进行明细核算。

（4）“分出保费”科目。该科目属于损益类科目，用来核算保险公司从事再保险分出业务向再保险接受人分出的保费。其借方登记按规定向再保险接受人分出的保费及调整增加的分出保费，贷方登记按规定调整减少的分出保费。期末，应将该科目余额转入“本年利润”科目，结转后该科目无余额。该科目可按险种进行明细核算。

（5）“应收分保合同准备金”科目。该科目属于资产类科目，用来核算再保险分出人从事再保险业务确认的应收分保合同准备金，以及应向再保险接受人摊回的保险责任准备金。再保险分出人也可单独设置“应收分保未到期责任准备金”“应收分保未决赔款准备金”“应收分保寿险责任准备金”“应收分保长期健康险责任准备金”等科目进行核算。

“应收分保合同准备金”科目借方登记按规定确认的应收分保未到期责任准备金，与应向再保险接受人摊回的分保保险责任准备金金额，以及调整增加的金额，贷方登记按规定调整减少、冲减及转销的金额，期末借方余额，反映保险公司从事再保险业务确

认的应收分保保险责任准备金余额。该科目可按再保险接受人和再保险合同进行明细核算。

（6）“摊回保险责任准备金”科目。该科目属于损益类科目，用来核算再保险分出人从事再保险业务应向再保险接受人摊回的保险责任准备金，包括未决赔款准备金、寿险责任准备金、长期健康险责任准备金。再保险分出人也可单独设置“摊回未决赔款准备金”“摊回寿险责任准备金”“摊回长期健康险责任准备金”等科目进行核算。

“摊回保险责任准备金”科目贷方登记应向再保险接受人摊回的保险责任准备金金额，以及调整增加的金额，借方登记按规定冲减、转销的摊回保险责任准备金金额。期末，应将该科目余额转入“本年利润”科目，结转后该科目无余额。该科目可按保险责任准备金类别和险种进行明细核算。

（7）“摊回赔付支出”科目。该科目属于损益类科目，用来核算再保险分出人向再保险接受人摊回的应由其承担的赔付成本。再保险分出人也可单独设置“摊回赔付支出”、“摊回年金给付”、“摊回满期给付”和“摊回死伤医疗给付”等科目进行核算。

“摊回赔付支出”科目贷方登记向再保险接受人摊回的应由其承担的赔付成本及调整增加的金额，借方登记按规定调整减少的金额。期末，应将该科目余额转入“本年利润”科目，结转后该科目无余额。该科目可按险种进行明细核算。

（8）“摊回分保费用”科目。该科目属于损益类科目，用来核算再保险分出人向再保险接受人摊回的应由其承担的分保费用。其贷方登记向再保险接受人摊回的应由其承担的分保费用，以及向再保险接受人收取的纯益手续费，借方登记按规定调整减少的摊回分保费用。期末，应将该科目余额转入“本年利润”科目，结转后该科目无余额。该科目可按险种进行明细核算。

3. 账务处理。

（1）分出保费的核算。再保险分出人应当在确认原保险合同保费收入的当期，按照相关再保险合同的约定，计算确定分出保费，计入当期损益。会计分录为：

借：分出保费

　　贷：应付分保账款

（2）应收分保准备金的核算。

①原保险合同为非寿险业务的，再保险分出人在确认原保费收入的当期，还应按相关再保险合同的约定，计算确认相关的应收分保准备金，并冲减提取未到期责任准备金。会计分录为：

借：应收分保未到期责任准备金

　　贷：提取未到期责任准备金

②资产负债表日，再保险分出人调整原保险合同未到期责任准备金余额时，应相应调整应收分保未到期责任准备金余额。即按相关再保险合同约定计算确定的应收分保未到期责任准备金的调整金额，会计分录为：

借：提取未到期责任准备金

　　贷：应收分保合同准备金

（3）摊回分保费用的核算。

①再保险分出人应当在确认原保险合同保费收入的当期，按照相关再保险合同的约定，计算确定相应的再保险接收人摊回的分保费用，计入当期损益。会计分录为：

借：应收分保账款

　贷：摊回分保费用

②再保险分出人应当根据相关再保险合同的约定，在能够计算确定应向再保险接受人收取的纯益手续费时，将该项纯益手续费作为摊回分保费用，计入当期损益。会计分录为：

借：应收分保账款

　贷：摊回分保费用

（4）摊回保险责任准备金的核算。

①再保险分出人应当在提取原保险合同未决赔款准备金、寿险责任准备金、长期健康险责任准备金的当期，按照相关再保险合同的约定，计算确定应向再保险接受人摊回的相应准备金，确认为相应的应收分保准备金资产。

摊回未决赔款准备金时，会计分录为：

借：应收分保未决赔款准备金

　贷：摊回未决赔款准备金

摊回寿险责任准备金时，会计分录为：

借：应收分保寿险责任准备金

　贷：摊回寿险责任准备金

摊回长期健康险责任准备金时，会计分录为：

借：应收分保长期健康险责任准备金

　贷：摊回长期健康险责任准备金

②对原保险合同保险责任准备金进行充足性测试补提保险责任准备金时，应按相关再保险合同约定计算确定的应收分保保险责任准备金的相应增加额，编制会计分录为：

借：应收分保未决赔款准备金（或应收分保寿险责任准备金、应收分保长期健康险责任准备金）

　贷：摊回未决赔款准备金（或摊回寿险责任准备金、摊回长期健康险责任准备金）

③再保险分出人应当在确定支付赔付款项金额或实际发生理赔费用而冲减原保险合同相应保险责任准备金余额的当期，冲减相应的应收分保准备金余额。编制会计分录为：

借：摊回未决赔款准备金（或摊回寿险责任准备金、摊回长期健康险责任准备金）

　贷：应收分保未决赔款准备金（或应收分保寿险责任准备金、应收分保长期健康险责任准备金）

（5）摊回赔付支出的核算。

①再保险分出人应当在确定支付赔付款项金额或实际发生理赔费用而确认原保险合同赔付成本的当期，按相关再保险合同的约定，计算确定应向再保险接受人摊回的赔付

成本，计入当期损益。会计分录为：

借：应收分保账款

　贷：摊回赔付支出

在因取得和处置损余物质、确认和收到应收代位追偿款等而调整原保险合同赔付成本的当期，应按相关再保险合同的约定，计算确定摊回赔付成本的调整金额，计入当期损益。

摊回赔付成本调整增加时，会计分录为：

借：应收分保账款

　贷：摊回赔付支出

摊回赔付成本调整减少时，会计分录相反。

②对于超额赔款再保险等非比例再保险合同，再保险分出人应当在能够计算确定应向再保险接受人摊回的赔付成本时，将该项应摊回的赔付成本计入当期损益。会计分录为：

借：应收分保账款

　贷：摊回赔付支出

（6）存入分保准备金的核算。再保险分出人应当在发出分保业务账单时，将账单标明的扣存本期分保保证金确认为存入分保准备金。会计分录为：

借：应付分保账款

　贷：存入分保准备金

同时，按照账单标明的返还上期扣存分保保证金转销相关存入分保保证金，会计分录为：

借：存入分保准备金

　贷：应付分保账款

再保险分出人根据相关再保险合同的约定，按期计算存入分保保证金利息，计入当期损益，会计分录为：

借：利息支出

　贷：应付分保账款

（7）原保险合同提前解除的核算。再保险分出人应当在原保险合同提前解除的当期，按照相关再保险合同的约定，计算确定分出保费、摊回分保费用的调整金额，计入当期损益；同时，转销相关应收分保准备金余额。

①调整分出保费的核算。按计算确定的分出保费的调整减少金额，会计分录为：

借：应付分保账款

　贷：分出保费

②调整摊回分保费用的核算。按计算确定的摊回分保费用的调整减少金额，会计分录为：

借：摊回分保费用

　贷：应收分保账款

③转销相关应收分保准备金余额的核算。转销相关应收分保未到期责任准备金余额时，会计分录为：

借：提取未到期责任准备金

　贷：应收分保合同准备金

转销相关应收分保寿险责任准备金余额时，会计分录为：

借：摊回寿险责任准备金

　贷：应收分保合同准备金

转销相关应收分保长期健康险责任准备金余额时，会计分录为：

借：摊回长期健康险责任准备金

　贷：应收分保合同准备金

（8）结算分保账款的核算。再保险分出人、再保险接受人结算分保账款时，按应付分保账款金额，借记“应付分保账款”科目，按应收分保账款金额，贷记“应收分保账款”科目，按借贷方差额，借记或贷记“银行存款”科目。

（9）期末结平损益类科目的核算。期末，再保险分出人将损益类科目的余额转入“本年利润”科目，结转后损益类科目无余额，会计分录为：

借：本年利润

　贷：分出保费

　　利息支出

借：摊回分保费用

　摊回赔付支出

　摊回未决赔款准备金

　摊回寿险责任准备金

　摊回长期健康险责任准备金

　贷：本年利润

四、分入业务的核算

分入业务的核算是再保险接受人接受再保险后对取得的分保费、发生的分保赔款和费用、提取的各种准备金等进行的核算。

1. 科目设置。为了反映和监督再保险分入业务分保费收入、分保赔款和费用以及提取的各种准备金的增减变动情况，再保险接受人除了设置“应收分保账款”“应付分保账款”“分保费收入”“未到期责任准备金”“保险责任准备金”“分保赔付支出”“提取未到期责任准备金”“提取保险责任准备金”等科目外，还应设置“分保费用”“存出分保准备金”科目进行核算。

（1）“分保费用”科目。该科目属于损益类科目，用来核算再保险接受人向再保险分出人支付的应由其承担的各项费用。其借方登记再保险接受人按再保险合同约定计算确定的分保费用金额、收到分保业务账单时对分保费用调整增加的金额以及按再保险合同约定计算确定的纯益手续费金额，贷方登记收到分保业务账单时对分保费用调整减少的金额。期末，应将该科目余额转入“本年利润”科目，结转后该科目无余额。该科目可按险种进行明细核算。

（2）“存出分保准备金”科目。该科目属于资产类科目，用来核算再保险接受人按合同约定存出的分保保证金。其借方登记存出的分保保证金，贷方登记收回的分保保证金。期末借方余额，反映再保险接受人存出的分保保证金。该科目可按再保险分出人进行明细核算。

2. 账务处理。

（1）分保费收入的核算。根据《企业会计准则》，分保费收入同时满足下列条件的，才能予以确认：再保险合同成立并承担相应保险责任；与再保险合同相关的经济利益很可能流入企业；与再保险合同相关的收入能够可靠地计量。

首先，再保险接受人应当根据相关再保险合同的约定，计算确定分保费收入金额，编制会计分录为：

借：应收分保账款

　贷：分保费收入

其次，再保险接受人在收到分保业务账单时，按账单标明的金额对分保费收入进行调整，金额计入当期损益。调整增加时，会计分录为：

借：应收分保账款

　贷：分保费收入

调整减少时，会计分录相反。

（2）分保费用的核算。再保险接受人应当在确认分保费收入的当期，根据相关再保险合同的约定，计算确定分保费用，计入当期损益。会计分录为：

借：分保费用

　贷：应付分保账款

同时，再保险接受人应当在收到分保业务账单时，按照账单标明的金额对分保费用进行调整，调整金额计入当期损益。调整增加时，会计分录为：

借：分保费用

　贷：应付分保账款

调整减少时，会计分录相反。

另外，再保险接受人应当根据相关再保险合同的约定，在能够计算确定应向再保险分出人支付的纯益手续费时，将该项纯益手续费作为分保费用，计入当期损益。会计分录为：

借：分保费用

　贷：应付分保账款

（3）分保准备金的核算。再保险接受人提取分保未到期责任准备金、分保未决赔款准备金、分保寿险责任准备金、分保长期健康险责任准备金的核算，以及进行相关分保准备金充足性测试的处理时，与原保险业务中的核算与处理基本相同，这里不再赘述。

同时，再保险接受人应当在收到分保业务账单确认分保赔付成本的当期，冲减相应的分保准备金余额。会计分录为：

借：未决赔款准备金（或寿险责任准备金、长期健康险责任准备金）

贷：提取未决赔款准备金（或提取寿险责任准备金、提取长期健康险责任准备金）

（4）分保赔付支出的核算。再保险接受人应当在收到分保业务账单的当期，按照账单标明的分保赔付款项金额，作为分保赔付成本，计入当期损益。会计分录为：

借：分保赔付支出

贷：应付分保账款

（5）存出保证金的核算。再保险接受人应当在收到分保业务账单时，将账单标明的扣存本期分保保证金确认为存出分保保证金。会计分录为：

借：存出保证金

贷：应收分保账款

同时，按照账单标明的再保险分出人返还上期扣存分保保证金转销相关存出分保保证金。会计分录为：

借：应收分保账款

贷：存出保证金

再保险接受人根据相关再保险合同的约定，按期计算存出分保保证金利息，计入当期损益。会计分录为：

借：应收分保账款

贷：利息收入

（6）结算分保账款的核算。再保险接受人、再保险分出人结算分保账款的核算在再保险分出业务的核算中已述，这里不再重复。

（7）期末结转损益类科目的核算。期末，再保险接受人将损益类科目的余额转入"本年利润"科目，结转后损益类科目无余额。会计分录为：

借：本年利润

贷：分保费用

分保赔付支出

提取未到期责任准备金

提取未决赔款准备金

提取寿险责任准备金

提取长期健康险责任准备金

借：分保费收入

利息收入

贷：本年利润

[例 8-13] A 财产保险公司（分出人）2022 年将火险业务采用固定合同成数分保方式与 B 保险公司（分入人）结成分保伙伴关系。自留额分成为 40%，分出额分成为 60%。保证金扣存比例为 40%。A 财产保险公司按分保份额提取分保未到期责任准备金为 2 300 元。A 财产保险公司收到 B 保险公司保证金 1 140 元存入银行。

1. 分出业务的核算。

（1）A 财产保险公司收到 B 保险公司汇出的保证金 1 140 元存入银行，会计分录为：

借：银行存款　　1 140

　贷：存入分保准备金——2022 年度　　1 140

（2）A 财产保险公司编制分保账单并寄送 B 保险公司，分保账单如表 8－1 所示。

表 8－1　　分保账单

分出人：A 财产保险公司

险种：火险

分入人：B 保险公司

业务年度：2022 年

账单期：2022 年第四季度

货币单位：人民币元

借方		贷方	
项目	金额	项目	金额
分保赔付	1 962	分出保费	4 600
分保手续费	1 000	保证金返还	1 140
保证金扣存	1 840	保证金利息	57
应付你方余额	995		
共计	5 797	共计	5 797
你方成分 100%	995		

根据分保账单编制记账凭证，会计分录为：

借：分出保费——2022 年业务年度火险　　4 600

　　利息支出——保证金利息　　57

　贷：应付分保账款——2022 年业务年度 B 保险公司　　4657

借：应收分保账款——2022 年业务年度 B 保险公司　　4 657

　贷：摊回赔付支出——2022 年业务年度火险　　1 962

　　　摊回分保费用——火险　　1 000

　　　存入分保准备金——2022 年 B 保险公司　　700①

　　　应付分保账款——2022 年业务年度 B 保险公司　　995

（3）A 财产保险公司与 B 保险公司进行资金结算时，“应收分保账款”科目余额小于“应付分保账款”科目余额的差额为 995 元，A 财产保险公司向 B 保险公司实际支付款项时，会计分录为：

借：应付分保账款　　995

　贷：银行存款　　995

（4）提取分保未到期责任准备金时，会计分录为：

① 贷记“存入分保准备金”科目的 700 是由分出公司从分出保费 4 600 元按 40% 比例扣存了 1 840 元（4 600 ×40%）保证金，减去 B 保险公司汇给分出人的 1140 元所得。

借：应收分保未到期责任准备金　　2 300
　贷：提取未到期责任准备金　　2 300

（5）期末将上述业务转入本年利润，会计分录为：

借：本年利润　　4 657
　贷：分出保费——2022 年业务年度火险　　4 600
　　利息支出——保证金利息　　57
借：摊回赔付支出——2016 年业务年度火险　　1 962
　摊回分保费用——火险　　1 000
　贷：本年利润　　2 962

2. 分入业务的核算。

（1）向 A 财产保险公司汇出保证金 1 140 元时，会计分录为：

借：存出分保准备金——2022 年度　　1 140
　贷：银行存款　　1 140

（2）收到 A 财产保险公司寄来的分保账单时，会计分录为：

借：应收分保账款——2022 年 A 财产保险公司分入业务　　4 657
　贷：分保费收入——2022 年业务年度火险　　4 600
　　利息收入　　57
借：分保赔付支出——2022 年业务年度火险　　1 962
　分保费用——火险　　1 000
　存出分保准备金——2022 年 A 财产保险公司　　700
　贷：应付分保账款——2022 年 A 财产保险公司分入业务　　3 662

（3）B 保险公司与 A 财产保险公司进行资金结算时，“应收分保账款”科目余额大于“应付分保账款”科目余额的差额为 995 元，B 保险公司实际收到对方公司付给的款项时，会计分录为：

借：银行存款　　995
　贷：应收分保账款——2022 年 A 财产保险公司分入业务　　995

（4）期末将上述业务转入本年利润时，会计分录为：

借：本年利润　　2 962
　贷：分保赔付支出——2022 年业务年度火险　　1 962
　　分保费用——火险　　1 000
借：分保费收入——2022 年业务年度火险　　4 600
　利息收入　　57
　贷：本年利润　　4 657

本章小结

1. 保险会计是指保险公司运用会计学的基本原理和方法来反映和监督保险公司各种

经济业务活动的专业会计。

2. 保险公司业务核算可分为两大类：非寿险业务核算和寿险业务核算。

非寿险业务包括企业财产保险、家庭财产保险、工程保险、责任保险、信用保险、保证保险、机动车辆保险、船舶保险、货物运输保险、农业保险、短期健康保险和意外伤害保险等。

寿险业务包括定期寿险、终身寿险、两全保险、年金保险、分红保险和长期健康保险等。

3. 再保险业务核算分为分出业务核算和分入业务核算。

分出业务核算是再保险业务中以再保险分出人为会计主体所进行的核算；分入业务核算是再保险接受人接受再保险后对取得的分保费、发生的分保赔款和费用、提取的各种准备金等进行的核算。

重点概念

保费收入　应收保费　赔付支出　应收代位追偿款　非寿险责任准备金　未到期责任准备金　未决赔款准备金　寿险业务　满期给付　死伤医疗给付　年金给付　寿险责任准备金　再保险　分出保费　摊回分保费用　摊回赔付支出　分保费　分保赔款

思考与练习

1. 保险业务会计核算的特点有哪些？
2. 非寿险的保费收入如何确认？
3. 寿险的保费收入如何确认？
4. 再保险会计核算的内容及其特点有哪些？
5. 再保险分入业务核算的科目主要有哪些？分别反映的内容是什么？
6. 再保险分出业务核算的科目主要有哪些？分别反映的内容是什么？
7. 某公司非寿险业务的有关资料如下：

（1）收到业务部门送交的财产险日报表、保费收据及银行收账通知，共计 80 000 元，该签单已生效。

（2）收到业务部门交来的财险保费日报表、保费收据及银行收账通知，共计 30 000 元，该项业务自下月 2 日起生效。

（3）A 公司投保财产综合险，总保费为 1 000 000 元，首期收到保费 600 000 元，其余保费分 2 期等额收取。

（4）B 公司投保的财产综合险出险，由于双方就财产损失额存在争议，尚未及时结案，保险公司预付赔款 800 000 元，后经双方协商，确认理赔支出总额为 1 200 000 元，保险公司在结案后补足赔款。

（5）李华投保金额为200 000元的家财两全险满期，经核查，该保户有尚未偿还保单质押贷款本金20 000元，贷款利息1 000元，同时，该保户尚未交纳当年保费4 000元。

（6）2023年末计提未决赔款准备金，其中，已决未付赔款按当年已提出的保险赔款30 000 000元计提；对已发生未报告的未付赔款，按当年实际赔款支出额10 000 000元的4%计提；同时转回上年提存的未决赔款准备金2 000 000元。

要求：根据上述资料，编制有关会计分录。

8. 某公司寿险业务的有关资料如下：

（1）会计部门收到业务部门送交的个人险日结单和有关收据，以及现金30 000元，经审查入账。

（2）会计部门5月10日收到C公司济南分公司投保团体险的预交保费500 000元，经过核保，保险公司同意承保。保险公司于5月15日将预收保费转为保费收入。

（3）长期健康保险的投保人王丽，因交通事故导致肢体残疾，王丽提出死伤医疗给付申请，经核查，公司同意给付保险金80 000元，由于王丽尚未缴纳当年保险费2 000元，会计部门以现金支付余额。

（4）年末，公司提存寿险责任准备金50 000 000元，转回上年提存寿险责任准备金40 000 000元。

要求：根据上述资料，编制有关会计分录。

9. 甲保险公司与乙保险公司签订分入再保险合同，采用固定合同成数分保方式。乙保险公司接受分保成分为10%，乙保险公司收到甲保险公司的分保业务账单如表8－2所示。

表8－2　　　　分保业务账单

分出公司名称：甲保险公司
分入公司名称：乙保险公司
账单日期：2023年第四季度
业务年度：2023年度
合同名称：××险03号合约
货币单位：人民币万元

借方		贷方	
项目	金额	项目	金额
分保赔付	2 900	分出保费	5 000
分保手续费	800	保证金返还	400
保证金扣存	500	保证金利息	20
应付你方余额	1 220	应收你方余额	
合计	5 420	合计	5 420
你方成分10%			

要求：根据以上业务编制有关会计分录。

第九章

证券公司业务核算

本章学习目标

1. 熟知证券公司经纪、自营和承销业务流程；
2. 掌握证券经纪业务的基本内容及会计核算规则；
3. 理解证券自营和承销业务的基本内容及会计核算规则；
4. 熟知证券融资融券、资产管理和资金拆借等其他业务的基本内容及会计核算规则。

第一节　证券经纪业务的核算

证券经纪业务是指证券公司作为中介人，代理客户（投资者）买卖证券、代理兑付证券和代保管证券等活动。证券公司接受投资者的委托，按照其要求在交易市场买卖证券，收取交易佣金。与证券自营业务的最大区别在于，证券经纪业务中，证券公司与投资者只是代理经纪关系，交易中不使用自有资金和证券，不承担风险。证券经纪业务是证券公司的一项核心业务，在证券业务总量中占有很大的比重，经纪业务收入也是证券公司重要的收入来源。由于代理保管证券业务核算较为简单，本节对证券经纪业务主要按照代理买卖证券和代理兑付证券分类核算。

证券经纪业务是指证券公司通过其设立的证券营业部，接受客户委托，按照客户要求，代理客户买卖证券的业务。在证券经纪业务中，包含的要素有委托人、证券经纪商、证券交易所和证券交易对象。

一、代理买卖证券业务的核算

代理买卖证券业务是指证券公司接受客户委托，按照客户的要求，代理客户买卖证券的业务。证券公司是接受客户委托、代理客户买卖证券并收取佣金的中间人（见图9－1）。

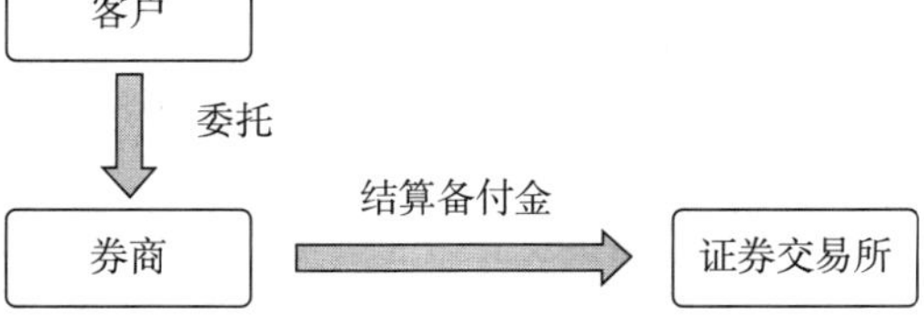

图9－1　代理买卖证券业务基本业务流程

代理买卖证券业务主要通过“代理买卖证券款”“结算备付金”等科目核算（见表9－1）。

表9－1　　代理买卖证券业务会计核算涉及的主要会计科目及核算内容

科目名称		核算内容
资产类	结算备付金	主要用于核算证券公司为证券交易的清算交割而存入指定清算代理机构的款项。对代理客户进行证券交易等业务的清算交割而为客户存入指定清算代理机构的款项，在“结算备付金”科目下设置“客户”二级账户核算
负债类	代理买卖证券款	核算证券公司接受客户委托，代客户买卖股票、债券和其他有价证券由客户缴存的款项。代客户认购新股的款项、代客户领取的现金股利和债券利息、代客户向证券交易所支付的配股款等均使用该科目核算
损益类	手续费与佣金收入	核算按规定向客户收取的手续费，在与客户办理买卖证券款结算时确认
	手续费与佣金支出	核算证券公司支付给清算代理机构的各项费用，在与代理机构清算时确认

（一）接受客户委托，开立资金专户

证券公司接受客户委托，收到客户存入委托买卖证券资金，为客户开立资金账户时，会计分录为：

借：银行存款或库存现金

　贷：代理买卖证券款

（二）代理买卖证券业务

1. 买入证券业务。证券公司接受客户的有效委托（当面委托、磁卡或电话委托、网上交易），须买入证券时，从理论上讲，应暂扣交易保证金，即

借：代理买卖证券款

　贷：交易保证金

但在实际操作中，由于是当日委托有效和成交后下一个营业日（T＋1）交割，因此，为简化核算手续，证券公司一般不将委托人的资金转入交易保证金专户，而是暂时冻结相应资金，交割时直接在资金专户上扣收，未成交也不必从交易保证金账户退回。

2. 代理卖出证券。股票、基金、记账式国债等记名证券均实行中央存管制，是否卖空申报由电脑主机确认，故只有债券等无记名证券才需验证金额保证券，当委托人委托卖出证券时，证券公司应在表外登记代理保管证券：

（收入）代理保管证券——××分户（券种）——××客户

若已开立“证券专户”或代理保管单并持有定额保证券的委托卖出，则无须进行表外账务处理。

3. 代理买卖成交后的资金交割。证券公司接受客户委托通过证券交易所代理买卖证券，与客户清算时，应分以下两种情况处理：

（1）买入证券成交总额大于卖出证券成交总额时，会计分录为：

借：代理买卖证券款（买卖证券成交价的差额，加代扣代交的印花税费和应向客户收取的佣金等手续费）

　　手续费支出——代理买卖证券手续费支出（公司应负担的交易费用）

　贷：结算备付金（买卖证券成交价的差额，加代扣代交的印花税费和公司应负担的交易费用）

　　　手续费收入——代理买卖证券手续费收入（向客户收取的佣金等手续费）

［例9-1］ 2023年1月16日，A证券公司代客户张民买入股票，成交额为50 000元，收取佣金175元（成交额的3.5‰），收过户费3元；同日代该客户卖出股票，成交额为30 000元，代扣印花税120元，收取佣金105元，收过户费2元；公司代理买卖股票应负担交易费用共计50元，在对客户办理资金交割时，会计分录为：

借：代理买卖证券款——张民	20 405	
贷：结算备付金——客户		20 120
手续费收入——代理买卖证券手续费收入		285

同时对公司应负担的交易费用，会计分录为：

借：手续费支出——代理买卖证券手续费支出	50	
贷：结算备付金——公司		50

如果该客户当日仅买入股票，账务处理可比照办理。

（2）卖出证券成交额大于买入证券成交额时，会计分录为：

借：结算备付金（代理买卖证券成交价的差额，减代扣代交印花税费和公司应负担的交易费）

　　手续费支出——代理买卖证券手续费支出（公司应负担交易费用）

　贷：代理买卖证券款（买卖证券成交价的差额，减代扣代交的印花税和应向客户收取的佣金等手续费）

　　　手续费收入——代理买卖证券手续费收入（向客户收取的佣金等手续费）

［例9-2］ 如将［例9-1］改为卖出证券成交额为50 000元，买入证券成交额为30 000元，其他条件不变，则相应的会计分录为：

借：结算备付金——客户	19 880	
贷：代理买卖证券款——张民		19 595
手续费收入——代理买卖证券手续费收入		285

对公司应负担的交易费用，同样按上述方式处理：

借：手续费支出——代理买卖证券手续费支出	50	
贷：结算备付金——公司		50

4. 公司代理客户认购新股业务。公司代理客户认购新股，收到客户认购款项时：

借：银行存款

　贷：代理买卖证券款

将款项划付交易所时：

借：结算备付金——客户
　贷：银行存款

公司与客户清算已中签的新股时：

借：代理买卖证券款——××户
　贷：结算备付金——客户

公司与证券交易所清算未中签而被退回的款项时：

借：银行存款
　贷：结算备付金——客户

公司将未中签的款项退给客户时：

借：代理买卖证券款——××户
　贷：银行存款

5. 公司代理客户办理配股派息业务。公司代理客户办理配股业务，当日向交易所解交配股款的，在客户提出要求后：

借：代理买卖证券款——××户
　贷：结算备付金——客户

定期向交易所解交配股款的，在客户提出配股要求后：

借：代理买卖证券款——××户
　贷：其他应付款——应付客户配股款

与交易所清算配股时，按配股金额：

借：其他应付款——应付客户配股款
　贷：结算备付金——客户

公司代理客户领取现金股利和利息时：

借：结算备付金——客户
　贷：代理买卖证券款——××户

证券公司按规定向客户统一结息：

借：利息支出
　贷：代理买卖证券款——××户

二、代理兑付证券业务的会计核算

代理兑付证券业务是证券公司接受客户委托，对其发行的证券到期后，按合同约定进行兑付，客户按一定比例支付给证券公司手续费的业务。在这个过程中，证券公司不垫付资金。由于股票没有固定的到期日，只有债券有固定的到期日，因此，代理兑付证券一般来说是代理兑付债券。

（一）代理兑付证券业务的会计科目设置

证券公司代理兑付证券业务主要通过“代兑付债券”“代兑付债券款”等科目核算（见表9-2）。

表 9－2 代理兑付证券业务会计核算涉及的主要会计科目及核算内容

会计科目		核算内容
资产类	代兑付债券	按委托单位（发行人）和债券种类设置明细分类账。该科目借方记载已兑付的各类到期证券以及因委托单位未拨付或拨付不足证券兑付资金、客户兑付时垫付的资金；贷方记载委托单位委托兑付债券资金，以及向委托单位交付已兑付的证券并收回垫付的资金；余额表示已接受委托但还未兑付的、已经兑付但偿未交付的债券数
负债类	代兑付债券款	公司收到委托单位的兑付资金，记入本科目；该科目也按委托单位及委托单位交付已兑付的债券种类设置明细分类账。贷方记载收到委托单位的兑付资金，余额表示应付但尚未兑付的债券本息款

（二）代理兑付证券业务的账务处理

1. 证券公司接受兑付委托，收到委托单位拨付的债券本息款时：

借：银行存款

　贷：代兑付债券款——××债券户

2. 受理客户的债券兑付业务，代理兑付债券本息。

（1）如兑付的是无记名凭证式债券，则对客户交来的票券验收无误后，按兑付的金额：

借：代兑付债券——××债券户

　贷：库存现金或银行存款

向委托单位交回已兑付的债券并清算资金时：

借：代兑付债券款——××债券户

　贷：代兑付债券——××债券户

（2）如兑付无纸化记名债券，则按兑付金额：

借：代兑付债券款——××债券户

　贷：银行存款

3. 代兑付证券的手续费收入，应于代兑付证券业务基本完成，与委托方结算时确认收入。

（1）证券公司收取的代兑付证券手续费收入，如果直接从代兑付证券款中抵扣，则在收入确认后：

借：代兑付债券款——××债券户

　贷：手续费收入——代兑付债券手续费收入

（2）如果直接向委托单位单独收取，则按已收取的或应收的手续费：

借：银行存款或应收款项——××委托单位

　贷：手续费收入——代兑付债券手续费收入

（3）如果手续费与兑付款一并汇入，在收到款项时，按实际收到的金额借记“银行存款”科目，按应兑付的金额贷记“代兑付证券款”，按实际取得的手续费贷记“应收款项——预收的代兑付债券手续费”科目，待兑付工作结束后，确认手续费收入，并从“应收款项”科目转出。即：

借：应收款项——预收的代兑付债券手续费

　贷：手续费收入——代兑付债券手续费收入

代理债券兑付单位在兑付工作中，要加强对债券的查验，防止误收、误兑、误销，对发现的伪造券、变造券或销毁中流失的国库券，应及时正确处理。发现债券多、缺等情况应及时查找，并先以待处理财产损溢科目列账。对确实无法查找的，待兑付期结束后按资金财产多缺方式处理。

第二节　证券承销业务的核算

证券承销业务是指在证券发行过程中，证券公司接受发行人的委托，代理发行人发行证券的活动。证券公司通过证券承销业务获得证券发行收入。

证券公司在承销证券业务活动中，只是代理证券发行的中介机构，代理发行的证券可以分为记名证券和不记名证券两种。代理发行有代销、余额承购包销和全额承购包销三种方式（见图9－2）。

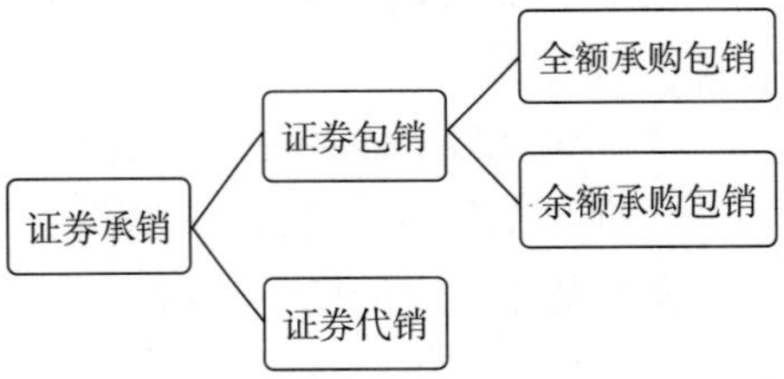

图9－2　证券承销三种方式

每种方式又可分为网上发行（无纸化发行）和网下发行（实物券发行）。证券公司应当根据各种证券的不同发行方式分别进行会计处理。按证券公司会计制度的规定，通过网下发行的证券，公司应当在证券已经入库，并且发行期已经开始时进行相关的会计核算；通过网上发行的证券，公司应在发行期已经开始时进行相关会计核算。由于我国现阶段主要采取网上发行方式，因此本节主要介绍网上发行的会计处理。

一、证券承销业务的科目设置

公司进行证券承销业务的会计处理时，主要设置“代理承销证券”“代理承销证券款”“结算备付金”“手续费及佣金收入”等科目（见表9－3）。

表9－3　　　　证券承销业务会计核算涉及的主要会计科目及核算内容

会计科目		核算内容
资产类	代理承销证券	核算证券公司接受委托，采用全额承购包销方式代理发行的证券的承销成本。该科目属于资产类科目，借方登记代理发行证券的承购成本，贷方登记发行期结束结转的已售出承销证券的成本或未出售承销证券的成本。期末余额在借方，表示尚未结束代理发行的证券承销成本

续表

会计科目		核算内容
资产类	结算备付金	核算证券公司为证券交易的资金清算与交收而存入指定清算代理机构的款项。证券公司向客户收取的结算手续费和向证券交易所支付的结算手续费也通过本科目核算。该科目属于资产类科目，借方登记向清算代理机构缴存的结算备付金，贷方登记从清算代理机构转回的清算后剩余的结算备付金
负债类	代理承销证券款	核算证券公司接受委托，采用余额承购包销方式或代销方式承销证券所形成的、应付给证券发行人的承销资金。该科目属于负债类科目，其贷方登记应付给证券发行人的承销资金，借方登记发行期结束付给证券发行人的承销资金。期末余额在贷方，表示应付该证券发行人的承销资金
损益类	手续费及佣金收入	核算证券公司采用全额承购包销方式代理发行证券的发行收入或余额包销方式、代销方式代理发行证券的手续费收入。该科目属于损益类科目，期末结转后无余额。该科目有“证券承销业务收入”明细账，用于核算证券公司采用全额承购包销方式代理发行证券发行收入及采用代理方式和余额承购包销方式代理发行证券收取的手续费收入

二、全额承购包销业务的核算

公司采用全额承购包销方式通过证券交易所网上代理发行证券时，在证券上网发行日，应按承购价，借记“代理承销证券”科目，贷记“银行存款”等科目。

全额承购包销是指证券公司与证券发行单位签订合同或协议，由证券公司按照合同约定价格，支付全部款项将证券从发行单位购入，再按一定的价格在一级市场上发售，剩余未出售的证券按承销价格转为证券公司投资的资产的一种代理发行方式。

网上发行结束后，与证券交易所交割清算时，按网上实际发行的数量和发行价格减去上网费用，借记“银行存款”科目，贷记“结算备付金”科目。

计算和结转代发行证券的成本，借记“结算备付金”科目，贷记“代理承销证券”科目。

发行期结束，未售出的证券转为自营证券或长期投资，借记“交易性金融资产”“长期债券投资”或“长期股权投资”科目，贷记“代理承销证券”科目。

［**例9－3**］A证券公司接受B公司的委托，以全额承购包销方式代发行其股票1 000万股，承购价3元/股，发行价3.2元/股。网上发行结束，共售出980万股，公司应支付上网费40 000元。未售出的股票按合同规定，转为公司的自营证券，编制如下会计分录：

上网发行日：

借：代理承销证券——代发行B公司股票　　30 000 000

　贷：银行存款　　30 000 000

网上发行结束，收到清算数据时：

$$9\ 800\ 000 \times 3.2 - 40\ 000 = 31\ 320\ 000（元）$$

借：银行存款　　31 320 000
　贷：结算备付金　　31 320 000

结转已发行证券的成本：

借：结算备付金　　29 400 000
　贷：代理承销证券——代发行 B 公司股票　　29 400 000

未售出股票转为自营证券时：

借：交易性金融资产——B 公司股票　　600 000
　贷：代理承销证券——代发行 B 公司股票　　600 000

三、余额承购包销业务的核算

公司采用余额承购包销方式通过证券交易所上网代理发行证券的，在证券上网日根据承销合同确定的证券发行总额，按发行价格，借记“代理承销证券”科目，贷记“代理承销证券款”科目。

余额承购包销是指证券公司采用余额包销的，如网上发行，先在网上代为销售，发行结束后，如有未出售证券，应按约定的发行价格转为证券公司的自营证券或长期投资的一种证券代理发行方式。

网上发行结束后，在与证券交易所交割清算时，按网上实际发行数量和发行价格计算的发行款项减去公司代垫的上网费用，借记“银行存款”科目；按代垫的应由发行公司负担的上网费用，借记“应收款项——应收代垫发行公司上网费”；按实际发行的证券，贷记“代理承销证券”科目。将发行证券的款项交给发行公司，并收取手续费和代垫的上网费时，应按发行价格，借记“代理承销证券款”科目；按应收取的代垫发行公司的上网费，贷记“应收款项——应收代垫发行公司上网费”科目；按应收取的代理发行手续费，贷记“结算备付金”科目；按实际支付给发行公司的发行证券价款（即按发行价格减去公司代垫的上网费和应收取的手续费），贷记“银行存款”科目。发行期结束，尚未售出的证券按合同规定应由本公司认购，转为自营证券或长期投资，按发行价格，借记“自营证券”“长期股权投资”或“长期债券投资”科目，贷记“代理承销证券”科目；同时将按照发行价格计算的款项交给发行单位，借记“代理承销证券款”科目，贷记“银行存款”科目。

[例 9－4] 如［例 9－3］，假设 A 证券公司是以余额承购包销方式通过证券交易所上网发行 B 公司的股票，约定的发行价格为 3.2 元/股，网上发行期内只售出 980 万股，40 000 元上网费用为 A 证券公司代垫，A 证券公司与 B 公司结算的手续费率为发行额的 0.3%，代发行股票款项扣除发行费用后用银行存款支付。则 A 证券公司业务处理分录为：

上网发行日：

借：代理承销证券——B 公司股票　　32 000 000
　贷：代理承销证券款——B 公司股票　　32 000 000

网上发行结束，与证券交易所进行清算，收到清算数据时：

$$9\ 800\ 000 \times 3.2 = 31\ 360\ 000\ (元)$$

借：银行存款　　31 320 000
　　应收款项——应收代垫发行公司上网费　　40 000
　贷：代理承销证券——B 公司股票　　31 360 000

将发行证券的款项交给 B 公司，并收取手续费和代垫的上网费时：

借：代理承销证券款——B 公司股票　　31 360 000
　贷：应收款项——应收代垫发行公司上网费　　40 000
　　　结算备付金　　94 080
　　　银行存款　　31 225 920

发行期结束，尚未售出的证券按合同规定应由 A 证券公司认购，与 B 公司结算时：

借：自营证券——B 公司股票　　640 000
　贷：代理承销证券——B 公司股票　　640 000

同时将按照发行价格计算的款项交给发行公司：

借：代理承销证券款——B 公司股票　　640 000
　贷：银行存款　　640 000

证券公司如以代销方式进行承销业务，通过证券交易所上网代理发行证券，其会计处理与余额承购包销方式网上发行的处理基本相同，唯一不同的是，在代销方式中，证券公司只负责出售，如果发行结束后仍有未售出的证券，则将其退还给发行公司。即按未售出证券的发行价格，借记“代理承销证券款”科目，贷记“代理承销证券”科目。如［例 9－4］，A 证券公司在代理 B 公司的股票发行期结束后，对未售出的股票不再转为自营股票，而是退还给 B 公司：

借：代理承销证券款——B 公司股票　　640 000
　贷：代理承销证券　　640 000

第三节　证券自营业务的核算

自营证券主要包括自营股票、自营债券、自营基金等。证券自营业务，是指证券公司以自己的名义和用自己的资金买卖证券以达到获利目的的证券业务。证券自营业务是证券经营机构的一种投资活动，也是证券公司各项证券经营业务中的一项主要业务。

证券交易所的证券自营买卖是证券商通过场内交易员在证券交易所内进行的证券交易活动，这种交易方式的特点是证券商不直接与客户发生联系，证券买卖成交价在证券交易所内通过自由竞价确定，价格随市场行情变化。这种交易方式成交量大，成交迅速安全，由于不存在佣金问题，相对交易成本较低。

证券公司自营买卖证券，应根据企业会计准则的规定，将取得的证券在初始确认时，根据其管理金融资产的业务模式和金融资产的合同现金流量特征，划分为以下三类：以摊余成本计量的金融资产、以公允价值计量且其变动计入其他综合收益的金融资产、以公允价值计量且其变动计入当期损益的金融资产。

一、自营证券业务的科目设置

证券公司核算自营证券业务，应设置“债权投资”“交易性金融资产”“其他债权投资”“其他权益工具投资”等会计科目（见表9－4）。

表9－4　　证券自营业务会计核算涉及的主要会计科目及核算内容

会计科目		核算内容
资产类	交易性金融资产	核算证券公司持有的以公允价值计量且其变动计入当期损益的金融资产的公允价值。该科目的借方登记取得以公允价值计量且其变动计入当期损益的金融资产的成本和公允价值的有利变动；贷方登记出售以公允价值计量且其变动计入当期损益的金融资产时结转的成本和公允价值的不利变动；期末借方余额反映证券公司持有的以公允价值计量且其变动计入当期损益的金融资产的公允价值。该科目可以按以公允价值计量且其变动计入当期损益的金融资产的类别和品种，分“成本”“公允价值变动”项目进行明细核算
	债权投资	核算证券公司以摊余成本计量的金融资产的摊余成本。该科目可按以摊余成本计量的金融资产的类别和品种，分“成本”“利息调整”“应计利息”等进行明细核算。该科目期末余额在借方，反映证券公司以摊余成本计量的金融资产的摊余成本
	其他债权投资	核算证券公司持有的以公允价值计量且其变动计入其他综合收益的金融资产的公允价值，包括划分为以公允价值计量且其变动计入其他综合收益的股票投资、债券投资等金融资产。该科目借方登记取得的以公允价值计量且其变动计入其他综合收益的金融资产的成本和公允价值的有利变动；贷方登记出售以公允价值计量且其变动计入其他综合收益的金融资产的公允价值。该科目可以按以公允价值计量且其变动计入其他综合收益的金融资产类别和品种，分“成本”“利息调整”“应计利息”“公允价值变动”等项目进行明细核算
	其他权益工具投资	核算证券公司持有的以公允价值计量且其变动计入其他综合收益的金融资产的非交易性权益工具投资的公允价值。该科目借方登记取得以公允价值计量且其变动计入其他综合收益的非交易性权益工具投资的成本和公允价值的有利变动；贷方登记出售以公允价值计量且其变动计入其他综合收益的非交易性权益工具投资的公允价值。该科目可以按以公允价值计量且其变动计入其他综合收益的非交易性权益工具投资的类别和品种，分“成本”“公允价值变动”项目进行明细核算

二、以公允价值计量且其变动计入当期损益的金融资产的核算

以公允价值计量且其变动计入当期损益的金融资产包括交易性金融资产和指定为公允价值计量且其变动计入当期损益的金融资产。交易性金融资产主要是指证券公司为了近期内出售而持有的，在活跃市场上有公开报价、公允价值能够持续可靠获取的金融资

产，如证券公司以赚取差价为目的从二级市场购入的股票、债券和基金等。指定为以公允价值计量且其变动计入当期损益的金融资产，通常是指某项金融资产不满足确认为交易性金融资产的条件，证券公司在其符合某些特定条件时，将其按公允价值计量，并将其公允价值变动计入当期损益的金融资产。

（一）以公允价值计量且其变动计入当期损益的金融资产的会计科目设置

本节中以公允价值计量且其变动计入当期损益的金融资产的核算主要介绍交易性金融资产的核算。交易性金融资产核算主要通过“交易性金融资产（成本和公允价值变动）”“结算备付金”“公允价值变动损益”等科目核算（见表9－5）。

表9－5　　交易性金融资产会计核算涉及的主要会计科目及核算内容

科目名称		核算内容
资产类	交易性金融资产	核算证券公司为交易目的持有的债券投资、股票投资等交易性金融资产以及指定为以公允价值计量且其变动计入当期损益的金融资产的公允价值。该科目以“成本”“公允价值变动”等进行明细核算
	结算备付金	核算证券公司为证券交易的资金清算与交收而存入指定清算代理机构的款项。证券公司向客户收取的结算手续费、向证券交易所支付的手续费，也在该科目核算。该科目可按清算代理机构，分“自有”“客户”等进行明细核算
损益类	公允价值变动损益	核算证券公司交易性金融资产等因公允价值变动形成的应计入当期损益的利得和损失。期末应将该科目余额转入“本年利润”，结转后该科目无余额

（二）以公允价值计量且其变动计入当期损益的金融资产的账务处理

1. 证券公司取得以公允价值计量且其变动计入当期损益的金融资产，初始确认时，按公允价值计量，发生的相关交易费用计入当期损益；支付的价款中包含已宣告但尚未发放的现金股利或已到付息期但尚未领取债券利息的，应单独确认为应收股利或应收利息；按实际支付的金额减少结算备付金。会计分录为：

借：交易性金融资产——成本（公允价值）
　　投资收益（交易费用）
　　应收股利或应收利息
　贷：结算备付金——××清算代理机构——自有（实际支付的金额）

收到上述支付价款中包含的已宣告发放的现金股利或债券利息时，会计分录为：

借：结算备付金——××清算代理机构——自有
　贷：应收股利或应收利息

2. 以公允价值计量且其变动计入当期损益的金融资产持有期间被投资单位宣告发放的现金股利，或在资产负债表日按分期付息、一次还本债券投资的票面利率计算的利息，应确认为投资收益。会计分录为：

借：应收股利或应收利息
　贷：投资收益

收到宣告发放的现金股利或债券利息时，会计分录为：

借：结算备付金——××清算代理机构——自有

　贷：应收股利或应收利息

3. 资产负债表日，应将以公允价值计量且其变动计入当期损益的金融资产公允价值变动形成的利得或损失，计入当期损益。以公允价值计量且其变动计入当期损益的金融资产的公允价值高于其账面余额的，按其差额，编制会计分录为：

借：交易性金融资产——公允价值变动

　贷：公允价值变动损益

公允价值低于其账面余额的差额，会计分录相反。

4. 证券公司出售以公允价值计量且其变动计入当期损益的金融资产时，应将实际收到的金额与该金融资产账面余额的差额，确认为投资收益；同时，将原计入该金融资产的公允价值变动损益转出，计入投资收益。会计分录为：

借：结算备付金——××清算代理机构——自有（实际收到的金额）

　贷：交易性金融资产——公允价值变动（该明细科目的账面余额）

　　投资收益（借贷方差额）

　　交易性金融资产——成本（取得成本）

　　公允价值变动损益（原记录的公允价值变动损益）

　　投资收益

［**例9－5**］ A证券公司持有乙公司股票30 000股。2023年6月，公司宣布以10:2网上配股，配股价为3元/股。A证券公司可配股6 000股，实际支付了18 000元配股款，会计分录为：

借：交易性金融资产——成本（乙公司）　　18 000

　贷：结算备付金——公司　　18 000

三、以摊余成本计量的金融资产的核算

证券公司以摊余成本计量的金融资产，初始确认时，证券公司应按照公允价值计量，发生的相关交易费用计入初始确认金额；实际支付的价款中包含的已到付息期但尚未领取的债券利息，单独确认为应收利息。在持有期间，于资产负债表日，证券公司采用实际利率法按摊余成本进行后续计量。实际利率法是指按照金融资产的实际利率计算其摊余成本和各期利息收入的方法。其中，实际利率是将金融资产在预计存续期的估计未来现金流量，折现为该金融资产的初始确认金额经下列调整后的结果：一是扣除已偿还的本金；二是加上或减去采用实际利率将该初始确认金额与到期日金额之间的差额进行摊销的累计摊销额；三是扣除计提的累计信用减值损失准备（仅适用于金融资产）。以摊余成本计量的金融资产的会计处理，主要包括该金融资产实际利率的计算、摊余成本的确定、持有期间收益的确认及将其处置时损益的处理。以摊余成本计量的金融资产产生的利得或损失，应当在终止确认、按照实际利率法摊销或确认减值时，计入当期损益。以摊余成本计量的金融资产的账务处理如下。

（1）取得以摊余成本计量的金融资产时：

借：债权投资——成本（面值）

　　债权投资——利息调整（差额）

　贷：结算备付金（实际支付的金额）

（2）资产负债表日，以摊余成本计量的债权投资为分期付息到期一次还本（或到期一次还本付息债权投资的）：

借：应收利息或债权投资——应计利息（面值 × 票面利率）

　　债权投资——利息调整（差额）

　贷：利息收入（摊余成本 × 实际利率）

（3）出售以摊余成本计量的债权投资时：

借：结算备付金（实际收到的金额）

　贷：债权投资——成本（账面余额）

　　　债权投资——应计利息（账面余额）

　　　债权投资——利息调整（账面余额）

利息收入（差额）已计提信用减值准备的，还应同时结转信用减值准备。

四、以公允价值计量且其变动计入其他综合收益的金融资产的核算

金融资产同时符合下列条件的，应当分类为以公允价值计量且其变动计入其他综合收益的金融资产：一是证券公司管理该金融资产的业务模式既以收取合同现金流量为目标，又以出售该金融资产为目标；二是该金融资产的合同条款规定，在特定日期产生的现金流量，仅为对本金和以未偿还本金金额为基础的利息的支付。证券企业可以将非交易性权益工具投资指定为以公允价值计量且其变动计入其他综合收益的金融资产，并按规定确认股利收入。该指定一经作出，不得撤销。证券企业投资其他上市公司股票或者非上市公司股权的，都可能属于这种情形。初始确认时，企业可基于单项非交易性权益工具投资，将其指定为以公允价值计量且其变动计入其他综合收益的金融资产，其公允价值的后续变动计入其他综合收益，不需计提减值准备。除了获得的股利（明确代表投资成本部分收回的股利除外）计入当期损益外，其他相关的利得和损失（包括汇兑损益）均应当计入其他综合收益，且后续不得转入当期损益。当金融资产终止确认时，之前计入其他综合收益的累计利得或损失应当从其他综合收益中转出，计入留存收益。

以公允价值计量且其变动计入其他综合收益的金融资产会计核算分录如下。

1. 证券公司购入债券投资时：

借：其他债权投资——成本（债券面值）

　　应收利息

　　其他债权投资——利息调整（倒挤差额）

　贷：银行存款

2. 资产负债表日证券公司确认利息收入时：

（1）分期付息、一次还本的债券投资：

借：应收利息（票面金额×票面利率）
　贷：利息收入（期初摊余成本×实际利率）
　　其他债权投资——利息调整（倒挤差额）

（2）到期一次还本付息的债券投资：

借：其他债权投资——应计利息（票面金额×票面利率）
　贷：利息收入（期初摊余成本×实际利率）
　　其他债权投资——利息调整（倒挤差额）

3. 资产负债表日发生公允价值变动的：

（1）公允价值大于账面余额的：

借：其他债权投资——公允价值变动
　贷：其他综合收益

（2）公允价值小于账面余额的：

借：其他综合收益
　贷：其他债权投资——公允价值变动

4. 证券公司出售债券投资时：

借：银行存款
　其他综合收益
　贷：其他债权投资——成本、应计利息
　　其他债权投资——利息调整、公允价值变动
　　投资收益（倒挤差额）

【提示】对于计入“其他综合收益——信用减值准备”的，也应当同步结转，计入出售时的投资收益中。

［**例9－6**］2023年1月1日甲保险公司支付价款1 028.24万元购入某公司发行的3年期公司债券，该公司债券的票面总金额为1 000万元，票面年利率4%，实际年利率3%，利息每年年末支付，本金到期支付。甲保险公司将该公司债券分类为以公允价值计量且其变动计入其他综合收益的金融资产。2023年12月31日，该债券的市场价格为1 000.09万元。假定无交易费用和其他因素的影响。

甲保险公司的账务处理如下：

（1）2023年1月1日，购入债券：

借：其他债权投资——成本	1 000	
其他债权投资——利息调整	28.24	
贷：银行存款		1 028.24

（2）2023年12月31日：

应计利息＝1 000×4%＝40（万元）

利息收入＝1 028.24×3%＝30.85（万元）

利息调整摊销＝40－30.85＝9.15（万元）

年末摊余成本＝1 028.24＋30.85－40＝1 019.09（万元）

借：应收利息　　40

　贷：投资收益　　30. 85

　　其他债权投资——利息调整　　9. 15

借：银行存款　　40

　贷：应收利息　　40

公允价值变动 =1 000. 09 -1 019. 09 = -19（万元）

借：其他综合收益　　19

　贷：其他债权投资——公允价值变动　　19

年末账面价值 =1 019. 09 -19 =1 000. 09（万元）

（3）2024 年 12 月 31 日：

应计利息 =1 000 × 4% =40（万元）

利息收入 =1 019. 09 ×3% =30. 57（万元）

利息调整摊销 =40 -30. 57 =9. 43（万元）

年末摊余成本 =1 019. 09 +30. 57 -40 =1 009. 66（万元）

借：应收利息　　40

　贷：投资收益　　30. 57

　　其他债权投资——利息调整　　9. 43

借：银行存款　　40

　贷：应收利息　　40

2024 年 12 月 31 日，该债券市场价格为 995. 66 万元。

公允价值变动 =（995. 66 -1 009. 66） -（ -19） =5（万元）

借：其他债权投资——公允价值变动　　5

　贷：其他综合收益　　5

年末账面价值 =1 009. 66 -14 =995. 66（万元）

（4）2025 年 1 月 6 日，甲公司将该债券以 999. 56 万元出售。

借：银行存款　　999. 66

　其他债权投资——公允价值变动

　贷：其他债权投资——成本　　1 000

　　其他债权投资——利息调整　　9. 66[①]

　　投资收益　　9. 66

第四节　其他证券业务的核算

其他证券业务是指证券公司除了从事前面介绍的几项主要证券业务以外，还可经营

① 利息调整 =28. 24 -9. 15 -9. 43 -9. 66（万元）。

的其他证券融资业务。如按规定的回购利率或贷款利率所进行的中央银行批准交易的国债、中央银行融资债券、政策性银行金融债券等证券回购业务，以及证券抵押贷款业务、资金拆借业务和受托资产管理业务等。

一、证券回购业务

证券回购业务包括买入返售证券业务和卖出回购证券业务。我国目前的证券回购业务主要是指债券回购业务，包括国债和金融债券的回购业务，按照交易地点的不同，还划分为通过证券交易所进行的场内交易和不通过证券交易所，如通过交易中心进行的场外交易。股票不作为回购的对象。为了进行证券回购业务的核算，证券公司应设置“买入返售金融资产”“买入返售证券收入”“卖出回购金融资产款”“卖出回购证券支出”等科目。其中，“买入返售金融资产”“买入返售证券收入”科目核算买入返售证券业务，“卖出回购金融资产款”“卖出回购证券支出”科目核算卖出回购证券业务。

（一）证券回购业务的科目设置

证券回购业务主要通过“买入返售金融资产”和“卖出回购金融资产”科目核算（见表9－6）。

表9－6　　证券回购业务会计核算涉及的主要会计科目及核算内容

科目名称		核算内容
资产类	买入返售金融资产	核算证券公司按照返售协议约定先买入再按固定证券价格返售的证券等金融资产所融出的资金
负债类	卖出回购金融资产	核算证券公司按照回购协议先卖出再按固定价格买入的证券等金融资产所融入的资金

（二）买入返售证券业务的会计处理

公司应于买入某种证券时，按实际支付的价款确认为公司的资产；证券到期返售时，按返售价格与买入价格之间的差额，确认为公司的收入。在会计处理上，证券公司的证券回购业务应区别在证券交易所场内和场外进行的回购业务分别使用不同的科目核算。

买入返售证券业务是指证券公司与融资方以合同或协议的方式，按一定价格买入证券，到期再按约定价格将证券返售给融资方，以获取买入价和卖出价的差价收入。

证券公司在证券交易所进行场内证券回购业务，买入返售证券时，按实际支付的价款，借记“买入返售金融资产”科目，贷记“结算备付金——公司”科目。证券到期返售时，应借记“结算备付金——公司”科目，贷记“买入返售金融资产”科目；同时按照返售买卖价格的差额，贷记“利息收入”科目。会计分录为：

买入返售证券时：

借：买入返售金融资产——××证券

　贷：结算备付金——公司

到期返售时：

借：结算备付金——公司

　贷：买入返售金融资产——××证券

　　　利息收入——买入返售证券收入

公司进行场外证券回购业务、买入返售证券时应按实际支付价格，借记“买入返售金融资产”科目，贷记“银行存款”等科目。证券到期返售时，应按实际收到的款项借记“银行存款”等科目，按所返售证券的账面价值，贷记“买入返售金融资产”科目，按其差额，贷记“买入返售证券收入”科目。会计分录为：

买入返售证券时：

借：买入返售金融资产——××证券

　贷：银行存款或其他科目

到期返售时：

借：银行存款或其他科目

　贷：买入返售金融资产——××证券

　　　利息收入——买入返售证券收入

公司设置的“买入返售金融资产”科目主要用于核算公司按照合同规定进行证券回购业务买入的证券。该科目是一个资产类科目，期末余额一般在借方，反映公司已经买入但尚未到期返售的证券所占用的资金，在资产负债表上作为一项流动资产单独列示。“买入返售证券收入”科目用于核算公司取得的买入返售证券收入，期末应将本科目的余额结转至“本年利润”科目，结转后本科目应无余额。

（三）卖出回购证券业务的会计处理

公司应于卖出证券时，按实际收到的款项确认为公司的一项负债；到期回购时，按实际支付的价款与卖出时实际收到的款项之间的差额，确认为当期的费用。在进行会计处理时，与买入返售证券业务相同，应区别场内交易和场外交易，分别使用不同科目核算。

卖出回购证券业务是指公司与融券方以合同和协议的方式，按一定的价格卖出证券，到期日再按合同规定的价格买回该批证券，以获得该时期内资金的使用权。

1. 证券公司在证券交易所进行场内证券回购业务，卖出回购证券业务时：

借：结算备付金——公司

　贷：卖出回购金融资产款

到期回购时做相反会计分录，最后结转回购证券支出时：

借：卖出回购证券支出

　　卖出回购金融资产款

　贷：银行存款

2. 公司进行场外证券回购业务，卖出回购证券业务时：

借：银行存款

　贷：卖出回购金融资产款

到期回购时，按所购回证券的账面价值借记“卖出回购金融资产款”科目，按实际支付的款项与所购回证券账面价值的差额借记“卖出回购证券支出”科目，按实际支付的款项贷记“银行存款”科目。

[**例9－7**] A证券公司与某保险公司以协议方式，约定2023年3月15日按1 030 000元卖出B证券，2023年6月15日再按1 080 000元的价格买回该批B证券。该证券公司应编制会计分录如下：

2023年3月15日，卖出B证券成交时：

借：银行存款　　1 030 000

　贷：卖出回购金融资产款　　1 030 000

2023年6月15日，购回到期的卖出回购证券时：

借：卖出回购金融资产款　　1 030 000

　　卖出回购证券支出　　50 000

　贷：银行存款　　1 080 000

2023年6月末，将“卖出回购证券支出”科目的余额转入“本年利润”科目时：

借：本年利润　　50 000

　贷：卖出回购证券支出　　50 000

公司设置的“卖出回购金融资产款”科目主要用于核算公司按规定进行证券回购业务卖出证券形成的款项，期末余额一般在贷方，反映公司卖出但尚未回购的证券的价款，在资产负债表上作为一项流动负债单独列示。“卖出回购证券支出”科目用于核算公司在进行证券回购业务时发生的卖出回购证券的支出，期末应将本科目的余额结转至“本年利润”科目，结转后本科目无余额。

二、证券抵押贷款业务

证券抵押贷款业务是指经批准可经营该项业务的证券公司受理持有价证券的机构和个人的申请，按规定经审核并清点抵押品后向其发放的贷款，是证券公司为证券持有人进行融资的一种业务。证券持有人在发生临时性资金周转困难，但又不愿以丧失证券所有权为代价获得资金时，可将所持证券向证券公司作抵押以获得融资。

（一）对抵押证券的主要处分规定

由于用作抵押的证券在抵押期间的所有权并未发生转移，作为受押方的证券公司，对抵押证券的处理主要有以下几种政策规定：

1. 受押方在抵押到期之前不得擅自处理抵押证券，无论证券市场上作为抵押的该种证券行情是否有利，抵押人到期偿还债务即还本付息后，有权收回证券和取得抵押期间证券所获收益。

2. 当受押方在抵押期间确知抵押方不能按照约定履行债务，如抵押人失踪、死亡、破产等情况发生时：

（1）受押方可以按照协议或向有关部门提出申请，提前卖出、转让或以其他适当方式处理抵押证券以维护自身利益；

（2）抵押证券处理后所得款项，扣除各种税费后不足抵押债务的，受押方有权继续向抵押方或其财产继承人追缴不足部分；

（3）如所得款项超过应偿还的债务，则应将剩余部分还给抵押方或其财产继承人。

3. 抵押方到期后，抵押方不能或不愿履行债务时，则意味着抵押证券的所有权发生转移，受押方可凭抵押合同及委托证明办理必要的过户手续，自行处分抵押证券。

4. 若在抵押期间或抵押合同的履行中发生争议，可以选择以下三种方式处理：协商解决、申请仲裁或向法院起诉。

（二）证券抵押贷款业务的会计科目设置

证券公司进行证券抵押贷款业务的核算时，可比照商业银行办理贷款业务的原理，采取逐笔核贷方式，通过设置“证券抵押贷款”“抵押证券”等科目，进行相关业务的处理。贷款原则上一律转账不得支付现金。

表 9－7　　证券抵押贷款业务会计核算涉及的主要会计科目及核算内容

科目名称		核算内容
资产类	证券抵押贷款	核算经批准进行证券抵押贷款业务而贷出的款项。借方记载按合同或协议发放的证券抵押贷款，贷款收回或核销时记贷方，余额在借方，表示发放的抵押贷款余额数
表外科目	抵押证券	核算按合同或协议规定办理证券抵押贷款业务而收进借款人用作抵押的有价证券。按证券面值记账，收进抵押证券时记入收方，收回贷款交还抵押的有价证券或贷款到期不能收回，将其买卖转让以及转入公司自营证券时记入付方

（三）证券抵押贷款业务的账务处理

1. 贷款发放的处理。申请证券抵押贷款的机构或个人，应首先填制“证券抵押申请表”，注明申请日期、金额、期限等具体事项，经证券公司批准并验明抵押证券无误后，办理抵押贷款的发放手续，会计分录为：

借：证券抵押贷款——××申请人户

　贷：银行存款

根据证券面额填制“代保管有价证券”科目抵押证券户表外科目收入传票，进行表外登记核算：

（收入）抵押证券——××申请人户——××证券户

2. 贷款到期收回的处理。贷款到期应由借款人主动归还，会计分录为：

借：银行存款

　贷：证券抵押贷款——××申请人户

　　　其他收入——利息收入

收回贷款本息后，应交还抵押证券，编制表外科目付出传票，登记抵押证券表外科目。

（付出）抵押证券——××申请人户——××证券户

抵押贷款如果不能正常收回，需要处理抵押物时可比照商业银行对抵押物的处理方式办理。证券公司对发放的抵押贷款按国家规定的利率和计息方式计收利息，在此不再赘述。

三、融资融券业务

（一）融资融券业务的含义

融资融券又称证券信用交易，是指投资者向具有上海证券交易所或深圳证券交易所会员资格的证券公司提供担保物，借入资金买入本所上市证券或借入本所上市证券并卖出的行为。因融资融券业务产生的交易称融资融券交易。在融资交易中，客户从证券公司借入资金购买证券，到期归还资金并支付利息；在融券交易中，客户从证券公司借入证券卖出，到期归还证券并支付利息。广义的融资融券交易通常还包括证券公司从银行和非银行金融机构融得资金和证券的转融通业务。

（二）融资融券业务的会计科目设置

为了正确反映融资融券业务，证券公司应设置“融出资金”一级科目，可以按照客户名称设置二级科目。“融出资金”科目反映向客户融出的资金及客户归还的资金。对于融券业务的会计处理，由于证券公司是暂时性借出证券，在约定的期限之后，客户将归还证券公司相同数量和种类的证券，证券公司并没有真正转移借出证券的风险和报酬，因此不应该终止确认该证券，但是为了反映该证券已被借出的事实，可以将证券的“自营账户”金额转移到“融券账户”，“融券账户”则按照以前相同的会计计量方法核算。

证券公司应增设“银行存款——公司融资专用”二级科目，反映拟向客户融出的资金及客户归还的资金；增设“银行存款——客户信用资金”二级科目，反映客户融入的资金及归还的资金。

证券公司应增设“可供出售金融资产——融券专用证券（成本）、可供出售金融资产——融券专用证券（公允价值变动）”二级科目，反映客户持有的拟向客户融出的资金及归还的资金。

证券公司应增设“结算备付金——信用备付金”二级科目，按客户进行详细核算，反映信用客户资金余额；增设“结算备付金——公司信用资金”二级科目，反映公司信用资金余额。

证券公司应增设“代理买卖证券款——信用客户”二级科目，反映信用客户缴存的、担保证券公司因向客户融资融券所产生的债权的资金。

（三）融资业务的核算

在融资业务中，证券公司将资金借给客户，形成一项应收客户的债权，这与商业银行的贷款业务并无本质区别。因此，证券公司应当按照《企业会计准则第 22 号——金融工具确认和计量》的规定进行会计处理，并按照《企业会计准则第 37 号——金融工具列报》披露相关信息。证券公司在将资金借给客户，代客户买卖证券时，应当作为证券经纪业务进行会计处理。

1. 向上海、深圳证券交易所存出客户保证金：

借：存出保证金——融资融券信用交易保证金

　贷：银行存款——客户信用资金存款

2. 当证券公司将拟向客户融出的资金存入证券公司融资专用资金账户时，证券公司总部应：

借：银行存款——融资专用

　贷：银行存款——自有资金

3. 如为普通客户，则需要营业部将客户从普通客户转为信用客户；如为信用客户，则直接存款。

将客户信用交易担保资金从普通账户中转出：

借：代理买卖证券款——客户

　贷：银行存款——客户

　　　或结算备付金——客户

将客户从普通客户转为信用客户：

借：结算备付金——信用备付金

　贷：代理买卖证券款——信用客户

如客户直接为营业部信用客户，则：

借：结算备付金——信用备付金

　贷：代理买卖证券款——信用客户

4. 证券公司按一定的比例向客户收取业务保证金，存入客户信用交易担保资金账户：

借：银行存款——客户信用资金

　贷：代理买卖证券款——信用客户

证券公司如果收取的是担保证券，则不做会计处理。证券公司对于客户提交的担保证券应采用逐日盯市的原则每日进行评估，当担保证券的余额不足50万元时，证券公司有权要求客户立刻补足，担保品可以是现金也可以是股票，但担保品的价值必须足额。

5. 按照协议向客户发放贷款，营业部同时增加客户信用资金，证券公司总部应：

借：融出资金——信用客户

　贷：银行存款——融资专用

同时，证券营业部应：

借：结算备付金——信用备付金

　贷：代理买卖证券款——信用客户

6. 信用交易客户每日进行证券交易资金清算，证券交易结果由客户所在营业部进行记账，同时，公司总部将信用客户清算交易结果报开户银行，如果卖出证券金额大于买入证券的金额，即为卖差：

借：结算备付金——信用备付金

贷：代理买卖证券款——信用客户

借：手续费及佣金收入——融资融券代理买卖证券业务支出

结算备付金——公司信用资金

贷：手续费及佣金收入——融资融券代理买卖证券业务收入

如果卖出证券的金额小于买入证券的金额，即为买差，则：

借：代理买卖证券款——信用客户

贷：结算备付金——信用备付金

借：手续费及佣金支出——融资融券代理买卖证券业务支出

结算备付金——公司信用资金

贷：手续费及佣金收入——融资融券代理买卖证券业务收入

7. 证券公司逐日计算客户缴存的担保物价值与所欠债务比例，当该比例低于最低维持担保比例时，应当通知客户在一定期限内补缴差额。客户缴款时，营业部应：

借：银行存款——客户信用资金

贷：代理买卖证券款——信用客户

借：结算备付金——客户信用备付金

贷：银行存款——客户信用资金

8. 计收融资客户利息、罚息及其他费用的会计处理。根据权责发生制原则，证券公司按月计提融出资金的应收利息，同时收取客户的管理费为融资额的千分之一，计提应收利息及管理费：

借：应收利息——融资融券业务利息

应收账款——应收融资融券客户管理费

贷：利息收入——融资利息收入

其他业务收入——融资业务管理费收入

证券公司收到客户融资利息、罚息及其他费用的会计处理。

①证券公司向银行收取客户融资利息及其他费用时：

借：银行存款——自有信用资金

贷：应收利息——融资融券业务利息

应收账款——应收融资融券客户款

②信用客户通过银行划付证券公司融资利息及其他费用时：

借：代理买卖证券款——信用客户

贷：银行存款——客户信用资金

融资期间，信用客户融资买入的证券收到现金股利的会计处理。

信用客户股票账户上收到现金股利时：

借：结算备付金——客户信用备付金

贷：代理买卖证券款——信用客户

通过中央结算公司将现金股利划转到客户时：

借：银行存款——客户信用资金

贷：结算备付金——客户信用备付金

融资期间，客户信用证券配股的会计处理。客户配股分为两种情况：用客户信用资金配股，按照客户普通买入证券处理；客户向公司融资配股，按照客户融资买入证券处理。

资产负债表日，证券公司应审慎评估证券业务可能带来的坏账风险，在当期应计提有关的损失准备，并在会计报表中充分披露证券公司根据融出资金及融出证券的余额的一定百分比（比如3%）计提融资融券坏账准备。

借：资产减值损失——融资融券坏账损失

贷：坏账准备——融资融券坏账准备

合约到期日，客户卖券还款的会计处理。客户存管信用证券的客户卖出证券（包括公司根据合约对担保证券采取强制平仓）的资金先归还公司融资款，余额转入客户信用资金账户。

①客户通过交易所撮合交易卖出股票：

借：结算备付金——信用备付金

贷：代理买卖证券款——信用客户

借：手续费及佣金支出——融资融券代理买卖证券业务支出

结算备付金——公司信用资金

贷：手续费及佣金收入——融资融券代理买卖证券业务收入

②同日，客户归还融入资金，扣减信用交易代理买卖证券款，归还融出资金，客户资金划拨偿还融资款时：

借：代理买卖证券款——信用客户

贷：结算备付款——客户信用备付金

借：银行存款——公司自有信用资金

贷：融出资金——信用客户

③客户直接用其银行信用资金存款归还融资：

借：代理买卖证券款——信用客户

贷：银行存款——客户信用资金

借：银行存款——公司自有信用资金

贷：融出资金——信用客户

客户不再从事融资融券业务，将客户从信用客户转为普通客户，营业部应：

借：代理买卖证券款——信用客户

结算备付金——客户

贷：结算备付金——客户信用备付金

代理买卖证券款——客户

如果到期客户未能还清贷款，则将未能归还部分计入应收客户融资款，公司总部应：

借：应收账款——客户（融资业务）

贷：融出资金——信用客户

期末，对客户未能还清的应收账款计提减值准备，公司总部应：

借：资产减值损失——融资融券坏账损失

贷：坏账准备——融资融券坏账准备

（四）融券业务的核算

在融券业务中，证券公司将自身持有的证券借给客户，约定期限和利率，到期客户需归还相同数量的同种证券，并向证券公司支付利息费用，属于金融资产转移。因此，证券公司应当按照《企业会计准则第 23 号——金融资产转移》，结合《证券公司融资融券业务试点管理办法》的上述规定判断融出证券是否应予终止确认并进行相应的会计处理，按照《企业会计准则第 37 号——金融工具列报》披露相关信息。

证券公司在融券业务期间，代客户买卖证券时，应当作为证券经纪业务进行会计处理。根据《证券公司融资融券业务试点管理办法》，客户融券卖出的，应当以买券还券或者直接还券的方式偿还向证券公司融入的证券；客户融入证券后、归还证券前，证券发行人分配投资收益、向证券持有人配售或者无偿派发证券、发行证券持有人有优先认购权证券的，客户应当按照融资融券合同的约定，在偿还债务时，向证券公司支付与所融入证券可得利益相等的证券或者资金。

证券公司收到保证金时：

借：银行存款——融券账户

贷：存入保证金——融券账户保证金

客户从证券公司融出证券，仍按该证券的原有科目核算，但需要将证券的二级科目从“自营账户”金额转移到“融券账户”，“融券账户”则按照以前相同的会计计量方法核算。以可供出售金融资产为例，证券转账时：

借：其他债权投资——成本——融券账户

其他债权投资——公允价值变动——融券账户

贷：其他债权投资——成本——自营账户

其他债权投资——公允价值变动——自营账户

证券公司向客户收取手续费：

借：银行存款——融券账户

贷：手续费及佣金收入——融券手续费收入

如果证券公司融出证券的公允价值发生变动，需要计提公允价值变动损益。以可供出售金融资产为例，每个月末，当公允价值大于成本价时：

借：资本公积——其他资本公积

贷：其他债权投资——公允价值变动——融券账户

当公允价值小于成本价时：

借：其他债权投资——公允价值变动

贷：资本公积——其他资本公积

客户归还股票时：

借：其他债权投资——成本——自营账户
　　其他债权投资——公允价值变动——自营账户
　贷：其他债权投资——成本——融券账户
　　　其他债权投资——公允价值变动——融券账户

客户融入证券后、归还证券前，证券发行人分配投资收益、向证券持有人配售或无偿派发证券、发行证券持有人有优先认购权的证券的，公司应当按照合同，在权益发生时或者客户以约定的形式对公司就上述权益进行补偿时，参照日常类似的交易进行会计处理。

融出证券发放现金红利时，一般情况下，证券公司根据合同，于分红除权日确认融出证券的投资收益。

借：应收股利
　贷：投资收益——可供出售金融资产

客户归还公司现金红利时：

借：代理买卖证券款——信用客户
　贷：银行存款——客户信用资金

证券公司收取现金红利时：

借：银行存款——自有信用资金
　贷：应收股利

发生配股时：

借：其他债权投资——成本
　贷：银行存款——客户信用资金

客户收取配股款时：

借：银行存款——客户信用资金
　贷：代理买卖证券——自有信用客户

证券公司退还客户保证金，并计算应收利息：

借：存入保证金——融券保证金
　贷：应收利息——融券
　　　银行存款——融券保证金

四、受托资产管理业务

受托资产管理业务，是指公司作为受托投资管理人（以下简称受托人），依据有关法律、法规和投资委托人（以下简称委托人）的投资意愿，与委托人签订受托投资管理合同，把委托人委托的资产在证券市场上从事股票、债券等金融工具的组合投资，以实现委托资产收益最优化的行为。

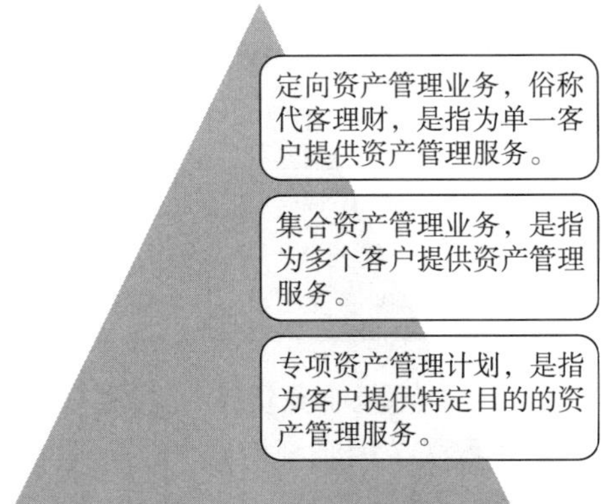

图 9－3　综合类券商的资产管理业务范围

受托投资只能投资于在证券交易所上市交易的证券及其衍生品种。受托投资业务就是证券公司的资产管理业务，它是指证券公司接受委托负责经营管理受托资产的业务，包括定向资产管理业务、集合资产管理业务和专项资产管理计划，本节主要介绍前两种业务。

（一）定向资产管理业务核算

受托管理资产业务中，定向资产管理和委托资产管理合同到期与委托单位结算收益或损失，按合同约定计算确认收入或损失。如果合同中规定公司按固定比例收取费用，公司应在合同期内分期确认收益。

期末，证券公司应当按照受托投资组合合同的规定，合理地确认和计量预计负债。经营受托管理资产所形成的资产和负债应在资产负债表附表中单独反映，不应纳入公司资产负债表内反映。

1. 受托投资管理业务的账户设置。为了正确反映证券公司受托资产管理业务的情况，在账务处理上应设置“代理业务资产”科目和“代理业务负债”等科目进行核算，增设“银行存款——受托管理客户存款”“结算备付金——受托管理客户备付金”及“存出与托管客户资金”科目进行明细核算（见表9－8）。

表9－8　　受托资产管理业务会计核算涉及的主要会计科目及核算内容

科目名称		核算内容
资产类	代理业务资产	反映证券公司接受客户委托，用受托资金购买证券的实际成本、出售收入及其差价
负债类	代理业务负债	反映证券公司接受客户委托进行资产管理的资金。该科目的贷方登记证券公司收到委托单位汇入的款项；借方登记到期退还委托单位委托管理的资金及损益。“代理业务负债”科目的期末余额在贷方，反映证券公司接受委托资产管理所形成的资金
损益类	手续费及佣金收入——受托客户资产管理业务收入	反映证券公司经营受托投资而取得的收益。该账户的贷方登记属于证券公司的收益金额以及按规定收取的管理费收入；期末，应将该账户的余额转入“本年利润”科目，结转后，“手续费及佣金收入——受托客户资产管理业务收入”科目应无余额。“手续费及佣金收入——受托客户资产管理业务收入”科目应按委托单位设置明细分类账
	手续费及佣金支出——受托客户资产管理业务支出	反映证券公司经营受托投资而发生的损失。该账户借方登记证券公司应当承担的损失金额；期末，应将该账户的余额转入“本年利润”账户，结转后，“手续费及佣金支出——受托客户资产管理业务支出”科目应无余额

（1）“代理业务资产”科目。“代理业务资产”科目属于资产类，反映证券公司接受客户委托，用受托资金购买证券的实际成本、出售收入及其差价。

“代理业务资产——投资成本”科目的借方登记证券公司用受托资金购买证券的实际成本，贷方登记卖出证券结转的实际成本。

实际卖出证券的价款大于实际购买成本的差额，计入“代理业务资产——已实现未结算损益”科目的贷方；实际卖出证券的价款小于实际购买成本的差额，计入“代理业务资产——已实现未结算损益”科目的借方。

公司计算受托投资卖出证券的成本，可采用先进先出法、加权平均法、移动平均法等方法计算确定。计算方法一经确定，不得随意变更，如果需变更，须在会计报表附注中予以说明。“代理业务资产”科目应按委托单位设置明细分类账。

（2）“代理业务负债”科目。“代理业务负债”科目属于负债类，反映公司接受客户委托进行资产管理的资金。该科目的贷方登记证券公司收到委托单位汇入的款项，借方登记到期退还委托单位委托管理的资金及损益。“代理业务负债”科目的期末余额在贷方，反映证券公司接受委托资产管理所形成的资金。

合同到期与委托单位结算时，证券公司按合同规定的比例计算受托投资管理收益，属于委托单位的收益，计入“代理业务负债”科目的贷方；如果发生损失，属于委托单位应当承担的损失以及合同到期证券公司收取的管理费，计入“代理业务负债”科目的借方。“代理业务负债”科目应按委托单位设置明细分类账。

2. 会计核算方法。

证券公司接收客户委托款时：

借：银行存款——受托管理客户存款

　贷：代理业务负债

存入指定清算代理机构时：

借：结算备付金——受托管理客户备付金

　贷：银行存款——受托管理客户存款

证券公司用受托资金购买证券，按实际成本：

借：代理业务资产——成本

　贷：结算备付金——受托管理客户备付金

证券公司在交易中发生的手续费收入和支出：

借：结算备付金——证券公司手续费及佣金支出——代理买卖证券业务支出（应由证券公司承担的交易费用）

　贷：手续费及佣金收入——代理买卖证券业务收入（应由客户向证券公司支付的交易费用）

将购买的证券卖出，按实际收到的价款，编制如下会计分录：

借：结算备付金——受托管理客户备付金

　贷：代理业务资产——成本（按卖出的证券的成本结转）

　　　代理业务资产——已实现未结算损益

已实现未结算损益按实际卖出证券收到的款项与成本及交易费用之间的差额计价入账，已实现未结算收益计入贷方，已实现未结算损失计入借方。

定期与委托客户进行结算时，按合同约定的比例计算定向资产管理业务，并结转已实现未结算损益。

借：代理业务资产——已实现未结算损益

贷：代理业务负债（按合同规定属于委托客户的收益入账）

手续费及佣金收入——受托客户资产管理业务收入

代理业务发生亏损时：

借：代理业务负债（按合同规定属于委托客户的损失入账）

手续费及佣金支出——受托客户资产管理业务支出

贷：代理业务资产——已实现未结算损益

到期退还客户委托管理的资金及损益：

借：银行存款——受托管理客户存款

贷：结算备付金——受托管理客户备付金

（二）集合资产管理业务

集合资产管理业务是集合客户的资源，由专业投资者（券商）进行管理的资产管理业务。它是证券公司针对高端客户开发的理财服务创新产品，投资于业绩优良、成长性高、流动性强的股票等权益类证券以及股票型证券投资基金的资产。集合资产管理计划俗称基金宝（Fund of Fund）。这是获准创新试点的证券公司为投资者提供的一种增值理财服务。目前只有创新类证券公司有资格开展此项业务。创新类证券公司要求综合类券商的净资本必须在 8 亿元以上，经纪类券商的净资本必须在 1 亿元以上，才可以在通过审批的前提下有资格从事各项创新活动。

五、资金拆借业务

资金拆借业务是指具有法人资格的金融保险机构及经法人授权的非法人金融保险机构之间进行的短期资金融通，以调剂资金头寸和调剂临时性资金余缺的经济活动。证券公司可以金融企业的身份在同业拆借市场上进行资金拆出与拆入的融资活动，以调剂资金余缺，并提高资金的利用率。拆出资金是证券公司的一项流动资产，拆入资金是证券公司的一项流动负债。资金拆借业务的会计核算内容包括资金本金和利息费用核算等，可比照商业银行的资金拆借业务处理方式，通过设置“拆出资金”“拆入资金”“金融企业往来收入”“金融企业往来支出”等科目核算。

六、投资咨询业务

公司对于投资咨询、转让无形资产等业务所取得的收入和发生的相应支出，应设置“其他业务收入”“其他业务支出”等科目进行核算。“其他业务收入”科目用于核算除自营证券差价收入、利息收入、手续费收入、证券发行差价收入和买入返售证券收入、金融企业往来收入等以外的其他收入，如咨询服务收入、转让无形资产收入、受托资产管理收入等。它是一个损益类科目，期末应将其余额结转至“本年利润”科目，结转后本科目一般无余额。“其他业务支出”科目用于核算公司除利息支出、金融企业往来支出、手续费支出、卖出回购证券支出等以外的其他支出，如投资咨询支出、转让无形资产支出、受托资产管理业务发生的损失等。它是一个损益类科目，期末应将其余额结转至“本年利润”科目，结转后本科目一般无余额。

公司取得其他业务收入时，借记“银行存款”“应收款项”等科目，贷记“其他业务收入”科目；发生其他支出时，应借记“其他业务支出”科目，贷记“无形资产”“受托资产”等科目。

本章小结

1. 证券经纪业务是指证券公司作为中介人，代理客户（投资者）买卖证券、代理兑付证券和代保管证券等活动。证券经纪业务核算主要分为代理买卖证券业务核算和代理兑付证券业务核算。

代理买卖证券业务是指证券公司接受客户委托，按照客户的要求，代理客户买卖证券。包括两个步骤：一是接受客户委托，开立资金专户；二是代理买卖证券业务，包括买入证券业务、代理卖出证券、代理买卖成交后的资金交割、公司代理客户认购新股业务、公司代理客户办理配股派息业务等。

代理兑付证券业务是证券公司接受客户委托，对其发行的证券到期后，按合同约定进行兑付，客户按一定比例支付给证券公司手续费的业务。

2. 证券公司在承销证券业务活动中，代理发行的证券可以分为记名证券和不记名证券两种。代理发行有代销、余额承购包销和全额承购包销三种方式，每种方式又可分为网上发行（无纸化发行）和网下发行（实物券发行）。证券承销业务核算包括全额包销业务的核算和余额包销业务的核算。

3. 自营证券主要包括自营股票、自营债券、自营基金等。证券自营业务，是指证券公司以自己的名义和用自己的资金买卖证券以达到获利目的的证券业务。证券公司自营买卖证券核算分为以摊余成本计量的金融资产、以公允价值计量且其变动计入其他综合收益的金融资产和以公允价值计量且其变动计入当期损益的金融资产三类。

4. 其他证券业务是指证券公司除了几项主要证券业务以外，还可经营的其他证券融资业务，如证券回购业务、证券抵押贷款业务、融资融券业务、资产托管业务、资金拆借业务、投资咨询业务等。

重点概念

证券经纪业务　证券承销业务　证券自营业务　买入返售金融资产　卖出回购金融资产　融资融券业务　受托资产管理业务

思考与练习

1. 7 月 5 日，A 证券公司代客户认购上海证券交易所新发行的 ×× 股票，收到客户交来的认购款 800 万元。7 月 6 日，认购款项划到上海证券交易所。8 月 5 日，客户部分中签，中签资金 600 万元，办理申购手续，未中签资金 200 万元退还给客户。请作出

A 证券公司的会计处理。

2. 2023 年 7 月 1 日，B 证券公司购买甲公司发行的债券，以银行存款支付 98 万元（含已到期但尚未领取的利息 3 万元）的价款和交易费用 1 万元，7 月 10 日 B 证券公司收到利息 3 万元。该债券的面值为 100 元，剩余期限为 1 年，票面年利率为 6%，每半年付息一次。请编制 B 证券公司的会计分录。

3. A 证券公司从上海证券交易所买入返售国债 R091 共计 1 000 000 元，28 天期限，年利率为 6%，请编制会计分录。

4. 2023 年 5 月 13 日，C 证券公司从上海证券交易所购入 A 上市公司股票 100 000 股，每股价格 10.60 元（含已宣告但尚未发放的现金股利 0.60 元），另支付交易费用 1 000元。C 证券公司持有 A 公司股票后对其无重大影响，并打算于近期出售所购入的 A 公司股票。C 证券公司其他有关资料如下：

（1）5 月 23 日，收到 A 公司发放的现金股利；

（2）6 月 30 日，A 公司股票价格涨到每股 13 元；

（3）8 月 15 日，将持有的 A 公司股票全部售出，每股售价 15 元。

请编制 C 证券公司的相关会计分录。

5. 2023 年 7 月 13 日，A 证券公司从二级市场购入股票 1 000 000 股，每股市价 15 元，手续费 30 000 元。A 证券公司一直持有至 2023 年 12 月 31 日，该股票当时的市价为每股 16 元。2024 年 2 月 1 日，A 证券公司将该股票售出，售价为每股 13 元，另支付交易费用 30 000 元。假设不考虑其他因素，请编制 A 证券公司的相关会计分录。

6. 2021 年 1 月 1 日，A 证券公司按面值从债券二级市场购入 B 公司发行的债券 10 000张，每张面值 100 元，票面利率 3%。其他有关资料如下：

（1）2021 年 12 月 31 日，该债券的市场价格为每张 100 元。

（2）2022 年，B 公司因投资决策失误，发生严重财务困难，但仍可支付该债券当年的票面利息。2022 年 12 月 31 日，该债券的公允价值下降为每张 80 元。华风证券公司预计，如 B 公司不采取措施，该债券的公允价值预计会持续下跌。

（3）2023 年，B 公司调整产品结构并整合其他资源，使得上年发生的财务困难大为好转，2023 年 12 月 31 日，该债券的公允价值已上升至每张 95 元。

假定 A 证券公司初始确认该债券时计算确定的债券实际利率为 3%，且不考虑其他因素。请编制 A 证券公司的相关会计分录。

第十章

信托租赁公司业务核算

本章学习目标

1. 熟知信托与租赁业务的概念及种类；
2. 掌握信托业务会计核算的内容与方法；
3. 理解租赁业务的主要内容及会计处理。

第一节　信托与租赁公司业务概述

一、信托业务的种类

我们一般认为信托就是“受人之托，代人理财”。随着商品货币关系的发展，信托经历了从民事信托到现代金融信托的演进历程，已经成为现代金融业的重要构成部分。信托公司作为典型的非银行金融机构，对社会经济的发展也发挥着重要的作用。

信托是指委托人基于对受托人的信任，将其财产权委托给受托人，由受托人按委托人的意愿以自己的名义，为受益人的利益或者特定目的，进行管理或者处分的行为。

信托业务是指信托公司以营业和收取报酬为目的，以受托人身份承诺信托和处理信托事务的经营行为。

信托业务按照不同的标准可以进行不同的种类划分。

1. 按照信托目的不同，可分为公益信托和私益信托。公益信托是委托人为促进社会公共利益，以整个社会或不确定多数人为受益人而设立的信托，如为促进社会福利事业、科学研究等而设立的社会福利基金、科学研究基金信托等。私益信托是委托人为实现私人利益，以委托人或特定第三者为受益人而设立的信托。

2. 按信托服务对象不同，可分为个人信托和法人信托。个人信托，即以个人身份委托受托人办理信托业务。个人信托又分为生前信托和身后信托。生前信托是个人在世时就以委托人身份与受托人建立了信托关系，其信托契约限于委托人在世时有效；身后信托则是根据个人遗嘱办理身后的有关信托事项，如执行遗嘱、管理财产、为保寿险者在身后代领赔款等，身后信托仅限于委托人去世后生效。

法人信托，又称公司信托，即委托人不是某个人，而是单位或公司等具备资格的法人委托受托人办理信托业务。

3. 按信托财产种类不同，可分为资金信托、实物信托、债权信托和经济事务信托。资金信托，又称金钱信托，是一种以货币资金为标的物的信托业务，如公益资金信托、劳保基金信托、个人特约信托等。实物信托，是一种以动产或不动产为标的物的信托业务。动产指原材料、设备、物资、交通工具等；不动产指厂房、仓库和土地等。债权信托，是一种以债权凭证为标的物的信托业务，如代为清理和代为收付款项，代收人寿保险公司赔款等。经济事务信托，是一种以委托代办各种经济事务为内容、以委托凭证为标的物的信托业务，如委托设计、专利转让、委托审查、委托代会计事务等。

4. 按照信托是否跨国，可分为国内信托和国际信托。国内信托，即信托关系人及信托行为在国内进行，其业务主要有信托、委托、代理、租赁、咨询等。国际信托，即信托关系人及信托行为跨国进行，其业务主要有国际信托投资、国际租赁、代理发行外币有价证券、对外担保见证及国际咨询业务等。

5. 按照受益人的不同，可分为自益信托和他益信托。自益信托是委托人以自己为受益人而设立的信托。他益信托是委托人以自己以外的他人（第三者）为受益人而设立的信托。

6. 按照信托业务性质不同，可划分为信托类业务、代理类业务及其他业务。信托类业务是指财产所有人作为委托人将财产委托给可信任的受托人，并要求后者按契约中的信托目的，对信托财产做有效的管理运用，或做妥善的处理。这类业务主要包括资金信托、有价证券信托、不动产信托和动产信托四类。

代理类业务是信托投资公司接受客户的委托，以代理人的身份，代办客户指定的经济事项的业务。在代理类业务中，信托投资公司一般只发挥财务管理职能和信用服务职能。代理类业务主要包括代理收付款业务、代理清偿债权债务业务、代理有价证券业务、代理保管业务、代理保险业务、代理签证业务等。

其他业务是指信托公司按照法律规定可以从事的除上述业务外的租赁、咨询等业务。

二、我国信托公司的业务经营范围

信托公司是依法设立的主要经营信托业务的金融机构。根据我国《信托公司管理办法》，信托公司可以申请经营下列部分或者全部本外币业务。

1. 资金信托。资金信托类似于货币储蓄，它是指委托人基于对受托人的信任，将自己合法拥有的资金委托给受托人，由受托人按委托人的意愿以自己的名义，为受益人的利益或者特定目的管理、运用和处分的行为。资金信托业务是信托投资公司一项重要的信托业务，也是其理财的主要方式。资金信托按照委托人要求的不同，可以分为单独管理资金信托和集合资金信托。

2. 动产信托。动产信托又称为设备或动产设备信托，主要是以动产（主要指契约设备）的管理或处理为目的而设立的信托。即由设备的制造商和出售者作为委托人，将设备信托给受托人，同时将设备的所有权也转移给受托人，受托人发给委托人“信托受益权”证书，并将动产出租或出售给资金紧张的用户，委托人则将其“信托受益权”证书出售，以获得款项的一种信托业务。

3. 不动产信托。不动产信托是指不动产所有权人（委托人）为了受益人的利益或特定目的，将不动产所有权转移给受托人，受托人依信托合同对不动产进行管理和处理的信托业务。

在不动产信托关系中，作为信托标的物的土地和房屋，不论保管目的、管理目的或处理目的，委托人均应把其产权在设立信托期间转移给信托机构所有。不动产信托是信托机构经办的财产信托中最为复杂的一种业务。

4. 有价证券信托。有价证券信托是指有价证券所有权人（委托人）为了受益人的利益或特定目的，将有价证券所有权转移给受托人，受托人依信托合同对有价证券进行管理或处理的信托业务。可以交付信托的有价证券包括政府债券、国内上市或未上市公司股票、公司债券、开放型与封闭型基金、国外有价证券以及经上级主管机关核定的其他有价证券。有价证券信托按信托目的，可分为管理有价证券信托和运用有价证券信托两种。管理有价证券信托是指有价证券所有人将证券信托给受托人，受托人代为保管证券、收受利息、缴纳增资股款、行使表决权等管理事宜的信托业务。运用有价证券信托是指有价证券所有人将证券信托给受托人，受托人不仅要代为管理证券，而且要代为运用证券以获取收益的信托业务。

5. 其他财产或财产权信托。

6. 作为投资基金或者基金管理公司的发起人从事投资基金业务。

7. 经营企业资产的重组、购并及项目融资、公司理财、财务顾问等业务。

8. 受托经营国务院有关部门批准的证券承销业务。

9. 办理居间、咨询、资信调查等业务。

10. 代保管及保管箱业务。

11. 法律法规规定或中国银行业监督管理部门批准的其他业务。信托公司管理运用或处分信托财产时，可以依照信托文件的约定，采取投资、出售、存放同业、买入返售、租赁、贷款等方式进行，但不得以卖出回购方式管理运用信托财产。

信托公司固有业务项下可以开展存放同业、拆放同业、贷款、租赁、投资等业务。投资业务限定为金融类公司股权投资、金融产品投资和自用固定资产投资。

信托公司不得以固有财产进行实业投资，不得开展除同业拆入业务以外的其他负债业务，且同业拆入余额不得超过其净资产的20%。信托公司可以开展对外担保业务，但对外担保余额不得超过其净资产的50%。

三、信托业务会计核算的特点

（一）信托业务会计主体的特殊性

> 信托项目是指受托人根据信托文件的约定，单独或者集合管理运用、处分信托财产的基本单位。

会计核算首先需要明确会计主体，即会计工作为其服务的特定单位或组织，会计主体是会计人员进行会计核算时采取的立场以及在空间范围上的界定。信托业务的会计主体往往不是一般意义上的法律主体，而是不同的信托产品或信托计划，抑或是单个或多个委托人或受益人。因此，信托公司作为受托人应独立核算信托财产的管理运用和处分情况。各信托项目应单独记账，单独核算，单独编制财务报告。不同信托项目在账户管理、资金划拨、账簿记录等方面应相互独立。[①]

（二）信托财产与信托公司固有财产分开管理和分别核算

信托财产不属于信托公司的固有财产，也不属于信托公司对受益人的负债。信托公司终止时，信托财产不属于其清算财产。信托公司应当将信托财产与其固有财产分别管理、分别记账，并将不同委托人的信托财产分别管理、分别记账，分别按项目设置信托业务明细账进行核算管理。

（三）信托资产运用和来源应进行明细核算

> 信托资产是指信托投资公司因接受信托而取得的财产，以及因信托资产的管理、处分或者其他情形而取得的财产。

信托公司对不同信托资产要按来源和运用设置相应会计科目进行核算反映。来源类科目应按其类别、委托人等设置明细账，具体分为短期信托资产来源、长期信托资产来源。短期信托资产来源是指不超过 1 年的信托资产来源，包括短期信托存款、代扣代缴税金、待分配信托收益、应付受托人收益及应付其他收益人款项等；长期信托资产来源是指 1 年以上的信托资产来源，包括长期信托存款、委托存款、财产信托、公益信托、投资基金信托、有价证券信托等。

运用类科目应按其类别、使用人和委托人等设置明细账，具体分为短期信托资产运用、长期信托资产运用。短期信托资产运用是指不超过 1 年的信托资产运用，包括信托货币资金、拆出信托资金、短期信托贷款、短期信托投资、信托财产等；长期信托资产运用是指 1 年以上的信托资产运用，包括长期信托贷款、委托贷款、长期信托投资、信托租赁财产等。

四、租赁业务的种类

《企业会计准则第 21 号——租赁》将租赁定义为：“在一定期间内，出租人将资产的使用权让与承租人以获取对价的合同。”租赁实质上是出租方和承租方之间的一种有偿契约关系，拓展了取得资产使用权的来源。在合同中关于让渡标的物的权利关系是：承租人享有标的物的占有权、使用权和收益权，出租人留有标的物的所有权。

---

① 《信托公司管理办法》第三十条：“信托公司应当依法建账，对信托业务与非信托业务分别核算，并对每项信托业务单独核算。”

租赁期开始日不同于租赁开始日，租赁开始日是指租赁合同签署日与租赁各方就主要租赁条款作出承诺日中的较早者，而租赁期开始日则是指出租人提供租赁资产使其可供承租人使用的起始日期。在传统的租赁中，租赁关系只涉及租赁双方，也就是承租人和出租人。而随着经济的发展和繁荣，出现了专门的租赁公司，其主要业务就是购入企业所需设备然后将其转租，通过利用资产的使用权创造利润，因此，租赁当事人中涉及新的一方——供货人。

1. 按租赁的性质分类。根据租赁标的物所有的风险和报酬是否转移，也就是租赁的性质，可以将租赁分为融资租赁和经营租赁两大类。经营租赁和传统租赁一样，租赁标的物所有权的有关风险和报酬并未转移给承租方。如果将所有权有关的全部风险和报酬转移给了承租方，则将其划分为融资租赁。

（1）经营租赁。经营租赁的承租方多出于短期租赁的需求进行，租赁期限一般短于租赁设备的法定耐用年限。租赁物应该纳入出租人的资产负债表，在租赁期结束时，承租人可以退租、续租或者留购，然而不具备优惠购买选择权。

（2）融资租赁。在租赁开始日，最低租赁付款额（收款额）的现值几乎相当于租赁资产原账面价值，承租人在租赁期满时有优惠购买权，而且承租人极可能行使购买权，租赁物应该纳入承租人的资产负债表。

2. 按是否享有纳税优惠分类。

（1）节税租赁。节税租赁被称为真实租赁，租赁双方均可以获得纳税优惠。出租方可采取加速折旧、投资减税等方式：承租方支付的租金可以作为当期费用从应纳税利润中扣除，以降低设备的使用成本。

（2）非节税租赁。非节税租赁被称为销售式租赁，不能享受税收优惠，出租人通过租赁方式把资产分期售给承租人而获取收益。在通常情况下，承租人享有留购权，或者支付的租金中直接包括获取租赁资产所有权，且租金不可以作为当期费用从应纳税利润中扣除。

3. 按租赁资产投资来源分类。

（1）直接租赁。直接租赁是指按照承租人对资产和供应商的要求，出租人使用自由资金或者在资本市场中筹资，如从银行等金融机构借入，然后向资产的供应商支付货款并且出租给承租人的租赁方式。

（2）转租赁。转租赁是指出租人占有的资产实际是通过租赁公司或者制造商租入的，在租赁期内将租入资产再次以租赁的方式转出。转租赁涉及原出租人、原承租人和新承租人，并且原承租人分别与原出租人和新承租人签订租赁合同。

（3）回租赁。回租赁是指承租人先将自有资产卖给租赁公司，然后再将资产租回使用的方式。这种情况多见于承租人资金紧张且自有资产正在使用中，回租赁既可以使承租人占有资产使用权，获得经营用的资金，而且原有的设备操作人员和维修人员均对资产非常熟悉，节省了培训费用。

4. 其他分类方式。

租赁还可以根据融资货币的不同分为本币租赁和外币租赁方式；根据服务地区的不同分为境内租赁和跨境租赁方式等。

第二节　信托业务的会计核算

信托项目是信托公司重要的业务项目，按照现行的《信托业务会计核算办法》要求充分体现“信托财产和固有财产分别核算，突出信托项目为独立会计主体”的原则。信托公司一方面要以自身的经营活动为主体，设立独立的账目进行会计核算，编制公司自身的财务报表；同时也要对公司拥有的每一个信托项目单独设立账簿进行核算，编制相应的财务报表并与自身财务报表一起对外报送。因此对于信托项目进行核算的六大会计要素分别为信托资产、信托负债、信托权益、信托项目收入、信托项目费用和信托项目利润。各信托项目应单独记账、单独核算、单独编制财务报告。不同信托项目在账户设置、资金划拨、账簿记录等方面应相互独立。

一、信托项目初始设立时的核算

设立信托时，信托财产的入账原则，是以信托文件约定的价值借记各相应信托资产的会计科目，同时，贷记“实收信托”科目。

“实收信托”科目核算信托项目取得的信托财产的初始价值。如受益人要求将应付未来受益人收益转增实收信托，也通过本科目核算。

委托人以现金设立信托的，按实际收到的金额，借记“银行存款”科目，贷记本科目。如委托人以非现金资产设立信托，按信托文件约定的价值，借记有关科目，贷记本科目。按受益人要求将应付未付的受益人收益转增实收信托，借记“应付受益人收益”科目，贷记本科目。本科目应按受益人设置明细账，进行明细核算。“实收信托”科目期末贷方余额，反映信托项目实收信托的余额。

［**例 10－1**］2023 年 1 月 1 日中南大信托投资股份有限公司与 B 公司签署信托合同，受托管理其组合资产。信托文件约定的价值表明：具有现金流收益权信托实质的实物信托 7 000 万元、债权信托 6 000 万元、资金信托 800 万元，则该信托项目设立时的会计分录如下：

借：银行存款	8 000 000	
固定资产	70 000 000	
其他应收款	60 000 000	
贷：实收信托		138 000 000

二、信托项目日常核算

信托项目设立后，信托公司会对信托项目的资金和资产进行运用，从而产生收益和费用，产生的风险也由信托投资公司承担。因此，信托项目日常核算主要包括信托项目的信托收入、信托费用和相应的信托负债的核算。

（一）信托项目收入

信托项目收入是指信托项目管理运用、处分信托财产而形成的收入。信托项目收入包括利息收入、投资收益、租赁收入和其他收入。信托项目收入不包括为第三方或受托人代收的款项。

［例 10－2］ A 信托投资公司的某信托项目于 2023 年 3 月 6 日向 B 公司转让一项软件使用权，合同约定一次性收取 B 公司使用费 350 000 元，并约定不提供后续服务，款项对方尚未支付，会计分录为：

借：应收账款　　350 000

　贷：其他收入　　350 000

（二）信托项目费用

信托项目费用是指信托文件约定由信托项目承担的各项费用。如果信托文件中没有作出约定，则信托项目费用是指受托人与委托人在前期约定之外，协商达成的书面协议所约定的由信托项目承担的各项费用。信托文件约定由信托项目承担的各项费用包括税金及附加、业务及管理费、资产减值损失等。

［例 10－3］ A 信托投资公司的某一信托项目于 2023 年 12 月 31 日根据应收账款的余额，采用账龄分析法，计提坏账准备 500 000 元。当月“坏账准备”科目贷方余额为 200 000 元，则信托公司计提时的会计分录为：

借：资产减值损失——计提坏账准备　　300 000

　贷：坏账准备　　300 000

（三）信托负债

信托负债是指信托项目单独或者集合管理运用、处分信托财产的过程中形成的负债，包括交易性金融负债、应付受托人报酬、应付受益人收益、应付托管费、卖出回购金融资产款、应交税费等。

其中“应付受托人报酬”科目核算信托项目根据信托文件的约定，在管理运用、处分信托财产过程中，应付未付给受托人的、由信托项目承担的信托管理报酬，包括手续费收入、服务佣金等。按信托文件规定计提受托人报酬时，按计提的报酬，借记“业务及管理费”科目，贷记本科目；支付时，按实际支付的金额，借记本科目，贷记“银行存款”科目。“应付受托人报酬”科目期末贷方余额，反映信托项目尚未支付给受托人的信托管理报酬余额。

［例 10－4］ A 信托投资公司于 2022 年 12 月 31 日根据信托文件的约定，计提 2022 年受托人报酬 6 000 000 元。该信托计划于 2023 年 3 月 5 日支付上述报酬，会计分录如下：

（1）2022 年 12 月 31 日计提受托人报酬时：

借：业务及管理费　　6 000 000

　贷：应付受托人报酬　　6 000 000

（2）2023 年 3 月 5 日实际支付时：

借：应付受托人报酬　　6 000 000

　贷：银行存款　　6 000 000

"应付受益人收益"科目核算信托项目根据信托文件的约定，由信托项目利润分配产生的、应付未付给受益人的收益。分配信托收益（利润）时，按应付收益，借记"利润分配"科目，贷记本科目；支付款项时，借记本科目，贷记"银行存款"科目。本科目应按受益人设置明细账，进行明细核算。"应付受益人收益"科目期末贷方余额，反映已经分配尚未支付给受益人收益的余额。

［例 10－5］ A 信托投资公司的某信托项目于 2023 年 12 月 31 日根据信托文件的约定，应向受益人分配利润 2 000 000 元，则年末计提应付受益人收益时的会计分录为：

借：利润分配　　2 000 000

　贷：应付受益人收益　　2 000 000

"应付托管费"科目核算信托项目发生的根据信托文件的约定应由信托财产承担的、应付未付给信托资金托管人的管理费用。该科目应按托管人设置明细账，进行明细核算。按信托文件规定计提托管人管理费时，按计提的金额，借记"业务及管理费"，贷记"应付托管费"科目；支付托管费时，按实际支付的金额，借记"应付托管费"科目，贷记"银行存款"科目。本科目期末余额一般在贷方，反映信托项目已经计提但尚未支付给托管人的管理费余额。

［例 10－6］ 某信托项目 2023 年底按照信托文件约定，需要计提 2023 年托管人管理费 2 400 000 元，则计提时的会计分录为：

借：业务及管理费　　2 400 000

　贷：应付托管费　　2 400 000

三、信托项目对外运用时的核算

信托项目投资是信托公司以自有资金或未指定使用对象和范围的信托存款进行投资。信托项目投资时，为反映和监督信托投资业务状况，可根据投资业务的性质，在信托项目会计中设置"交易性金融资产""持有至到期投资""可供出售金融资产""长期股权投资""投资收益"等科目。

［例 10－7］ A 信托投资公司将［例 10－1］中信托项目银行存款中的 2 000 000 元于当日购买了上市公司 C 公司的股票。2024 年 5 月 8 日，A 信托投资公司实际收到 C 公司分配的 2023 年的现金股利 40 000 元，收到的款项存入银行。

借：银行存款　　40 000

　贷：应收股利　　40 000

［例 10－8］ A 信托投资公司 2023 年 3 月 1 日，通过该信托项目向同业拆出资金 3 000 000元。

借：拆出资金　　3 000 000

　贷：银行存款　　3 000 000

四、信托权益形成的核算

信托项目的信托权益，就是信托受益人在信托财产中享有的经济利益，其金额为信托资产减去信托负债后的余额，包括实收信托、资本公积、未分配利润等。其会计核算将在第四篇金融企业财务核算篇中进行介绍。

五、信托存款与信托贷款业务的核算

（一）信托存款与信托贷款概述

信托存款是信托机构经营业务的重要资金来源。信托存款的资金来源基本限于非直接经营单位可自行支配的专项资金。按照《金融信托投资机构资金管理暂行办法》规定，信托机构可吸收以下5种1年期以上的信托存款：财政部门委托投资或贷款的信托资金、企事业主管部门委托投资或贷款的信托资金、劳动保险机构的劳保基金、科研单位的科研基金及各种学会、基金会的基金。

信托存款的委托人对信托资金不指定运用范围，由信托机构负责管理运用并负责保本付息。委托人获取本金并收取固定收益，由信托机构在运用信托存款获取的收益中按照合同规定支付给委托人本人或委托人指定的第三人。信托机构自身的收益则来自支付委托人固定利息外的资金营运的多余收入，而不是收取的手续费。信托存款每笔资金都单独管理、独立核算。

信托存款是指信托机构按照委托人的要求，为特定目的吸收进来代为管理的资金。
信托贷款是指受托人接受委托人的委托，将委托人存入的资金，按其（或信托计划中）指定的对象、用途、期限、利率与金额等发放贷款，并负责到期收回贷款本息的一项金融业务。

信托贷款，是指信托机构运用自有资金、信托存款或筹集的其他资金，对自行审定的企业和项目，自主发放贷款的业务。贷款的对象、用途、期限和利率等都由信托机构根据国家政策自行确定，贷款的风险责任也由信托投资公司承担。它的性质和用途与银行贷款相似，但比银行贷款更灵活、方便、及时。信托贷款的用途主要是解决企业单位某些正当、合理，而银行限于制度规定无法支持的资金需求。

信托存、贷款的特点是，每一笔具体的信托存款不与任何一笔具体的信托贷款相联系。委托人存入信托存款的唯一目的是获取收益。信托机构发放信托贷款也只是从自己的利益考虑的，并独自地承担经营风险。对信托存款、信托贷款进行日常会计核算使用的会计科目见表10－1。

表10－1　　信托存款和信托贷款业务常用会计科目及其核算内容

科目性质	会计科目	核算内容
负债类	代理业务负债	核算金融企业不承担风险的代理业务收到的款项，包括受托投资资金和受托贷款资金等。本科目应按存款类别和客户设置明细科目
	应付利息	核算金融企业按权责发生制计提的应付未付利息。贷方反映应计提的存款利息，借方反映实际支付的存款利息，期末贷方余额反映应付未付利息。本科目应按存款客户设置明细科目

续表

科目性质	会计科目	核算内容
损益类	利息支出	核算金融企业存款利息支出。借方反映预提的应付利息或实际支付的各项利息，会计期末应将本科目借方发生额从贷方转入“本年利润”科目借方，期末无余额
资产类	贷款——信托贷款	核算金融企业信托项目管理运用、处分信托财产而持有的各项贷款。借方登记信托机构发放的信托贷款本金，贷方登记收回的信托贷款本金，期末借方余额表示发放的信托贷款的余额，具体分为期限不超过1年的短期信托贷款和1年期以上的长期信托贷款。本科目应按贷款客户进行明细核算
	应收利息	核算金融企业信托项目应收取的利息，包括债权投资、拆出资金、贷款、买入返售金融资产、买入返售信贷资产计提的利息等。借方登记信托机构应向借款单位收取的利息，贷方登记实际收回或预收的利息，期末借方余额表示应收未收利息。本科目应按往来客户设置明细账
损益类	利息收入	核算金融企业贷款利息收入。贷方登记发生的各项贷款利息收入，期末将贷方余额结转“本年利润”科目贷方，结转之后应无余额

（二）信托存款业务的核算

客户提出申请，填写“存款委托书”后，信托机构应审查其资金来源，审查合乎规定后，客户签订“信托存款协议书”，写明信托存款金额、期限、信托收益支付方法、指定受益人、续费率等。信托机构为委托人开立账户，委托人将信托存款划转到信托机构开立的银行账户，信托机构相应签发存款凭证给委托人。

1. 信托存款开户。信托公司接受客户委托，为客户开立信托存款账户时，会计分录为：

借：银行存款/存放中央银行款项/吸收存款

　贷：代理业务负债——某单位信托存款户

2. 信托存款计息。信托存款是定期存款，原则上在期满后利随本清，但在存款期内根据权责发生制原则定期计算应付利息。会计分录为：

借：利息支出——××信托存款利息支出户

　贷：应付利息——××单位户

3. 信托存款到期支取。存款单位在信托存款期满后，凭信托存款单向信托机构提取存款，并结清利息。如果存款单位因各种客观原因，与信托机构协商后，可提前支取，但利率按银行同期活期存款利率计算。支取时，会计分录为：

借：代理业务负债——××单位信托存款户

　　应付利息——××单位户

　　利息支出——××信托存款利息支出户

　贷：银行存款

［例10－9］ 2022年3月1日，A信托投资公司收到B公司存入的信托存款66 000

万元，存期 1 年，年利率 2.5%，合同约定采取利随本清的方式。2018 年 3 月 1 日，A 信托投资公司支付 B 公司存款本息。

（1）2022 年 3 月 1 日，A 信托投资公司接受存款时，会计分录为：

借：银行存款　　66 000 000

　贷：代理业务负债——信托存款——B 公司　　66 000 000

（2）2023 年 3 月 1 日，A 信托投资公司支付到期信托存款时，会计分录为：

借：代理业务负债——信托存款——B 公司　　66 000 000

　　利息支出——信托存款利息支出户　　1 650 000

　贷：银行存款　　67 650 000

（三）信托贷款业务的核算

1. 信托贷款发放的核算。借款单位向信托机构提出申请后，信托机构审查认为符合贷款条件的，与借款单位签订“信托借款合同”，并由借款人填写借款借据提交信托机构办理贷款发放手续。

发放信托贷款时，借记“贷款——××单位信托贷款户”科目，贷记“银行存款（或吸收存款）”科目。

2. 信托贷款的计息。信托贷款的利息按季收取。借款人无款支付或不足支付的，其不足支付部分作为应收利息处理。即借记“银行存款（或应收利息）”科目，贷记“利息收入——××利息收入户”科目。

3. 信托贷款收回的核算。信托贷款到期，收回本金。如贷款到期，借款人账户资金不足支付，不足部分转作逾期贷款并按规定比例计收罚息。

收回信托贷款时，借记“银行存款”科目，贷记“贷款——××单位信托贷款户”“应收利息——××利息收入户”科目。

[例 10－10] 2023 年 8 月 15 日，A 信托投资公司发放给 B 公司信托贷款1 000万元，年利率6%，期限 1 年，采取贷款到期后利随本清的方式。

（1）A 信托投资公司发放信托贷款时，会计分录为：

借：贷款——信托贷款——B 公司贷款户　　10 000 000

　贷：银行存款　　10 000 000

（2）贷款到期收回本息时，会计分录为：

借：银行存款　　10 600 000

　贷：贷款——信托贷款——B 公司贷款户　　10 000 000

　　　利息收入——信托贷款利息收入户　　600 000

六、委托存款与委托贷款业务的核算

（一）委托存款业务核算

客户与信托机构商定办理委托业务后，双方应签订“委托存款协议书”，标明存款的资金来源、金额、期限及双方的责任等。信托机构根据协议书为客户开立委托存款账户，由客户将委托存款资金存入信托机构开立的银行账户里，信托机构则向客户开出

"委托存款单"。信托机构为全面反映和监督委托存款业务情况，应设置"代理业务负债——委托存款""应付利息""利息支出——委托存款利息支出"等科目。

委托存款是指委托人将定额资金委托给信托机构，由其在约定期限内按规定用途进行营运，营运收益扣除一定信托报酬后全部归委托人所有的信托业务。

1. 委托存款开户。

借：银行存款

　贷：代理业务负债——××单位户委托存款户

2. 委托存款计息。信托机构按银行同期活期存款利率，按季给委托存款计息，计息的基数是委托存款与委托贷款余额的轧差数，会计分录为：

借：利息支出——××委托存款利息支出户

　贷：应付利息——××单位委托存款户

3. 委托存款的支取。委托人可以随时支取委托存款，但是只能以委托存款余额与委托贷款余额的轧差数为限。信托公司收到委托人支取委托存款的通知后，将款项转入委托人的银行账户，会计分录为：

借：代理业务负债——××单位户委托存款户

　贷：银行存款

（二）委托贷款业务核算

由委托人向信托机构提出办理委托贷款的申请，信托机构审查同意后与委托人签订委托贷款合同。委托人按合同向信托机构交存委托基金，信托机构为其开立委托存款户，专项存储。信托机构按委托人指定的对象或项目、金额、期限及利率等发放贷款，并督促借款单位按期归还贷款。委托期满，信托机构将已收回的委托贷款和尚未发放的委托存款退回委托人，并收取规定的手续费。手续费按委托金额和期限征收，手续费费率每月最高不超过3‰，付款方式、时间由双方商定。如有到期未收回的委托贷款，信托机构应保留相应委托存款资金，待委托贷款全部收回后再全部归还。

表10-2　　委托贷款业务常用会计科目及其核算内容

科目性质	会计科目	核算内容
资产类	代理业务资产——委托贷款	核算金融企业接受客户委托代理发放的贷款。借方反映委托贷款的发放，贷方反映委托贷款的收回，期末借方余额反映委托贷款实有额。本科目应按委托客户设置明细账
负债类	应付账款	核算金融企业委托贷款应付委托方的贷款利息。贷方反映受贷方交来的应付给委托方的贷款利息（不含受托方按合同规定收取的手续费），借方反映交付给委托人的委托贷款利息，期末贷方余额反映已收回但尚未交给委托方的委托贷款利息，是公司的一项短期债务。本科目应按委托单位设置明细账
损益类	手续费及佣金收入	核算金融企业取得的手续费，贷方反映各项手续费收入，期末将贷方余额结转至"本年利润"科目，结转之后应无余额

1. 发放委托贷款的核算。委托人委托信托投资机构发放委托贷款，必须将贷款的主要内容以书面形式通知信托投资机构，内容包括贷款单位名称、贷款用途、贷款金额、

贷款时间、贷款利率等。发放委托贷款时，借款单位按规定要向信托机构报送有关资料并填写借据，签订委托贷款合同。信托机构审查无误后，将发放的贷款通过开户银行转入借款人存款账户中。其会计分录为：

借：代理业务资产——××单位委托贷款户

　贷：银行存款

2. 收取手续费的核算。信托机构向委托人收取手续费，作为委托贷款业务的劳务收入。手续费计算基数以委托贷款额为准，手续费的费率要根据信托投资机构承担责任大小，由双方协商确定。一般来说，如果信托投资机构不负责到期收回贷款，则在发放委托贷款时向委托人收取手续费的费率低一些；如果信托投资机构负责到期收回贷款，则手续费的费率要高一些。手续费一般按存贷利差向借款人收取。

（1）如果在发放委托贷款时向委托人收取手续费，则应通过委托人的银行账户收取，会计分录如下：

借：银行存款

　贷：手续费及佣金收入

（2）如果按存贷利差收取手续费，则是在按季计算贷款利息时一并收取。向借款人收取的贷款利息应付给委托人，会计分录为：

借：银行存款

　贷：应付账款——××委托单位户

　　手续费及佣金收入

3. 结息的核算。委托贷款的利息一般由委托人确定，或者由委托人和借款人协商确定，由信托机构负责按季收取利息，在委托贷款到期时付给委托人，会计分录为：

借：银行存款

　贷：应付利息——××委托单位户

4. 委托贷款到期收回的核算。委托贷款到期时，由信托投资公司负责收回，会计分录为：

借：银行存款

　贷：代理业务资产——××单位委托贷款户

5. 终止委托时的核算。如果协议规定贷款收回后终止委托，则将款项划转到委托方的存款账户中，会计分录为：

借：代理业务负债——××单位户

　贷：银行存款

[例10-11] A信托投资公司接受B公司的委托，向C公司发放委托贷款1 000 000元，贷款期限1年，年利率6%。合同约定A信托投资公司在放款时按照贷款金额的2%收取手续费。

（1）A信托投资公司放款时：

借：代理业务资产——C公司委托贷款户　　1 000 000

　贷：银行存款　　1 000 000

（2）放款时收取手续费：

借：银行存款　　20 000

　　贷：手续费及佣金收入　　20 000

（3）贷款到期时，A 信托投资公司代为收回贷款本息：

借：银行存款　　1 060 000

　　贷：代理业务资产——C 公司委托贷款户　　1 000 000

　　　　应付利息——B 公司　　60 000

七、其他信托业务的核算

信托业务除了以上几部分介绍的外，还包括财产信托、投资基金信托、公益信托、拆出信托资金、代理、担保等业务。

（一）财产信托

财产信托是委托人将自己的动产、房产以及知识产权等财产、财产权，委托信托投资公司按照约定的条件和目的进行管理和处置。财产信托应按委托人、财产种类进行明细核算。

1. 接受信托资产，会计分录为：

借：固定资产

　　贷：代理业务负债

2. 终止财产信托，会计分录为：

借：代理业务负债

　　贷：固定资产

3. 信托财产租赁，会计分录为：

借：经营（或融资）租出固定资产

　　贷：固定资产

4. 计提租金收入，会计分录为：

借：应收经营（或融资）租赁款

　　贷：租赁收入

5. 计提受托人报酬，会计分录为：

借：业务及管理费

　　贷：应付账款

6. 支付报酬时，会计分录为：

借：应付账款

　　贷：银行存款

（二）投资基金信托

投资基金信托是指信托投资公司受托经办国家有关法规允许从事的投资基金业务，会计处理如下：

1. 批准办理时，会计分录为：

借：银行存款

　贷：投资基金信托

2. 终止时，会计分录为：

借：投资基金信托

　　应付账款

　贷：银行存款

(三) 公益信托

公益信托是信托投资公司为公益目的而设立的信托。公益项目包括救济贫困，扶助残障人士，发展教育、科技、体育、文化、艺术事业，发展医疗卫生事业，保护生态环境，发展其他有利于社会的公共事业。

当信托投资公司办理公益信托业务时，按实际收到的金额或财产价值做会计分录：

借：银行存款

　贷：公益信托

公益信托应按信托类别、委托人进行明细分类核算。

(四) 拆出信托资金

1. 信托公司拆出信托资金时，会计分录为：

借：拆出资金——××单位户

　贷：银行存款

2. 信托公司收到拆出信托资金利息时，会计分录为：

借：银行存款

　贷：利息收入——拆出资金利息收入

3. 信托公司收回拆出信托资金时，会计分录为：

借：银行存款

　贷：拆出资金——××单位户

第三节　租赁业务的核算

一、经营租赁业务的核算

(一) 经营租赁业务的特点

经营租赁是指与租赁标的物所有权有关的风险和收益并不转移，租赁期限较短，租赁资产的选择权在于出租方，且承租方在租赁期满时只能选择退租或者续租，没有优惠购买权，但是承租方在租赁期满前可以选择取消租赁合同的业务。

(二) 经营租赁出租人的会计处理

1. 租金的处理。在租赁期内各个期间，出租人应采用直线法或者其他系统合理的方法将经营租赁的租赁收款额确认为租金收入。如果其他系统合理的方法能够更好地反映因使用租赁资产所产生经济利益的消耗模式，则出租人应采用该方法。

2. 出租人对经营租赁提供激励措施。出租人提供免租期的，应将租金总额在不扣除免租期的整个租赁期内，按直线法或其他合理的方法进行分配，免租期内应当确认租金收入。出租人承担了承租人某些费用的，应将该费用自租金收入总额中扣除，按扣除后的租金收入余额在租赁期内进行分配。

3. 初始直接费用。出租人发生的与经营租赁有关的初始直接费用应当资本化至租赁标的资产的成本，在租赁期内按照与租金收入相同的确认基础分期计入当期损益。

4. 折旧和减值。对于经营租赁资产中的固定资产，出租人应当采用类似资产的折旧政策计提折旧；对于其他经营租赁资产，应当根据该资产适用的企业会计准则，采用系统合理的方法进行摊销。

出租人应当按照《企业会计准则第 8 号——资产减值》的规定，确定经营租赁资产是否发生减值，并对已识别的减值损失进行会计处理。

5. 可变租赁付款额。出租人取得的与经营租赁有关的可变租赁付款额，如果是与指数或比率挂钩的，应在租赁期开始日计入租赁收款额；除此之外的，应当在实际发生时计入当期损益。

6. 经营租赁的变更。经营租赁发生变更的，出租人应自变更生效日开始，将其作为一项新的租赁进行会计处理，与变更前租赁有关的预收或应收租赁收款额视为新租赁的收款额。

（1）如果出租方为租赁公司，则在每期确认租赁收入时，计入“主营业务收入”科目；如果出租方并非专门的租赁公司，则在每期确认租赁收入时，计入“其他业务收入”科目。“应收经营租赁款”科目用于核算出租人因租出资产而向承租人收取的租金和手续费。具体的会计分录如下：

借：应收经营租赁款（或银行存款）

　贷：主营业务收入——租金收入

（2）出租人在对经营租赁资产计提折旧时，需要用到“累计折旧”科目，折旧时计入贷方，资产最终清理时计入借方转销。具体的会计分录如下：

借：其他业务成本

　贷：累计折旧

（3）出租人在每期收到租金时，具体的会计分录如下：

借：银行存款

　贷：应收经营租赁款

（三）经营租赁承租人的会计处理

由于与租赁有关的风险和报酬并未转移，最终也不存在优惠购买权，承租人的会计核算较为简单，租赁期间支付的租金可以按直线法计入相关资产成本或者当期损益，承租人发生的初始直接费用计入当期损益，或有租金在实际发生时确认为当期损益。如果出租人承担了一部分本该由承租人承担的费用，则这部分费用应该在租金总额中扣除，并在租赁期内进行分配。

1. 承租人在经营租赁中发生的初始直接费用，计入当期损益。会计分录如下：

借：管理费用

　贷：银行存款

2. 如果租金在租赁月份未能及时支付，则当月应采用权责发生制原则计入费用，使用的会计科目为“其他应付款——应付租赁费”。会计分录如下：

借：管理费用

　贷：其他应付款——应付租赁费

3. 在实际支付租赁费时，会计分录如下：

借：其他应付款——应付租赁费

　贷：银行存款

4. 在预付租金时，会计分录如下：

借：长期待摊费用

　贷：银行存款

5. 在支付租金并摊销费用时，会计分录如下：

借：管理费用

　贷：长期待摊费用

［例 10－12］ 某工业企业为季节性生产企业，每年 7—9 月为生产月份。企业在生产月份内租入一些设备，以供生产所需。按照租赁协议，租赁期限为 3 个月，应付租金 3 万元，每月支付 1 万元租金。根据这项经济业务企业应作如下会计处理：

（1）支付 7 月份租金：

借：制造费用	10 000	
贷：银行存款或其他应付款——应付租赁费		10 000

（2）8—9 月支付租金的会计处理同上。

承上例，假设该企业预付租金 3 万元，应作如下会计处理：

（3）预付租金：

借：长期待摊费用	30 000	
贷：银行存款		30 000

（4）按期摊销时：

借：制造费用	10 000	
贷：长期待摊费用		10 000

如果企业租赁资产采取支付押金，然后再按期支付租金的，押金在“其他应收款——存出保证金”科目核算。

二、融资租赁业务的核算

融资租赁是指实质上转移了与租赁资产所有权有关的几乎全部风险和报酬的租赁。其所有权最终可能转移，也可能不转移。

(一) 融资租赁的相关概念、判断标准

1. 相关概念。最低租赁付款额是指在租赁期间承租人应该支付或者可能被要求支付的各种款项，包括由承租人或与其有关的第三方担保的资产余额。如果合同中规定了优惠购买权，则还应加上因行使优惠购买权而支付的任何款项。

最低租赁收款额。最低租赁收款额等于最低租赁付款额加上与租赁双方无关但在财务上有能力担保的第三方对出租人担保的资产余额。

担保余值是指与出租人无关的一方向出租人提供担保，保证在租赁结束时租赁资产的价值至少为某指定的金额。

未担保余值是指租赁资产余值中，出租人无法保证能够实现或仅由与出租人有关的一方予以担保的部分。

2. 融资租赁业务的判断标准。一项租赁存在下列一种或多种情形的，通常分类为融资租赁：

(1) 在租赁期届满时，租赁资产的所有权转移给承租人；

(2) 承租人有购买租赁资产的选择权，所订立的购买价款与预计行使选择权时租赁资产的公允价值相比足够低，因而在租赁开始日就可以合理确定承租人将行使该选择权；

(3) 资产的所有权虽然不转移，但租赁期占租赁资产使用寿命的大部分；

(4) 在租赁开始日，租赁收款额的现值几乎相当于租赁资产的公允价值；

(5) 租赁资产性质特殊，如果不作较大改造，只有承租人才能使用。

一项租赁存在下列一项或多项迹象的，也可能分类为融资租赁：

(1) 若承租人撤销租赁，撤销租赁对出租人造成的损失由承租人承担；

(2) 资产余值的公允价值波动所产生的利得或损失归属于承租人；

(3) 承租人有能力以远低于市场水平的租金继续租赁至下一期间。

(二) 融资租赁出租人的会计处理

对于出租人而言，在租赁期开始日，出租人应当对融资租赁确认应收融资租赁款，并终止确认融资租赁资产。出租人对应收融资租赁款进行初始计量时，应当以租赁投资净额作为应收融资租赁款的入账价值。租赁投资净额为未担保余值和租赁期开始日尚未收到的租赁收款额按照租赁内含利率折现的现值之和。租赁内含利率，是指使出租人的租赁收款额的现值与未担保余值的现值之和等于租赁资产公允价值与出租人的初始直接费用之和的利率。因此，出租人发生的初始直接费用包括在租赁投资净额中，也包括在应收融资租赁款的初始入账价值中。

1. 在签订租赁合同之后，出租人因向承租人收取合同规定的保证金而编制的会计分录如下：

借：银行存款

　贷：其他应付款——租赁保证金

2. 出租人按照合同规定购入租赁资产并支付价款时的会计分录如下：

借：融资租赁资产

　贷：银行存款

3. 在租赁期开始日，需要用到“未实现融资收益”科目。该科目用于核算出租人在租赁期内应收的收益总额，并在租赁期内采用一定的方法进行分配。未实现融资收益 = 租赁收款额 + 未担保余值 − 租赁投资净额，贷记“未实现融资收益”科目。在实际收到租金时，将本期确认的融资收益借记本科目。

在租赁开始日，要用到“应收融资租赁款”科目。该科目用于核算承租人向出租人缴纳的租金总额，在租赁开始时，按最低租赁收款额计入借方，收取租金时计入贷方。在租赁开始日，还需要用到“融资租赁资产”科目。该科目用于核算出租人购入、租出以及收回租赁资产的总额。相关会计分录如下：

借：应收融资租赁款——租赁收款额

　　未担保余值

　贷：融资租赁资产

　　　应收融资租赁款——未实现融资收益

4. 出租人在每期收到租金时，编制的会计分录如下：

借：银行存款

　贷：应收融资租赁款——租赁收款额

5. 在确认租赁收入时，需要用到“租赁收入——融资租赁收入”科目。该科目用来核算出租方租赁期间每期确认的融资收益，借记“未实现融资收益”科目，贷记本科目。会计分录如下：

借：应收融资租赁款——未实现融资收益

　贷：租赁收入——融资租赁收入

需要注意的是，当超过一个租金支付期尚未收到租金时，基于谨慎性原则，应停止确认融资收入，对于已确认的融资收入，应予以冲回，会计分录如下：

借：租赁收入——融资租赁收入

　贷：应收融资租赁款——未实现融资收益

6. 租赁期满时的会计处理。

（1）收回租赁资产，根据是否退租、续租和留购，出租人进行如下会计处理。

如果存在担保余额则贷记“应收融资租赁款——租赁收款额”科目，如果存在未担保余额则贷记“未担保余值”科目，两种情况均借记“融资租赁资产”科目。如果担保余额和未担保余额均不存在，则出租人无须进行会计处理。

如果收回租赁资产的价值扣除未担保余额后的值低于担保价值，则出租人应向承租人收取价值损失补偿金。会计分录如下：

借：融资租赁资产

　　其他应收款——承租人

　贷：应收融资租赁款——租赁收款额

　　　未担保余值

　　　租赁收入

（2）租赁期满，如果承租人行使优惠购买权，则出租人在收到购买款后编制的会计分录如下：

借：银行存款

贷：应收融资租赁款——租赁收款额

如果还存在未担保余值，还应该编制如下会计分录：

借：租赁收入

贷：未担保余值

如果承租人选择续租，则会计处理同上。

（三）融资租赁承租人的会计处理

融资租赁业务对于承租人的会计核算主要包括：租赁开始日资产和负债的确认，承租人发生的可直接归属于租赁项目的初始直接费用的核算，每期未确认费用的分摊，折旧以及租赁期满时根据承租人的选择而进行的不同的会计处理。

需要注意的是，承租人应该披露每类租入资产在资产负债表日的账面原值、累计折旧和账面净值：资产负债表日后连续三个会计年度每年将支付的最低租赁付款额及其总额；未确认融资费用余额及其分摊所采用的方法。

1. 租赁期开始日的会计处理。租赁期开始日需要用到“未确认融资费用”科目，该科目用于核算应付的利息和手续费，在租赁开始日，将长期应付款与租赁资产入账价值之间的差额借记本科目，在每年支付利息和手续费时，借记“财务费用”科目，贷记本科目。未确认融资费用采用实际利率分摊。

在租赁开始日，需要用到“长期应付款——应付融资租赁款”科目。该科目用于核算承租人向出租人缴纳的租金总额，最低租赁付款额计入贷方，已归还的应付融资租赁额计入借方。“固定资产——融资租入固定资产”科目用于核算融资租赁租入的固定资产，将租赁资产原账面价值与最低租赁付款额的现值两者中较低者作为租入资产的入账价值。承租人在计算最低租赁付款额的现值时，如果已知出租人的租赁内含利率，应采用该利率作为折现率；否则，采用租赁合同规定的利率作为折现率。如果上述利率均无法得知，则应当采用同期银行利率作为折现率。相关的会计分录如下：

借：固定资产——融资租入固定资产

　　未确认融资费用

贷：长期应付款——应付融资租赁款

2. 承租人在每期支付租金时，编制的会计分录如下：

借：长期应付款——应付融资租赁款

贷：银行存款

3. 承租人在每期确认利息费用时，编制的会计分录如下：

借：财务费用

贷：未确认融资费用

4. 承租人定期计提折旧时，需要用到“累计折旧——融资租入固定资产折旧”科目。如果租赁期满承租人购买该资产，则结转租入资产折旧，借记该科目，贷记“累计折旧”科目。在租赁期间，计提时借记“制造费用”或者“管理费用”科目，贷记该科目。会计分录如下：

借：管理费用（或制造费用）

　贷：累计折旧——融资租入固定资产折旧

5. 租赁期满，根据承租人退租、续租和行使优惠购买权，将会计处理分为三种情况。

（1）租赁期满，承租人选择退租返还租赁租产时，如果存在担保余值，则会计分录如下：

借：长期应付款——应付融资租赁款

　　累计折旧

　贷：固定资产——融资租入固定资产

如果不存在担保余值，则会计分录如下：

借：累计折旧

　贷：固定资产——融资租入固定资产

（2）租赁期满，若承租人选择行使优惠购买权，则会计分录如下：

借：长期应付款——应付融资租赁款

　贷：银行存款

同时将固定资产在明细科目之间进行相应的划转，会计分录如下：

借：固定资产——自有固定资产

　贷：固定资产——融资租入固定资产

租赁期满，承租人选择续租时，所需进行的会计处理与上述租赁时的会计处理一致。

【专栏 10－1】　融资租赁服务和经营租赁服务

融资租赁服务，是指具有融资性质和所有权转移特点的租赁活动。即出租人根据承租人所要求的规格、型号、性能等条件购入有形动产或者不动产租赁给承租人，合同期内租赁物所有权属于出租人，承租人只拥有使用权，合同期满付清租金后，承租人有权按照残值购入租赁物，以拥有其所有权。不论出租人是否将租赁物销售给承租人，均属于融资租赁。按照标的物的不同，融资租赁服务可分为有形动产融资租赁服务和不动产融资租赁服务。融资性售后回租不需要缴纳增值税。

经营租赁服务，是指在约定时间内将有形动产或者不动产转让他人使用且租赁物所有权不变更的业务活动。

按照标的物的不同，经营租赁服务可分为有形动产经营租赁服务和不动产经营租赁服务。

将建筑物、构筑物等不动产或者飞机、车辆等有形动产的广告位出租给其他单位或者个人用于发布广告，按照经营租赁服务缴纳增值税。

车辆停放服务、道路通行服务（包括过路费、过桥费、过闸费等）等按照不动产经营租赁服务缴纳增值税。

水路运输的光租业务、航空运输的干租业务，属于经营租赁。光租业务，是指运输企业将船舶在约定的时间内出租给他人使用，不配备操作人员，不承担运输过程中发生的各项费用，只收取固定租赁费的业务活动。干租业务，是指航空运输企业将飞机在约定的时间内出租给他人使用，不配备机组人员，不承担运输过程中发生的各项费用，只收取固定租赁费的业务活动。

[**例 10－13**] 2020 年 12 月 1 日，甲公司与乙公司签订了一份租赁合同，向乙公司租入塑钢机一台。合同主要条款如下：

（1）租赁标的物：塑钢机。

（2）起租日：2021 年 1 月 1 日。

（3）租赁期：2021 年 1 月 1 日至 2023 年 12 月 31 日，共 36 个月。

（4）租金支付：自 2021 年 1 月 1 日起，每隔 6 个月于月末支付租金 150 000 元。

（5）该机器的保险、维护等费用均由甲公司负担，估计每年约 10 000 元。

（6）该机器在 2020 年 12 月 1 日的公允价值为 700 000 元。

（7）租赁合同规定的利率为 7%（6 个月利率）（乙公司租赁内含利率未知）。

（8）甲公司在租赁谈判和签订租赁合同过程中发生可归属于租赁项目的手续费、差旅费 1 000 元。

（9）该机器的估计使用年限为 8 年，已使用 3 年，期满无残值。承租人采用年限平均法计提折旧。

（10）租赁期届满时，甲公司享有优惠购买该机器的选择权，购买价为 100 元，估计该日租赁资产的公允价值为 80 000 元。

（11）2022 年和 2023 年两年，甲公司每年按该机器所生产的产品——塑钢窗户的年销售收入的 5% 向乙公司支付经营分享收入。

承租人（甲公司）的会计处理如下。

（一）租赁期开始日

第一步，判断租赁类型。本例存在优惠购买选择权，优惠购买价 100 元远低于行使选择权日租赁资产的公允价值 80 000 元，所以在租赁开始日，即 2020 年 12 月 1 日就可合理确定甲公司将会行使这种选择权，符合第 2 条判断标准；另外，最低租赁付款额的现值为 715 116.6 元（计算过程见后）大于租赁资产公允价值的 90% 即 630 000 元（700 000元 ×90%），符合第 4 条判断标准。所以这项租赁应当认定为融资租赁。

第二步，计算租赁开始日最低租赁付款额的现值，确定租赁资产入账价值。

$$\begin{aligned}最低租赁付款额 &= 各期租金之和 + 行使优惠购买选择权支付的金额\\ &= 150\,000 \times 6 + 100 = 900\,100(元)\end{aligned}$$

计算现值的过程如下：

每期租金 150 000 元的年金现值 = 150 000 ×（P/A，7%，6）

优惠购买选择权行使价 100 元的复利现值 = 100 ×（P/F，7%，6）

查表得知，

（P/A，7%，6）= 4.767

（P/F，7%，6）= 0.666

现值合计 = 150 000 × 4.767 + 100 × 0.666

= 715 050 + 66.6

= 715 116.6（元）> 700 000（元）

根据公允价值与最低租赁付款额现值孰低原则，租赁资产的入账价值应为其公允价值 700 000 元。

第三步，计算未确认融资费用。

未确认融资费用 = 最低租赁付款额 − 租赁开始日租赁资产的公允价值

= 900 100 − 700 000

= 200 100（元）

第四步，将初始直接费用计入资产价值。承租人发生的初始直接费用 1 000 元，应当计入租入资产价值，则融资租入资产的入账价值为 700 000 + 1 000 = 701 000（元）。

第五步，编制会计分录。2021 年 1 月 1 日，

借：固定资产——融资租入固定资产	701 000	
未确认融资费用	200 100	
贷：长期应付款——应付融资租赁款		900 100
银行存款		1 000

（二）未确认融资费用的分摊

第一步，确定融资费用分摊率。由于租赁资产入账价值为其公允价值，因此应重新计算融资费用分摊率。计算过程如下：

根据下列公式：租赁开始日最低租赁付款额的现值 = 租赁开始日租赁资产公允价值

可以得出：150 000 ×（P/A，r，6）+ 100 ×（P/F，r，6）= 700 000

可在多次测试的基础上，用插值法计算融资费用分摊率。

当 $r = 7\%$，

150 000 × 4.767 + 100 × 0.666 = 715 050 + 66.6 = 715 116.6 > 700 000

当 $r = 8\%$ 时，

150 000 × 4.623 + 100 × 0.630 = 693 450 + 63 = 693 513 < 700 000

因此，$7\% < r < 8\%$。用插值法计算如下：

现值利率（715 116.6 − 700 000）/（715 116.6 − 693 513）=（7% − r）/（7% − 8%）

r =（21 603.6 × 7% + 15 116.6 × 1%）/21 603.6 = 7.70%

即，融资费用分摊率为 7.70%。

第二步，在租赁期内采用实际利率法分摊未确认融资费用。

第三步，编制会计分录。

2021 年 6 月 30 日，支付第一期租金：

借：长期应付款——应付融资租赁款　　150 000

　贷：银行存款　　150 000

借：财务费用　　53 900

　贷：未确认融资费用　　53 900

2021 年 12 月 31 日，支付第二期租金：

借：长期应付款——应付融资租赁款　　150 000

　贷：银行存款　　150 000

借：财务费用　　46 500. 3

　贷：未确认融资费用　　46 500. 3

2022 年 6 月 30 日，支付第三期租金：

借：长期应付款——应付融资租赁款　　150 000

　贷：银行存款　　150 000

借：财务费用　　38 530. 82

　贷：未确认融资费用　　38 530. 82

2022 年 12 月 31 日，支付第四期租金：

借：长期应付款——应付融资租赁款　　150 000

　贷：银行存款　　150 000

借：财务费用　　29 947. 70

　贷：未确认融资费用　　29 947. 70

2023 年 6 月 30 日，支付第五期租金：

借：长期应付款——应付融资租赁款　　150 000

　贷：银行存款　　150 000

借：财务费用　　20 703. 67

　贷：未确认融资费用　　20 703. 67

2023 年 12 月 31 日，支付第六期租金：

借：长期应付款——应付融资租赁款　　150 000

　贷：银行存款　　150 000

借：财务费用　　10 517. 51

　贷：未确认融资费用　　10 517. 51

（三）租赁资产折旧的计提

融资租入固定资产折旧计算会计分录为：

2021 年 12 月 31 日，计提本年折旧（假定按年计提折旧）：

借：制造费用——折旧费　　140 200

　贷：累计折旧　　140 200

2022 年至 2025 年各年会计分录同上。

租赁期届满后承租人能够取得该项资产的所有权，因此在采用年限平均法计提折旧时按租赁期开始日租赁资产寿命5年（估计使用年限8年减去已使用年限3年）计提折旧。本例中租赁资产不存在担保余值，应全额计提折旧。

（四）租赁期届满时的处理

2023年12月31日，甲公司向乙公司支付购买价款100元。会计分录为：

借：长期应付款——应付融资租赁款	100	
贷：银行存款		100
借：固定资产——塑钢机	701 000	
贷：固定资产——融资租入固定资产		701 000

（四）其他租赁业务的核算

1. 售后租回。承租人和出租人应当按照《企业会计准则第14号——收入》的规定，评估确定售后租回交易中的资产转让是否属于销售。

（1）售后租回交易中的资产转让属于销售的，承租人应当按原资产账面价值中与租回获得的使用权有关的部分，计量售后租回所形成的使用权资产，并仅就转让至出租人的权利确认相关利得或损失；出租人应当根据其他适用的企业会计准则对资产购买进行会计处理，并根据本准则对资产出租进行会计处理。

如果销售对价的公允价值与资产的公允价值不同，或者出租人未按市场价格收取租金，则企业应当将销售对价低于市场价格的款项作为预付租金进行会计处理，将高于市场价格的款项作为出租人向承租人提供的额外融资进行会计处理；同时，承租人按照公允价值调整相关销售利得或损失，出租人按市场价格调整租金收入。

在进行上述调整时，企业应当基于以下两者中更易于确定的项目：销售对价的公允价值与资产公允价值之间的差额、租赁合同中付款额的现值与按租赁市价计算的付款额现值之间的差额。

（2）售后租回交易中的资产转让不属于销售的，承租人应当继续确认被转让资产，同时确认一项与转让收入等额的金融负债，并按照《企业会计准则第22号——金融工具确认和计量》对该金融负债进行会计处理；出租人不确认被转让资产，但应当确认一项与转让收入等额的金融资产，并按照《企业会计准则第22号——金融工具确认和计量》对该金融资产进行会计处理。

2. 售后租回交易中的资产转让不属于销售的。

（1）对于出租人而言，在租赁期开始日的会计处理为：

借：长期应收款

　贷：银行存款

（2）对于承租人而言，在租赁期开始日的会计处理为：

借：银行存款

　贷：长期应收款

3. 售后租回交易中的资产转让属于销售的。

（1）对于出租人而言，在租赁期开始日的会计处理为：

借：固定资产

长期应收款
贷：银行存款
利息收入的确认
借：银行存款
贷：租赁收入
利息收入
长期应收款

【专栏 10－2】　信托公司监管评级与分级分类监管

为全面评估信托公司的经营稳健情况与系统性影响，有效实施分类监管，促进信托公司持续、健康运行和差异化发展，国家金融监督管理总局制定《信托公司监管评级与分级分类监管暂行办法》。

（1）信托公司监管评级

信托公司监管评级是指金融监管总局及其派出机构结合日常监管掌握的情况以及其他相关信息，按照本办法对信托公司的管理状况和整体风险作出评价判断的监管工作。信托公司监管评级和系统性影响评估结果是实施分类监管的基础。

信托公司监管评级包括公司治理、资本要求、风险管理、行为管理、业务转型等五个模块。各评级模块的分值权重分别为20%、20%、20%、30%、10%，各模块内设置若干评级要素，由定性要素和定量指标组成。监管评级结果分为1—6级，数值越大反映机构风险越大，需要越高程度的监管关注。其中，监管评级最终得分在90分（含）以上为1级，80（含）—90分为2级，70（含）—80分为3级，60（含）—70分为4级，40（含）—60分为5级，40分以下为6级。监管评级结果3级（含）以上为良好。金融监管总局每年可根据行业监管要点、信托公司的经营情况和风险特征，适当调整评级要素、评价要点和评分原则，并于每年监管评级工作开展前明确。

信托公司的监管评级结果应作为综合衡量信托公司经营状况、管理能力和风险水平的重要依据。监管评级结果为1级，表示信托公司经营管理各方面较为健全，能够通过改善日常经营管理来解决问题，具有较强的风险抵御能力。监管评级结果为2级，表示信托公司经营管理各方面基本健全，风险抵御能力良好，存在需要在日常经营管理中予以纠正的问题，需引起监管机构的关注。监管评级结果为3级，表示信托公司经营管理存在一些明显问题，可能导致经营困难及风险状况恶化，应给予重点关注并采取必要的监管措施。监管评级结果为4级，表示信托公司经营管理存在较多或较为严重的问题，且未得到有效处理或解决，很可能影响其持续经营能力，需要立即采取纠正措施。监管评级结果为5级，表示信托公司经营管理存在非常严重的问题，很可能陷入经营困境，需要加强盯防式监管或贴身监管。监管评级结果为6级，表示信托公司经营管理混乱，风险很高，已经超出机构自救能力范围，可能或已发生信用危机，必要时需进行提级监管或行政接管。

信托公司的监管评级周期为一年，评价期间为上一年1月1日至12月31日。上年度评级全部工作原则上应于每年4月底前完成。金融监管总局对年度监管评级工作开展情况和评级结果进行分析，结合实际情况适时对监管评级工作及效果进行后评价，持续改进完善信托公司监管评级体系。

（2）分类监管

分类监管是指监管机构根据信托公司年度监管评级结果及系统性影响评估结果，对不同级别和具有系统性影响的信托公司在市场准入、经营范围、监管标准、监管强度、监管资源配置以及采取特定监管措施等方面实施区别对待的监管政策。信托公司的监管评级和系统性影响评估工作由监管机构按照依法合规、客观公正、全面审慎的原则组织实施。

监管评级结果和系统性影响评估结果是监管机构确定监管标准和监管强度、配置监管资源、开展市场准入、采取差异化监管措施的重要依据。

监管机构应依据信托公司的监管评级结果，从1—6级，逐步加强非现场监管强度，相应扩大现场检查的频率和范围，对具有系统性影响的信托公司，应进一步强化监管，提高审慎监管标准，加大行为监管力度。监管机构可根据监管评级结果反映出的信托公司经营情况和风险状况，依法对其业务范围和展业地等增加限制性条件。对于监管评级良好，且具有系统性影响的信托公司，可优先试点创新类业务。

金融监管总局可以根据行业发展情况和风险监管要求对分级分类监管条件进行适当调整。

资料来源：国家金融监督管理总局．信托公司监管评级与分级分类监管暂行办法［A/OL］．https://www.cbirc.gov.cn/cn/view/pages/governmentDetail.html? docId = 1136718&itemId = 4215&generaltype = 1.

（2）对于承租人而言，在租赁期开始日的会计处理，与额外融资相关，则

借：银行存款

　贷：长期应付款

与租赁相关，则会计处理为：

借：银行存款

　　使用权资产

　　累计折旧

　　租赁负债——未确认融资费用

　贷：固定资产——原值

　　　租赁负债——租赁付款额

　　　资产处置损益

　　　利息费用的确认

借：租赁负债——租赁付款额

长期应付款

利息费用

贷：租赁负债——未确认融资费用

银行存款

[例 10－14] 甲公司拥有一台全新的自控机床，账面原值 500 000 元，预计使用年限 5 年，无残值。2022 年末，该公司将该设备以 720 960 元的售价出售给安平租赁公司，并随即租回。租约规定：租期至 2027 年末，租赁合同在租期内不可撤销，期满时设备所有权转移给承租方。租赁利率为 12%，从 2023 年起租金每年末等额支付。假设折旧采用年数总和法，机器的尚可使用期限为 5 年。甲公司有关该项租赁业务的所有账务处理的会计分录如下。

租期 5 年，查表可得 5 期、12% 的复利年金现值系数为 3.6048。

（1）每期租金 = 720 960/3.6048 = 200 000（元）

（2）最低租赁付款额 = 200 000 × 5 = 1 000 000（元）

（3）最低租赁付款额的现值 = 200 000 × 3.6048 = 720 960（元）

（4）未确认融资费用 = 1 000 000 － 720 960 = 279 040（元）

（5）未实现售后租回损益 = 720 960 － 500 000 = 220 960（元）

2022 年末的会计分录：

借：银行存款	720 960	
贷：固定资产清理		500 000
未实现融资收益——未实现售后租回损益（融资租赁）		220 960
借：固定资产——融资租入固定资产	720 960	
未确认融资费用	279 040	
贷：长期应付款——应付融资租赁款		1 000 000

2023 年末的会计分录：

借：长期应付款	200 000	
贷：银行存款		200 000
借：财务费用（720 960 × 12%）	86 515.2	
贷：未确认融资费用		86 515.2
借：制造费用（720 960 × 5/15）	230 320	
贷：累计折旧		230 320
借：累计折旧（220 960 × 5/15）	73 653.33	
贷：未实现售后租回损益（融资租赁）		73 653.33

2024 年及以后的会计分录略。

三、使用权资产业务的核算

（一）使用权的初始计量

使用权资产，是指承租人可在租赁期内使用租赁资产的权利。在租赁期开始日，承租人应当按照成本对使用权资产进行初始计量。租赁负债应当按照租赁期开始日尚未支付的租赁付款额的现值进行初始计量。识别应纳入租赁负债的相关付款项目是计量租赁负债的关键。使用权资产成本包括下列四项：（1）租赁负债的初始计量金额；（2）在租赁期开始日或之前支付的租赁付款额，存在租赁激励的，应扣除已享受的租赁激励相关金额；（3）承租人发生的初始直接费用；（4）承租人为拆卸及移除租赁资产、复原租赁资产所在场地或将租赁资产恢复至租赁条款约定状态预计将发生的成本。使用权初始计量的会计处理如下。

1. 计算租赁期开始日租赁付款额的现值，并确认租赁负债和使用权资产，会计分录为：

借：使用权资产

　　租赁负债——未确认融资费用

　贷：租赁负债——租赁付款额

　　　银行存款（第1年的租赁付款额）

2. 将直接费用计入使用权资产的初始成本，会计分录为：

借：使用权资产

　贷：银行存款

3. 将已收的租赁奖励相关金额从使用权入账价值中扣除，会计分录为：

借：银行存款

　贷：使用权资产

4. 承租人行使购买选择权（以固定资产为例），会计分录为：

借：固定资产

　　使用权资产累计折旧

　　租赁负债——租赁付款额

　贷：使用权资产

　　　租赁负债——未确认融资费用

　　　银行存款

（二）使用权资产的后续计量

1. 计量基础。在租赁期开始日后，承租人应当采用成本模式对使用权资产进行后续计量，即以成本减累计折旧及累计减值损失计量使用权资产。承租人按照新租赁准则有关规定重新计量租赁负债的，应当相应调整使用权资产的账面价值。

2. 使用权资产的折旧。承租人应当参照《企业会计准则第4号——固定资产》有关折旧规定，自租赁期开始日起对使用权资产计提折旧。使用权资产通常应自租赁期开始的当月计提折旧，当月计提确有困难的，为便于实务操作，企业也可以选择自租赁期开始的下月计提折旧，但应对同类使用权资产采取相同的折旧政策。计提的折旧金额应根据使用权资产的用途，计入相关资产的成本或者当期损益。

承租人在确定使用权资产的折旧方法时，应当根据与使用权资产有关的经济利益的预期实现方式作出决定。通常，承租人按直线法对使用权资产计提折旧。

承租人在确定使用权资产的折旧年限时，应遵循以下原则：租赁期届满时取得租赁资产所有权的，应当在租赁资产剩余使用寿命内计提折旧；承租人无法合理确定租赁期届满时能够取得租赁资产所有权的，应当在租赁期与租赁资产剩余使用寿命两者孰短的期间内计提折旧。如果使用权资产的剩余使用寿命短于前两者，则应在使用权资产的剩余使用寿命内计提折旧。

3. 使用权资产的减值。在租赁期开始日后，承租人应当按照《企业会计准则第8号——资产减值》的规定，确定使用权资产是否发生减值，并对已识别的减值损失进行会计处理。使用权资产发生减值的会计分录如下：

借：资产减值损失

　贷：使用权资产减值准备

使用权资产减值准备一旦计提，不得转回。承租人应当按照扣除减值损失之后的用权资产的账面价值，进行后续折旧。

[例10-15] 甲公司（一般纳税人）2021年1月1日从A公司处租入一幢写字楼（A公司为一般纳税人，2020年购入），租赁合同约定租期3年（2021年1月1日至2023年12月31日），甲公司分别于2021年1月1日、2022年1月1日、2023年1月1日向A公司支付（不含增值税）租金100万元。A公司于收取上述租金同时，依照当时适用税法规定，向甲公司开具增值税专用发票；甲公司同时向A公司支付增值税专用发票票面注明增值税税额。甲公司无法确定租赁内含利率的，采用其增量借款利率（8%）作为（年度）折现率。本租赁事项无其他影响因素。

（1）2021年1月1日，甲公司确认租赁使用权资产，会计分录为：

借：使用权资产　　278.33万

　　租赁负债——未确认融资费用　　21.67万

　贷：租赁负债——租赁付款额　　300万

（2）2021年1月1日，甲公司收到A公司开具增值税专用发票，票面金额100万元，向A公司支付100万元。甲公司当日将上述增值税专用发票勾选确认，并确定符合抵扣条件。会计分录为：

借：租赁负债——租赁付款额　　100万

　贷：银行存款　　100万

（3）甲公司每月计提的折旧额，会计分录为：

借：管理费用（假设甲公司上述写字楼用于行政办公）　　7.73万

　贷：使用权资产累计折旧　　7.73万

（4）2022年1月1日，甲公司收到A公司开具增值税专用发票，票面金额100万元，向A公司支付100万元。甲公司当日将上述增值税专用发票勾选确认，并确定符合抵扣条件。会计分录为：

借：财务费用　　14.27万

　贷：租赁负债——未确认融资费用　　14.27万［（278.33-100）×8%］

借：租赁负债——租赁付款额　　100万
　贷：银行存款　　100万

（5）2023年1月1日，甲公司收到A公司开具增值税专用发票，票面金额100万元，向A公司支付100万元。甲公司当日将上述增值税专用发票勾选确认，并确定符合抵扣条件。会计分录为

借：财务费用　　7.41万
　贷：租赁负债——未确认融资费用
　　7.41万｛［278.33－100－（100－14.27）］×8%｝

借：租赁负债——租赁付款额　　100万
　贷：银行存款　　100万

本章小结

1. 信托就是“受人之托，代人理财”。信托业务则是指信托公司以营业和收取报酬为目的，以受托人身份承诺信托和处理信托事务的经营行为。信托业务按照不同的标准可以进行不同的种类划分。

2. 信托业务会计核算有着鲜明的特点。其会计主体往往不是一般意义上的法律主体，而是不同的信托产品或信托计划，抑或是单个或多个委托人或受益人；信托财产不属于信托公司的固有财产，也不属于信托公司对受益人的负债，信托财产与信托公司固有财产分开管理和分别核算；由于资金来源的多样性，信托资产运用和来源应进行明细核算。

3. 对于信托项目进行核算的六大会计要素分别为信托资产、信托负债、信托权益、信托项目收入、信托项目费用和信托项目利润。从信托项目运作流程角度，其会计核算包括信托项目初始设立时的核算，信托项目日常的信托收入、信托费用和相应的信托负债的核算，信托项目对外运用时的核算以及信托权益形成的核算。

4. 信托投资公司的业务核算主要包括信托存、贷款，委托存、贷款，以及财产信托、投资基金信托、公益信托、拆出信托资金、代理、担保等业务。

5. 租赁的特点、分类以及经营租赁和融资租赁。

6. 经营租赁、融资租赁和其他租赁形式的会计核算。

7. 出租人和承租人开展经营租赁和融资租赁的会计处理方法。

8. 使用权资产业务的核算。

重点概念

信托　信托业务　资金信托　动产信托　不动产信托　有价证券信托　信托项目　信托资产　信托负债　信托权益　信托存款　信托贷款　委托存款　委托贷款　租赁　经营租赁　融资租赁　售后租回

思考与练习

1. 简述信托业务会计核算的特点。

2. 信托存款与委托存款有哪些异同?

3. 2023 年 3 月 1 日 A 信托投资公司接受 B 公司委托，以应收账款（C 公司）8 000 000元设立信托项目，信托文件约定该应收账款的价值为 7 500 000 元，请编制 A 信托投资公司的会计分录。

4. A 信托投资公司接受甲公司存入资金 400 万元投资于乙公司，经协商 A 信托投资公司收到委托资金对外投资收取投资额的 2% 作为手续费，请编制 A 信托投资公司的会计分录。

5. A 信托投资公司于 2023 年 3 月 8 日接受 B 公司的组合资产信托项目，收到存入资金 200 万元、机器设备 400 万元。经过市场调研，A 信托投资公司当即拟将现金 200 万元托管于某商业银行认购金融债券、将机器设备租赁给某电子制造商，2023 年 6 月 30 日收到商业银行的收益回报 90 000 元、电子制造商的设备租金 100 000 元。依照信托契约条款，A 信托投资公司可收取信托项目收入的 5% 作为受托人报酬，并计提债券收益的 2% 作为银行托管费。请编制 A 信托投资公司该信托项目各环节的会计分录。

6. A 信托投资公司 2022 年 2 月 1 日收到甲公司存入信托存款 2 000 万元，存期 1 年，年利率 2%，采取利随本清的结息方式，2023 年 2 月 1 日甲公司前来支取存款本金。请编制 A 信托投资公司收到信托存款、支付到期信托存款时的会计分录。

7. A 信托投资公司 2023 年 3 月 10 日接受 B 公司委托存款 300 万元，请编制该信托投资公司的会计分录。

8. A 信托投资公司接受 B 公司委托，发放给 C 公司委托贷款 300 万元，贷款期限 1 年，年利率为 8%。双方约定，信托公司在发放贷款时按照贷款金额的 2% 收取手续费。作出 A 信托投资公司发放贷款、收取手续费及到期收回本息的会计处理。

9. A 租赁公司 2023 年新购入经营租赁资产，价值为 800 000 元。该设备的使用年限为 20 年，净残值为 20 000 元。该公司采用直线法计提折旧，并将它租给甲公司，租赁期为 2 年，每年末收取租金 50 000 元，相关增值税金额尚未支付。请作出该租赁公司的会计处理。

10. 承租人甲公司与出租人乙公司签订了为期 7 年的商铺租赁合同。每年的租赁付款额为 450 000 元，在每年末支付。甲公司无法确定租赁内含利率，增量借款利率为 5.04%。请作出承租人甲公司的账务处理。

第十一章

基金管理公司业务核算

本章学习目标

1. 熟知证券投资基金的种类和运作流程；
2. 掌握基金发行与赎回的会计核算；
3. 理解基金业务损益的会计核算；
4. 熟知基金投资业务的会计处理方法。

第一节　基金管理公司概述

基金管理公司是指依据有关法律法规设立的对基金的募集、基金份额的申购和赎回、基金财产的投资、收益分配等基金运作活动进行管理的公司。

一、证券投资基金的种类

证券投资基金是一种利益共享、风险共担的集合投资方式，即通过发售基金份额，将众多投资者的资金集中起来，形成独立财产，由基金托管人托管，由基金管理人管理和运用资金，以投资组合的方法进行证券投资的一种利益共享、风险共担的集合投资方式。

1. 根据募集方式可以分为公募基金和私募基金。

公募基金是指可以面向社会公众公开发售的一类基金。私募基金则是只能采取非公开方式，面向特定投资者募集发售的基金。公募基金主要具有如下特征：可以面向社会公众公开发售基金份额和宣传推广，基金募集对象不固定；投资金额要求低，适宜中小投资者参与；必须遵守基金法律和法规的约束，并接受监管部门的严格监管。

2. 按组织形态可分为契约型基金和公司型基金。

契约型基金，也称为信托型基金，是指通过信托契约的形式向投资者发行受益凭证募集资金而组建的投资基金。契约型基金一般由基金管理人（基金管理公司）、基金托管人（商业银行）和基金受益人（投资者）三方签订信托契约，基金管理人负责基金信托资产的经营与管理操作，基金托管人负责基金信托资产的保管和处置，投资成果由基金受益人享有。契约型基金是一种不具备法人资格的虚拟公司，如代理投资机构。

公司型基金是指以公司形式组建，通过发行基金股份募集资金而组建的投资基金。公司型基金本身就是投资公司，是具有法人资格的经济实体。公司型基金成立后，通常委托特定的基金管理公司负责基金资产的经营与管理操作，基金资产的保管则委托给基金托管人。

美国的基金多为公司型基金，我国以及英国、日本多为契约型基金。我国《证券投资基金法》所规定的基金属于契约型基金。

3. 按基金运作方式分为封闭式基金和开放式基金。

封闭式基金是指基金份额总额在基金合同期限内固定不变，基金份额持有人不得申请赎回的基金。其中，基金的封闭期是指基金的存续期，即基金从成立之日起到结束之日止的整个期间。封闭式基金单位可以在证券交易所或者柜台市场公开转让，其转让价格由市场供求决定，价格波动较大。

开放式基金是指基金份额总额不固定，基金份额可以在基金合同约定的时间和场所申购或者赎回的基金。[①] 开放式基金不在证券交易所上市交易，其申购或赎回基金单位的价格以基金单位对应的资产净值为基础计算。

4. 按投资对象分为股票基金、债券基金、货币市场基金、期货基金、期权基金、指数基金和认股权证基金等。

股票基金是指以股票作为投资对象的投资基金，包括普通股基金和优先股基金。优先股基金是一种可以获得稳定收益、风险较小的股票基金，其投资对象以各公司发行的优先股为主，收益主要来自股利收入；普通股基金以追求资本利得和长期资本增值为投资目标，风险要较优先股基金高。股票基金是最主要的基金品种，其主要功能是将大众投资者的小额资金集中起来，投资于不同的股票组合。

债券基金是指以债券作为投资对象的投资基金，其规模稍小于股票基金。债券基金基本上属于收益型投资基金，一般会定期派息，具有低风险且收益稳定的特点。

货币市场基金是指以1年期以下的国库券、银行大额可转让存单、商业票据等货币市场短期有价证券作为投资对象的投资基金。货币市场基金的投资风险小，投资安全性和流动性高，投资成本低。

期货基金是指以各类期货品种作为主要投资对象的投资基金。期货是一种合约，只需一定的保证金（一般为5%～10%）即可买进合约。期货可以用来套期保值，也可以以小博大。如果预测准确，期货短期能够获得很高的投资回报；如果预测不准，遭受的损失也很大。期货具有高风险、高收益的特点，因此，期货基金也是一种高风险的基金。

---

① 《中华人民共和国证券投资基金法》（2015年修正）。

期权基金是指以能分配股利的股票期权作为投资对象的投资基金。期权也是一种合约，是指在一定时期内按约定的价格买入或卖出一定数量的某种投资标的的权利。如果市场价格变动有利，期权持有者就会行使期权；反之，则放弃期权。作为对这种权利占有的代价，期权购买者需要向期权出售者支付一笔期权费（期权的价格）。期权基金的风险较小，适合收入稳定的投资者。

指数基金是指以某种证券市场的价格指数作为投资对象的投资基金。

认股权证基金是指以认股权证作为投资对象的投资基金。

5. 按投资风险与收益的不同分为成长型基金、收入型基金和平衡型基金。

成长型基金是指以资本长期增值为投资目标的投资基金，其投资对象主要是市场中有较大升值潜力的小公司股票和一些新兴行业的股票。这类基金一般很少分红，经常将投资所得的股息、红利和盈利进行再投资，以实现资本增值。

收入型基金是指以追求基金当期收入为投资目标的投资基金，其投资对象主要是那些绩优股、债券、可转让大额定期存单等收入比较稳定的有价证券。收入型基金一般把所得的利息、红利都分配给投资者。

平衡型基金是指既追求长期资本增值，又追求当期收入的投资基金，其投资对象主要是债券、优先股和部分普通股。在投资组合中，优先股和债券一般占资产总额的25% ~50%，其余的为普通股投资。平衡型基金的风险和收益介于成长型基金和收入型基金之间。

二、证券投资基金会计核算的特点

相对于一般企业会计来说，基金会计核算具有以下显著特点。

（一）会计主体与会计责任的承担者分离

证券投资基金会计主体是基金会计中比较有特色的一个问题，它既基于传统会计主体概念而产生，又发展了传统会计主体的概念。我国《证券投资基金会计核算办法》规定："基金管理公司对所管理的基金应当以基金为会计核算主体，独立建账、独立核算，保证不同基金之间在名册登记、账户设置、资金划拨、账簿记录等方面相互独立。"

一般来说，会计主体是一个经济组织，它不仅有特定的组织机构和人员，还有独立的法人财产。一般企业的会计主体与会计责任的承担者在形式上是一致的，即企业本身既是会计核算的主体，也是承担会计责任的主体。而基金的会计主体仅仅表现为一项"基金资产"，其各项运作和功能只能由基金契约的各方当事人按照基金契约的约定代为行使。在会计上，证券投资基金会计核算仍然以一个基金资产为主体独立地计算盈亏和对外编制报表。因此，其会计主体与会计责任的承担者完全分离，即基金是会计主体，基金管理人和保管人分别承担不同的会计责任。

（二）基金单位净值需要估值与公告

基金作为一个独立的会计主体，与其他会计主体一样，有资产、负债、收入和费用。但作为一个特殊的会计主体，基金资产（主要表现为市场中可流通的各种有价证券的市值总额和银行存款）又有自己独特的表现方式——基金单位净值。基金单位净值是指某一时点上某一基金每一单位实际代表的价值，它是基金单位买卖价格的计算依据，也是衡量一只基金经营业绩的主要指标。基金管理公司应于估值日计算基金净值和基金单位净值，并按国家有关规定予以公告。计算公式如下：

基金净值 = 基金资产 - 基金负债

基金单位净值 = 基金净值/基金单位总份额

（三）基金资产通过估值以公允价值计价

由于证券投资基金主要投资于证券市场，其市场价格可实时获得。为满足投资者进行基金投资的信息需求，基金采用公允价值进行资产计价。对此我们首先考虑资产的组成部分，再确定每一项资产的具体计价方式：

总资产 = 现金和银行存款 + 股票价值 + 债券价值 + 其他有价证券价值

其中，银行存款、现金虽然也可视为投资的一种形式，但它们是以货币形式存在，货币作为计价尺度，其价值固定，无须进行估值。而就其他几类资产而言，基金管理公司应当按照下列估价原则对基金资产进行估值。

1. 任何上市流通的有价证券，以其估值日在证券交易所挂牌的市价（平均价或收盘价）估值；估值日无交易的，以最近交易日的市价估值。

2. 未上市的股票应区分以下情况进行处理。

①配股和增发新股，按估值日在证券交易所挂牌的同一股票的市价估值；

②首次公开发行的股票，按成本估值。

3. 配股权证，从配股除权日起到配股确认日止，按市价高于配股价的差额估值；如果市价低于配股价，不估值。

4. 如有确凿证据表明按上述方法进行估值不能客观反映其公允价值，基金管理公司应根据具体情况与基金托管人商定后，按最能反映公允价值的价格估值。

5. 如有新增事项，按国家最新规定估值。

【专栏 11 - 1】　　基金公司使用的主要会计科目

基金管理人和基金托管人应按本指引的规定设置和使用会计科目。在不影响会计核算要求和会计报表指标汇总，以及对外提供统一的财务会计报告的前提下，可以根据实际情况自行增设、分拆或合并会计科目。对不存在的交易或者事项，可不设置相关科目。

对于明细科目，在不违反统一会计核算要求的前提下，基金管理人和基金托管人可以根据需要自行确定。

表 11－1　　基金公司主要会计科目

顺序号	编号	会计科目名称	顺序号	编号	会计科目名称
一、资产类			26	2232	应付利润
1	1002	银行存款	27	2241	其他应付款
2	1021	结算备付金	28	2501	预提费用
3	1031	存出保证金	三、共同类		
4	1102	股票投资	29	3003	证券清算款
5	1103	债券投资	30	3101	远期投资
6	1104	资产支持证券投资	31	3102	其他衍生工具
7	1105	基金投资	32	3201	套期工具
8	1106	权证投资	33	3202	被套期项目
9	1202	买入返售金融资产	四、所有者权益类		
10	1203	应收股利	34	4001	实收基金
11	1204	应收利息	35	4011	损益平准金
12	1207	应收申购款	36	4103	本期利润
13	1221	其他应收款	37	4104	利润分配
14	1501	待摊费用	五、损益类		
二、负债类			38	6011	利息收入
15	2001	短期借款	39	6101	公允价值变动损益
16	2101	交易性金融负债	40	6111	投资收益
17	2202	卖出回购金融资产款	41	6302	其他收入
18	2203	应付赎回款	42	6403	管理人报酬
19	2204	应付赎回费	43	6404	托管费
20	2206	应付管理人报酬	44	6406	销售服务费
21	2207	应付托管费	45	6407	交易费用
22	2208	应付销售服务费	46	6411	利息支出
23	2209	应付交易费用	47	6605	其他费用
24	2221	应交税费	48	6901	以前年度损益调整
25	2231	应付利息			

资料来源：《证券投资基金会计核算业务指引》。

第二节　基金发行与赎回业务的核算

一、基金募集的核算

基金的设立申请被批准后开始向社会募集资金，称为基金的募集期。封闭式基金自批准之日起3个月内募集的资金超过该基金批准规模80%的，该基金方可成立。开放式基金自批准之日起3个月内净销售额超过2亿元的，该基金方可成立。如果基金未能成立，则基金发起人必须承担基金募集费用，已募集的资金加计银行活期存款利息必须在30天内退还基金认购人。

基金募集结束，在基金合同生效日，应按实际收到的金额，借记“银行存款”科目；按基金单位的发行总额，贷记“实收基金”科目；按其差额，贷记“其他业务收入”科目。对封闭式基金，实际收到的金额中包括了额定募集费用与实际发生募集费用的差额。

（一）开放式基金发行

开放式基金的认购一般通过基金管理人或者管理人委托的商业银行、证券公司等机构办理。其采用金额认购方式，投资人填写认购金额，基金注册登记机构在基金认购结束后，再按基金份额的认购价格，将投资人申请认购基金的金额换算成基金份额。换算方法为：

$$净认购金额 = 认购金额 \div (1 + 认购费率)$$

$$认购费用 = 净认购金额 \times 认购费率 = 认购金额 - 净认购金额$$

$$认购份额 = (净认购金额 + 认购利息) \div 基金份额面值$$

［例11－1］ 某投资人投资1万元认购基金，认购资金在募集期间产生的利息为3元，其对应的认购费率为1.2%，基金份额面值为1元，计算其认购费用及认购份额。

$$净认购金额 = 10\ 000 \div (1 + 1.2\%) = 9\ 881.42(元)$$

$$认购费用 = 9\ 881.42 \times 1.2\% = 118.58(元)$$

$$认购份额 = (9\ 881.42 + 3) \div 1 = 9\ 884.42(份)$$

编制会计分录为：

借：银行存款	10 000	
应付利息	3	
贷：实收基金		9 884.42
其他业务收入		118.58

（二）封闭式基金发行

封闭式基金的发售方式主要有网上发售和网下发售两种。该种基金事先确定发行总额，在封闭期内基金单位总额不变，基金成立时，按实际收到的基金单位发行总额入账，基金发行费收入扣除相关费用后的结余作为其他收入入账。

> 网上发售是指通过与证券交易所系统联网的全国各地的证券营业部向公众发售基金份额的发售方式。
> 网下发售是指通过基金管理人指定的营业网点和承销商的指定账户向机构或者个人投资者发售基金份额的发售方式。

［例11－2］ 某封闭式基金共发行10亿份基金单位，2023年8月12日通过深圳证券交易所以上网定价方式发行，发行价为1.01元（含0.01元发行费用）。发行和募集结束后，基金发起人公告基金成立。发行基金共计10亿元已于2023年8月16日基金成立日全部划至本基金的托管人中国银行基金专户，该基金发行费收入扣除相关费用后的净

额为300万元，则该基金成立时的会计分录为：

借：银行存款　　1 003 000 000

　贷：实收基金　　1 000 000 000

　　　其他收入　　3 000 000

（三）交易型开放式指数基金

如基金为交易型开放式指数基金（ETF），在基金合同生效日，按投资者缴纳的现金认购款，借记“银行存款”科目，按与投资者协议的认购股票的价款，借记“股票投资（成本）”科目，按投资者缴纳的认购款和认购股票价款合计，贷记“实收基金”科目。

二、开放式基金申购的核算

投资者在开放式基金合同生效后申请购买基金份额的行为通常被称为基金的申购。赎回是指基金份额持有人要求基金管理人购回其所持有的开放式基金份额的行为。一般情况下，申购期购买基金的费率要比认购期高。认购期购买的基金份额一般要经过封闭期才能赎回，而申购的基金份额在申购成功后的第二个工作日就能赎回。

1. 申购份额的计算。按照中国证监会2007年3月《关于统一规范证券投资基金认（申）购费用及认（申）购份额计算方法有关问题的通知》，基金申购费用与申购份额的计算公式如下：

$$净申购金额 = 申购金额 \div (1 + 申购费率)$$

$$申购金额 = 净申购金额 \times 申购费率$$

$$申购份额 = 净申购金额 \div 申购当日基金份额净值$$

当申购费用为固定金额时，申购份额的计算方法如下：

$$净申购金额 = 申购金额 - 固定金额$$

$$申购份额 = 净申购金额 \div T日基金份额净值$$

2. 申购的会计核算。基金管理公司应当在接受基金投资人有效申请之日起3个工作日内收回申购款项，尚未收回之前作为“应收申购款”入账。基金申购确认日，按有效申购款，借记“应收申购款”科目；按有效申购款中含有的实收基金，贷记“实收基金”科目；按基金申购款或转换转入款与实收基金的差额，借记或贷记“损益平准金”科目。其中“应收申购款”科目应按办理申购业务的机构设置明细账，进行明细核算。期末，“应收申购款”科目的借方余额反映尚未收回的有效申购款。“损益平准金”科目核算非利润转化而形成的损益平准项目，如申购、转换转入、赎回、转换转出款中所含的未分配利润和公允价值变动损益。本科目可按损益平准金的种类进行明细核算，分“已实现”和“未实现”明细科目进行明细核算。

［**例11－3**］HD基金为开放式基金。2023年9月3日，基金会计收到基金注册登记中心提供的9月2日的基金日交割汇总表。汇总表显示申购申请成功该基金400 000元，申购费率为1%，该款项已于9月4日到账。申购当日的基金净值为1.25元，利润分配（未分配利润）未实现部分的余额占利润分配总额的比例为0.47，则HD基金的相关会计分录为：

（1）计算9月2日的申购份额。

$$净申购金额 = \frac{申购金额}{1+申购费率} = \frac{400\ 000}{1+1\%} = 396\ 039.60(元)$$

$$申购份额 = \frac{净申购金额}{申购当日基金份额净值} = \frac{396\ 039.60}{1.25} = 316\ 831.68(份)$$

$$损益平准金 = 净申购金额 - 申购份额 = 396\ 039.60 - 316\ 831.68 = 79\ 207.92(元)$$

$$未实现部分 = 79\ 207.92 \times 0.47 = 37\ 227.72(元)$$

$$已实现部分 = 79\ 207.92 - 37\ 227.72 = 41\ 980.20(元)$$

（2）9月3日，确认9月2日的应收申购款。

借：应收申购款	396 039.60	
贷：实收基金		316 831.68
损益平准金——未实现		37 227.72
损益平准金——已实现		41 980.20

（3）9月4日，收到9月2日的申购款。

借：银行存款	396 039.60	
贷：应收申购款		396 039.60

三、开放式基金赎回的核算

投资者提交赎回申请成交后，基金管理人应通过销售机构按规定向投资者支付赎回款项。对一般基金而言，基金管理人应当自受理基金投资者的有效赎回申请之日起7个工作日内支付赎回款项。基金赎回是按份额赎回，即投资者在提出赎回申请时按卖出的份额提出申请，而不是按卖出的金额提出。基金赎回时投资者所得到的金额是赎回总额扣除赎回费用的部分。其计算公式如下：

$$赎回总额 = 赎回份额 \times 赎回当日基金单位净值$$

$$赎回费用 = 赎回总额 \times 赎回费率$$

$$赎回金额 = 赎回总额 - 赎回费用$$

在基金赎回确认日，按赎回款中含有的实收基金，借记“实收基金”科目；按赎回款中含有的未分配收益，借记“损益平准金”科目；按应付投资人的赎回款，贷记“应付赎回款”科目。

基金管理公司可按规定收取赎回费，其中的基本手续费部分归办理赎回业务的机构所有，赎回费在扣除基本手续费后的余额归基金所有。因此会计处理上，按赎回费中属于销售机构所有的部分，贷记“应付赎回费”科目；按赎回费中属于基金所有的部分，贷记“其他收入——赎回费”科目。

支付投资人赎回款时，借记“应付赎回款”科目，贷记“银行存款”科目。“应付赎回款”科目应按办理赎回业务的销售机构或申请赎回业务的投资人设置明细账，进行明细核算，期末贷方余额反映尚未支付的基金赎回款。向办理赎回业务的机构支付赎回费时，借记“应付赎回费”科目，贷记“银行存款”科目。“应付赎回费”科目应按办理赎回业务的机构设置明细账，进行明细核算，期末贷方余额反映尚未支付的基金赎回费用。

[**例 11－4**] HD 基金为开放式基金。9 月 8 日，基金会计收到基金注册登记中心提供的 9 月 7 日的基金日交割汇总表。汇总表显示赎回申请成功应确认的基金份额为 20 000份，赎回费率为 0.5%（假设归基金资产的比例为 25%，其余部分用来支付注册登记等相关手续费），该赎回款项已于 9 月 9 日划出。申购当日的基金净值为 1.98 元，其中利润分配（未分配利润）未实现部分的余额占利润分配总额的比例为 0.56。则 HD 基金的相关会计处理为：

计算各项目金额：

赎回总额 = 赎回份额 × 申购当日基金份额净值 = 20 000 × 1.98 = 39 600(元)

赎回费用 = 赎回总额 × 赎回费率 = 39 600 × 0.5% = 198(元)

归基金资产的赎回费用 = 198 × 0.25 = 49.5(元)

注册登记费等相关手续费 = 198 − 49.5 = 148.5(元)

赎回金额 = 赎回总额 − 赎回费用 = 39 600 − 198 = 39 402(元)

损益平准金 = 赎回总额 − 赎回份额 = 39 600 − 20 000 = 19 600(元)

未实现部分 = 19 600 × 0.56 = 10 976(元)

已实现部分 = 19 600 × 0.44 = 8 624(元)

9 月 8 日，确认 9 月 7 日的应付赎回款。

借：实收基金	20 000	
损益平准金——未实现	10 976	
损益平准金——已实现	8 624	
贷：应付赎回款		39 402
应付赎回费		148.5
其他收入		49.5

开放式基金单个开放日净赎回申请超过基金总份额 10% 的，为巨额赎回。如果开放式基金发生巨额赎回，基金管理人对单个基金份额持有人的赎回申请，应当按照其申请赎回份额占当日申请赎回总份额的比例，确定该单个基金份额持有人当日办理的赎回份额。

基金份额持有人可以在申请赎回时选择将当日未获办理部分予以撤销。基金份额持有人未选择撤销的，基金管理人对未办理的赎回份额，可延迟至下一个开放日办理，赎回价格为下一个开放日的价格。

【专栏 11－2】　　私募投资基金监督管理条例

2023 年 7 月 9 日，《私募投资基金监督管理条例》（以下简称《条例》）公布，自 9 月 1 日起施行。《条例》的出台，有利于完善私募基金监管制度，将私募投资基金业务活动纳入法治化、规范化轨道进行监管，对私募基金行业规范健康发展、防范化解风险具有重要积极意义。

私募基金在服务实体经济、支持创业创新、提高直接融资比重等方面发挥着积极作用。尤其是作为重要的直接融资渠道和资本形成工具，私募股权基金已成为中小企业、高新技术企业、初创科技型企业及专精特新企业的重要“助推器”。

不过，私募基金在快速发展的同时还存在一些制度性问题。比如，准入门槛低，法律供给不足，监管和风险防范处置掣肘较多，事中事后监管手段不足，行政处罚威慑力不够等。

私募基金主要分为私募证券基金和私募股权基金（含创业投资基金）两大类。《证券投资基金法》主要对私募证券基金的监管作了规定。长期以来，私募股权基金的监管上位法依据不足，对其规范主要依赖部门规章、规范性文件以及自律规则，监管执法依据和手段相对欠缺。随着资本市场改革的深化以及行业发展的客观要求，私募股权基金监管到了需要重视并纳入上位法调整的阶段。因此《条例》应运而生，改变了长期以来私募股权基金法律行政法规供给不足的局面。

明确募集业务活动底线是《条例》的立法重点之一。《条例》坚持强化风险源头管控，划定监管底线，全面规范资金募集和备案要求。《条例》坚守“非公开”“合格投资者”的募集业务活动底线，落实穿透监管，加强投资者适当性管理，与2019年底通过的证券法修正案相关条款实现了有机衔接，为私募股权基金监管奠定了上位法的依据。

《条例》明确将契约型、公司型、合伙型等不同组织形式的私募证券基金、私募股权基金均纳入调整范围，解决了私募股权基金上位法依据不足问题，为其提供了更加充足的制度支撑和法律保障，有利于促进私募股权基金规范健康发展，推动资本市场高质量发展。

《条例》加强了对私募基金管理人、托管人以及私募基金服务机构等主体从事私募基金业务活动的要求，落实穿透监管要求，划定监管底线，为私募基金行业发展营造规范有序的竞争环境；以规范私募投资基金管理人及其控股股东、实际控制人、普通合伙人等为着力点，抓住募集资金、投资运作、信息提供等关键环节，强化风险源头管控。

《条例》充分考虑私募基金的特点及其创新发展的需要，既对私募基金“募、投、管、退”提出全链条监管要求，又强调发挥私募基金行业服务实体经济、促进科技创新等作用，做到支持发展与强化监管并重。

证监会表示，将扎实推进《条例》落实工作，抓紧完善配套办法和规则，进一步细化具体监管要求，引导私募机构不断提升风控水平和专业管理能力，切实发挥私募基金高效对接投融资需求的积极作用，实现中国特色现代资本市场功能的有效发挥。

资料来源：财政部网站，https：//www. gov. cn/zhengce/content/202307/content_ 6890738. htm。

第三节　基金投资业务的核算

证券投资基金成立后，基金公司会将资金投资于股票、债券等金融工具，然后与投资者共担投资风险、分享投资收益。《公开募集证券投资基金运作管理办法》规定，80%以上的基金资产投资于股票的，为股票基金；80%以上的基金资产投资于债券的，为债券基金；仅投资于货币市场工具的，为货币市场基金；80%以上的基金资产投资于其他基金份额的，为基金中基金；投资于股票、债券、货币市场工具或其他基金份额，并且股票投资、债券投资和基金投资的比例不符合上述规定的，为混合基金。会计核算上，基金持有的金融资产和承担金融负债通常分类为以公允价值计量且其变动计入当期损益的金融资产和金融负债。

一、股票投资的核算

（一）买入股票

对于买入股票的业务，管理人需要编制交易买入和资金交收的会计分录。基金公司买入股票时，在交易日按股票的公允价值，借记“股票投资”（成本）科目，按应付的相关费用，借记“交易费用”科目，按应支付的证券清算款，贷记“证券清算款”科目（买入非上市证券基金管理公司需通过银行办理资金转账结算，则贷记“银行存款”科目），按应付的交易费用，贷记“应付交易费用”等科目；资金交收日，由托管银行按实际支付的价款与证券登记结算机构进行清算，并将资金清算对账单加密传真至管理人，管理人借记“证券清算款”科目，贷记“银行存款”“结算备付金”等科目。

（二）申购新股

应按新股的不同发行方式、不同资金结算方式分别进行账务处理。

1. 通过交易所网上申购的，在申购当日：

借：证券清算款（新股申购款）

　贷：结算备付金

证券清算款交收日，按实际交收的申购款编制会计分录为：

借：证券清算款

　贷：银行存款/结算备付金

申购新股中签时，按确认的中签金额编制会计分录为：

借：股票投资

　贷：证券清算款

收到退回余款（未中签部分）：

借：结算备付金

　贷：证券清算款

老股东网上配售，配售数量与金额可确定的，其配售日即为中签日。

2. 通过网下申购的。

借：证券清算款（按实际预交的申购款）

　贷：银行存款

申购新股确认日：

借：股票投资——成本（按实际确认的申购新股金额）

　贷：证券清算款

实际确认的申购新股金额小于已经预交的申购款的，在收到退回余款时：

借：银行存款

　贷：证券清算款

实际确认的申购新股金额大于已经预交的申购款的，在补付申购款时，按支付的金额，借记“证券清算款”，贷记“银行存款”等科目。

3. 通过市值配售的，确认日按确认的中签金额，借记“股票投资”科目，贷记“证券清算款”科目。

[例 11－5] HD 基金在 2023 年 6 月 30 日持有 A 股票 15 873 434 股，股票的公允价值为 355 723 655.94 元，成本为 298 455 111.78 元。2023 年 7 月 5 日以每股 17.05 元的价格买入该股票 85 万股。该笔交易所支付的交易费用包括过户费、经手费、证管费及交易佣金，具体费率如表 11－2 所示。

表 11－2　上交所股票交易费用表

费种	股票交易费率（‰）	费用计算公式
印花税	1	买卖成交金额×税率
过户费	0.5	买卖成交数量×费率
经手费	0.087	买卖成交金额×费率
证管费	0.04	买卖成交金额×费率
交易佣金	0.8（与券商协商得到）	买卖成交金额×费率

股票买入清算金额＝买入成交金额＋过户费＋经手费＋证管费

股票卖出清算金额＝卖出成交金额－印花税－过户费－经手费－证管费－交易佣金

（1）该笔交易的交易费用包括：

过户费＝85 万股×0.5‰＝425(元)

经手费＝85 万股×17.05 元/股×0.087‰＝1 260.85(元)

证管费＝85 万股×17.05 元/股×0.04‰＝579.7(元)

交易佣金＝85 万股×17.05 元/股×0.8‰＝11 594(元)

交易费用总额＝425＋1 260.85＋579.7＋11 594＝13 859.55(元)

股票成本＝85 万股×17.05 元/股＝1 449.25(万元)

买入股票证券清算款＝买入成交金额＋过户费＋经手费＋证管费

＝14 492 500＋425＋1 260.85＋579.7

＝14 494 765.55(元)

（2）交易日 2023 年 7 月 5 日的会计分录为：

借：股票投资——成本	14 492 500
交易费用	13 859.55
贷：证券清算款	14 494 765.55
应付交易费用	11 594

基金进行证券交易时，资金于第二个工作日进行清算。基金会计每天编制可用头寸表时，应当将应收、应付的结算资金进行调整，且应对交易资金的结算进行核对。

（3）资金交收日 2023 年 7 月 6 日的会计分录为：

借：证券清算款　　14 494 765. 55

　贷：结算备付金　　14 494 765. 55

（三）股票持有期间业务的核算

1. 发放股利的核算。基金公司持有的股票投资收到应分派的现金股利，在除息日按照上市公司宣告的分红派息比例确认股利收入，编制会计分录如下：

借：应收股利

　贷：股利收入

实际收到现金股利时，编制会计分录如下：

借：结算备付金

　贷：应收股利

对于股票持有期间上市公司分派的股票股利（包括送红股和公积金转增股本），应于除权日根据上市公司股东大会决议公告，按股权登记日持有的股数及送股或转增比例，计算确定增加的股票数量，在“股票投资”账户的“数量”栏进行记录。

如果买入的是分期付息、到期还本的债券，则对其持有期间分期取得的利息，应按实际利率计算的金额计入当期损益，会计分录为：

借：结算备付金（或银行存款）

　贷：投资收益

[例 11－6] HD 基金管理公司持有 500 000 股 C 公司股票，C 公司于 2023 年 10 月 12 日宣布分派现金股利，每股 0. 21 元。2023 年 10 月 20 日该基金管理公司收到 C 公司发放的现金股利 500 000 × 0. 21 = 105 000（元），应作如下会计分录。

宣告日 2023 年 10 月 12 日：

借：应收股利　　105 000

　贷：股利收入　　105 000

派息日 2023 年 10 月 20 日：

借：结算备付金　　105 000

　贷：应收股利　　105 000

2. 估值日的核算。基金单位资产净值是制定基金单位交易价格的依据，而证券市场中证券的价格每天都在波动，基金资产净值也随之不断变化，对基金资产进行适时的估值，能够客观、准确地反映基金资产是否增值、保值，同时也能够真实地反映基金当时的实际价值，便于基金单位在市场上交易。估值日是指对基金资产进行估值的实际日期，大部分基金每个开放日都对基金资产进行估值，即每个开放日都是估值日。估值日对基金持有的股票、债券估值时，如为估值增值，则按所估价值与上一日所估价值的差额，编制会计分录如下：

借：股票投资——估值增值

　贷：公允价值变动损益

如为估值减值，则按所估价值与上一日所估价值的差额，编制会计分录如下：

借：公允价值变动损益

　贷：股票投资——估值增值

[例 11－7] HD 基金管理公司持有 D 公司股票 100 000 股，持有 E 公司股票700 000 股，2023 年 10 月 18 日，D 公司股票的收盘价为 13.5 元/股，E 公司股票的收盘价为 18 元/股。10 月 19 日 D 公司股票的收盘价为 14.5 元/股，E 公司股票的收盘价为 18.5 元/股。

10 月 19 日，计算股票估值增值。

D 股票估值增值：100 000 ×（14.5－13.5）＝100 000（元）

E 公司股票估值增值：700 000 ×（18.5－18）＝350 000（元）

编制会计分录为：

借：股票投资——估值增值——D 公司	100 000	
贷：公允价值变动损益		100 000
借：股票投资——估值增值——E 公司	350 000	
贷：公允价值变动损益		350 000

（四）卖出股票

在交易日按应收取的证券清算款，借记“证券清算款”科目，按应付的相关费用，借记“交易费用”科目，按结转的股票投资成本、估值增值或减值，贷记本科目（成本），贷记或借记本科目（估值增值）；按应付的交易费用，贷记“应付交易费用”等科目；按其差额，贷记或借记“投资收益（股票投资收益）”科目。同时，将原计入该卖出股票的公允价值变动损益转出，借记或贷记“公允价值变动损益”科目，贷记或借记“投资收益（股票投资收益）”科目。资金交收日，按实际交收的证券清算款，借记“银行存款”或“结算备付金”等科目，贷记“证券清算款”科目。卖出股票的成本按移动加权平均法逐日结转。

[例 11－8] 沿用 [例 11－5]，2023 年 8 月 25 日，HD 基金持有的 A 股票每股的公允价值为 22.1 元。8 月 26 日，HD 基金以每股 22.2 元的价格卖出该股票 50 万股。

（1）股票投资成本：

$$\text{卖出股票的单位成本} = (298\,455\,111.78 + 14\,492\,500)/(15\,873\,434 + 850\,000) = 18.71(\text{元}/\text{股})$$

$$\text{卖出股票应结转的成本} = 18.71 \times 500\,000 = 9\,355\,000(\text{元})$$

（2）8 月 25 日股票的公允价值：

$$\text{股票的公允价值} = (15\,873\,434 + 850\,000) \times 22.1 = 369\,587\,891.4(\text{元})$$

$$\begin{aligned}\text{该股票的公允价值变动损益} &= \text{公允价值} - \text{买入股票成本总额}\\ &= 369\,587\,891.4 - (298\,455\,111.78 + 14\,492\,500)\\ &= 56\,640\,279.62(\text{元})\end{aligned}$$

（3）卖出股票应转销的公允价值变动损益 =56 640 279.62 ×（500 000/16 723 434）= 1 693 440.46（元）。

（4）8 月 26 日，股票卖出成交总额 =500 000 ×22.2 =11 100 000（元）。

（5）该笔交易的交易费用包括：

印花税 = 11 100 000 × 1‰ = 11 100(元)

过户费 = 50 万股 × 0.5‰ = 250(元)

经手费 = 50 万股 × 22.2 元／股 × 0.087‰ = 965.7(元)

证管费 = 50 万股 × 22.2 元／股 × 0.04‰ = 444(元)

交易佣金 = 50 万股 × 22.2 元／股 × 0.8‰ = 8 880(元)

交易费用总额 = 11 100 + 250 + 965.7 + 444 + 8 880 = 21 639.7(元)

（6）证券清算款 = 卖出成交金额 − 印花税 − 过户费 − 经手费 − 证管费 − 交易佣金 = 11 100 000 −21 639.7 =11 078 360.3（元）。

（7）交易日 2023 年 8 月 26 日的会计分录为：

借：证券清算款	11 078 360.30	
交易费用	21 639.70	
贷：股票投资——成本		9 355 000
股票投资——估值增值		1 693 440.46
应付交易费用		8 880
投资收益——股票投资收益		42 679.54
借：公允价值变动损益	1 693 440.46	
贷：投资收益——股票投资收益		1 693 440.46

（8）资金交收日的会计分录为：

借：结算备付金	11 078 360.30	
贷：证券清算款		11 078 360.30

二、债券投资的核算

基金公司的投资交易部门应将当日成交的债券信息（包括债券名称、债券代码、利率、久期、起息日与到期日等）交予基金会计，基金会计复核后维护至基金估值核算系统，维护信息经基金会计负责人复核后生效。数据读取完成以后，基金会计根据读取的交易数据进行会计处理，系统将自动生成有关交易所债券买卖的业务凭证。债券业务凭证制作完成以后，基金会计应与集中交易室提供的债券成交表核对，以确保数据接收和会计处理的正确。

（一）非货币市场基金债券投资的核算

1. 买入债券时在交易日的会计分录为：

借：债券投资——成本［按债券的公允价值（不含支付价款中所包含的应收利息）］

　　交易费用（按应付的相关费用）

　　应收利息［按支付价款中包含的应收利息（若有）］

贷：证券清算款（按应支付的金额）

或银行存款（按实际支付的金额）

应付交易费用（按应支付的交易费用）

资金交收日，会计分录为：

借：证券清算款（按实际交收的金额）

贷：银行存款/结算备付金

［**例11－9**］CD基金为非货币型基金，2023年6月30日，该基金以每张99.05元的价格买入A公司2023年1月1日发行的面值为100元的某债券5 000手（1手为10张）。该债券票面利率为5%（不考虑所得税），每年付息一次。该笔交易支付的交易费用包括经手费和证管费，分别按成交金额的0.000001（最高不超过每笔100元）和0.00001收取。则CD基金买入该债券的会计处理如下。

（1）2023年6月30日为交易日，计算交易费用并确认债券投资。

债券成交金额＝5 000×10×99.05＝4 952 500(元)

债券成交日应计利息＝5 000×10×100×5%×181/365

＝123 972.6(元)

经手费＝(4 952 500＋123 972.6)×0.000001＝5.08(元)

证管费＝(4 952 500＋123 972.6)×0.00001＝50.76(元)

交易费用总额＝5.08＋50.76＝55.84(元)

买入债券证券清算款＝买入成交金额＋经手费＋证管费＋应计利息

＝4 952 500＋5.08＋50.76＋123 972.6＝5 076 528.44(元)

借：债券投资——成本	4 952 500	
应收利息	123 972.60	
交易费用	55.84	
贷：证券清算款		5 076 528.44

（2）资金交收日的会计分录为：

借：证券清算款	5 076 528.44	
贷：结算备付金		5 076 528.44

2. 持有债券期间的会计核算。持有债券期间，每日确认利息收入。贴息债视同到期一次性还本付息的附息债，根据其发行价、到期价和发行期限按直线法推算内含票面利率后，确认利息收入。如票面利率与实际利率出现重大差异，应按实际利率计算利息收入。

借：应收利息（按债券投资的票面利率计算的利息）

贷：利息收入——债券利息收入

债券派息日，按应收利息编制会计分录为：

借：证券清算款

贷：应收利息

资金交收日，按收到的金额编制会计分录如下：

借：银行存款/结算备付金

　贷：证券清算款

如相关法规规定对基金收到的债券利息扣税的，基金在确认债券利息收入、收到派息款等业务环节时，应考虑适用税率等因素。

3. 债券投资估值日的会计核算。估值日对持有的债券估值时，如为估值增值，按当日（不含应收利息）与上一日估值增值的差额编制会计分录如下：

借：债券投资——估值增值

　贷：公允价值变动损益

如为估值减值，会计分录相反。

4. 卖出债券的会计核算。卖出债券交易日编制会计分录如下：

借：证券清算款/银行存款（在交易日按应收或实收的金额）

　　交易费用（按应付的相关费用，佣金、证管费和税费）

　贷：债券投资（按结转的债券投资成本）

　　　债券投资——估值增值

　　　应收利息（若有）

　　　应付交易费用（券商佣金，若有）

借或贷：投资收益——债券投资收益

卖出债券的成本按移动加权平均法逐日结转，同时将原计入卖出债券的公允价值变动损益转出。

借：公允价值变动损益

　贷：投资收益（债券投资收益）

资金交收日，按实际交收的证券清算款入账，编制会计分录如下：

借：结算备付金/银行存款

　贷：证券清算款

（二）货币市场基金债券投资的主要账务处理

1. 买入债券时的会计核算。

借：债券投资——面值（按债券面值）

　　应收利息（按支付价款中包含的应收利息）

　贷：证券清算款（按应支付的金额）

　　　银行存款（按实际支付的金额）

　　　应付交易费用（按应支付的交易费用）

借或贷：债券投资——折溢价（其中支付的交易费用，计入债券投资账面价值）

资金交收日，按实际交收的金额编制会计分录：

借：证券清算款

　贷：银行存款/结算备付金

2. 持有债券期间的会计核算。持有债券期间，每日确认利息收入。对贴现债以外的其他债券，会计分录为：

借：应收利息（按票面利率计算确定的应收利息）

贷：利息收入——债券利息收入（按摊余成本和实际利率计算确定的利息收入）

借或贷：债券投资——折溢价（按其差额）

对贴现债，按摊余成本和实际利率计算确定的利息收入，借记本科目（折溢价），贷记“利息收入（债券利息收入）”科目。

债券派息日，按应收利息，借记“证券清算款”科目，贷记“应收利息”科目；资金交收日，按收到的金额，借记“银行存款”或“结算备付金”科目，贷记“证券清算款”科目。

3. 卖出债券时的会计核算。在卖出债券的交易日，支付的交易费用，计入当期损益，会计分录为：

借：证券清算款/银行存款（按应收或实收的金额）

贷：债券投资（面值、折溢价）（按结转的债券投资面值和溢折价）

应收利息（按应收或实收价款中包含的应收利息）

应付交易费用（按应支付的交易费用）

贷或借：投资收益（债券投资收益）（按其差额）

资金交收日，按实际交收的证券清算款编制会计分录：

借：银行存款/结算备付金

贷：证券清算款

4. 货币市场基金存续期间的会计核算。货币市场基金存续期间，基金管理人应定期计算货币市场基金投资组合摊余成本与其他可参考公允价值指标之间的偏离程度，并定期测试其他可参考公允价值指标确定方法的有效性。投资组合的摊余成本与其他可参考公允价值指标产生重大偏离的，应按其他公允价值指标对组合的账面价值进行调整，调整差额确认为“公允价值变动损益”，并按其他公允价值指标进行后续计量。如基金份额净值恢复至 1 元，可恢复使用摊余成本法估算公允价值。

5. 到期收回债券本金和利息的会计核算。会计分录为：

借：银行存款/证券清算款（按实际收到或应收的金额）

贷：债券投资（面值、折溢价）（按债券账面余额）

应收利息（按应收回的债券利息）

三、资产支持证券投资

对非货币市场基金，“资产支持证券投资”科目核算资产支持证券投资的实际成本和价值变动（估值增值或减值）；可按资产支持证券投资的种类，分“成本”和“估值增值”进行明细核算。对货币市场基金或中国证监会规定的特定基金品种，“资产支持证券投

资产支持证券是指由银行业金融机构作为发起机构，将信贷资产信托给受托机构，由受托机构发行的，以该财产所产生的现金支付其收益的收益证券。换言之，资产支持证券就是由特定目的的信托受托机构发行的、代表特定目的的信托的信托收益权份额。信托机构以信托财产为限向投资机构承担支付资产支持证券收益的义务。

资”科目核算实际利率摊余成本估算的公允价值，并按资产支持证券投资的种类，分“面值”和“折溢价”进行明细核算。

基金公司取得资产支持证券支付的款项时，应当区分属于资产支持证券投资本金部分和证券投资收益部分。对非货币市场基金，将收到的本金部分冲减本科目（成本），对货币市场基金，将收到的本金部分冲减本科目（面值），并相应结转本科目（折溢价）。将收到的收益部分冲减应计利息（若有）后的差额，记入资产支持证券利息收入。对资产支持证券的付息延期，在确定其付息的可能性仍很大的情况下，可不调整已确认的利息收入。其他与资产支持证券投资相关业务的账务处理比照债券投资。

【专栏11－3】　基金投资其他产品及其会计核算

基金除了投资于股票、债券和资产支持证券以外，还可以投资于很多其他金融产品，包括权证、估值期货、同业存单和基金等。中国证券投资基金业协会根据基金业发展的需要，陆续制定了相应的会计核算规则：2012年11月16日重新修订发布了《证券投资基金股指期货投资会计核算业务细则（试行）》；2013年7月12日发布了《黄金交易型开放式证券投资基金及联接基金会计核算和估值业务指引（试行）》；2015年8月28日发布了《证券投资基金参与同业存单会计核算和估值业务指引（试行）》等。例如，其中对股指期货投资主要会计科目的设置如表11－3所示。

表11－3　股指期货投资主要会计科目

编号	会计科目	明细科目设置	核算内容
1021	结算备付金[①]	通过期货公司进行结算的，按期货公司进行明细核算	核算基金存放在保证金账户中未被期货合约占用的保证金
1031	存出保证金	通过期货公司进行结算的，按照期货公司进行明细核算	核算基金存放在保证金账户中已被期货合约占用的保证金
3003	证券清算款	设置期货暂收款进行明细核算	核算基金持有的股指期货合约当日无负债结算后形成的暂收和暂付款项，此科目余额与“其他衍生工具”科目中的股指期货合约公允价值金额一致，方向相反
3102	其他衍生工具	1. 按照买入/卖出股指期货、交易目的、初始合约价值/公允价值、合约品种等进行明细核算 2. 设置“其他衍生工具——冲抵股指期货初始合约价值”科目作为所有股指期货合约初始合约价值的冲抵科目，不核算数量	核算基金持有的股指期货合约的数量、公允价值

续表

编号	会计科目	明细科目设置	核算内容
6101	公允价值变动损益	按照股指期货、买入/卖出、交易目的等进行明细核算	核算基金持有的股指期货合约公允价值变动形成的应计入当期损益的利得或损失
6111	投资收益	按照股指期货、交易目的等进行明细核算	核算基金持有的股指期货合约平仓和到期交割实现的收益
6407	交易费用	按照期货公司进行明细核算	核算基金股指期货交易产生的交易费用

注：①当存放在保证金账户中未被期货合约占用的保证金余额为负时，本科目余额可能为负，此情况如果出现在资产负债表日，则可在报表附注中予以说明。

资料来源：中国证券投资基金业协会网站，http：//www.amac.org.cn/。

第四节　基金业务损益的核算

一、基金收入的核算

（一）利息收入

利息收入是指基金经营活动中因债券投资、资产支持证券投资、银行存款、结算备付金、存出保证金、按买入返售协议融出资金等而实现的利息收入，具体包括债券利息收入、资产支持证券利息收入、存款利息收入、买入返售金融资产收入等。

对于基金的利息收入，应设置“利息收入”会计科目。对存款利息收入，应逐日计提，并按本金与适用的利率计提的金额入账。逐日计提银行存款、结算备付金存款等各项存款利息时，借记“应收利息”科目，贷记“利息收入”科目。“利息收入”科目应分别按银行存款、结算备付金存款等设置明细科目，进行明细核算。期末，应将“利息收入”科目的贷方余额全部转入“本期利润”科目，结转后，本科目应无余额。

（二）投资收益

基金管理公司投资股票、基金、债券、资产支持证券等实现的买卖差价收益，通过“投资收益”科目核算。另外，基金管理公司持有股票、基金投资等获得的股利收益，以及衍生工具投资产生的相关损益，如卖出或放弃权证、权证行权等实现的损益，也通过“投资收益”科目核算。

“投资收益”科目应当设置股票投资收益、债券投资收益、资产支持证券投资收益、基金投资收益、衍生工具收益、股利收益等明细科目进行核算，以反映不同投资品种下的投资收益。期末，应将“投资收益”科目的余额转入“本期利润”科目，结转后，本科目应无余额。

（三）公允价值变动损益

“公允价值变动损益”科目，用于核算基金管理公司采用公允价值模式计量的交易性金融资产、交易性金融负债等公允价值变动形成的应计入当期损益的利得或损失。当基金公司持有的交易性金融资产（负债）的公允价值高于（低于）其账面价值余额时，通过“公允价值变动损益”科目的贷方反映；反之，则通过“公允价值变动损益”科目的借方反映。期末，应将“公允价值变动损益”科目的余额转入“本年利润”科目，结转后，本科目无余额。

（四）其他收入

除上述收入外，在基金运作过程中还会发生一些其他的收入项目，如赎回费扣除基本手续费后的余额、手续费返还、ETF替代损益以及基金管理人等机构为弥补基金财产损失而支付给基金的赔偿款项等。这些收入应在“其他收入”科目中核算。发生的其他收入，借记有关科目，贷记“其他收入”科目。“其他收入”科目应按其他收入种类设置明细科目，进行明细核算。期末，应将“其他收入”科目贷方余额全部转入“本期利润”科目，结转后，本科目应无余额。

二、基金费用的核算

（一）利息支出

在基金运作过程中发生的借款利息支出、卖出回购金融资产利息支出等，都在“利息支出”科目中核算。

利息支出应在借款期限内逐日计提，并按借款本金与适用的利率确定的金额入账。在计提利息支出时，借记“利息支出”科目，贷记“应付利息”科目。“利息支出”科目应按利息支出的种类设置明细科目，进行明细核算。期末，应将“利息支出”科目的借方余额全部转入“本期利润”科目，结转后，本科目应无余额。

另外，基金通过国家规定的场所进行证券回购业务，发生的卖出回购证券支出也通过“利息支出”科目核算。卖出回购证券支出，在融资期限内逐日计提利息支出，借记“利息支出”科目，贷记“卖出回购金融资产款”科目。“利息支出”科目应按银行存款、卖出回购证券的种类等设置明细科目，进行明细核算。期末，应将“利息支出”科目的借方余额全部转入“本期利润”科目，结转后，本科目无余额。

（二）管理人报酬

基金管理公司经营、管理基金每年要从基金资产中提取一定的管理费，用于基金管理公司该年度的各项必要支出。基金管理费按照基金净资产的0.25%～2.5%提取，一般是逐日累计、按月支付。在提取基金管理费时，应按前一日的基金资产净值乘以按当年实际天数折算的日费率计算，计算公式如下：

管理人报酬＝前一日基金资产净值×年管理费率÷当年天数

为了核算基金按规定计提的基金管理人报酬，应设置“管理人报酬”科目，可分别设置“管理费”和“业绩报酬”明细科目进行明细核算。

在根据基金合同的约定计提基金管理费和业绩报酬时，借记“管理人报酬”科目，贷记“应付管理人报酬”科目；在支付基金管理人报酬时，借记“应付管理人报酬”科目，贷记“银行存款”科目。期末，应将本科目的借方余额全部转入“本期利润”科目，结转后，本科目应无余额。

[例 11－10] A 基金的基金管理费率为 1.5%，2023 年 7 月 3 日，该基金的净值为 70 000 000 元，7 月 4 日基金的净值为 71 000 000.56 元。计算 7 月 4 日基金管理人报酬并编制相关会计分录。

管理人报酬 = 70 000 000 × 1.5% = 365 ÷ 2 876.71（元）

借：管理人报酬　　2 876.71

　贷：应付管理人报酬　　2 876.71

（三）托管费

基金托管人保管并处理基金资产也要收取一定费用，即托管费。托管费的年费用标准一般为基金净资产净值的 0.2%，计提方式也是逐日累计、按月支付，计算公式如下：

基金托管费 = 前一日基金资产净值 × 年托管费率 ÷ 当年天数

为了核算基金按规定计提的托管费，应设置“托管费”科目。在根据基金合同的约定计提托管费时，借记本科目，贷记“应付托管费”科目；在支付托管费时，借记“应付托管费”科目，贷记“银行存款”科目。期末，应将本科目的借方余额全部转入“本年利润”科目，结转后，本科目应无余额。

（四）销售服务费

为了核算基金按规定计提的销售服务费，应设置“销售服务费”科目。

根据基金合同的规定计提销售服务费时，借记本科目，贷记“应付销售服务费”科目；在支付销售服务费时，借记“应付销售服务费”科目，贷记“银行存款”科目。期末，应将本科目的借方余额全部转入“本期利润”科目，结转后，本科目应无余额。

（五）交易费用

“交易费用”科目用来核算进行股票、债券、资产支持证券、基金、权证等交易过程中发生的交易费用。

基金在投资股票、债券、资产支持证券、基金、权证等过程中发生的交易费用在发生时按照确定的金额，借记本科目和有关科目，贷记有关科目。期末，应将本科目的借方余额全部转入“本期利润”科目，结转后，本科目应无余额。

（六）其他费用

“其他费用”科目用来核算在基金运作过程中发生的除上述费用支出以外的其他各项费用，如注册登记费、上市年费、信息披露费、推广服务费、持有人大会费、审计费、律师费等。本科目可按费用的种类进行明细核算。

当发生的其他费用不影响估值日基金份额净值小数点后 4 位时，发生时直接计入基金损益，借记“其他费用”科目，贷记“银行存款”等科目。

当发生的其他费用影响估值日基金份额净值小数点后 4 位时，应采用待摊或预提的方法，待摊或预提计入基金损益。在发生时，借记“待摊费用”科目，贷记“银行存款”科目；在摊销时，借记“其他费用”科目，贷记“待推费用”科目。在采用预提方法预提时，借记“其他费用”科目，贷记“预提费用”科目；在实际支付费用时，借记“预提费用”科目，贷记“银行存款”科目。

期末，应将本科目的借方余额全部转入“本期利润”科目，结转后，本科目应无余额。

本章小结

1. 基金管理公司是指依据有关法律法规设立的对基金的募集、基金份额的申购和赎回、基金财产的投资、收益分配等基金运作活动进行管理的公司。证券投资基金按照不同的标准有多种分类方法。其中与会计核算联系密切的分类主要有：按基金运作方式分为封闭式基金和开放式基金；按投资对象分为股票基金、债券基金、货币市场基金、期货基金、期权基金、指数基金和认股权证基金等。

2. 相对于一般企业会计来说，基金会计核算的显著特点包括：会计主体与会计责任的承担者分离；基金单位净值需要估值与公告；基金资产通过估值以公允价值计价。

3. 基金公司的日常会计核算主要包括基金发行、申购与赎回业务的核算，以及开放式基金申购与赎回的核算。

4. 证券投资基金成立后，基金公司会将资金投资于股票、债券、资产支持证券等金融工具，然后与投资者共担投资风险、分享投资收益。此外，基金还可以投资于很多其他金融产品，包括权证、估值期货、同业存单和基金等。

重点概念

基金公司　证券投资基金　开放式基金　封闭式基金　股票投资　债券投资　资产支持证券

思考与练习

1. 中南大证券投资基金管理公司发行10亿份基金单位，基金单位发行价为2.04元，支付费用1 600万元，请编制会计分录。

2. 2023年3月1日，某开放式基金HD基金募集期满，基金规模为3亿元人民币，请编制会计分录。

3. 2023年3月5日，某投资者向大海证券投资基金管理公司申购开放式基金2 100万元，当日该基金单位资产净值为2元，申购费为100万元。按照契约规定，高于基金单位的部分在扣除费用后，将60%作为未实现利得，40%作为未分配收益。计算投资者用2 100万元可以买到的基金单位，编制基金申购环节及3月6日款项交割时基金管理公司的会计分录。

4. 某投资者用2 100万元申请购买大海证券投资基金管理公司新发行的开放式基

金，每个基金单位市价为1元，申购费为100万元，请编制基金管理公司的会计分录。

5. 2023年8月7日，投资者申请赎回HD开放式基金100万份，当日该基金单位资产净值为1.0012元，赎回费率为0.5%，其中归基金资产的比例为25%，基金应付给代为办理赎回业务的机构相关手续费75%，其中利润分配（未分配利润）未实现部分的余额占利润分配总额的比例为0.56，该笔款项于8月8日与客户交割。计算赎回金额和赎回费用并编制基金公司的会计分录。

6. 2023年8月1日，HD基金管理公司从上海证券中央登记结算公司购入200万股B股票，购入价格为10元/股，应付佣金为17 000元，其他各项费用为4 000元，印花税税率为0.2%，请编制HD基金管理公司购入股票时、资金交收时的会计分录。

7. 承题6，HD基金管理公司于2023年9月10日以13元/股的价格卖出B股票100万股，应支付佣金为8 000元，其他过户费、经手费、证管费等费用为2 100元，印花税税率为0.2%。计算证券清算款金额并编制HD基金管理公司9月10日的会计分录。

8. HD基金管理公司于2023年5月9日以9元/股的价格卖出F公司股票105万股，其单位成本为8元/股，其间没有公允价值变动损益，应支付的佣金为3 300元，印花税税率为0.2%。计算证券清算款金额并编制HD基金管理公司5月9日的会计分录。

9. HD基金管理公司于2023年9月3日以12元/股的价格卖出G公司股票60万股，购入价格为10元/股，应支付佣金6 000元，其他费用共计1 200元，印花税税率为2‰。请计算证券清算款金额并编制HD基金管理公司的会计分录。

10. CD基金管理公司于2023年7月1日以120元/张的含息价在上交所买入B公司发行的债券50万张，每张面值100元，每张含息5元，各种费用5 600元。请编制CD基金管理公司的会计分录。

11. 沿用［例11－9］，2023年9月30日，CD基金以每张100.25元的价格卖出6月30日买入的该债券5 000手。该债券的估值增值为1元/张，该笔交易支付的交易费用包括经手费和证管费，分别按成交金额的0.000001（最高不超过每笔100元）和0.00001收取，请编制相关会计分录。

第十二章

期货公司业务核算

本章学习目标

1. 熟知期货公司及其业务内容、各项结算制度；
2. 掌握期货业务会计核算的内容及方法；
3. 掌握金融期货业务会计核算的内容及方法。

第一节　期货公司业务概述

一、期货公司及其业务内容

期货交易，是指采用公开的集中交易方式或者国务院期货监督管理机构批准的其他方式进行的以期货合约或者期权合约为交易标的的交易活动。期货公司是依照《中华人民共和国公司法》和《期货交易管理条例》规定设立的经营期货业务的金融机构。其业务内容包括期货经纪业务、期货投资咨询业务和资产管理业务。

（一）期货经纪业务

期货经纪业务是指期货公司接受客户的委托，代理客户进行期货交易的中间业务。期货交易所实行会员制，所有交易只能通过会员在交易所的席位来完成。个人或其他非会员投资者不能直接进场交易，只能通过委托拥有交易席位的期货公司作为中介进行交易。期货公司接受客户委托从事经纪业务，以本公司的名义为客户进行期货交易，交易结果由客户承担。我国期货公司，可以依法从事商品期货经纪业务；从事金融期货经纪、境外期货经纪、期货投资咨询的，应当取得相应业务资格。

（二）期货投资咨询业务

期货投资咨询业务是指期货公司接受客户委托，向客户提供风险管理顾问、研究分析、交易咨询等服务。期货公司从事期货投资咨询业务时，应当与客户签订服务合同，明确约定服务内容、收费标准及纠纷处理方式等事项。期货公司不得向客户做获利保证，以虚假信息、市场传言或者内幕信息为依据向客户提供期货投资咨询服务，不能对价格涨跌或者市场走势作出确定性的判断；也不能利用向客户提供投资建议谋取不正当利益或以个人名义收取服务报酬等。

（三）资产管理业务

资产管理业务是指期货公司接受客户委托，运用客户资产进行投资的业务。投资收益由客户享有，损失由客户承担。期货公司从事资产管理业务，应当与客户签订资产管理合同，通过专门账户提供服务。期货公司可以从事的具体资产管理业务有为单一客户办理资产管理业务、为特定多个客户办理资产管理业务。

资产管理业务的投资范围包括：期货、期权及其他金融衍生产品；股票、债券、证券投资基金、集合资产管理计划、央行票据、短期融资券、资产支持证券等；以及中国证监会认可的其他投资品种。

【专栏 12-1】 中国期货市场概况

2022 年，国内期货市场成交 67.68 亿手（单边，下同）和 534.9 万亿元，同比分别下降 9.93% 和 7.96%，如图 12-1 所示。全球期货市场成交 838.48 亿手，国内期货市场成交量占全球总成交量的 8.07%，较 2021 年占比 12% 下降了约 4 个百分点。其中国内商品期货与期权成交量为 66.16 亿手，占全球商品期货与期权总成交量 91.53 亿手的 72.3%，较 2021 年同期 69.8% 的占比上升 2.5 个百分点。

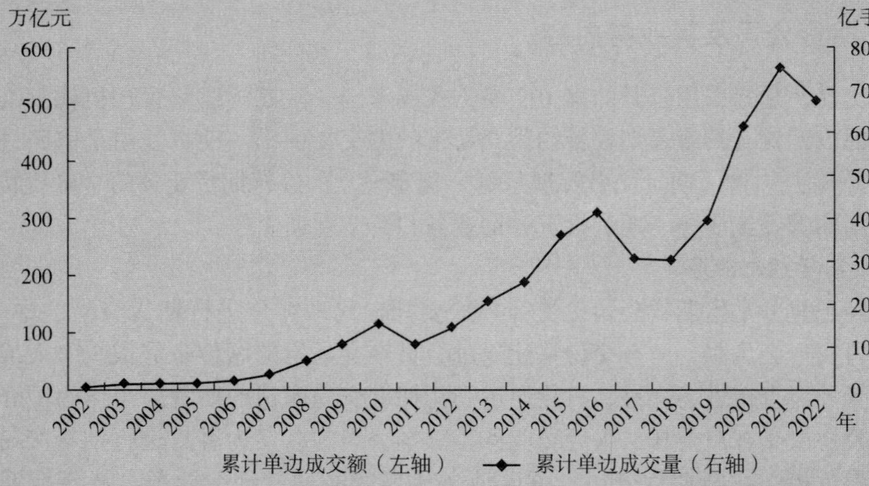

图 12-1 2002—2022 年中国期货市场成交量和成交额

在 2022 年全球农产品、金属和能源类品种的成交量排名中，农产品表现突出，国内品种包揽前 10 名；在前 20 名中占有 16 席，包括豆粕期货、棕榈油期货、豆油期货、菜籽粕期货、玉米期货、棉花期货、菜籽油期货、白糖期货、纸浆期货、橡胶期货、豆粕期权、苹果期货、玉米淀粉期货、黄大豆1号期货、花生期货、玉米期权。金属方面，国内品种占据前10强中9席；前20强中占有14席，包括螺纹钢期货、铁矿石期货、热轧卷板期货、铝期货、硅铁期货、锌期货、镍期货、铜期货、锰硅期货、铁矿石期权、不锈钢期货、锡期货、铅期货、铜期权。能源方面，国内品种在前20强中占有5席，包括燃料油期货、石油沥青期货、中质含硫原油期货、液化石油气期货、低硫燃料油期货。

资料来源：中国期货业协会《2022年度期货市场发展概述》。

二、期货公司的结算制度

我国境内期货公司的结算制度分为两种。一种是全员结算制度，大连商品交易所、郑州商品交易所和上海期货交易所这3家期货交易所均采取此种制度。即期货交易所会员均具有结算资格，期货交易所对会员结算，会员对其受托的客户结算。实行全员结算制度的期货交易所会员由期货公司会员和非期货公司会员组成。期货公司会员按照中国证监会批准的业务范围开展相关业务，可以代理客户的期货交易；非期货公司会员不得从事《期货交易管理条例》规定的期货公司业务。另一种是中国金融期货交易所采取的会员分级结算制度。期货交易所会员由结算会员和非结算会员组成，部分有实力的机构作为结算会员可以与交易所直接进行结算，而其他不具备结算能力的机构不能直接与交易所结算，而是与签订协议的结算会员进行结算。期货交易所对结算会员结算，结算会员对非结算会员结算，非结算会员对其受托客户结算。这样，交易所的会员架构呈金字塔形。这种制度可以避免结算会员违约风险直接向市场扩散，增加市场抵御风险的财务资源，从而增强市场整体的抗风险能力，保护全体市场参与者的根本利益。中国金融期货交易所规定结算会员依交易所规定以现金方式缴纳结算担保金。也就是说，结算担保金仅仅是交易所向结算会员收取的，结算会员不得向交易会员收取结算担保金。会员分级结算制度与国际上普遍采用的结算制度较为接近。

期货结算是交易所根据交易结果对会员交易保证金、盈亏、手续费、交割货款及其他有关款项进行计算、划拨的行为。期货交易所的结算实行保证金制度、每日结算无负债制度和风险准备金制度。

（一）保证金制度

保证金制度是期货市场风险管理的重要手段。交易所在存管银行开设一个专用的结算账户，用于存放会员的保证金及相关款项；会员在存管银行开设专用资金账户，用于存放保证金及相关款项。交易所对会员存入交易所专用结算账户的保证金实行分账管理，为每一会员设立明细账户；会员对客户存入会员专用资金账户的保证金实行分账管理，为每一个客户单独设立专门明细账。经交易所同意，会员可以用有价证券充抵保证金，但一般情况下保证金为现金。

在我国，保证金可以分为结算准备金和交易保证金。结算准备金是交易所会员为了交易结算，在交易所（期货公司）专用结算账户预先准备的资金，是未被合约占用的保证金。从资金管理角度结算准备金又可以进一步分为基础保证金和可用保证金。基础保证金在正常的交易中不允许使用，只有在会员单位其他保证金不足时方可动用。可用保证金则是期货公司拥有支配权，可以在经过交易所结算部门批准的前提下随时划回。交易保证金是会员（客户）在交易所（期货）期货公司专用结算账户中确保合约履行的资金，是已被合约占用的保证金，又称保证金占用。

（二）每日无负债结算制度

期货交易每日无负债结算制度是指每日交易结束后，交易所按当日结算价结算所有合约的盈亏、交易保证金及手续费、税金等费用，对应收的款项同时划转，相应增加或减少会员的结算准备金。期货交易所实行的每日无负债结算制度，又称为“逐日盯市”。每日交易所对其会员进行结算，期货经纪公司对其客户进行结算。期货交易所应当在当日交易结算后，及时将结算结果通知会员。期货经纪公司根据期货交易所的结算结果对客户进行结算，并应当将结算结果及时通知客户。若在结算时，该会员（或客户）的保证金不足，交易所（或期货经纪公司）应立即向会员（或客户）发出追缴保证金通知，会员（或客户）应在规定时间内向交易所（或期货经纪公司）追加保证金。若为盈余，则期货交易所会将超过规定保证金水平的款项在第二天自动支付给各期货公司。

（三）风险准备金制度

风险准备金制度是指期货交易所从收取的交易手续费中提取一定比重的资金，作为确保交易所担保履约备付金的制度。风险准备金按交易手续费（含向会员优惠减收部分）的20%从管理费用中提取。当风险准备金达到交易所注册资本的10倍时，可不再提取。风险准备金必须单独核算，专户存储，除用于弥补风险损失外，不得挪作他用。风险准备金的动用必须经交易所理事会批准，报中国证监会备案。

【专栏12-2】　中国五家期货交易所

中国期货交易所主要有五家，分别是郑州商品交易所、上海期货交易所、大连商品交易所、中国金融期货交易所和广州期货交易所。

郑州商品交易所（以下简称郑商所）成立于1990年10月，是国务院批准成立的首家期货市场试点单位，由中国证监会管理。郑商所目前上市交易普通小麦、优质强筋小麦、早籼稻、晚籼稻等25个期货品种和白糖、棉花、PTA、甲醇等16个期权，范围覆盖粮、棉、油、糖、果和能源、化工、纺织、冶金、建材等多个国民经济重要领域。2022年，郑商所累计成交量为24.0亿手，占全国市场份额的35.42%。成交金额为96.9万亿元。

上海期货交易所（以下简称上期所）是国内五大期货交易所之一，成立于1999年，受中国证监会集中统一监管。上海国际能源交易中心股份有限公司（以下简称上期能源）是上期所的下属子公司。上期所（含上期能源）已上市原油、航运指数等23个期货品种，铜等9个期权品种，涵盖金属、能源、化工、服务等领域。其中，原油、低硫燃料油、20号胶、国际铜、集运指数（欧线）等5个期货品种和原油期权直接对境外投资者开放。

大连商品交易所（以下简称大商所）成立于1993年，是经国务院批准并由中国证监会监督管理的五家期货交易所之一。大商所成立近30年来，始终坚持服务国家战略、服务实体经济，始终坚持规范运营、稳步发展，已上市包括全球首个实物交割的铁矿石期货、国内首个活体交割畜牧品种——生猪期货等在内的21个大宗商品期货和13个期权品种。目前，大商所共有会员单位160家、有效客户207万户、交割库527个、存管银行16家。2022年，大商所实现成交量23亿手（单边，下同）、成交额124万亿元、日均持仓量1 217万手，其中：成交量位居全球衍生品交易所第9位，持仓量居国内交易所首位，是全球重要的农产品及塑料、煤炭、铁矿石期货市场。

中国金融期货交易所（以下简称中金所），是经国务院同意，中国证监会批准，由上海期货交易所、郑州商品交易所、大连商品交易所、上海证券交易所和深圳证券交易所共同发起设立的交易所，也是中国成立的首家金融衍生品交易所，于2006年9月8日在上海成立。2010年4月16日，中金所已正式推出沪深300股指期货合约，IF1005、IF1006、IF1009、IF1012合约的挂牌基准价格为3 399点。2015年，中金所正式推出了10年期国债期货和上证50、中证500股指期货。2022年12月，证监会同意中金所开展上证50股指期权交易，相关合约正式挂牌交易时间为2022年12月19日。2023年4月，证监会同意中金所30年期国债期货注册。

广州期货交易所（以下简称广期所）于2021年4月19日挂牌成立，是经国务院同意，由中国证监会批准设立的第五家期货交易所，是国内首家混合所有制交易所。2021年5月，广期所两年期品种计划获中国证监会批准，明确将16个期货品种交由广期所研发上市，包括碳排放权、电力等事关国民经济基础领域和能源价格改革的重大战略品种，中证商品指数、能源化工、饲料养殖、钢厂利润等商品指数类创新型品种，工业硅、多晶硅、锂、稀土、铂、钯等与绿色低碳发展密切相关的产业特色品种，咖啡、高粱、籼米等具有粤港澳大湾区与“一带一路”特点的区域特色品种，以及国际市场产品互挂类品种。

资料来源：根据各期货交易所官网信息整理。

三、期货公司会计核算的内容

期货公司成立后，为了取得进入期货交易所交易的权利，必须取得期货交易所的会员资格。获得期货交易所会员资格后，期货公司还需缴纳年会费，以维持期货交易所的日常开支。为了获得入场交易的权利，期货公司还要向期货交易所购买席位并缴纳席位费。完成了以上准备工作后，先要求客户缴纳一笔保证金，期货公司即可开办代理业务，在替客户下单开始交易前，首先为即将开始的期货交易作担保。客户交来这笔资金后，期货公司要将其作为结算准备金转交给期货交易所。客户下达指令开始交易后，期货公司则根据客户的持仓和结算情况调整保证金。

具体来说，期货公司的会计核算包括以下几部分。

1. 与期货交易所有关的业务核算。与期货交易所有关的业务核算包括与会员席位有关的业务核算和与日常交易有关的业务核算。与会员席位有关的业务核算包括：期货公司为取得会员资格缴纳的会员资格费的核算；会员资格进行转让时损益的核算；需要缴纳的基本席位以外的席位占用费及退还席位时收回的席位占用费的核算；期货公司每年给期货交易所缴纳年会费的核算。与期货交易所日常交易业务有关的核算包括：期货公司将期货保证金存入期货交易所的核算；保证金划回及提取的核算；客户平仓后代扣手续费的核算；当客户不能用货币资金补充保证金时，提交质押物进行融资业务的核算；代理客户对未平仓合约进行实物交割的核算；交易盈亏结转的核算。

2. 对客户业务的核算。对客户业务的核算包括：吸收客户期货保证金的核算；客户保证金清退的核算；平仓后从保证金中收取代理手续费的核算；对客户不能用货币资金追加保证金时接受保证金质押业务的核算；代理客户进行实物交割业务的核算；客户平仓盈亏的核算等。

3. 其他业务的核算。其他业务的核算包括：期货公司按规定提取风险准备金及其支用的核算；由于各种原因形成的错单交易的核算；对期货公司存在结算差异的核算；客户违约处罚的核算等。

第二节　商品期货业务的核算

一、会计科目的设置及应用

为了加强期货行业自律，保证期货行业执行《企业会计准则》工作的高效、稳妥，提高期货行业会计信息质量，中国期货业协会制定了《期货公司会计科目设置及核算指引》。根据该指引的相关规定，期货经纪业务涉及的主要会计科目见表 12－1。

表 12－1　期货公司会计科目及其核算内容

科目性质	会计科目	核算内容
资产类	期货保证金存款	核算期货公司收到客户或分级结算制度下全面结算会员收到非结算会员缴存的货币保证金以及期货公司存入期货保证金账户的款项
	应收货币保证金	核算期货公司向期货结算机构（指期货交易所或分级结算制度下的特别结算会员和全面结算会员，下同）划出的货币保证金，以及期货业务盈利形成的货币保证金
	应收质押保证金	核算期货公司代客户向期货交易所办理有价证券充抵保证金业务形成的可用于期货交易的保证金
	应收结算担保金	核算分级结算制度下结算会员（包括全面结算会员和交易结算会员，下同）按照规定向期货交易所缴纳的结算担保金
	应收风险损失款	核算期货公司为客户垫付的尚未收回的风险损失款
	应收佣金	核算期货公司应收取的与其经营活动相关的佣金
	期货会员资格投资	核算期货公司为取得会员制期货交易所会员资格以缴纳会员资格费形式对期货交易所的投资

续表

科目性质	会计科目	核算内容
负债类	应付货币保证金	核算期货公司收到客户或分级结算制度下全面结算会员收到非结算会员缴存的货币保证金，以及期货业务盈利形成的货币保证金
	应付质押保证金	核算期货公司代客户向期货交易所办理有价证券充抵保证金业务形成的可用于期货交易的保证金
	应付手续费	核算期货公司为期货结算机构代收的尚未支付的手续费
	应付佣金	核算期货公司应支付的与其经营活动相关的佣金
	期货风险准备金	核算期货公司按规定以手续费收入的一定比例提取的期货风险准备金
	应付投资者保障基金	核算期货公司按规定提取的期货投资者保障基金
所有者权益类	一般风险准备金	核算期货公司按照规定以本年实现净利润的一定比例提取的一般风险准备
损益类	手续费收入	核算期货交易所返还、减收的手续费收入和有价证券充抵保证金业务手续费收入，以及期货公司收到的手续费
	佣金收入	核算期货公司确认的佣金收入
	佣金支出	核算期货公司发生的与其经营活动相关的佣金支出
	提取期货风险准备金	核算期货公司按规定以手续费收入的一定比例提取的期货风险准备金
	业务及管理费	核算期货公司监管费、年会费、席位使用费、客户服务费、提取期货投资者保障基金等

二、期货会员资格投资及交纳各项费用的会计处理

（一）期货会员资格投资的会计处理

期货公司为取得会员制期货交易所会员资格而交纳会员资格费时，应该按照交纳的会员资格费金额借记“期货会员资格投资”科目，贷记“银行存款”科目。当期货公司转让或者被取消会员资格而收到退回的资格费时，按实际收到的退回金额借记“银行存款”科目，按账面价值贷记“期货会员资格投资”科目，差额借记或贷记“投资收益”科目。

[例12－1] 2020年5月8日中南大期货公司按照期货交易所规定向该交易所支付会员资格费150万元，取得该交易所的会员资格。经营一段时间后中南大期货公司决定出让在该交易所的会员资格，报交易所理事会审核批准后，2023年6月1日与受让方协商作价为200万元。转让手续已办理完毕，并收到受让方支付的转让价款。

（1）2020年5月8日取得该交易所的会员资格时：

借：期货会员资格投资　　1 500 000

　贷：银行存款　　1 500 000

（2）2023年6月1日转让会员资格时：

借：银行存款　　2 000 000
　贷：期货会员资格投资　　1 500 000
　　投资收益　　500 000

（二）交纳各项费用的会计处理

期货公司按照期货交易所的规定还需要定期或者不定期地交纳监管费、年会费、席位使用费、客户服务费等。这时的会计分录为：

借：业务及管理费
　贷：银行存款

[例 12－2] 中南大期货公司 2023 年 1 月 1 日向期货交易所交纳当年 5 万元席位使用费及 8 万元年会费。

（1）借：业务及管理费——席位使用费　　50 000
　　贷：银行存款　　50 000
（2）借：业务及管理费——年会费　　80 000
　　贷：银行存款　　80 000

三、保证金与结算担保金的会计处理

（一）保证金的核算

1. 客户交纳保证金的核算。客户一般不需要向期货公司交纳基础保证金，只交纳交易保证金。期货公司会为每一位客户开设保证金账户，进行明细分类核算。

期货公司收到客户交纳的交易保证金时：

借：期货保证金存款
　贷：应付货币保证金

客户划出保证金时，会计分录相反。

2. 向期货交易所交纳保证金的核算。期货公司向期货结算机构划出货币保证金时，按划出的货币保证金金额：

借：应收货币保证金
　贷：期货保证金存款

期货公司从期货结算机构划回货币保证金时，编制相反会计分录。

[例 12－3] 中南大期货公司代理某客户在大连商品交易所进行大豆期货交易。3 月 10 日，该期货公司收取客户保证金 10 万元。4 月 5 日中南大期货公司接到该客户委托以 2 200元/吨的价格新开仓卖出 9 月份期货合约 100 手，每手 10 吨。期货公司按照 5% 收取保证金。4 月 5 日的结算价与成交价相同。当日该期货公司持有的期货合约发生浮动亏损 40 万元。交易所要求的结算准备金最低余额为 50 万元，期货公司上一交易日的结算准备金为 70 万元。

3 月 10 日收到客户存入保证金时，中南大期货公司的会计分录为：

借：期货保证金存款　　100 000
　贷：应付货币保证金　　100 000

4 月 5 日开新仓时，要求客户追加保证金，收到时的会计分录为：

借：期货保证金存款　　　　10 000（2 200 × 100 × 10 × 5% − 100 000）

　贷：应付货币保证金　　　　10 000

当日向交易所追加交易保证金 20 万元（70 万元 − 40 万元 − 50 万元 = −20 万元）：

借：应收保证金存款——大连商品交易所　　　　200 000

　贷：银行存款/期货保证金存款　　　　20 000

3. 接受客户委托向期货交易所提交有价证券充抵保证金。

（1）向期货交易所提交有价证券办理充抵保证金业务时：

借：应收质押保证金

　贷：应付质押保证金

期货交易所退回有价证券，会计分录相反。

（2）有价证券价值发生增减变化：

增加时：

借：应收质押保证金

　贷：应付质押保证金

减少时会计分录相反。

（3）客户到期不能及时追加保证金，期货交易所处置有价证券时：

借：应付质押保证金

　贷：应收质押保证金

（4）按处置有价证券所得款项金额：

借：应收货币保证金

　贷：应付货币保证金

［**例 12 − 4**］2023 年 6 月 30 日中南大期货公司代客户向期货交易所办理有价证券充抵保证金业务，期货交易所核定的充抵保证金金额为 30 万元，第二日有价证券价值发生变动，期货交易所相应调整核定的充抵保证金金额为 30.2 万元，交易完成后，期货交易所退回有价证券，所核定的充抵保证金金额为 30.5 万元。

（1）向期货交易所提交有价证券办理充抵保证金业务时：

借：应收质押保证金　　　　300 000

　贷：应付质押保证金　　　　300 000

（2）有价证券价值增加时：

借：应收质押保证金　　　　2 000

　贷：应付质押保证金　　　　2 000

（3）期货交易所退回有价证券时：

借：应收质押保证金　　　　305 000

　贷：应付质押保证金　　　　305 000

4. 收到保证金存款利息的核算。期货公司存入交易所的结算准备金属于未被合约占用的保证金，因此，交易所一般会按照同期银行活期存款的利率向期货公司支付存款利息。期货公司收到期货结算机构划回的保证金利息时，按划回的利息金额编制会计分录为：

借：应收货币保证金

　贷：利息收入

（二）结算担保金的核算

结算担保金是指由结算会员依交易所的规定缴存的，用于应对结算会员违约风险的共同担保资金。采用分级结算制度的交易所规定结算会员依交易所规定以现金方式缴纳结算担保金。结算担保金分为基础结算担保金（结算会员参与交易所结算交割业务必须缴纳的最低结算担保金数额）和变动结算担保金（结算会员结算担保金中高出基础结算担保金的部分，随着结算会员业务量的变化而调整）。在《中国金融期货交易所风险控制管理办法》中，中国金融期货交易所对各类结算会员的基础结算担保金进行了规定：交易结算会员人民币 1 000 万元，全面结算会员人民币 2 000 万元，特别结算会员人民币 3 000 万元。交易所可以根据市场风险情况调整结算担保金的收取时间以及结算担保金总额，并有权对个别结算会员提高结算担保金。

［**例 12－5**］2023 年 1 月 3 日中南大期货公司以自有资金划出结算担保金 300 万元，3 月31 日收到利息 8 000 元，6 月 30 日由于其他会员违约造成的风险损失，期货交易所分摊给中南大期货公司为 5 万元，中南大期货公司追加 5 万元结算担保金，9 月 30 日最终确定被动用的结算担保金无法收回。

（1）2023 年 1 月 3 日向期货交易所划出结算担保金时：

借：应收结算担保金　　3 000 000

　贷：银行存款　　3 000 000

（2）2023 年 3 月 31 日收到期货交易所划回的结算担保金利息时：

借：银行存款　　8 000

　贷：利息收入　　8 000

（3）2023 年 6 月 30 日结算担保金被期货交易所动用抵御其他违约会员的风险时，按期货交易所分摊的金额：

借：其他应收款　　50 000

　贷：应收结算担保金　　50 000

同时结算会员应按向期货交易所追加的结算担保金：

借：应收结算担保金　　50 000

　贷：银行存款　　50 000

（4）2023 年 9 月 30 日最终确定被动用的结算担保金无法收回时：

借：业务及管理费　　50 000

　贷：其他应收款　　50 000

四、手续费的核算

手续费是由提供期货交易服务的一方向接受服务的一方收取的服务报酬。期货交易所会按照成交情况向其会员收取手续费，期货公司也按照成交情况向委托的客户收取手续费。按照现行规定，期货交易所向会员单位收取的手续费不能超过成交合约金额的万分之五。期货公司向客户收取的手续费不应低于其向交易所上交的部分。实践中，交易所对不同期货品种的手续费收取标准是不同的，不同的期货公司向客户收取手续费的标准也不一样。

1. 向客户收取手续费。期货公司向客户或分级结算制度下全面结算会员向非结算会员收取手续费时：

借：应付货币保证金（按收取的手续费金额）

　贷：应付手续费（按期货结算机构享有的手续费金额）

　　手续费收入（按自身享有的手续费金额）

2. 期货公司向期货结算机构支付代收的手续费时，按划转的手续费金额：

借：应付手续费

　贷：应收货币保证金

3. 期货公司收到期货结算机构返还的手续费时，按收到返还的手续费金额：

借：应收货币保证金

　贷：应付手续费（应返还给客户或非结算会员的金额）

　　手续费收入（期货公司应收的金额）

［**例 12－6**］2023 年 12 月 20 日中南大期货公司接受某客户的委托，在大连商品交易所买入 100 手共计 1 000 吨大豆期货，成交价 2 300 元/吨，大连商品交易所按 4 元/手收取大豆合约交易手续费，中南大期货公司按照 10 元/手向客户收取手续费，期货公司编制相关会计分录为：

（1）期货公司向客户收取手续费时：

借：应付货币保证金——某客户	1 000	
贷：应付手续费——大连商品交易所		400
手续费收入		600

（2）期货公司向期货结算机构支付代收的手续费时：

借：应付手续费	400	
贷：应收货币保证金		400

五、平仓盈亏的核算

期货平仓是指期货交易者买入或卖出与其所持期货合约的品种代码、数量及交割月份相同但交易方向相反的期货合约，了结头寸的行为。期货交易中最常用的是对冲平仓，即期货投资企业在同一期货交易所内通过买入卖出相同交割月份的期货合约，用于了结先前卖出或买入的期货合约。

（一）平仓盈亏的核算

当客户或非结算会员期货合约实现盈利时，期货公司按结算单据列明的盈利金额，编制会计分录为：

借：应收货币保证金

　贷：应付货币保证金

客户或非结算会员期货合约发生亏损时，会计分录相反。

[例12－7] 中南大期货公司5月10日按照某客户指令在大连商品交易所买入7月份到期的玉米合约10手共100吨，成交价1 514元/吨。持仓到7月15日，客户下达平仓指令全部平仓了结该玉米合约。平仓成交价1 744元/吨（不考虑手续费）。

$$客户平仓盈利 = (1\ 744 - 1\ 514) \times 100 = 23\ 000(元)$$

中南大期货公司7月15日的会计分录为：

借：应收货币保证金——大连商品交易所　　23 000

　贷：应付货币保证金——客户　　23 000

（二）平仓结算差异的核算

“结算差异”业务的核算只是在期货公司及下属营业部的会计核算中存在，反映期货公司“应收货币保证金”和“应付货币保证金”账户之间的差额。“结算差异”产生的原因主要有两个方面。

1. 期货交易所和期货公司因期货合约的平仓顺序和部位不同引起的差异。期货交易所对同一种期货合约的平仓按序时顺序进行（先建仓的先平仓，后建仓的后平仓），而期货公司是根据客户指定的交易部位平仓。当客户将后交易部位先平仓时，二者计算的平仓盈亏额将会产生差异。

[例12－8] 中南大期货公司的客户甲6月10日交纳15 000元保证金。6月11日客户甲以48 630元/吨的价格买入1手8月上海期铜合约，6月16日又以48 610元/吨的价格买入1手相同的期铜合约（每手5吨，保证金比率为6%）。7月1日客户甲发出指令，平掉6月16日买入的1手期铜合约，平仓价格为48 650元/吨，假设交易成功（为简化计算暂不考虑浮动盈亏和手续费）：

期货交易所计算的平仓盈亏＝（48 650－48 630）×5＝100（元），即平仓盈利100元。

$$期货公司计算的平仓盈亏 = (48\ 650 - 48\ 610) \times 5 = 200(元)$$

由于期货交易所按建仓的序时顺序平仓，而期货公司按客户指定部位平仓，故平仓盈亏额相差100元。

平仓盈利增加了客户甲的保证金，期货公司的调整会计分录为：

借：应收货币保证金——上海期货交易所　　100

　　结算差异　　100

　贷：应付保证金——甲　　200

2. 持仓合约价格的计算方法不同。持仓合约是客户持有的尚未平仓的期货合约。持仓合约的价格有两种计算方法，一是“建仓价格”，二是“结算价格”。“结算价格”由期货交易所每日收盘后公布，是按当日成交价和成交量计算的加权平均价。

我国期货交易所对会员的结算，按当日期货合约结算价计算期货合约的持仓价值，将未实现的浮动损益与实现的平仓损益一并计算，实行每日无负债结算（逐日盯市）制度。若会员划入的保证金低于期货交易所限定的结算保证金的限额，则期货交易所要求会员在下一个交易日开始前的3分钟补足保证金。而期货公司对期货合约盈亏的会计核算则有些滞后，平时期货公司对“应收货币保证金”和“应付货币保证金”按实际增减金额入账，期末根据结算部门向财会部门提供的结算单据，调整“应收货币保证金”的平仓盈亏和浮动盈亏，而对“应付货币保证金”只调整平仓盈亏，其差额计入“结算差异”。

［**例12－9**］2023年12月31日，中南大期货公司收到交易所结算单据显示，当日该期货公司盈利600万元，其中当日的平仓盈利为120万元，持仓合约盈利480万元。与客户结算结果为平仓盈利120万元，当日对客户的浮动盈亏不划拨资金。

期货公司调整平仓盈利的会计分录为：

借：应收货币保证金——某期货交易所	6 000 000	
贷：应付货币保证金——客户		1 200 000
结算差异		4 800 000

六、实物交割

实物交割，是指期货合约的买卖双方于合约到期时，根据交易所制定的规则和程序，通过期货合约标的物的所有权转移，将到期未平仓合约进行了结的行为。商品期货交易一般采用实物交割的方式。虽然最终进行实物交割的期货合约的比例非常小，但正是这极少量的实物交割将期货市场与现货市场联系起来，为期货市场功能的发挥提供了重要的前提条件。

期货公司代理买方客户进行期货实物交割的，按支付的交割货款金额（商品期货实物交割的金额含增值税税额，下同）借记“应付货币保证金”科目，贷记“应收货币保证金”科目。

期货公司代理卖方客户进行期货实物交割的，会计分录相反。

［**例12－10**］2023年6月19日君安中南大期货公司收到客户货币保证金200万元，当日客户期货合约实现盈利30万元，2017年10月5日期货合约到期，该期货公司代理买方客户进行期货实物交割，支付的交割货款金额为1 500万元。

（1）2023年6月19日收到客户货币保证金：

借：期货保证金存款	2 000 000	
贷：应付货币保证金		2 000 000

（2）2023年6月19日结算盈亏：

借：应收货币保证金	300 000	
贷：应付货币保证金		300 000

（3）2023年10月5日实物交割：

借：应付货币保证金	15 000 000	
贷：应收货币保证金		15 000 000

七、代理客户交纳罚款

1. 期货公司代客户向期货结算机构垫付罚款时，按垫付的罚款金额：

借：应收风险损失款

　贷：应收货币保证金

2. 期货公司从客户货币保证金中划回垫付的罚款支出时，按划回的罚款金额编制会计分录：

借：应付货币保证金

　贷：应收风险损失款

3. 客户因自身原因造成的风险损失，按客户货币保证金余额：

借：应付货币保证金（客户货币保证金余额）

　　应收风险损失款（期货公司代为垫付的款项金额）

　贷：应收货币保证金

4. 客户期货业务发生穿仓时，期货公司应首先全额冲销客户的保证金，在客户以货币保证金交易的情况下，按冲销的保证金金额：

借：应付货币保证金

　贷：应收货币保证金

5. 在客户以质押保证金交易的情况下：

借：应付质押保证金

　贷：应收质押保证金

然后按期货公司代为垫付的款项金额：

借：应收风险损失款

　贷：应收货币保证金/银行存款/应收结算担保金/其他应付款等

6. 期货公司向客户收回垫付的风险损失款时，按收回垫付的风险损失款金额：

借：银行存款

　贷：应收风险损失款

7. 期货公司按规定核销难以收回垫付的风险损失款时，按核销的风险损失款金额：

借：期货风险准备金

　贷：应收风险损失款

八、期货风险准备和期货投资者保障基金的提取与使用

期货公司属于高风险的金融企业，为了应对可能出现的损失及各种风险，需要提取准备金用于风险的防范。

1. 期货风险准备金。期货风险准备金是指由交易所设立，用于为维护期货市场正常运转提供财务担保和弥补因交易所不可预见风险带来的亏损的资金。

期货公司按规定以手续费收入的一定比例提取期货风险准备金时，按提取的期货风险准备金额：

借：提取期货风险准备金
　贷：期货风险准备金

当风险事故发生时应该区分责任使用期货风险准备金。客户在期货交易中违约的，期货公司先以该客户的保证金承担违约责任；保证金不足的，期货公司应当以风险准备金和自有资金代为承担违约责任，并由此取得对该客户的相应追偿权。风险损失为期货公司自身原因造成的，能够确定责任人的部分，由当事人承担，按承担金额借记“其他应收款”科目；按期货公司应该承担的金额借记“期货风险准备金”科目，按实际向交易所或者客户划转的金额贷记“应收货币保证金”科目或者“应付货币保证金”科目。

2. 一般风险准备。期货公司按规定以本年实现净利润的一定比例提取一般风险准备金时：

借：利润分配
　贷：一般风险准备

使用一般风险准备弥补风险损失时：

借：一般风险准备
　贷：利润分配——一般风险准备补亏

3. 交纳期货投资者保障基金。期货投资者保障基金（以下简称保障基金）是在期货公司严重违法违规或者风险控制不力等导致保证金出现缺口，可能严重危及社会稳定和期货市场安全时，补偿投资者保证金损失的专项基金。期货交易所、期货公司应当按年度交纳保障基金并在其营业成本中列支。期货公司应从其收取的交易手续费中按照代理交易额的一定比例缴纳。

按规定提取期货投资者保障基金时：

借：业务及管理费
　贷：应付期货投资者保障基金

实际交纳期货投资者保障基金时：

借：应付期货投资者保障基金
　贷：应收货币保证金

[例 12－11] 2023 年 12 月 31 日，中南大期货公司代理期货业务手续费净收入为 1 000万元，本年实现净利润 2 000 万元，该公司分别按照手续费净收入的 5% 和 2.5% 提取期货风险准备金和期货投资者保障基金，按净利润的 10% 提取一般风险准备金。

（1）2023 年 12 月 31 日提取期货风险准备金时：

借：提取期货风险准备	500 000	
贷：期货风险准备金		500 000

（2）提取期货投资者保障基金时：

借：业务及管理费	250 000	
贷：应付期货投资者保障基金		250 000

（3）提取一般风险准备时：

借：利润分配	2 000 000	

贷：一般风险准备　　2 000 000

[例 12－12] 2023 年 3 月 15 日，客户乙向中南大期货公司下达交易指令，买入大连商品交易所 7 月份玉米期货 100 手，指定价格为 1 500 元/吨，但是期货交易员操作失误将价格指定为 1 550 元/吨，当天发现后，第二天及时对冲平仓，平仓成交价 1 530 元/吨，错单产生的损失经批准由交易员和该期货公司各承担 50%，公司承担部分用期货风险准备金弥补。

(1) 3 月 16 日，对错单产生的亏损：

$$(1\ 530 - 1\ 550) \times 1\ 000 = -20\ 000(\text{元})$$

借：应付货币保证金——客户乙　　20 000

　贷：应收货币保证金——大连商品交易所　　20 000

(2) 经批准后弥补亏损：

借：其他应收款——某交易员　　10 000

　　期货风险准备金　　10 000

　贷：应付货币保证金——客户乙　　20 000

第三节　金融期货业务的核算

金融期货是金融领域的新生事物。作为衍生金融工具的主要品种，金融期货发展方兴未艾，本节仅参照发达国家对金融期货业务的处理进行介绍。

一、金融期货的概念和特点

金融期货交易实质上就是在期货交易所进行的有了标准化合约的金融远期交易。可见，金融期货指买卖双方在有组织的交易所内，以公开竞价的方式达成协议，约定在未来某一特定时间交割标准数量的特定金融工具的交易方式。

与金融远期不同，金融期货是标准化合约，绝大多数合约在到期前被平仓，到期交割的比例极小，且由于结算保证金制度的存在，金融期货具有较强的杠杆效应。

金融期货的主要特点如下。

(1) 金融期货交易集中在有组织的交易所内进行，一般不允许场外交易。交易所提供交易场所和必备的设施，同时制定一系列规章制度（如保证金制度、每日无负债结算制度、限仓制度、涨跌停板制度、风险准备金制度等），保证市场的效率和秩序。期货交易所为合约的买卖各方提供担保，交易者可平等地参与竞价，公平地进行买卖。

(2) 金融期货交易的对象是特殊“商品”——标准化的合约。金融期货交易的金融工具的类别、数量、交割期等细则均按固定规格设置，合约采用标准化形式，流动性强，易于买卖、转让，降低了交易成本，避免交易双方对合约条款的理解不同而产生争议和纠纷。

(3) 金融期货合约最终进行实物交割的比例很小。期货交易由期货结算机构进行统一的结算，交易双方各自的权利或义务都转向了结算机构，彼此互无关系。期货结算机构既是买方的卖方又是卖方的买方。金融期货交易的目的一般不是未来让渡金融资产的使用权和所有权，而是避免风险或投机，因此，在合约到期前的有利时机便转手平仓，到期实际交割的比例非常小。

（4）金融期货交易实行的保证金制度，具有强大的“以小博大”的杠杆效应。保证金制度指期货交易者进行期货交易必须缴纳一定数额保证金的制度。该制度既是保证期货交易安全履约的手段，也是为投资者提供的高杠杆效应的获利工具。保证金通常按交易合约价值的5% ~10%缴纳，随合约市价变动，当其低于最低保证金水平时需要进行追加。

从金融期货的上述特点可以看出，金融期货采用场内交易、标准化合约等形式，因此，与其他衍生金融工具相比，其面临的信用风险、流动性风险较小，而面临的主要风险来自低比率的保证金。现货市场上价格的波动会通过保证金这个“杠杆”几十倍地放大到期货市场上，导致风险和收益的大幅波动。此外，操作人员的违规操作也常是造成巨大损失的原因之一。

二、金融期货的种类

金融期货按照合约标的物的不同，可以分为外汇期货、利率期货和股票指数期货等。

1. 外汇期货。外汇期货是指协约双方同意在未来某一时期，根据约定价格——汇率，买卖一定标准数量的某种外汇的可转让的标准化协议。外汇期货涉及的币种主要有日元、英镑、欧元、美元等。

（1）买入期货交纳保证金和手续费：

借：衍生工具

　　投资收益

　贷：银行存款

（2）期货合约盈利：

借：衍生工具

　贷：公允价值变动损益

（3）期货全部平仓：

借：银行存款

　贷：衍生工具

（4）支付交易手续费：

借：投资收益

　贷：银行存款

［**例12－13**］某公司发生以下期货投资业务：6月1日，以1美元=6.9元人民币的报价买入美元期货合同20手，每手10万美元，交易保证金为20 000元/手，交易手续费为100元/手。7月20汇率为1美元=7.0元人民币。8月31日公司将上述美元期货全部平仓，平仓成交价为1美元=7.1元人民币，交易手续费为100元/手。

公司的会计处理如下。

（1）6月1日买入美元期货20手，交纳交易保证金400 000元（=20×20 000），交易手续费2 000元（=20×100）。

借：衍生工具——美元期货　　400 000
　　投资收益　　2 000
　贷：银行存款　　402 000

（2）7月20日，美元期货合约盈利200 000元[=（7.0－6.9）×100 000×20]：

借：衍生工具——美元期货　　200 000
　贷：公允价值变动损益　　200 000

（3）8月31日，美元期货合约盈利2 000 000元[=（7.1－7.0）×100 000×20]：

借：衍生工具——美元期货　　200 000
　贷：公允价值变动损益　　200 000

（4）8月31日，将上述美元期货全部平仓：

借：银行存款　　800 000
　贷：衍生工具——美元期货　　800 000

（5）支付交易手续费：

借：投资收益　　2 000
　贷：银行存款　　2 000

2. 利率期货。利率期货是指协议双方同意在约定的未来某个日期，按约定条件买卖一定数量的某种长短期信用工具的可转让的标准化协议。利率期货交易的对象有长期国库券、政府住宅抵押证券、中期国债、短期国债等。

（1）买入期货交纳保证金和手续费：

借：衍生工具
　　投资收益
　贷：银行存款

（2）期货合同盈利：

借：衍生工具
　贷：公允价值变动损益

（3）期货全部平仓：

借：银行存款
　贷：衍生工具

（4）支付交易手续费：

借：投资收益
　贷：银行存款

[例12－14] 某公司发生以下期货投资业务：3月8日，以118元报价买入国债期货合约20手，交易保证金为500元/手，交易手续费为5元/手。3月21日结算价为121元。4月25日将上述国债期货全部平仓，平仓成交价为123元，交易手续费为5元/手。

公司的会计处理如下。

（1）3 月 8 日买入国债期货 20 手，交纳交易保证金 10 000 元（=20×500），交易手续费 100 元（=20×5）：

借：衍生工具——国债期货　　10 000

　　投资收益　　100

　贷：银行存款　　10 100

（2）3 月 21 日，国债期货合同盈利 6 000 =［（121－118）×100×20］：

借：衍生工具——国债期货　　6 000

　贷：公允价值变动损益　　6 000

（3）4 月 25 日，国债期货合同盈利 4 000 元［=（123－121）×100×20］：

借：衍生工具——国债期货　　4 000

　贷：公允价值变动损益　　4 000

（4）4 月 25 日，将上述国债期货全部平仓：

借：银行存款　　20 000

　贷：衍生工具——国债期货　　20 000

（5）支付手续费：

借：投资收益　　100

　贷：银行存款　　100

3. 股票指数期货。股票指数期货是指协议双方同意在未来某一时期，按约定的价格买卖股票指数的可转让的标准化合约。因为交易的标的不是实在的金融资产，所以股票指数期货不能进行实物交割，而是以现金进行结算和交割的。股票指数期货合约以指数报价，合约的价格按指数的点数与一个固定金额相乘计算而成。最具代表性的股票指数有美国的道琼斯股票指数和标准普尔 500 种股票指数、英国的《金融时报》工业普通股票指数、日本的日经指数等。

（1）开仓时，交纳保证金和手续费：

借：衍生工具——股票指数期货合同

　　投资收益

　贷：银行存款

（2）股票指数下降：

借：公允价值变动损益

　贷：衍生工具——股票指数期货合同

（3）平仓：

借：银行存款

　贷：衍生工具——股票指数期货合同

（4）支付交易手续费：

借：投资收益

　贷：银行存款

[**例12－15**] 某公司于4月8日在指数4 950点时购买5手沪深300股票指数期货合约，沪深300股票指数期货合约价值乘数为300元/点，交易保证金比例为12%，交易手续费为交易金额的万分之三，5月股票指数下降1%，6月5日该投资者在此指数水平下卖出股票指数期货合约平仓。

公司的会计处理如下。

（1）4月开仓时，交纳交易保证金891 000元（＝－4 950×300×5×12%），交纳手续费2227.5元（＝4950×300×5×0.0003）：

借：衍生工具——股票指数期货合同　　891 000
　　投资收益　　2 227.5
　贷：银行存款　　893 227.5

（2）5月股票指数下降1%，该投资者亏损74 250元（＝4 950×300×5×1%）：

借：公允价值变动损益　　74 250
　贷：衍生工具——股票指数期货合约　　74 250

按交易所的要求追加保证金。

追加保证金＝4 950×99%×300×5×12%－(891 000－74 250)＝65 340(元)

借：衍生工具——股票指数期货合约　　65 340
　贷：银行存款　　65 340

在资产负债表中，“衍生工具——股票指数期货合同”账户借方为882 090元（＝891 000－74 250＋65 340），列示为“其他流动资产”项目。

（3）6月5日平仓，会计处理如下：

借：银行存款　　882 090
　贷：衍生工具——股票指数期货合同　　882 090

（4）支付交易手续费，手续费金额为2 205.23元（＝4 950×99%×300×5×0.0003）：

借：投资收益　　2 205.23
　贷：银行存款　　2 205.23

（5）将原确认的持仓盈亏转入投资收益：

借：投资收益　　74 250
　贷：公允价值变动损益　　74 250

本章小结

1. 期货交易，是指采用公开的集中交易方式或者国务院期货监督管理机构批准的其他方式进行的以期货合约或者期权合约为交易标的的交易活动。期货公司业务内容包括期货经纪业务、期货投资咨询和资产管理业务。

2. 期货交易所的结算实行保证金制度、每日无负债结算制度和风险准备金制度。

3. 期货公司的会计核算主要有：与期货交易所有关的业务核算，包括与会员席位有关的业务核算和与日常交易有关的业务核算。对客户业务的核算包括：吸收客户期货保证金的核算；客户保证金清退的核算；平仓后从保证金中收取代理手续费的核算。其中，保证金与结算担保金的会计处理、平仓盈亏的核算、实物交割、期货风险准备的提取与使用是日常的重要会计核算内容。

4. 外汇期货、利率期货、股票指数期货的会计核算内容。

重点概念

保证金制度　每日无负债结算制度　风险准备金制度　结算担保金　期货平仓结算差异　期货风险准备金　外汇期货　利率期货　股票指数期货

思考与练习

1. 中南大期货经纪公司向交易所交纳会员资格费100万元，用银行存款支付。请作出期货公司实际交付款项时的会计分录。

2. 中南大期货公司决定向长江期货公司转让其在交易所的会员资格，经交易所理事会批准后，协商转让价格112万元，手续办讫。作出中南大期货公司收妥款项后的会计分录。

3. 中南大期货公司一次性向交易所交纳年会费50 000元。作出中南大期货公司的会计分录。

4. 中南大期货公司在某交易所持有的期货合约发生下跌，浮动亏损60万元，当日未发生保证金存取及开仓和平仓业务，上一交易日结算准备金余额为110万元，交易所要求的结算准备金的最低余额为40万元。请作出中南大期货公司追加（或划回）保证金的会计分录。

5. 中南大期货公司9月30日收到交易所支付的第三季度的保证金存款利息1 500元，并且当日即将该笔利息转出至专用账户。请作出期货公司的会计分录。

6. 中南大期货公司代理客户李某在郑州商品期货交易所进行大豆期货交易。5月6日，按照客户指令买入7月到期的大豆合约40手，共100吨，成交价为2 400元/吨。持仓到7月16日，客户下达将大豆合约全部平仓了结的指令，平仓成交价为2 500元/吨。不考虑手续费，请作出中南大期货公司的相关会计分录。

7. 中南大期货公司代客户张某持有小麦合约80手共1 000吨，买入时间分别是3月10日和3月15日，买入价格分别为1 400元/手及1 350元/手，每次购入40手。3月20日按照客户指令对3月15日买入的合约进行平仓，平仓价1 600元/手。不考虑因浮动盈亏产生的结算差异，请作出中南大期货公司对该笔业务进行处理时的会计分录。

8. 中南大期货公司接到某交易所的结算单据显示，当日结算结果为盈利450 000元。其中持仓合约的盈利为330 000元，当日的平仓盈利为120 000元。该期货公司与客户的结算结果为平仓盈利120 000元，对客户的浮动盈亏不划拨资金。作出中南大期货公司当日的会计分录。

21世纪高等学校金融学系列教材

第四篇

金融企业财务核算篇

高等学校金融学系列教材

第十三章

货币银行学子系列

金融企业损益类核算

本章学习目标

1. 掌握金融企业收入的内容及会计核算；
2. 掌握金融企业费用的内容及会计核算；
3. 掌握金融企业利润构成、利润计算及会计核算；
4. 了解金融企业年度利润分配的流程和方法。

第一节　收　　入

损益是指金融企业一定时期内各项收入和费用相抵后的结果。如果其收入大于费用，为金融企业利润；反之为亏损。金融企业应按权责发生制确认收入和费用。损益的核算主要包括收入的核算、费用的核算、利润及利润分配核算。本节主要介绍收入的核算。

一、收入的概念与特征

《企业会计准则第14号——收入》（2017）将收入定义为："企业在日常活动中形成的、会导致所有者权益增加的、与所有者投入资本无关的经济利益的总流入。"

根据收入的概念，应明确收入的以下特征。

1. 收入是从企业的日常经营活动中产生，而不是从偶发的交易中产生。即收入的经营活动具有经常性、重复性和可预见性；收入的经营活动是企业主要的、核心的业务活动。比如，商业银行的日常经营活动主要是存、贷款业务，证券公司主要为代理客户买卖证券业务，保险公司主要是销售保险合同等。企业从偶发的交易中取得的收入通常称为利得或营业外收入。因此，会计中界定的收入是狭义的概念。

2. 收入最终能够引起企业所有者权益的增加。金融企业确认收入的前提是经济利益的流入。因此，金融企业实现的收入，可以表现为资产的增加，也可以表现为负债的减少，无论是前者还是后者，其本质都是金融企业获得的一定经济利益，最终会使金融企业所有者权益增加。

3. 收入只包括本企业经济利益的流入。收入不包括为第三方或客户代收的款项。收入是金融企业在日常经营活动中所形成的经济利益的总流入，这种经济利益最终都会增加金融企业的所有者权益。代收款项不符合这种性质，如企业代垫的工本费、代邮电部门收取的邮电费等。

二、收入的确认与计量

（一）收入的确认

金融企业应当根据收入的性质，按照收入确认的条件，合理确认各项收入。金融企业提供金融产品服务取得收入时，应当在以下条件均能满足时予以确认。

1. 与交易相关的经济利益能够流入企业。经济利益，是指直接或间接流入金融企业的现金或者现金等价物。在金融企业借出资金的交易中，经济利益的流入即为企业在收回本金时能够按时收到利息。金融企业在经营活动时，应对客户的信誉状况、当年的经济利益等情况进行充分了解，以保证收入的按时回收。当认为该收入收回的可能性不大时，就不应确认为收入。

2. 收入的金额能够可靠地计量。收入金额能够可靠地计量，是金融企业确认收入的基本前提。金融企业在提供金融商品过程中，不确定因素的存在往往使得金融商品的售价可能发生变动，则在新的售价出现前，金融企业不能确定为收入。具体看来，利息收入应根据合同或协议规定的存款利率及期限进行确定，提供金融商品服务所取得的收入应当按照金融企业与其资产使用者签订的合同或者协议确定。

（二）收入的计量

尽管金融企业的收入表现多种多样，但就一般意义而言，收入应以其收回或应收的补偿物的价值来计量。在具体的会计实务中，通常根据企业与购买方或其他的使用者之间达成的协议金额或双方可接受的金额来确定。

（三）收入确认与计量的五步法模型

根据《企业会计准则第 14 号——收入》，收入的确认基于企业与客户之间的合同，企业应当在履行了合同中的履约义务，即客户取得相关商品控制权时确认收入。此收入准则不再对业务类型进行分类，统一采用一个收入确认模型，收入的确认与计量主要分为五个步骤。

1. 识别与客户订立的合同。准则所称合同，是指双方或多方之间订立有法律约束力的权利义务的协议。合同有书面形式、口头形式以及其他形式。当企业与客户之间的合同同时满足下列条件时，企业应当在客户取得相关商品控制权时确认收入：合同各方已批准该合同并承诺将履行各自义务；该合同明确了合同各方与所转让商品或提供劳务（以下简称“转让商品”）相关的权利和义务；该合同有明确的与所转让商品相关的支付条款；该合同具有商业实质，即履行该合同将改变企业未来现金流量的风险、时间分布或金额；企业因向客户转让商品而有权取得的对价很可能收回。

2. 识别合同中的单项履约义务。合同开始日，企业应当对合同进行评估，识别该合同所包含的各单项履约义务，并确定各单项履约义务是在某一时段内履行，还是在某一时点履行，然后，在履行了各单项履约义务时分别确认收入。履约义务，是指合同中企业向客户转让可明确区分商品的承诺。“可明确区分商品”应同时满足以下条件：客户能够从该商品本身或从该商品与其他易于获得资源一起使用中受益；企业向客户转让该商品的承诺与合同中其他承诺可单独区分。

3. 确定交易价格。企业应当根据合同条款，并结合其以往的习惯做法确定交易价格。交易价格，是指企业因向客户转让商品而预期有权收取的对价金额。企业代第三方收取的款项以及预期将退还给客户的款项，应当作为负债进行会计处理，不计入交易价格。在确定交易价格时，企业应当考虑可变对价、合同中存在的重大融资成分、非现金对价、应付客户对价等因素。

4. 将交易价格分摊至各单项履约义务。合同中包含两项或多项履约义务的，企业应当在合同开始日，按照各单项履约义务所承诺商品的单独售价的相对比例，将交易价格分摊至各单项履约义务，单独售价须在合同开始日确认。

一般采用市场调整法、成本加成法、余值法等方法合理估计单独售价。市场调整法，是指企业根据某商品或类似商品的市场售价考虑本企业的成本和毛利等进行适当调整后，确定其单独售价的方法。成本加成法，是指企业根据某商品的预计成本加上其合理毛利后的价格，确定其单独售价的方法。余值法，是指企业根据合同交易价格减去合同中其他商品可观察的单独售价后的余值，确定某商品单独售价的方法。企业在商品近期售价波动幅度巨大，或者因未定价且未曾单独销售而使售价无法可靠确定时，可采用余值法估计其单独售价。

5. 履行每一单项履约义务时确认收入。履约义务包括两种形式：时段履约与时点履约，不同形式的履约义务采用的收入确认方式不同。对于在某一时点履行的履约义务，即时点履约，企业应当在客户取得相关商品控制权时点确认收入。对于在某一时段内履行的履约义务，即时段履约，企业应当在该段时间内按照履约进度确认收入。

三、收入的内容

金融企业的收入按构成不同，主要包括利息收入、手续费及佣金收入、保费收入、投资收益、公允价值变动损益、汇兑收益和其他业务收入。

利息收入是指金融企业依法发放的各类贷款、与其他金融机构之间发生的资金往来业务、办理票据贴现业务、买入返售金融资产等实现的利息收入。

手续费及佣金收入是指金融企业为客户办理各种业务收取的手续费及佣金收入，包括办理咨询业务、担保业务、代保管、代理买卖证券、代理承销证券等代理业务以及办理投资业务等取得的手续费及佣金。

保费收入是指从事保险业务的金融企业销售保险产品取得的收入，是从事保险业务的金融企业的主要收入项目。企业依靠收取的保费建立有关责任准备金，从而实现对被保险人因保险事故所受损失的经济补偿。

投资收益是指金融企业在一定的会计期间通过购买有价证券或以现金、无形资产、实物等对外投资所取得的收益。

公允价值变动损益是指金融企业持有的金融资产或金融负债，因公允价值变动形成的损益，以及采用公允价值模式计量的衍生工具、套期保值业务等公允价值变动形成的应计入当期损益的利得或损失。

汇兑收益是指发生外币兑换、外币买卖业务产生的收益。即已经收入的外币资金在使用时，或已经发生的外币债权、外币债务在偿还时，由于期末汇率与记账汇率的不同而发生的折合为记账本位币的差额。期末汇率高于记账汇率而折合为记账本位币的差额为汇兑收益，反之则为汇兑损失。

其他业务收入是指金融企业从事主营业务以外取得的营业收入。由于我国金融企业实行分业经营和分业管理，各类金融企业的主营业务各不相同，因此金融企业要根据自身的业务性质，区分主营业务和其他业务。

收入根据以上内容分别设置了相应的账户进行核算。在会计核算中，应按规定确定营业收入的项目，区别营业收入与营业外收入的界限。营业收入与经营业务活动有直接联系，是通过金融企业的各项业务活动取得的；而营业外收入只是由于某些特殊原因而取得的收入，与经营活动无直接关系。另外，营业收入需按一定的原则确认，并与相关的费用配比，从而计算金融企业的利润；而营业外收入只需按规定直接计入当期的利润。因此，正确划分两者的界限，才能保证营业收入项目的完整和真实。

四、收入的核算

收入核算主要分为 7 个科目，如表 13－1 所示。

表 13－1　　收入核算的主要科目及其核算内容

科目名称（损益类）		核算内容
收入类	利息收入	本科目主要核算金融企业确认的利息收入，按照下列业务类别进行明细核算：存放中央银行、存放同业、拆出资金、票据贴现、个人贷款和垫款、公司贷款和垫款、债券投资、买入返售金融资产、已减值的金融资产等
	手续费及佣金收入	本科目主要核算金融企业确定的手续费及佣金收入，主要包括办理结算业务、咨询业务、担保业务、代保管等代理业务以及办理受托贷款和投资业务等取得的手续费及佣金，如结算手续费收入、佣金收入、业务代办手续费收入、基金托管收入、咨询服务收入、担保收入、受托贷款手续费收入、代保管收入、代理买卖证券、代理承销证券、代理兑换证券、代理保管证券、代理保险业务等代理业务及其他相关服务实现的手续费及佣金收入
	公允价值变动损益	本科目主要核算金融企业交易性金融资产、交易性金融负债以及采用公允价值模式计量的投资性房地产、衍生工具、套期保值业务等公允价值变动形成的应计入当期损益的利得或损失

续表

科目名称（损益类）		核算内容
收入类	投资收益	本科目主要核算金融企业的投资收益或者损失
	汇兑收益	本科目主要核算金融机构确定的汇兑损失和汇兑收益
	其他业务收入	本科目主要核算金融企业确认的除主营业务活动以外的其他经营活动实现的收入，包括出租固定资产、出租无形资产、出租包装物和商品、销售材料、用材料进行非货币性交换等实现的收入
	营业外收入	本科目主要核算金融企业发生的各项营业外收入，主要包括非流动性资产处置利得、非货币性资产交换利得、债务重组利得、政府补助、盘盈利得、捐赠利得等

（一）利息收入

1. 贷款利息收入。金融企业发放的各项贷款，应按贷款本金规定的利率及计息期限计算应收利息。取得利息时，根据有关凭证记账：

借：应收利息（企业按照合同利率计算确定的应收未收利息）
　　贷款——利息调整
　贷：利息收入——贷款利息收入户（按照实际利息和摊余成本计算确定的利息）
　　　应交税费——应交增值税（销项税额）

若应收利息大于实际利息，“贷款——利息调整”应在贷方。

实际收到利息时，会计分录为：

借：吸收存款、存放中央银行款项等科目
　贷：应收利息

2. 存放中央银行各项存款取得利息收入，根据有关凭证记账：

借：存放中央银行存款
　贷：金融企业往来收入——存放中央银行存款利息收入户
　　　应交税费——应交增值税

3. 存放同业款项利息收入，收到时根据有关凭证记账：

借：同业有关科目
　贷：金融企业往来收入——存放同业款项利息收入

4. 拆借给同业系统和其他金融企业的资金，取得利息收入时，会计分录为：

借：同业有关科目
　贷：金融企业往来收入——拆放同业利息收入户

5. 调拨资金利息收入，是本企业上、下级之间相互占用业务资金，由占用方向被占用方支付的利息，取得利息收入时，会计分录为：

借：系统内有关科目
　贷：金融企业往来收入——调拨资金利息收入户

6. 贴现利息收入。贴现利息收入应按让渡资金使用权的时间和适用利率计算确定。

取得利息收入时，会计分录为：

借：贴现

贷：利息收入——贴现利息收入户

应交税费——应交增值税（销项税额）

[**例 13－1**] 某县农村商业银行为新开小规模纳税人，适用的增值税税率为3%。该农村商业银行第三季度向A公司发放贷款，10月1日确认贷款利息收入10万元，10月3日收到A公司的贷款利息。该农村商业银行账务处理如下：

应交增值税为100 000÷（1＋3%）×3%＝2 913（元）

（1）10月1日确认贷款利息收入时：

借：应收利息	100 000	
贷：利息收入——A公司贷款利息收入户		97 087
应交税费——应交增值税（销项税额）		2 913

（2）10月3日收到A公司的贷款利息时：

借：吸收存款——A公司	100 000	
贷：应收利息		100 000

【专栏13－1】　手续费及佣金收入

随着利率市场化的推进，银行面临净息差收窄和资本补充受限的境况，增加非利息收入成为商业银行实现“轻型化运营”的现实选择。手续费及佣金收入具有较好的稳定性和可持续性，以及较低的风险与资本占用率，是银行非利息收入的重要组成部分。商业银行手续费及佣金收入主要来自银行卡业务、理财业务、结算及清算业务（含电子银行业务）、投行咨询业务（含债券承销业务）、担保承诺业务、托管及其他受托业务、代理及委托业务等。且随着银行业务类型的多元化，手续费及佣金收入是银行积极谋求的非利息收入。相关监管部门采取了以下两个政策规范商业银行手续费及佣金收入的发展。

一是“费改息”政策。2021年2月4日，财政部、国资委、银保监会、证监会四部门联合发布了《关于严格执行企业会计准则　切实加强企业2020年年报工作的通知》（以下简称《通知》），明确提出“银行从事信用卡分期还款业务形成的金融资产，企业不得将其按实际利率法计算的利息收入计入‘手续费及佣金收入’科目或在利润表中的‘手续费及佣金收入’项目列示”，即信用卡分期业务产生的收入将从原来的手续费收入改为利息收入。《通知》提示我们需要重新审视“轻资本”发展的逻辑，进一步规范了银行中间业务发展，做实中间业务收入，真正降低银行业务中的资本依赖程度。

二是降费让利政策。2020年6月17日，国务院常务会议提出，金融系统要通过减少银行收费等一系列措施向实体经济让利1.5万亿元，以支持实体经济发展。2022

年1月，银保监会发布了《关于规范银行服务市场调节价管理的指导意见》，提出适当减免老年人、残疾人等特定群体的基础银行服务费用，对小微企业、个体工商户等市场主体实施差异化定价和服务优惠。此外，中国银行业协会也自2021年6月以来，先后发布了有关降低跨行取现手续费、降低小微企业和个体工商户支付手续费、降低银行承兑汇票手续费等倡议书。实体经济是银行业的根基，脱离实体经济的支撑，不利于银行业的长远发展。银行通过适度减费让利可以部分缓解企业经营压力，激发市场活力，最终促进企业还款能力，提高银行资产质量，适度减费让利有利于银行业务健康发展与资产质量改善。

在多项举措的共同作用下，中国银行业协会发布的《2023年度中国银行业发展报告》显示，2022年商业银行总体手续费及佣金净收入有所降低。以42家上市银行为例，2022年全年实现手续费及佣金净收入8 210.92亿元，较上年末减少243.19亿元，占营业收入的比重同比下降0.52个百分点。结构方面，银行卡、支付结算、代理委托等传统中间业务依然占据主导地位，但在中间业务收入总量中占比下降1.15个百分点。中间业务结构持续优化，非传统中间业务收入占比持续提升。非传统中间业务结束高速扩张，迈向高质量规范发展新阶段，在中间业务收入总量中的占比也继续提升。

资料来源：根据中华人民共和国财政部网站、中华人民共和国中央人民政府网站、中国银行业协会网站相关资料整理，http://kjs.mof.gov.cn/gongzuotongzhi/202102/t20210205_3654954.htm、https://www.gov.cn/zhengce/zhengceku/2022-01/27/content_5670665.htm、https://www.china-cba.net/Index/show/catid/14/id/42504.html。

（二）手续费及佣金收入

1. 商业银行手续费及佣金收入。

（1）收取转账结算手续费。商业银行办理转账结算业务，按规定的范围和标准向客户收取手续费，手续费采取当时计收和定期计收两种方法。计收手续费时，会计分录为：

借：吸收存款——活期存款——付款人户或现金

　贷：手续费及佣金收入

　　　应交税费——应交增值税（销项税额）

（2）收取结汇手续费。商业银行在办理外贸和非贸易外汇结算中，根据具体情况，向客户收取手续费，收取时的会计分录为：

借：吸收存款——活期存款——进口单位（人民币）

　贷：外汇买卖（人民币）

借：外汇买卖（外币）

　贷：存放国外同业（外币）

　　　手续费及佣金收入——结汇手续费

　　　应交税费——应交增值税（销项税额）

（3）收取委托贷款手续费。商业银行受委托方委托，向委托方指定对象发放贷款收取利息后，按一定比例计收手续费，会计分录为：

借：代收贷款利息

　贷：手续费及佣金收入

　　　应交税费——应交增值税（销项税额）

（4）收取代理出售产品手续费。随着金融业务经营的综合化，银行不仅为客户提供其自身的金融产品，同时，也利用其网点优势，代为出售其他金融机构的产品，如代理保险业务、代理信托业务等，会计分录为：

借：库存现金/吸收存款等

　贷：手续费及佣金收入

　　　应交税费——应交增值税（销项税额）

（5）收取基金托管手续费。银行作为基金托管人，在安全保管基金资产、办理基金资产名下资金清算及监督基金管理人的投资运作时要收取一定的手续费，会计分录为：

借：其他应收款——基金托管收入

　贷：手续费及佣金收入——基金托管收入

　　　应交税费——应交增值税（销项税额）

［**例13-2**］张某到建设银行购买金额为100 000元的信托产品，银行收取手续费100元，适用增值税税率为6%。建设银行确认手续费的会计分录为：

借：库存现金	100	
贷：手续费及佣金收入		94.34
应交税费——应交增值税（销项税额）		5.66

2. 证券公司手续费收入。证券公司手续费收入包括代买卖证券手续费收入、代兑付债券手续费收入、代保管证券手续费收入、发行证券手续费收入等。确认上述收入时，会计分录为：

借：银行存款

　　结算备付金

　贷：手续费及佣金收入——代买卖证券手续费收入

　　　　　　　　　　　——代兑付债券手续费收入

　　　　　　　　　　　——代保管证券手续费收入

　　　应交税费——应交增值税（销项税额）

证券公司采用代销方式和余额承购包销方式代发行证券实现的手续费收入，一般应于发行期结束，将所集资金付给委托单位时直接抵扣，会计分录为：

借：代发行证券款

　贷：证券发行——代发行证券手续费收入

　　　银行存款

　　　应交税费——应交增值税（销项税额）

如单独收取手续费的，会计分录为：

借：银行存款/应收款项

　贷：证券发行——代发行证券手续费收入

　　　应交税费——应交增值税（销项税额）

结转余额时，会计分录为：

借：手续费及佣金收入——代买卖证券手续费收入

　　　　　　　　　　——代兑付债券手续费收入

　　　　　　　　　　——代保管证券手续费收入

　　证券发行——代发行证券手续费收入

　贷：本年利润

[**例 13－3**] 某证券公司接受客户委托，为其办理债券兑付，兑付期结束后，证券公司向委托人收取手续费 2 000 元，以银行转账方式结算，适用增值税税率为 6%，会计分录为：

借：银行存款	2 000
贷：手续费及佣金收入——代兑付债券手续费收入	1 886.79
应交税费——应交增值税（销项税额）	113.21

（三）公允价值变动损益

本科目按照交易性金融资产、交易性金融负债、投资性房地产等进行明细核算，主要会计业务处理如下。

1. 资产负债表日，企业应按照交易性金融资产的公允价值高于其账面价值的差额，确认为收益，会计分录为：

借：交易性金融资产——公允价值变动

　贷：公允价值变动损益

交易性金融资产的公允价值低于其账面价值的差额，会计分录相反。

2. 出售交易性金融资产的会计分录为：

借：银行存款等科目

　贷：投资收益

　　　交易性金融资产

借：投资收益

　贷：应交税费——应交增值税

若投资收益为负，则在借方。同时将原计入该金融资产的公允价值变动损益通过“投资收益”科目转出，贷记或借记本科目，借记或贷记“投资收益”科目。

3. 资产负债表日，企业应按照交易性金融负债的公允价值高于其账面价值的差额，确认为损失，会计分录为：

借：公允价值变动损益

　贷：交易性金融负债——公允价值变动

交易性金融负债的公允价值低于其账面价值的差额，会计分录相反。

4. 处置交易性金融负债，应按照金融负债的账面余额，确认为损失，会计分录为：

借：投资收益

　　交易性金融负债

　贷：银行存款等科目

借：应交税费——应交增值税

　贷：投资收益

若投资收益为正，则在贷方。同时将原计入该金融负债的公允价值变动损益通过“投资收益”科目转出，贷记或借记本科目，借记或贷记“投资收益”科目。

[例 13-4] 某市建设银行 7 月 1 日购买债券支付价款 3 150 万元，9 月 2 日转让购入的债券取得收入 3 232 万元，适用增值税税率为 6%，其会计处理如下：

应交增值税税额为

$$(3\,232-3\,150)\div 1.06\times 0.06=4.64(\text{万元})$$

7 月 1 日购买债券时会计分录为：

借：交易性金融资产	31 500 000	
贷：存放中央银行款项		31 500 000

9 月 2 日转让购入的债券时会计分录为：

借：存放中央银行款项	32 320 000	
贷：交易性金融资产		31 500 000
投资收益		820 000
借：投资收益	46 400	
贷：应交税费——应交增值税		46 400

（四）投资收益

本科目借方登记各项投资带来的损失，贷方登记其实现的收益，余额反映在贷方。本科目按照投资项目进行明细核算，主要会计处理如下。

1. 金融企业持有交易性金融资产、持有至到期投资、可供出售金融资产期间取得的投资收益及处置交易性金融资产、交易性金融负债、指定为以公允价值计量且其变动计入当期损益的金融资产或金融负债、持有至到期投资、可供出售金融资产实现的损益，比照“交易性金融资产”“持有至到期投资”“可供出售金融资产”“交易性金融负债”等科目的相关规定进行处理。

2. 长期股权投资采用成本法核算的，投资企业应当按照享有被投资单位宣告发放的现金股利或者利润确认投资收益，会计分录为：

借：应收股利

　贷：投资收益

　　　应交税费——应交增值税

3. 长期股权投资采用权益法核算的，应按照享有或应分担被投资单位实现净利润或发生净亏损的份额，调整长期股权投资的账面价值，并确认为当期投资损益，会计分录为：

借：长期股权投资——损益调整

　贷：投资收益

4. 处置长期股权投资时，按照实际取得的收益或损失，记入“投资收益”科目的贷方或者借方。处置采取权益法核算的长期股权投资，除了按照上述规定外，还应结转原记入资本公积的相关金额，借记或贷记“资本公积”科目，贷记或借记“投资收益”科目。同时，交纳增值税。

［**例 13－5**］2022 年 5 月某金融企业对一工业企业进行长期股权投资，取得股份 100 000股。年末，该单位宣告发放现金股利每股 0.42 元。该金融企业采用成本法核算投资收益。该企业适用增值税税率为 6%。则应交增值税：100 000 × 0.42 ÷（1 + 6%）× 6% = 2 377.36（元），投资收益为：42 000 − 2 377.36 = 39 622.64（元）。会计分录为：

借：应收股利	42 000	
贷：投资收益——长期股权投资		39 622.64
应交税费——应交增值税		2 377.36

（五）汇兑收益

金融企业发生的汇兑收益，通过“汇兑收益”科目核算，并按照币种设置明细账户，进行明细核算。确认汇兑收益时，会计分录为：

借：外汇买卖、货币兑换等科目

　贷：汇兑收益——×外币

　　　应交税费——应交增值税（销项税额）

若为汇兑损失，则做相反的会计分录。期末将“汇兑收益”科目余额结转“本年利润”科目。

［**例 13－6**］会计期末，某银行为一般纳税人，其“货币兑换”科目直接套汇户中，美元余额为贷方 USD20 000，港元余额为借方 HKD25 000，当日美元汇率为 7.8562，港元汇率为 1.0506，则：

USD20 000 × 7.8562 = CNY157 124

HKD25 000 × 1.0506 = CNY26 265

汇兑损益：157 124 − 26 265 = 130 859

应交增值税：130 859 ÷ 1.06 × 0.06 = 7 407.11

会计分录为：

借：货币兑换——美元户	157 124	
贷：货币兑换——港元户		26 265
汇兑收益		123 451.89
应交税费——应交增值税		7 407.11

（六）其他业务收入

由于金融企业实行分业经营、分业管理，某项业务在某个企业是主营业务，而在另一个企业则是非主营业务，因此，金融企业在核算其他业务收入时，要根据自身的特点，区分主营业务和其他业务，正确核算其他业务收入。发生其他业务时，会计分录为：

借：银行存款或其他科目

　贷：其他业务收入

期末，应将本科目余额转入“本年利润”科目，结转后无余额。

[**例 13－7**] 2022 年 1 月 1 日，A 证券公司将一项专利技术出租给 B 公司使用，该专利技术账面余额为 300 万元，摊销期限为 10 年。出租合同规定，承租方每年需付给出租方 6 万元专利技术使用费。A 证券公司的账务处理如下：

取得专利费时的会计分录为：

借：银行存款	60 000	
贷：其他业务收入		60 000

按年对该专利技术进行摊销时的会计分录为：

借：其他业务成本	300 000	
贷：累计摊销		300 000

（七）营业外收入

金融企业处置非流动性资产处置利得、非货币性资产交换利得、债务重组利得，比照“固定资产清理”“无形资产”“原材料”“库存商品”“应付账款”等科目进行。确认政府补助利得，借记“银行存款”“递延收益”等科目，贷记本科目。期末，应将本科目余额转入“本年利润”科目，结转后无余额。

第二节　费　　用

一、费用的概念及特征

根据定义，我们首先应明确费用的特征和费用与成本的联系及区别。

（一）费用的特征

1. 费用代表企业资源的减少或牺牲。即企业为取得一定收入或进行其他经营活动所发生的资源的牺牲，具体表现为企业实际发生的现金或非现金流出，比如支付工资、发生费用、消耗各类固定资产等。

> **我国《企业会计准则——基本准则》将费用定义为：“费用是指企业在日常活动中发生的、会导致所有者权益减少的、与向所有者分配利润无关的经济利益的总流出。”**

2. 费用最终会导致企业所有者权益的减少。一般而言，企业的所有者权益会随着收入的增加而增加，而费用的发生会减少企业的所有者权益。但是企业经营过程中的支出有两类不属于费用：一是偿债性支出，该项支出的发生仅仅是一项资产和一项负债的等额减少，不影响所有者权益的变化；二是向所有者分配利润或股利，这一现金流出虽然减少了企业的所有者权益，但属于最终利润的分配，不是经营活动的结果，所以也不属于费用。

（二）费用与成本的关系

成本与费用有着密切的联系，成本是按一定对象所归集的费用，即按所发生的特定业务归集的费用，是对象化了的费用，成本与一定种类和数量的业务活动相联系，而不论发生在哪一期。费用则与一定时期相联系，是某一时期内为进行经营活动而发生的耗费，它与一定的会计期间相联系，而与发生哪种业务无关。

二、金融企业费用分类

金融企业费用一般包括营业成本、期间费用两大类。

1. 营业成本。金融企业的营业成本，是指金融企业在业务经营过程中发生的与业务经营有关的支出，包括利息支出、金融企业往来支出、手续费支出、卖出回购证券支出、汇兑损失、赔款支出、死伤医疗给付、满期给付、年金给付、分保赔款支出、分保费用支出、未决赔款准备金提转差、未到期责任准备金提转差、长期责任准备金提转差等。在确认营业收入的当期，直接确认这些营业费用。

2. 期间费用。金融企业的期间费用称为营业费用，是指金融企业在业务经营及管理过程中发生的各项费用，包括固定资产折旧、业务宣传费、业务招待费、电子设备运转费、安全防卫费、企业财产保险费、邮电费、劳动保护费、外事费、印刷费、工杂费、低值易耗品摊销、理赔勘查费、职工工资、差旅费、水电费、租赁费（不包括融资租赁费）、修理费、职工福利费、职工教育经费、工会经费、房产税、车船使用税、土地使用税、印花税、会议费、诉讼费、公证费、咨询费、无形资产摊销、长期待摊费用摊销、待业保险费、劳动保险费、取暖费、审计费、技术转让费、研究开发费、绿化费、董事会费、上缴管理费、广告费、银行结算费等。期间费用在发生时即可确认为费用，与当期的营业收入相匹配。

金融企业必须分清本期营业成本、营业费用和下期营业费用的界限，并根据相应财务会计制度规定确认成本补偿标准和范围，不得任意预提和摊销费用。

【专栏 13－2】

金融企业费用具体项目的内容解释如下：

（1）利息支出，是指企业以负债形式筹集的各类资金（不包括金融机构往来资金），按国家规定的适用利率分档次提取的应付利息。

（2）金融企业往来利息支出，是指企业与中央银行及同业之间资金往来发生的利息支出。

（3）赔款支出，包括支付的理赔勘查支出、摊回分保赔款支出等。

（4）给付支出和退保金，包括死伤医疗给付、满期给付、年金给付、退保金等。

（5）分保业务支出，包括分出保费、分保赔款支出、分保费用支出。

（6）固定资产折旧费，是指企业按照国家规定计提的固定资产折旧。

（7）手续费支出、代理手续费支出及佣金支出，是指金融企业委托其他企业代办业务而支付的各种费用。

(8) 防预费。财产保险业务、意外伤害保险业务和短期健康险业务按不超过当年自留保费的1%提取使用。寿险业务和长期健康险业务按不超过当年自留保费收入的0.8%控制使用。

(9) 业务宣传费，是指企业开展业务宣传活动所支付的费用。

(10) 业务招待费，是指企业为业务经营的合理需要而支付的业务交际费用。

(11) 各种准备金和保险公司提取的保险保障基金、各项准备金提存差。

(12) 业务管理费，包括电子设备运转费、钞币运送费、安全防卫费、保险费、邮电费、劳动保护费、外事费、印刷费、公杂费、低值易耗品摊销、职工工资、差旅费、水电费、租赁费（不包括融资租赁费）、修理费、职工福利费、职工教育经费、工会经费、税金、会议费、诉讼费、公证费、咨询费、无形资产摊销、待业保险费、劳动保险费、取暖费、审计费、技术转让费、研究开发费、绿化费、董事会费等。

(13) 外汇、金融和证券买卖损失。

三、费用的确认与计量

（一）费用的确认

费用的确认，应遵循配比原则的要求。配比原则认为，为产生当期营业收入所发生的费用，应在当期予以确认。因此，费用的确认，就是根据与营业收入的相关程度，确定哪些资产耗费或负债承诺应从本期营业收入中抵减。具体地说，费用的确认标准主要有：一是按收入的直接联系确认；二是按一定的分配方式确认；三是按发生的时间直接确认。此外，在费用的确认过程中，必须坚持权责发生制原则。

配比原则是指某个会计期间或某个会计对象所取得的收入应与为取得该收入所发生的费用、成本相匹配，以正确计算在该会计期间该会计主体所获得的净损益。

（二）费用的计量

通常费用的发生都有明确的数额，并有发生费用的原始凭证，因此，费用的计量应根据原始凭证的记录以历史成本为依据，以企业实际发生的耗费进行计量。《金融企业会计制度》规定："企业在经营过程中所发生的其他各项费用，应当以实际发生数计入成本、费用。"

四、费用的核算

费用核算主要分为7个科目，具体内容如表13-2所示。

表13-2　　费用核算的主要科目及其核算内容

科目名称（损益类）		核算内容
费用类	利息支出	本科目主要核算金融企业发生的利息支出，主要包括吸收的各种存款、与其他金融机构之间发生的资金往来业务、卖出回购金融资产等产生的利息支出。本科目可按照向中央银行借款、拆入资金、吸收存款、卖出回购金融资产、发行债券等科目进行核算

续表

科目名称（损益类）		核算内容
费用类	手续费及佣金支出	本科目主要核算金融企业发生的与其经营活动相关的各项费用、佣金等支出
	业务管理费	本科目主要核算金融企业在业务经营及管理过程中发生的各种费用
	资产减值损失	本科目主要核算金融企业计提各项资产减值准备所形成的损失，包括金融企业的应收账款、存款、长期股权投资、持有至到期投资、固定资产、无形资产、贷款等
	其他业务成本	本科目核算金融企业确认的除主营业务活动以外的其他经营活动所发生的支出，主要包括销售材料的成本、出租固定资产的折旧额、出租无形资产的摊销额、出租包装物的成本或摊销额等
	营业外支出	本科目主要核算金融企业发生的各种营业外支出，主要包括非流动资产处置损失、非货币性资产交换损失、债务重组损失、公益性捐赠损失、非常损失、盘亏损失等
	所得税费用	本科目主要核算金融企业确认的应从当期利润总额中扣除的所得税费用

（一）利息支出

1. 确认利息支出时的会计分录为：

借：利息支出（按照实际利率和摊余成本确定的利息费用）

　　应交税费——应交增值税（进项税额）

　贷：吸收存款——利息调整

　　　应付利息（按照合同利率确定的利息费用）

若应付利息小于实际利息，则利息调整在贷方。否则，在借方。

2. 实际付出利息时的会计分录为：

借：应付利息

　贷：银行存款等科目（根据金融企业不同而定）

［**例 13－8**］2021 年 9 月 1 日，客户李某在建设银行存入定期存款 100 000 元，公允利率为 4.25%，实际利率为 4.1%，银行按月计提利息。则 2021 年 9 月 30 日应计提的利息为 354.17 元，确认利息支出为 341.67 元。账务处理如下：

2021 年 9 月 1 日确认客户存款时的会计分录为：

借：库存现金　　100 000

　贷：吸收存款——李某定期存款户　　100 000

应交增值税：354.17 ÷ 1.06 × 0.06 = 20.05（元）

2021 年 9 月 30 日确认利息支出时的会计分录为：

借：利息支出　　321.62

　　吸收存款——利息调整　　12.5

　　应交税费——应交增值税　　20.05

　贷：应付利息　　354.17

（二）手续费及佣金支出

本科目按照支出的类别进行明细核算。

1. 企业发生的与其经营活动相关的手续费、佣金等支出的会计分录为：

借：手续费及佣金支出

　　应交税费——应交增值税（进项税额）

　贷：应付手续费及佣金等科目

2. 实际支付手续费及佣金科目时的会计分录为：

借：应付手续费及佣金等科目

　贷：银行存款等科目

（三）业务管理费

业务管理费主要包括固定资产折旧、业务宣传费、业务招待费、电子设备运转费、安全防卫费、金融企业财产保险费、邮电费、劳动保护费、外事费、印刷费、公杂费、低值易耗品摊销、理赔勘查费、职工工资、差旅费、水电费、租赁费、修理费、职工福利费、职工教育经费、工会经费、房产税、车船使用费、土地使用费、印花税、会议费、诉讼费、公证费、咨询费、无形资产摊销、长期待摊费用摊销、待业保险费、劳动保险费、取暖费、中介机构费、技术转让费、研究开发费、绿化费、董事会费、上交管理费、广告费等。本科目根据费用的支出项目进行明细核算确认当期费用，会计分录如下：

借：业务管理费

　贷：银行存款等

[**例 13－9**] 2022 年 10 月，某金融企业对某类金融产品进行宣传，花费 20 000 元，会计处理如下：

借：业务管理费	20 000	
贷：银行存款		20 000

（四）资产减值损失

金融企业的应收账款、存款、长期股权投资、持有至到期投资、固定资产、无形资产、贷款等资产发生减值的，按照应减记金额作如下会计处理：

借：资产减值损失

　贷：坏账准备

　　　存货跌价准备

　　　长期股权投资减值准备

　　　持有至到期投资减值准备

　　　固定资产减值准备

　　　无形资产减值准备

　　　贷款损失准备

金融企业计提的资产减值准备在相关资产的价值又得以恢复时，应在原已计提的减值准备金额内，按照恢复增加的金额，借记“坏账准备”“存货跌价准备”“长期股权投资减值准备”“贷款损失准备”等科目，贷记本科目。

［**例 13－10**］A 证券公司于 2021 年 12 月购入 20 台计算机，实际取得成本为 10 万元，预计使用 5 年，预计净残值为零，按照直线折旧法进行折旧。2023 年 12 月 31 日，该公司对该批计算机进行了减值测试，表明可回收金额为 5 万元。会计处理如下：

固定资产减值准备：（10－10/5×2）－5＝1（万元）

2023 年 12 月 31 日，计提该批计算机减值准备的会计分录为：

借：资产减值损失　　10 000

　贷：固定资产减值准备　　10 000

（五）其他业务成本

采用成本模式计量投资性房地产的，其投资性房地产的折旧额或摊销额，也通过本科目核算。金融企业发生的其他业务成本的会计分录如下：

借：其他业务成本

　贷：原材料

　　累计折旧

　　累计摊销

　　应付职工薪酬

　　银行存款等

（六）营业外支出

本科目按照支出项目核算。

1. 金融企业处置非流动性资产处置损失、非货币性资产交换损失、债务重组损失，比照“固定资产清理”“无形资产”“原材料”“库存商品”“应付账款”等科目进行。会计分录如下：

借：待处理资产损溢

　贷：相关科目

2. 盘亏、毁损的资产发生的净损失按照管理权限经批准后，会计分录如下：

借：营业外支出

　贷：待处理资产损溢

期末，应将本科目余额转入“本年利润”科目，结转后无余额。

［**例 13－11**］B 金融公司于 2021 年 1 月 1 日以银行存款 20 万元购入一项专利技术，该专利技术法定的有效期为 20 年，预计使用年限为 20 年。2022 年 8 月 1 日该企业将上述专利转让，取得收入 12 万元。该企业为一般纳税人，按照不动产相关文件，增值税税率为 5%。账务处理如下：

2021 年 1 月 1 日取得专利技术时：

借：无形资产　　200 000

　贷：银行存款　　200 000

2021 年 12 月 31 日摊销时：

借：管理费用　　10 000

　贷：累计摊销　　10 000

2022 年 8 月 1 日转让专利时：

应交增值税 =（200 000 - 120 000）÷ 1.05 × 0.05 = 3 809.52（元）

借：银行存款　　123 809.52
　　累计摊销　　10 000
　　营业外支出　　70 000
　贷：无形资产　　200 000
　　　应交税费——应交增值税（销项税额）　　3 809.52

（七）所得税费用

本科目可按照“当期所得税费用”“递延所得税费用”进行明细核算。

1. 资产负债表日，企业按照税法规定确定当期应交所得税：

借：所得税费用
　贷：应交税费——应交所得税

2. 资产负债表日，根据递延所得税资产的应有余额大于“递延所得税资产”科目余额的差额：

借：递延所得税资产
　贷：所得税费用
　　　资本公积——其他资本公积

递延所得税资产的应有余额小于“递延所得税资产”科目余额的差额，作相反的会计分录。企业应予以确认的递延所得税负债，应当按照上述原则调整本科目、“递延所得税负债”科目及相关科目。

第三节　利　　润

一、利润的概念及构成

利润是金融企业一定会计期间的经营成果，包括营业利润、利润总额和净利润。

营业利润是企业最基本经营活动的成果，也是企业一定时期获得利润中最主要、最稳定的来源。

利润总额是指营业利润加上营业外收入，减去营业外支出后的金额。

营业外收入和营业外支出，是指金融企业发生的与其经营活动无直接关系的各项收入和各项支出。营业外收入包括固定资产盘盈、非流动资产损毁报废利得、与企业日常活动无关的政府补助、捐赠利得（经济实质属于股东对企业的资本性投入除外）、罚款收入等。营业外支出包括固定资产盘亏、处置固定资产净损失、处置无形资产净损失、抵债资产保管费用、处置抵债资产净损失、债务重组损失、罚款支出、捐赠支出、非常损失等。营业外收入和营业外支出应当分别核算，并在利润表中分别反映。

净利润是指利润总额减去所得税后的金额。

资产损失是指金融企业按规定提取（或转回）的贷款损失和其他各项资产损失。

所得税是指金融企业应计入当期损益的所得税费用。

利润的构成用公式表示如下：

营业利润 = 营业收入 - 营业成本 - 期间费用 - 税金及附加 + 投资净收益 + 公允价值变动收益(减损失) - 资产减值损失

利润总额 = 营业利润 + 营业外收入 - 营业外支出

净利润 = 利润总额 - 所得税

利润是企业在一定时期内从事各项经营活动所获得的财务成果，是衡量企业经营管理的重要综合指标。根据上述公式的计算，利润总额如为正数，则表示盈利；如为负数，则表示亏损。

二、利润形成的核算

（一）利润形成前的账务调整

为了正确反映金融企业在一定时期内的全部经营活动成果，在每一个会计期间终了时，有必要根据收入与费用的配比原则，对有关账户进行补充与调整，使之与结账日的实际财务状况相一致。期末需要作账务调整的事项一般有以下四种。

1. 已支付的资本性支出与预付费用的摊提。在每个会计期末，应把本期内估计已耗用或已使本期收益的部分转入费用账户，以正确计算本期利润。需要调整入账的主要有：固定资产折旧；无形资产、递延资产、其他资产的摊销；低值易耗品、保险费和其他预付费用的摊提。

2. 已入账收入的摊提。在每个会计期末，应把本期已经实现的一部分收入转入本期收入账户，以正确计算本期的利润。

3. 未入账的费用调整入账。在每个会计期末，应将已经发生而未登账的费用予以调整入账，如定期存款利息、债券利息等。这些未入账费用应按规定的金额计算入账，不能取得原始凭证的，有关入账金额可以进行推算估计。

4. 未入账的收入调整入账。在会计期间已经获得而未入账的收入，应予补充入账。如在本期已提供的劳务，根据合同的付款金额，计算应为本期的收入，即使并未收到付款，也应作为本期已经获得的收入入账。

（二）利润形成的核算

1. 季度利润的核算。每季终了，企业采用表结方式结计利润。即季末结账时，损益类各账户的余额不需要结转到“本年利润”账户，只需根据各损益账户的余额编制损益表，在表上计算和反映利润。

2. 利润的核算。年度终了，金融企业应采用账结方式结计利润。即将损益类账户余额全部转入“本年利润”账户，通过“本年利润”账户结出本年利润或亏损。年度终了，借记各项收入账户的余额，贷记“本年利润”账户；借记“本年利润”账户，贷记各项支出账户的余额。结转后，“本年利润”账户为贷方余额，表示当年盈利；如为借方余额，则表示当年亏损。会计分录为：

借：利息收入
　　手续费及佣金收入
　　投资收益
　　公允价值变动损益
　　汇兑损益
　　其他业务收入
　　营业外收入
　贷：本年利润
借：本年利润
　贷：利息支出
　　手续费及佣金支出
　　公允价值变动损益
　　汇兑损益
　　其他业务支出
　　营业外支出
　　业务管理费
　　资产减值损失
　　税金及附加
　　所得税费用

3. 年度利润的结转。年度利润结转后，金融企业还必须将全年应负担的所得税费用从“所得税”账户转入“本年利润”账户，并将“本年利润”账户反映的本年累计净利润转入“利润分配——未分配利润”账户，如当年亏损则结转方向相反。结转后，“本年利润”账户应无余额。若为净利润，会计分录为：

借：本年利润
　贷：利润分配——未分配利润

（三）系统内利润划缴的核算

系统内利润划缴是指由上级行根据下级行利润表的未分配利润余额扣收下级行年度的未分配利润。总行扣划一级分行未分配利润时，总行和一级分行分别作如下账务处理：

1. 总行扣划时会计分录为：

借：系统内款项存放——××一级分行备付金
　贷：利润分配——未分配利润

2. 一级分行上缴时会计分录为：

借：利润分配——未分配利润
　贷：上存系统内款项——上存总行备付金

以后各级分行的会计账务处理如上。

三、利润分配

（一）利润分配的内容和顺序

金融企业在一定时期内实现的利润总额，应按规定及时、正确地进行分配。金融企业的组织形式不同，其利润分配的内容和顺序也有所不同。

一般金融企业利润分配的内容和顺序如下。

1. 企业发生的年度亏损，可以用下一年度的税前利润进行弥补，下一年度的利润不足弥补的，可以在 5 年内延续弥补。5 年内不足弥补的，用税后利润弥补。

2. 企业利润总额按照国家有关规定作相应调整后，依法缴纳所得税。

企业缴纳所得税后的利润，除国家另有规定外，应按如下顺序分配：

（1）被没收的财务损失、支付各项税收的滞纳金和罚款等。

（2）弥补企业以前年度亏损。

（3）提取法定盈余公积金。企业法定盈余公积金按税后利润的 10% 提取，法定盈余公积金累计达到注册资本的 50% 时，可不再提取。

（4）提取法定公益金。法定公益金按税后利润的 5% ~10% 提取。

保险公司为了应付周期长的巨灾风险还应从税后利润中提取责任总准备金。责任总准备金是用来满足实际损失超过预期损失的经济补偿要求。

（5）向投资者分配利润。企业以前年度未分配的利润，可以并入本年度向投资者分配。

股份制金融企业利润分配的内容和顺序如下。

股份制公司在进行利润分配时，首先必须符合法律的规定。我国的《公司法》对股份有限公司税后利润分配的规定为：

（1）提取法定盈余公积金和法定公益金。法定盈余公积金按税后利润的 10% 计提，法定公益金按 5% ~10% 的比例计提。法定盈余公积金累计额为公司注册资本的 50% 以上的，可以不再提取。公司的法定盈余公积金不足以弥补上一年度公司亏损的，在提取法定盈余公积金和法定公益金之前，应当先用当年利润弥补亏损。

（2）提取任意盈余公积金。公司在从税后利润中提取法定盈余公积金和法定公益金后，经股东会决议，可提取任意盈余公积金。

（3）向投资者分配利润。公司根据完成上述分配后的可供分配利润，向投资者分配利润。

按照我国《公司法》的规定，法定公积金和任意公积金的具体用途主要包括：弥补亏损；转增资本，公司可以根据章程或股东大会决议，并在依法办理增资手续后，将盈余公积金转为股本，但法定公积金转增股本时，以转出后该项盈余公积金留存额不得少于注册资本的 25% 为限；分配股利，公司当年无利润，原则上不得分配股利，但在用盈余公积金弥补亏损后，经股东大会特别决议，可以用盈余公积金分配股利，分配股利后，公司法定公积金不得少于注册资本的 25% 。

金融企业按上述顺序分配以后，剩余部分为未分配利润。未分配利润可以留待以后年度分配，也可以留待以后年度弥补亏损。

（二）利润分配的核算

金融企业应设置“利润分配”科目，该科目下分别设置“提取法定盈余公积”“提取任意盈余公积”“一般风险准备”“应付现金股利”“转为股本的股利”“盈余公积”“一般风险准备补亏”“未分配利润”等进行核算。

1. 用税后利润弥补亏损。企业以前年度发生的亏损，表现为“利润分配——未分配利润”账户的借方余额。企业用当年税后利润弥补以前年度亏损，是通过用当年税后利润抵减“利润分配——未分配利润”账户借方余额的方式实现的，对这一会计事项，不须单独设置账户核算，也不须编制会计分录。若金融企业税后利润仍不足以弥补，则可以用发生亏损前提取的盈余公积和一般风险准备弥补。盈余公积弥补亏损时会计分录为：

借：盈余公积——任意盈余公积
　　　　　　——法定盈余公积
　贷：利润分配——盈余补亏

一般风险准备弥补亏损时会计分录为：

借：一般风险准备
　贷：利润分配—— 一般风险准备补亏

2. 提取盈余公积金和公益金时会计分录为：

借：利润分配——提取法定盈余公积
　　　　　　——提取公益金
　　　　　　——提取任意盈余公积
　贷：盈余公积——法定盈余公积
　　　盈余公积——公益金
　　　盈余公积——任意盈余公积

公益金的提取与使用有一定的特殊性。盈余公积金本身已是限定用途的留存收益，而公益金更是从这种已限制用途中再单独划分出来，具体用于企业职工集体福利设施的建设，相当于双重指定的留存收益，实质上是一种资金的准备。当公益金使用后，会形成职工福利设施，则资金准备已实现用途，应将这种准备转回一般盈余公积金。

[例 13－12] 某商业银行用公益金修建职工宿舍，2021 年 5 月预付工程款 500 000 元，2022 年 5 月建成，总造价为 600 000 元，共使用公益金 200 000 元。会计分录为：

预付工程款时：

借：在建工程　　500 000
　贷：银行存款　　500 000

交付使用，结转工程款时：

借：在建工程　　100 000
　贷：银行存款　　100 000

借：固定资产　　600 000
　贷：在建工程　　600 000

结转已使用公益金时：

借：盈余公积——公益金　　200 000

　贷：盈余公积——一般盈余公积金　　200 000

3. 从事保险业务的金融企业，应按本年实现净利润的一定比例提取总准备金，用于巨灾风险的补偿，不得用于分红、转赠资本。保险公司提取总准备金时：

借：利润分配

　贷：总准备金

巨灾发生赔偿或给付保险金时：

借：赔款支出

　　死伤医疗给付

　　分保赔款支出等

　贷：银行存款

用准备金补偿巨灾赔付导致的亏损时：

借：总准备金

　贷：利润分配——未分配利润

4. 从事证券业务的金融企业，应按本年实现净利润的一定比例提取一般风险准备，用于弥补亏损，不得用于分红、转增资本。证券公司提取风险准备时：

借：利润分配——提取一般风险准备

　贷：一般风险准备

用风险准备弥补亏损时：

借：一般风险准备

　贷：利润分配——一般风险准备补亏

5. 从事信托投资业务的金融企业，应按本年实现利润的一定比例提取信托赔偿准备，用于弥补亏损，不得用于分红、转增资本。信托投资公司提取信托赔偿准备时：

借：利润分配——提取信托赔偿准备

　贷：信托赔偿准备

弥补亏损时：

借：信托赔偿准备

　贷：利润分配——信托赔偿准备转入

6. 外商投资金融企业应当按照法律、行政法规的规定，按净利润的一定比例提取储备基金、企业发展基金、职工奖励及福利基金等。

［**例 13－13**］某商业银行 2021 年实现税后利润 3 000 万元，当年提取一般风险准备 200 万元、法定盈余公积 300 万元、任意盈余公积 200 万元，并宣布分配给投资者利润为 50 万元。其账务处理如下：

借：本年利润　　30 000 000

　贷：利润分配——未分配利润　　30 000 000

借：利润分配——提取一般风险准备　　2 000 000
　　　　　　——提取法定盈余公积　　3 000 000
　　　　　　——提取任意盈余公积　　2 000 000
　　　　　　——应付普通股股利　　500 000
　贷：一般风险准备　　2 000 000
　　　盈余公积——法定盈余公积　　3 000 000
　　　　　　　——任意盈余公积　　2 000 000
　　　应付股利　　500 000

经过上述结转后，“利润分配”科目除了“未分配利润”明细科目外，其他明细科目均无余额。“未分配利润”明细科目若为期末贷方余额，则反映历年积累的未分配利润；若为借方余额，则反映历年未弥补亏损。

本章小结

1. 收入是指企业在日常活动中形成的、会导致所有者权益增加的、与所有者投入资本无关的经济利益的总流入。金融企业收入由利息收入、手续费及佣金收入、保费收入、投资收益、公允价值变动损益、汇兑收益和其他业务收入构成。收入核算时注意区分不同类型金融企业。

2. 费用是指企业在日常活动中发生的、会导致所有者权益减少的、与向所有者分配利润无关的经济利益的总流出。金融企业费用一般包括营业成本、期间费用两大类。金融企业的营业成本，是指在业务经营过程中发生的与业务经营有关的支出。金融企业的期间费用是指金融企业在业务经营及管理过程中发生的各项费用。对费用进行核算时要注意区分费用与成本。

3. 利润是金融企业一定会计期间的经营成果，是衡量企业经营管理的重要综合指标。利润包括营业利润、利润总额和净利润。要注意区分三者之间的区别与联系。

4. 金融企业在一定时期内实现的利润总额，应按规定及时、正确地进行分配。金融企业的组织形式不同，其利润分配的内容和顺序也有所不同。一般顺序为：弥补以前亏损、提取法定公积金、提取盈余公积金、提取一般风险准备、向投资者分配利润。

重点概念

收入　费用　成本　利润　利润总额　营业利润　净利润　利润分配　一般风险准备

思考与练习

1. 简述金融企业收入的主要构成及各类收入的确认方式。

2. 简述金融企业费用的组成。

3. 何为一般风险准备？简述金融企业计提一般风险准备的账务处理。

4. 金融企业如何计算利润总额？简述金融企业利润分配顺序。

5. 某银行接受开户单位A公司提供的投标保函业务，收到保证金100 000元，出具保函协议书时收取手续费12 000元。A公司未能履约，该银行向招标单位支付赔偿金150 000元，除动用保证金外，其余由银行垫付。适用增值税税率为6%。对该银行此笔业务进行账务处理。

第十四章

金融企业财务报告

本章学习目标

1. 理解金融企业财务报告的组成；
2. 掌握金融企业主要财务报告的编制方法；
3. 掌握财务分析的主要方法及其运用。

第一节 财务报告概述

一、财务报告的意义

财务报告是金融企业向有关各方面提供的反映企业财务状况、经营成果和现金流量等会计信息的书面文件，是会计核算工作的结果，是金融企业经营活动的总结。

金融企业应当按照《企业会计准则》其他各项准则的规定，编制并提供真实、完整的财务报告。企业的财务报告包括财务报表和其他应当在报告中披露的相关信息和资料。财务报表作为提供企业会计信息的重要手段，无论对企业自身还是外部使用者都具有重要意义，主要表现在以下几个方面。

1. 有利于全面、系统和集中地反映金融机构的财务状况。财务报表汇总了会计核算的各项内容，是对银行资金运营状况的总括反映，因而，财务报表不仅提供的会计信息丰富，而且可全面、系统、集中地反映金融机构的业务和财务状况。报表使用者可直接通过报表了解金融机构业务经营有关方面的总括情况。如通过资产负债表可以了解一定时期内企业的资产配置、债务结构和权益类别等情况；通过利润表可以了解一定时期内企业的收入实现、成本耗费及利润的形成与分配等情况；通过现金流量表可了解企业在一定时期内的现金收入和现金支出等情况，分析其现金支付能力。

2. 有利于加强管理部门对金融机构会计核算的会计监督。根据财务报表提供的会计信息，金融机构的各管理部门可根据各自的管理需要，通过分析会计报告中的有关指标，对企业的经营成果、获利能力、资金周转与营运状况、现金支付能力以及各项财务制度的执行情况实施有效的监督和控制。

3. 有利于决策部门进行有效的经营决策。财务报表提供的有关信息，为各方面的报表使用者进行经济决策提供了方便。决策者可根据企业的经营状况、资金状况和财务状况，分析和判断企业未来的发展趋势，合理预测企业未来可能或应该达到的经营目标，并作出科学有效的经营决策。

二、财务报表的构成和分类

（一）财务报表的构成

财务报表也称为会计报表，是对金融企业财务状况、经营成果的现金流量的结构性表述。财务报表的信息是会计确认、计量和报告的直接结果。财务报表至少应包括资产负债表、利润表、现金流量表、所有者权益（或股东权益）变动表和附注。附注是对在资产负债表、利润表、现金流量表和所有者权益变动表等报表中列示项目的文字描述或明细资料，以及对未能在这些报表中列示项目的说明等。

（二）财务报表的分类

1. 按经济内容划分。按照反映的经济内容不同，财务报表可以划分为财务状况表、经营成果表和现金流量表。财务状况表主要反映企业资产、负债和所有者权益等基本情况；经营成果表主要反映企业的收入、成本费用和利润等情况；现金流量表主要反映企业现金的流入与流出等信息。

2. 按编报时间划分。按编报时间的不同，财务报表可以划分为中期报表和年度报表。中期报表是指以短于一个完整的会计年度的报告期间为基础编制的财务报表，如月报、季报和半年报等。年度报表是指年度终了对外提供的以年度为基础编制的财务报表。

3. 按编报会计主体划分。按编报会计主体不同，财务报表可以划分为个别财务报表和合并财务报表。个别财务报表是企业在自身会计核算基础上对账簿记录进行加工而编制的财务报表，它主要用于反映企业自身的财务状况、经营成果和现金流量等情况。合并财务报表是指由母公司编制的，将母子公司形成的企业集团作为一个会计主体，综合反映企业集团整体财务状况、经营成果和现金流量的报表。

4. 按资金运动状态划分。按资金运动状态不同，财务报表可以划分为静态财务报表和动态财务报表。静态财务报表是指反映企业某一特定时点的财务状况的报表，如资产负债表。动态财务报表是反映企业某一时期的经营成果和现金流量的财务报表，如利润表和现金流量表。

5. 按报送对象划分。按报送对象不同，财务报表可以划分为对外财务报表和对内财务报表。对外财务报表是企业向外部报表使用者，如政府部门、投资者、债权人报送的财务报表，这类报表是按企业会计准则和会计制度编制的，有统一的格式和指标体系，经过独立审计后对外报送。对内财务报表一般是因金融企业内部管理需要而编制的，其内容、种类、格式等由企业自行规定。

三、财务报表的关系

不同种类的财务报表反映的是同一会计主体的资金运动情况，只是反映的侧重点不同，这就决定了反映各个方面情况的会计指标之间，以及每种财务报表的指标之间必然存在内在联系。财务报表之间或财务报表内部存在的这种指标的相互联系，叫作财务报表的相互关系或财务报表的钩稽关系。认识和掌握报表指标间的钩稽关系，对于编制、审核和分析财务报表，提高财务报表的质量都有重要意义。财务报表的相互关系具体体现在两个方面。

1. 各种财务报表之间的相互关系。它表现为同一指标在不同报表中的运用和计算口径是一致的或某一报表中的某项指标可在另一报表的某些指标中得到验证。例如，利润表中反映的未分配利润数，应该与资产负债表上的未分配利润数相吻合，正因为如此，人们认为利润表是联结前后两期资产负债表的纽带。又如，资产负债表中的流动资产与流动负债的变动数与现金流量表或财务状况变动表中的流动资金增加（减少）净额有直接对应关系；资产负债表中货币资金的期末结存数和期初余额的差额与对应期间的现金流量表中的最后余额相符合等。

2. 表内各指标间的相互关系。在一张报表内，会计指标之间存在着相互关系，这种相互关系表现为指标之间的计算关系或对应关系。例如，在资产负债表中，全部资产类指标相加之和应等于全部负债指标及权益类指标的相加之和，固定资产原价减累计折旧等于固定资产净值；在利润表中一般表现为营业利润加投资收益、营业外收入减营业外支出后应等于利润总额等。

四、财务报表的编制要求

财务报表应当根据已登记完整、核对无误的账簿记录和其中有关资料编制。其编制的基本要求如下。

1. 真实性。报表填写的数据必须真实地反映金融企业的经营状况。要求必须依据客观的账簿核算记录填写，不得任意估计数据，严禁弄虚作假、歪曲和篡改有关指标内容。

2. 准确性。财务报表上反映的各项指标都是通过数据表示的，报表中的每一个数据（包括有相互联系或称钩稽关系的数据）必须核对清楚、计算无误后再填列，以保证财务报表的质量。

3. 完整性。金融企业必须根据会计准则、会计制度的规定，编制各种财务报表。报表规定的内容应填列齐全，不得漏编。每种财务报表应填列的各项指标，除未发生者外，包括附注说明，都应填写齐全，不得遗漏。会计处理方法发生变更时，应将变更的原因及影响充分反映，以利于理解和分析报表。

4. 及时性。财务报表应根据规定的报送日期及时向有关部门报送。保证财务报表提供信息的及时性，充分发挥财务报表的作用，以供各方了解金融企业的经营和资金运行情况。

第二节 财务报表的编制

金融企业应根据自身所在行业的特点编制适合本行业使用的会计报表，本节将以商业银行为例，介绍商业银行财务报表的编制。商业银行编制的会计报表主要包括资产负债表、利润表、现金流量表、所有者权益变动表和附注等。

一、资产负债表

（一）资产负债表的概念和作用

资产负债表是反映商业银行在某一特定时期的财务状况的财务报表，是根据“资产 = 负债 + 所有者权益”的会计恒等式，按一定的分类标准和次序，把银行在某一时间的资产、负债和所有者权益进行排列，并按一定的要求进行编制的一种报表。其作用主要是向报表的使用者提供如下经济信息。

1. 银行在某一特定时期所掌握的全部资产。资产负债表按一定的顺序反映银行所拥有的各项财产及其数额，报表的使用者可以据此了解银行的资产构成情况，并由此进一步分析了解银行的资金运营状况和发展趋势。

2. 银行资金的来源构成及所承担的全部债务。资产负债表综合反映银行目前所承担的各项负债、投资者投资及留存收益等情况，报表使用者可据此了解银行的筹资方式及各项资金来源的基本构成情况。

3. 银行的偿债能力。资产负债表的资产和负债两方面都是按流动性来确定其排序和结构的，从资产方面看，其流动性表明了资产价值实现或转移或摊销的时间长度，而从负债和所有者权益方面看，其流动性表明了融资清欠、退还或者说可用时间的长度。报表使用者可通过比较分析短期资产与短期负债、长期资产与长期负债的对应数量关系，来分析或判断银行的近期或远期偿债能力。

4. 银行财务状况变动情况。通过将不同时期的资产负债表进行比较分析，可以了解银行的资产、负债、所有者权益的变动情况，分析银行的发展变化趋势，了解银行的经营业绩，以便于对银行的未来经营状况进行预测分析。

（二）资产负债表的结构和格式

资产负债表的结构即资产负债表的项目及其相互结合的方式。资产负债表项目主要包括资产、负债、所有者权益三个方面。其基本格式有账户式和报告式两种。

1. 账户式。账户式资产负债表，又称平衡式资产负债表，它根据“资产 = 负债 + 所有者权益”的会计恒等式，按照账户的形式列示各类项目，将资产项目列在报表的左方，负债和所有者权益项目列在报表的右方，从而使资产负债表左右两方平衡。

2. 报告式。报告式资产负债表，又称垂直式资产负债表，它是将资产负债表的项目自上而下排列，首先列示资产的数额，然后列示负债的数额，最后列示所有者权益的数额。报告式资产负债表使用的是“资产 - 负债 = 所有者权益”的会计平衡公式。

我国商业银行采用账户式资产负债表。其具体格式如表 14－1 所示。

表 14－1 **资产负债表**

编制单位： 年 月 日 单位：

资产	期末余额	上年年末余额	负债及所有者权益	期末余额	上年年末余额
资产：			负债：		
现金及存放中央银行款项			向中央银行借款		
存放同业款项			同业及其他金融机构存放款项		
贵金属			拆入资金		
拆出资金			以公允价值计量且其变动计入当期损益的金融负债		
衍生金融资产			衍生金融负债		
买入返售金融资产			卖出回购金融资产款		
发放贷款和垫款			吸收存款		
金融投资			应付职工薪酬		
——以公允价值计量且其变动计入当期损益的金融投资			应交税费		
——以公允价值计量且其变动计入其他综合收益的金融投资			预计负债		
——以摊余成本计量的金融投资			应付债券		
长期股权投资			递延所得税负债		
投资性房地产			其他负债		
固定资产			负债合计		
在建工程			所有者权益：		
无形资产			股本		
递延所得税资产			其他权益工具		
其他资产			其中：优先股		
			永续债		
			资本公积		

续表

资产	期末余额	上年年末余额	负债及所有者权益	期末余额	上年年末余额
			减：库存股		
			其他综合收益		
			盈余公积		
			一般风险准备		
			未分配利润		
			所有者权益合计		
资产总计			负债和所有者权益总计		

（三）资产负债表的编制

资产负债表是反映银行在一定时期财务状况的静态财务报表，主要通过资产、负债和所有者权益的期末余额，反映银行的财务状况。总的来说，资产负债表是根据银行总分类账的期末余额编制的。根据“表从账出”的原则，编制资产负债表时，应当以总分类账或有关明细账的期末余额为依据。资产负债表中有关资产类的项目，应根据各资产科目借方余额填列；资产负债表中的负债类项目和所有者权益项目，应根据各相应科目的贷方余额填列。但是也有些项目则不能直接根据有关科目的期末余额填列，而必须对有关账户资料进行调整计算后填列。

资产负债表中，“年初金额”栏内各项金额数据，应根据上年末资产负债表“期末金额”栏内所列金额数据填列。如果本年度资产负债表规定的各个项目的名称和内容同上年度不相一致，应对上年年末资产负债表各项目的名称和金额数据，按照本年度的规定进行调整后填入本年度“年初金额”栏内，并对有关调整情况在财务状况说明书中予以说明。

1. 资产各项目的内容和填列方法。

（1）“现金及存放中央银行款项”项目，反映银行库存现金、存入中央银行的往来款项和各项准备金存款的情况。该项目根据“库存现金”和“存放中央银行款项”科目的期末余额相加后填列。

（2）“存放同业款项”项目，反映银行与同业之间因资金往来业务而存放于同业的资金。该项目应根据“存放同业款项”科目的期末余额减去存放同业款项计提的减值准备期末余额填列。

（3）“贵金属”项目，反映银行在国家允许的范围内买入的黄金、白银贵重金属。该项目应根据“贵金属”科目的期末余额减去贵金属计提的减值准备期末余额后的净额填列。

（4）“拆出资金”项目，反映银行拆借其他金融机构的款项的账面价值。该项目根据“拆出资金”科目余额减去拆出资金计提的贷款损失准备期末余额后的净额填列。

（5）“以公允价值计量且其变动计入当期损益的金融资产”项目，反映银行持有的以公允价值计量且其变动计入当期损益的金融资产的公允价值。该项目根据“交易性金融资产”科目的期末余额填列。

(6)“以摊余成本计量的金融投资”项目，反映银行持有的列示在“金融投资”项下的以摊余成本计量的金融资产的期末账面价值（扣除损失准备）。该项目根据“债权投资”科目的期末余额减去计提的减值准备期末余额后的净额填列。

(7)“衍生金融资产”项目，反映银行期末持有的衍生工具、套期工具、被套期项目中属于衍生金融资产的金额。该项目应根据“衍生工具”“套期工具”“被套期项目”等科目的借方余额计算填列。

(8)“买入返售金融资产”项目，反映银行按照返售协议约定先买入再按规定价格返售的票据、证券等金融资产的账面价值。该项目根据“买入返售金融资产”科目期末余额减去买入返售金融资产计提的减值准备期末余额后的净额填列。

(9)“发放贷款和垫款”项目，反映银行发放的贷款和贴现资产的账面价值。该项目根据“贷款”“贴现资产”等科目期末余额减去贷款和贴现资产计提的贷款损失准备期末余额后的净额填列。

(10)“长期股权投资”项目，反映银行持有的对子公司联营企业和合营企业的长期股权投资的账面价值。该项目根据“长期股权投资”科目的期末余额减去“长期股权投资减值准备”期末余额填列。

(11)“投资性房地产”项目，反映银行采用成本模式计量的投资性房地产的账面价值或采用公允价值计量模式的投资性房地产的公允价值。该项目根据“投资性房地产”科目期末余额减去“投资性房地产累计折旧或摊销”和“投资性房地产减值准备”科目余额后的净额填列。银行采用公允价值计量模式的，该科目根据“投资性房地产”科目的期末余额填列。

(12)“固定资产”项目，反映银行各项固定资产的账面价值。该项目根据“固定资产”科目期末余额减去“累计折旧”科目和“固定资产减值准备”科目期末余额后的净额填列。

(13)“无形资产”项目，反映银行各项无形资产的账面价值。该项目应根据“无形资产”科目的期末余额减去“累计摊销”和“无形资产减值准备”科目期末余额后的净额填列。

(14)“递延所得税资产”项目，反映银行尚未确认的递延所得税资产。该项目根据“递延所得税资产”科目的期末余额填列。

(15)“其他资产”项目，反映银行除以上资产以外的其他资产，主要包括其他应收款、抵债资产、长期待摊费用、长期应收款等账面价值的合计数。该项目根据其他资产科目的期末余额减去其他资产计提的减值准备后的净额填列。

2. 负债各项目的填列方法。

(1)“向中央银行借款”项目，反映银行从中央银行借入款项的余额。该项目根据“向中央银行借款”科目的期末余额填列。

(2)“同业及其他金融机构存放款项”项目，反映银行吸收的同业或其他金融机构存放于本银行的款项。期末该项目应根据“同业存放款项”科目的期末余额填列。

（3）“拆入资金”项目，反映银行从其他金融机构借入的资金余额。该项目根据“拆入资金”科目的期末余额填列。

（4）“以公允价值计量且其变动计入当期损益的金融负债”项目，反映银行承担的以公允价值计量且其变动计入当期损益的金融负债的公允价值。该项目根据“以公允价值计量且其变动计入当期损益的金融负债”科目的期末余额填列。

（5）“衍生金融负债”项目，反映银行期末持有的衍生工具、套期工具、被套期项目中属于衍生金融负债的金额。该项目应根据“衍生工具”“套期工具”“被套期项目”等科目的贷方余额计算填列。

（6）“卖出回购金融资产款”项目，反映银行按照回购协议约定先卖出再按规定价格返售的票据、证券等金融资产所融入的尚未到期的卖出回购金融资产款的账面价值。该项目根据“卖出回购金融资产款”科目期末余额填列。

（7）“吸收存款”项目，反映银行吸收的除同业存放款项以外的其他各种存款的余额，包括企事业单位存款、个人存款、信用卡存款、特种存款、转贷款资金和财政性存款等。该项目根据“吸收存款”科目的期末余额填列。

（8）“应付职工薪酬”项目，反映银行根据规定应付而未付的职工薪酬的余额。该项目根据“应付职工薪酬”科目的贷方期末余额填列。若该科目为借方余额，则以“－”号填列。

（9）“应交税费”项目，反映银行尚未缴纳的税费，或者多交而尚未抵扣的税费。该项目根据“应交税费”科目的贷方期末余额填列。若该科目为借方余额，则以“－”号填列。

（10）“预计负债”项目，反映银行已确认但尚未支付的预计负债的余额。该项目根据“预计负债”科目的期末余额填列。

（11）“应付债券”项目，反映银行尚未偿还的长期债券摊余成本的金额。该项目根据“应付债券”科目的期末余额填列。

（12）“递延所得税负债”项目，反映银行已确认的递延所得税负债的金额。该项目根据“递延所得税”科目的期末余额填列。

（13）“其他负债”项目，反映银行除上述负债以外的负债，主要包括递延收益、应付利息、应付股利、其他应付款、长期应付款、外汇营运资金占款等。该项目根据其他负债相关科目的期末余额计算填列。

3. 所有者权益各项目的内容和填列方法。

（1）“实收资本（或股本）”项目，反映银行实际收到的资本或股本总额。该项目根据“实收资本”科目或“股本”科目及各明细科目的期末余额计算填列。

（2）“资本公积”项目，反映银行资本公积的期末余额。该项目根据“资本公积”科目的期末余额填列。

（3）“库存股”项目，反映银行持有的尚未转让或注销的本公司股份余额。该项目根据“库存股”科目的期末余额填列。

（4）“盈余公积”项目，反映银行盈余公积的期末余额。该项目根据“盈余公积”

科目的期末余额填列。

（5）“一般风险准备”项目，反映银行根据金融监管规定从净利润中提取的一般风险准备金额。该项目根据“一般风险准备”科目的期末余额填列。

（6）“未分配利润”项目，反映银行盈利尚未分配的部分或未弥补的亏损。该项目根据“本年利润”和“利润分配”科目的期末余额计算填列。未弥补的亏损应在该项目内用“－”号填列。

（7）“其他权益工具”项目，反映资产负债表日银行发行在外的除普通股以外分类为权益工具的金融工具的账面价值，银行应根据实际情况在此项目下设“优先股”和“永续债”两个项目。该项目直接根据“其他权益工具”科目余额填列。

（8）“其他综合收益”项目，反映银行根据企业会计准则规定应在其他综合收益中确认的各项税后净利得和净损失的累计余额等。该项目直接根据“其他综合收益”科目余额填列。

另外，资产负债表中，列有年初数和期末数两栏，除按上述方法填列期末数外，对年初数可根据上期资产负债表有关数据填列。编完后，资产负债表左右两边的年初数和期末数各自自相平衡。

二、利润表

（一）利润表的概念和作用

利润表是反映企业在一定期间内所取得的一切经营成果及其分配情况的财务报表。通过利润表，可以了解银行在一定会计期间内实现的收入以及与收入相配比的成本费用等情况，并计算出银行的利润总额或亏损总额。其作用主要表现在以下方面。

1. 全面、系统地提供银行在一定时期内利润的实现情况。利润表可以集中反映会计期间内银行的营业收入来源情况、费用支出及成本构成情况、税金的计提及缴纳情况以及营业利润的形成及利润（或亏损）总额的形成情况，使报表的使用者能准确、直接地确认银行在一定时期的经营成果。

2. 利润表反映银行的利润实现过程，是评价、考核银行管理水平和经济效益的依据。银行通过利润表列示银行的各项收入和支出，综合反映银行的利润实现过程，为正确评价银行的经营业绩，分析银行的盈利能力提供直接依据。

3. 通过分析利润表，可以预测银行未来的获利能力及发展趋势。通过对银行不同时期利润表数据的比较，可以分析银行获利能力的变动过程及变动原因，以准确预测银行盈利状况的未来发展趋势。

（二）利润表的结构和格式

利润表列示的是形成银行经营成果的各个项目。其编制依据是公式“收入－费用＝利润”，根据该公式运用方法的不同，利润表的结构可以分为单步式和多步式两种。它们分别以不同的方式反映银行利润的形成过程。

1. 单步式利润表。单步式利润表是将银行本期全部收入和全部费用分别单独列示在一起，根据公式“收入－费用＝利润”，用全部收入减去全部支出计算得出的结果即为本期利润（或亏损）。单步式利润表比较直观、简单，编制方便。但其缺陷是无法揭示收入与费用之间的不同联系，不便于报表使用者对其进行具体分析，也不利于同行业企业之间报表的比较评价。在我国，单步式利润表主要用于那些业务比较单一的服务咨询行业和某些企业化管理的业务比较简单的事业单位。

2. 多步式利润表。多步式利润表是将“收入－费用＝利润”的计算公式多次运用，以便分别反映不同经营环节利润的实现情况，以及银行不同环节的收入与费用之间的内在联系。多步式利润表通常采用上下加减的报告式结构。在该表中，利润的计算被分解为多个步骤，根据银行业务经营内容的不同，通常把利润计算分解为营业利润和利润总额两大部分。利润的计算，是从主营业务收入开始，减去营业成本和营业税金等项目后即为主营业务利润；若银行有其他经营业务时，则用主营业务利润加上其他业务利润，减去相应费用得出营业利润；营业利润加上投资收益、补贴收入和营业外收入，减去营业外支出，即为银行本期实现的利润（或亏损）总额；利润总额再减去所得税后，即为净利润。

多步式利润表基本上弥补了单步式利润表的局限性，为我国企业普遍采用。银行也主要采用多步式利润表，并按照会计期间的营业收入、营业支出、营业税金及附加、营业外收支等项目分别予以列示。其格式见表 14－2。

表 14－2　　　　**利润表**

编制单位：　　　　年　　月　　　　单位：

项目	本期金额	本年累计金额
一、营业收入		
利息净收入		
利息收入		
利息支出		
手续费及佣金净收入		
手续费及佣金收入		
手续费及佣金支出		
投资收益（损失以“－”号填列）		
其中：对联营企业及合营企业投资收益		
以摊余成本计量的金融资产终止确认产生的收益（损失以“－”号填列）		
净敞口套期收益		
其他收益		
公允价值变动收益（损失以“－”号填列）		
汇兑收益（损失以“－”号填列）		
其他业务收入		
资产处置收益（损失以“－”号填列）		
二、营业支出		

续表

项目	本期金额	本年累计金额
税金及附加		
业务及管理费		
信用减值损失		
其他资产减值损失		
其他业务成本		
三、营业利润（亏损以“－”号填列）		
加：营业外收入		
减：营业外支出		
四、利润总额（亏损总额以“－”号填列）		
减：所得税费用		
五、净利润（净亏损以“－”号填列）		
六、其他综合收益的税后净额		
（一）预计不能重分类计入损益的项目		
（二）预计将重分类计入损益的项目		
七、综合收益总额		
八、每股收益		
（一）基本每股收益		
（二）稀释每股收益		

（三）利润表的编制

编制利润表时，必须根据不同期间的利润表，准确确定利润表中“本期金额”的性质。在编报月报时，利润表中“本期金额”栏，反映各项目的本月实际发生金额；“本年累计金额”栏，反映各项目自年初起至本月止的累计实际发生金额。在编报年报时，利润表中“本期金额”一栏应改成“上年金额”，“本年累计金额”一栏应改成“本年金额”，填列本年全年累计发生金额。如果上年度利润表的项目名称和内容同本年度利润表不一致，应对上年度报表项目的名称和金额按本年度的规定进行调整，然后填入本年“上年金额”一栏。

利润表各项目的内容和填列方法具体如下。

1. “营业收入”项目，反映银行经营业务取得的各种收入的总额。该项目根据“利息净收入”“手续费及佣金净收入”“投资收益”“公允价值变动损益”“汇兑收益”“其他营业收入”等项目汇总计算填列。

2. “利息净收入”项目，根据“利息收入”项目金额减去“利息支出”项目金额后的余额填列。

3. “利息收入”项目，反映银行发放贷款、办理贴现等业务而发生的利息收入。该项目根据“利息收入”科目的发生额计算填列。

4. “利息支出”项目，反映银行以负债形式筹集的各项资金按国家规定利率实际支付的利息和分档次提取的应付利息。该项目根据“利息支出”科目的发生额计算填列。

5. “手续费及佣金净收入”项目，根据“手续费及佣金收入”项目金额减去“手续费及佣金支出”项目金额后的余额填列。

6. “手续费及佣金收入”和“手续费及佣金支出”项目，反映银行办理各项业务时手续费及佣金的收入和支出的金额。该项目根据“手续费及佣金收入”和“手续费及佣金支出”科目的发生额计算填列。

7. “投资收益”项目，反映银行对外投资，按合同或协议规定分回的投资利润、股票的股利收入、债券投资的债息收入等。该项目应根据“投资收益”科目的发生额填列。

8. “汇兑收益”项目，反映银行进行外汇买卖或外币兑换等业务而发生的汇兑收益。该项目应根据“汇兑损益”科目的发生额计算填列。如果为净损失，则以“－”号填列。

9. “其他业务收入”项目，反映银行其他营业收入，如咨询服务收入等。该项目根据“其他业务收入”科目的发生额填列。

10. “营业支出”项目，反映银行各项营业支出的总额。该项目根据“营业税金及附加”“业务及管理费”“资产减值损失”“其他营业支出”等项目汇总计算填列。

11. “税金及附加”项目，反映银行按规定缴纳应由经营收入负担的各种税金及附加费，包括城市维护建设税、教育费附加等。该项目应根据“税金及附加”科目期末结转利润科目的数额填列。

12. “业务及管理费”项目，反映银行在业务经营和管理过程中发生的电子设备运转费、安全防范费、物业管理费等。该项目根据“业务及管理费”项目的余额计算填列。

13. “信用减值损失”项目，反映银行计提的各项金融工具信用减值准备所确认的信用损失。该项目应根据“信用减值损失”科目的发生额分析填列。

14. “其他资产减值损失”项目，反映银行除“信用减值损失”外，按照相关企业会计准则的规定计提其他资产的减值准备所确认的减值损失。

15. “其他业务成本”项目，反映银行其他营业支出。该项目根据“其他业务成本”科目的发生额填列。

16. “营业利润”项目，反映银行当期的经营利润。该项目根据“营业收入”项目金额减去“营业支出”项目金额后的余额填列。如果为净亏损，则以“－”号填列。

17. “营业外收入”和“营业外支出”项目，反映银行业务经营以外的收入和支出。这两个项目应根据“营业外收入”和“营业外支出”科目的发生额填列。

18. “利润总额”项目，反映银行当期实现的全部利润（或亏损）总额。如为亏损，则以“－”号填列。利润总额的计算公式如下：

利润总额＝营业收入－营业支出＋营业外收入－营业外支出＋以前年度损益调整

19. “净利润”项目，反映利润总额减去所得税后的余额。

20. “其他综合收益”项目，反映银行根据企业会计准则规定未在损益中确认的各项利得和损失扣除所得税影响后的净额。该项目根据“资本公积——其他资本公积”科目期末余额填列。

21. “综合收益总额”项目，反映银行净利润与其他综合收益的合计金额。该项目根据“净利润”项目和“其他综合收益”项目的金额相加后填列。

22. “基本每股收益”项目，反映银行只考虑当期实际发行在外的普通股股份，按照归属普通股股份的当期净利润除以当期实际发行在外普通股的加权平均数计算确定的每股收益。该项目根据有关会计资料分析计算填列。

23. “稀释每股收益”项目，反映银行以基本每股收益为基础，假设企业所有发行在外的稀释性潜在普通股均已转换为普通股，从而分别调整归属于普通股股东的当期净利润以及发行在外普通股的加权平均数而确定的每股收益。该项目根据有关会计资料分析计算填列。

三、现金流量表

（一）现金流量表的概念和作用

现金流量表是反映企业在一定的会计期间内经营活动、投资活动和筹资活动产生的现金流入与流出情况的报表。它提供的信息既简单又重要：企业当期有多少现金流入，来源于何处；企业当期有多少现金流出，运用于何方；企业当期现金余额是怎样变化的，是净增还是净减。从而可以解释：为什么利润表上反映盈利的企业，偿还不了到期的债务；为什么利润表上反映亏损的企业不但能偿债，甚至还能投资。现金流量表的作用主要可以概括如下。

1. 以收付实现制为基础，真实地反映企业当期实际收入的现金、实际支出的现金、现金流入流出相抵后的净额，从而分析利润表中本期净利润与现金流量之间的差异，正确评价企业的经营成果。为了正确地计算企业当期的净收益，合理负担费用支出，企业的会计核算是以权责发生制为基础的。因而利润表中反映的净利润并不代表企业当期实际流入的现金。但众所周知，企业能够用于生产经营周转的不是净利润，而是实际拥有的现金。只有正确地反映企业现金的净流量，才能为企业的经营决策提供正确的信息。

2. 帮助财务报告使用者分析企业偿债能力、现金支付能力。企业债权人的资金投入企业后，债权人关心的是企业是否具有到期偿还债务的能力，特别是偿还短期债务的能力。在分析企业的短期偿债能力时，虽然可以通过计算流动比例进行一般分析，但是流动资产并不能全部转换成现金，去用于偿债。如应收账款中可能有一部分是呆账，不可能用于偿债。企业流动资产中偿债能力最强的是现金，企业的偿债能力主要取决于其获取现金的能力，现金流量表正可以提供这些信息。

3. 帮助企业潜在的投资者分析企业产生未来现金流量的能力，作出正确的投资决策。投资人进行投资的主要目的是取得未来的现金收益，他们在作出投资决策时，首先要考虑未来本金的偿还、利息的取得、股利的获得以及资本保全等问题，所有这些都取决于企业产生现金流量的能力，需要依靠现金流量表提供的信息。

4. 帮助报表使用者了解企业与现金收付无关，但却对企业有重要影响的投资及筹资活动。现金流量表除了提供企业经营活动、投资活动、筹资活动的现金流量外，其补充资料部分还能够反映企业与现金收付无关，但却对企业有重要影响的投资及筹资活动。

这些活动在发生的当期不会产生现金流量，但是却会对企业的资本结构和未来的现金流量产生重要的影响。通过这些资料，报表使用者可以更全面地了解企业的经营成果，作出正确的决策。

（二）现金流量表的结构和格式

现金流量表是以现金为基础编制的财务状况变动表。因而在分析其结构和内容之前，必须先了解其“现金”的含义。编制现金流量表的目的在于揭示企业的偿债能力和支付能力，而体现企业偿债能力和支付能力的，除了库存现金外，还包括企业可随时用于支付的款项以及其他货币性资金和现金等价物。因而银行现金流量表中的“现金”应该是指现金和现金等价物。其中现金是指银行的库存现金和存放中央银行及其他联行、同业行的能随时用于支付的各种款项。现金等价物是指银行所拥有的期限短、流动性强，易于转换为已知金额现金、价值变动风险很小的投资。

银行现金流量表的基本结构可分为三部分：表首、基本部分、补充资料。表首部分应标明制表银行的名称、现金流量的会计期间、货币单位和报表编号。基本部分是现金流量的分类及基本内容。补充资料部分的内容主要包括：（1）不涉及现金收支的投资和筹资活动；（2）将净利润调节为经营活动现金流量；（3）现金和现金等价物的净增加情况等。现金流量表具体格式如表 14－3 所示，补充资料具体格式如表 14－4 所示。

表 14－3　　**现金流量表**

编制单位：　　年　月　　单位：

项目	本期金额	上期金额
一、经营活动产生的现金流量		
客户存款和同业存放款项净增加额		
向中央银行借款净增加额		
向其他金融机构拆入资金净增加额		
存放中央银行和同业款项净减少额		
收取利息、手续费及佣金的现金		
收到其他与经营活动有关的现金		
经营活动现金流入小计		
发放贷款和垫款净增加额		
存放中央银行和同业款项净增加额		
支付利息、手续费及佣金的现金		
支付给职工及为职工支付的现金		
支付的各项税费		
支付其他与经营活动有关的现金		
经营活动现金流出小计		
经营活动产生的现金流量净额		

续表

项目	本期金额	上期金额
二、投资活动产生的现金流量		
收回投资收到的现金		
取得投资收益收到的现金		
处置固定资产、无形资产和其他长期资产支付的现金		
收到其他与投资活动有关的现金		
投资活动现金流入小计		
投资支付的现金		
购建固定资产、无形资产和其他长期资产所支付的现金		
支付其他与投资活动有关的现金		
投资活动现金流出小计		
投资活动产生的现金流量净额		
三、筹资活动产生的现金流量		
吸收投资收到的现金		
发行债券收到的现金		
收到其他与筹资活动有关的现金		
筹资活动现金流入小计		
分配股利、利润或偿付利息支付的现金		
支付其他与筹资活动有关的现金		
偿还债务支付的现金		
筹资活动现金流出小计		
筹资活动产生的现金流量净额		
四、汇率变动对现金及现金等价物的影响额		
五、现金及现金等价物净减少额		
加：年初现金及现金等价物余额		
六、年末现金及现金等价物余额		

表 14－4　　现金流量表补充资料　　单位：

补充资料	本期金额	上期金额
1. 不涉及现金流量的投资和融资活动		
债务转为资本		
一年内到期的可转换公司债券		

续表

补充资料	本期金额	上期金额
融资租入固定资产		
不涉及现金流量的投资和融资活动金额		
2. 将净利润调节为经营活动现金流量		
净利润		
加：资产减值损失		
固定资产折旧		
无形资产及长期待摊费用摊销		
处置固定资产、无形资产和其他长期资产的损失		
固定资产报废损失		
净收益（减：收益）		
投资损失（减：收益）		
公允价值变动损失（减：收益）		
发行债券利息支出		
递延所得税资产减少（减：增加）		
递延所得税负债增加（减：减少）		
存货的减少		
经营性应收项目的减少（减：增加）		
经营性应付项目的增加（减：减少）		
其他		
经营活动产生的现金流量净额		
3. 现金及现金等价物净变动情况：		
现金及现金等价物的期末余额		
减：现金及现金等价物的期初余额		
现金及现金等价物净增加额		

（三）现金流量表的编制方法

现金流量表中需要填列“本期金额”和“上期金额”两栏。“上期金额”可以根据上期现金流量表的对应金额填列。现金流量表以收付实现制作为基础，即只有当期实际收到现金的收入，才列入本期的收入；只有当期实际支付了现金，才列入本期的支出。商业银行的现金流量表应当按经营活动产生的现金流量、投资活动产生的现金流量和筹资活动产生的现金流量分别反映。编制商业银行现金流量表时，列报经营活动现金流量的方法主要有直接法和间接法。

1. 直接法。直接法是通过现金收入和现金支出的主要类别直接反映金融企业经营活动中产生的现金流量。在直接法下，一般以利润表中的营业收入为起算点，调整与经营活动有关项目的增减变动，然后计算出经营活动的现金流量。有关现金流量的信息可以通过下列途径之一取得：①银行会计记录；②根据有关项目对利润表中的营业收入、营业成本及其他项目进行调整。

在直接法下，编制现金流量表可具体采用工作底稿法和T形账户法两种方法。

（1）工作底稿法。工作底稿法是以工作底稿为手段，以利润表和资产负债表数据为基础，结合有关科目的记录，对现金流量表的每一项目进行分析并编制调整分录，从而编制出现金流量表的一种方法。其编制步骤是：

第一步，将资产负债表的期初数和期末数过入工作底稿的期初数栏和期末数栏。

第二步，对当期业务进行分析并编制调整分录。调整分录大致有以下几类：第一类，通过调整，将权责发生制下的有关收入和费用转换成现金基础；第二类，涉及资产负债表和现金流量表中的投资、筹资项目，反映投资和筹资活动的现金流量；第三类，将利润表中有关投资和筹资方面的收入和费用列入现金流量表投资、筹资现金流量中去。此外，为了核对资产负债表项目的期末数变动情况，虽不涉及现金收支，也需编制调整分录。在调整分录中，有关现金及现金等价物的事项，并不直接借记或贷记现金，而是分别计入“经营活动产生的现金流量”“投资活动产生的现金流量”“筹资活动产生的现金流量”等项目，借记表明现金流入，贷记表明现金流出。

第三步，将调整分录过入工作底稿中的相应部分。

第四步，核对调整分录，借贷合计应当相等，资产负债表项目期初数加减调整分录中的借贷金额以后，应当等于期末数。

第五步，根据工作底稿中的现金流量表项目部分编制正式的现金流量表。

（2）T形账户法。T形账户法是以T形账户为手段，以利润表和资产负债表数据为基础，对每一项目进行分析并编制调整分录，从而编制出现金流量表的方法。采用T形账户法编制现金流量表的程序如下：

第一步，开设“非现金”账户。为所有的非现金项目（包括资产负债表项目和利润表项目）分别开设T形账户，并将各自的期末期初变动数过入各该科目，如果某项目的期末数大于期初数，则将差数过入与该项目余额相同的方向；反之，过入相反的方向。

第二步，开设“现金”账户。开设一个大的“现金及现金等价物”T形账户，该账户从上到下分为经营活动、投资活动和筹资活动三个部分，每个部分都是左边记现金流入，右边记现金流出，与非现金账户一样，过入期末期初变动数。

第三步，编制调整分录。以利润表项目为基础，结合资产负债表分析每一个非现金项目的增减变动，并据此编制调整分录。

第四步，登记T形账户。将所有的调整分录过入各现金项目的T形账户和“现金及现金等价物”T形账户。

第五步，核对账户记录。对各T形账户中的记录进行核对，各账户借贷相抵后的余额应该与先前过入的期末期初变动数一致。

第六步，编制“现金流量表”。根据大的“现金及现金等价物”T形账户中的有关资料，编制正式现金流量表。

T形账户法和工作底稿法只是形式上有所差别，基本原理和方法则是相同的。T形账户法关键点和难点也是在编制调整分录上，其调整分录的编制原理和方法基本与工作底稿法相同，只是省去了一些不涉及现金收支的调整分录，以简化现金流量表的编制过程。

2. 间接法。间接法以本期净利润（或净损失）为起算点，调整不涉及现金的收入、费用、营业外支出等有关项目，剔除投资活动、筹资活动对现金流量的影响，据此计算出经营活动产生的现金流量。由于净利润是以权责发生制为核算基础确定的，且包括了与投资活动和筹资活动相关的收益和费用，将净利润调节为经营活动现金流量，实际上就是将按权责发生制为核算基础确定的净利润调整为现金净流入，并剔除投资活动和筹资活动对现金流量的影响。

采用直接法编制现金流量表的主表，便于分析金融企业经营活动产生的现金流量的来源和用途，预测金融企业现金流量的未来前景；采用间接法编制现金流量表，便于将净利润与经营活动产生的现金流量净额进行比较，了解净利润与经营活动产生的现金流量差异的原因，从现金流量的角度分析净利润的质量。商业银行应当采用直接法和间接法两种方法编报现金流量表。

（四）现金流量表的编制

1. 经营活动产生的现金流量。

（1）“客户存款和同业存放款项净增加额”项目，反映客户或同业存放在商业银行款项的净增加额。该项目根据“吸收存款”“同业存放”等科目填列。

（2）“向中央银行借款净增加额”项目，反映商业银行本期向中央银行借入款项的净增加额。该项目根据“向中央银行借款”科目填列。

（3）“向其他金融机构拆入资金净增加额”项目，反映商业银行本期从其他金融机构拆入款项，减去拆借给其他金融机构款项后的余额。该项目根据“拆入资金”和“拆出资金”等科目计算填列。

（4）“收取利息、手续费及佣金的现金”项目，反映商业银行收取的利息、手续费和佣金收入。该项目根据“利息收入”“手续费及佣金收入”“应收利息”等科目分析填列。

（5）“收到其他与经营活动有关的现金”项目，反映商业银行除上述各项目外的其他经营活动所形成的现金流入，如罚款收入、经营租赁固定资产收到的现金、投资性房地产收到的租金收入、流动资产损失中由个人赔偿的现金收入等。其他现金流入的项目，价值较大的，应单列项目反映。该项目根据“营业外收入”等科目填列。

（6）“发放贷款和垫款净增加额”反映商业银行本期发放的各种贷款以及办理票据贴现、转贴现融出及融入资金等业务款项的净增加额。该项目根据“贷款”“贴现资产”“贴现负债”等科目分析填列。

（7）“存放中央银行和同业款项净增加额”项目，反映商业银行本期存放于中央银行以及境内外金融机构的款项的净增加额。该项目根据“存放中央银行款项”“存放同业”等科目分析填列。

（8）“支付利息手续费及佣金的现金”项目，反映商业银行本期支付的利息、手续费及佣金等。该项目根据“手续费及佣金支出”等科目分析填列。

（9）“支付给职工以及为职工支付的现金”项目，反映企业实际支付给职工，以及为职工支付的现金，包括本期实际支付给职工的工资、奖金、各种津贴和补贴，以及企业代扣代缴的职工个人所得税等其他费用。该项目根据“应付职工薪酬”等科目分析填列。

（10）“支付的各项税费”项目，反映商业银行按规定支付的各种税费，包括企业本期发生并支付的税费，以及本期支付以前各期发生的税费和本期预交的税费，主要包括所得税、营业税、印花税、房产税、车船税、教育费附加等。该项目根据“应交税费”“所得税费用”等科目分析填列。

（11）“支付其他与经营活动有关的现金”项目，反映商业银行除了上述各项目外，支付的其他与经营活动有关的现金，如罚款支出，支付的差旅费、业务招待费、保险费，经营租赁支付的现金等。其他现金流出的项目，金额较大的，应单列项目反映。该项目根据“业务及管理费”“营业外支出”等科目分析填列。

2. 投资活动产生的现金流量。

（1）“收回投资收到的现金”项目，反映商业银行出售、转入或到期收回除现金等价物外的交易性金融资产、持有至到期投资、可供出售金融资产、长期股权投资、投资性房地产而收到的现金，但不包括债权性投资收回的利息、收回的非现金资产，以及处置子公司及其他营业单位收到的现金净额。该项目根据“交易性金融资产”“持有至到期投资”“可供出售金融资产”“长期股权投资”“投资性房地产”“库存现金”“银行存款”等科目分析填列。

（2）“取得投资收益收到的现金”项目，反映商业银行因股权性投资而分得的现金股利，从子公司、联营企业或合营企业分得利润而收到的现金，因债权性投资而取得的现金利息收入。该项目根据“应收股利”“应收利息”“投资收益”等科目分析填列。

（3）“收到其他与投资活动有关的现金”项目，反映商业银行除了上述各项目外，所收取的其他与投资活动有关的现金流入。如企业收回购买股票和债券时支付的已宣告但尚未领取的现金股利或已到付息期，但尚未领取的债券利息。若其他与投资活动有关的现金流入金额较大，应单列项目反映。该项目根据“应收股利”“应收利息”等科目分析填列。

（4）“投资支付的现金”项目，反映商业银行取得除现金等价物以外的对其他企业的权益工具、债务工具和合营中的权益投资所支付的现金，以及支付的佣金、手续费等交易费用，但取得子公司及其他营业单位支付的现金净额除外。该项目根据“可供出售金融资产”“持有至到期投资”“长期股权投资”等科目分析填列。

（5）“购建固定资产、无形资产和其他长期资产所支付的现金”项目，反映商业银行本期购买、建造固定资产，取得无形资产和其他长期资产实际支付的现金，以及用现金支付的应由在建工程和无形资产负担的职工薪酬。该项目根据“固定资产”“无形资产”等科目分析填列。

（6）“支付其他与投资活动有关的现金”项目，反映商业银行除了上述各项目外，所支付的其他与投资活动有关的现金流出。如企业购买股票时实际支付的价款中包含的已宣告但尚未领取的现金股利，购买债券时支付的价款中包含的已到期但尚未领取的债券利息等。若某项其他与投资活动有关的现金流出金额较大的，应单列项目反映。该项目根据“应收股利”“应收利息”等科目分析填列。

3. 筹资活动产生的现金流量。

（1）“吸收投资收到的现金”项目，反映商业银行以发行股票、债券等方式筹集资金实际收到的款项，减去直接支付的佣金、手续费、宣传费、咨询费、印刷费等发行费后的净额。该项目根据“实收资本（或股本）”等科目分析填列。

（2）“发行债券收到的现金”项目，反映商业银行发行债券收到的现金。该项目根据“应付债券”等科目分析填列。

（3）“收到其他与筹资活动有关的现金”项目，反映商业银行除了上述各项目外所收到的其他与筹资活动有关的现金流入，如接受现金捐赠等。若某项其他与筹资活动有关的现金流入金额较大，应单列项目反映。该项目根据“营业外收入”等科目分析填列。

（4）“偿还债务支付的现金”项目，反映商业银行偿还债务本金所支付的现金。该项目根据“应付债券”等科目分析填列。

（5）“分配股利、利润或偿付利息支付的现金”项目，反映商业银行实际支付的现金股利、支付给其他投资单位的利润或用现金支付的债券利息等。该项目根据“应付股利”“应付利息”“利息支出”等科目分析填列。

（6）“支付其他与筹资活动有关的现金”项目，反映商业银行除了上述各项目外所支付的其他与筹资活动有关的现金流出，如捐赠现金支出、融资租入固定资产支付的租赁费等。若某项其他与筹资活动有关的现金流出金额较大，应单列项目反映。该项目根据“营业外支出”“长期应付款”等科目分析填列。

4. “汇率变动对现金及现金等价物的影响”项目，反映商业银行外币现金流量以及境外子公司的现金流量折算为人民币时，所采用的现金流量发生日的即期汇率或即期汇率的近似汇率折算的人民币金额与“现金及现金等价物净增加额”中外币现金净增加额按期末汇率折算的人民币金额之间的差额。

在编制现金流量表时，可逐笔计算外币业务发生的汇率变动对现金的影响，也可采用简化的方法，即通过现金流量表补充资料来反映。

（五）现金流量表补充资料的编制

1. “将净利润调节为经营活动现金流量”项目。

（1）“资产减值准备”项目，反映商业银行本期实际各项资产减值准备，包括贷款损失准备、坏账准备、低值易耗品跌价准备、长期股权投资减值准备、持有至到期投资减值准备、投资性房地产减值准备、固定资产减值准备、在建工程减值准备、无形资产减值准备、抵债资产减值准备、商誉减值准备等。该项目可以根据“资产减值损失”科目的记录分析填列。

（2）“固定资产折旧”项目，反映商业银行本期累计计提的固定资产折旧。该项目可根据“累计折旧”等科目贷方发生额分析填列。

（3）“无形资产摊销”项目，反映商业银行本期累计摊入成本费用的无形资产价值。该项目可以根据“累计摊销”科目的贷方发生额分析填列。

（4）“长期待摊费用摊销”项目，反映商业银行本期累计摊入成本费用的长期待摊费用。该项目可以根据“长期待摊费用”贷方发生额分析填列。

（5）“处置固定资产、无形资产和其他长期资产的损失”项目，反映商业银行本期处置固定资产、无形资产和其他长期资产发生的净损失（或净收益）。如果为净收益以“-”号填列。该项目可以根据“营业外支出”“营业外收入”等科目所属有关明细科目的记录分析填列。

（6）“固定资产报废损失”项目，反映商业银行本期发生的固定资产盘亏净损失。该项目可根据“营业外支出”“营业外收入”所属的有关明细科目的记录分析填列。

（7）“公允价值变动损失”项目，反映商业银行持有的交易性金融资产、交易性金融负债、采用公允价值模式计量的投资性房地产等公允价值变动形成的净损失。如果为净收益以“-”号填列。该项目可根据“公允价值变动损益”科目所属的有关明细科目的记录分析填列。

（8）“投资损失（减：收益）”项目，反映商业银行对外投资实际发生的投资损失减去收益后的净损失。该项目可以根据利润表“投资收益”的数据填列；如果为投资收益，以“-”号填列。

（9）“递延所得税资产减少（减：增加）”项目，反映商业银行资产负债表“递延所得税资产”项目的期初、期末余额的差额。该项目可以根据“递延所得税资产”科目发生额分析填列。

（10）“递延所得税负债增加”项目，反映商业银行资产负债表“递延所得税负债”项目的期初、期末余额的差额。该项目可以根据“递延所得税负债”科目发生额分析填列。

（11）“存货的减少”项目，反映商业银行资产负债表“低值易耗品”“抵债资产”等存货期初、期末余额的差额；期末数大于期初数的差额，以“-”号填列。

（12）“经营性应收项目的减少”项目，反映商业银行本期经营性应收项目（包括应收利息、其他应收款等经营性应收项目中与经营活动有关的部分）的期初、期末余额的差额；期末数大于期初数的差额，以“-”号填列。

（13）“经营性应付项目的增加”项目，反映商业银行本期经营性应付项目（包括应付利息、应付职工薪酬、应交税费、其他应付款、存入保证金等经营性应付项目中与经营活动有关的部分）的期初、期末余额的差额；期末数大于期初数的差额，以“-”号填列。

2. “不涉及现金流量的投资和融资活动”项目。补充资料中“不涉及现金流量的投资和融资活动”项目，反映商业银行一定会计期间内影响资产或负债但不形成该期现金收支的所有重大投资和筹资活动的信息。这些投资和筹资活动是商业银行的重大理财活动，虽然不涉及现金收支，但对以后各期的现金流量会产生重大影响。“不涉及现金流量的投资和融资活动”项目主要有以下三项。

（1）“债务转为资本”项目，反映商业银行本期转为资本的债务金额。

（2）“一年内到期的可转换公司债券”项目，反映商业银行本期一年内到期的可转换公司债券的本息。

（3）“融资租入固定资产”项目，反映商业银行本期融资租入固定资产的最低租赁付款额扣除应分期计入利息费用的未确认融资费用后的净额。

3. “现金及现金等价物净变动情况”项目。其中，“现金及现金等价物的期末余额”一项反映一定会计期间现金及现金等价物的期末余额减去期初余额后的净增加额（或净减少额），是对现金流量表正表中“现金及现金等价物”项目的补充说明。该项目的金额应与正表中最后一项“现金及现金等价物净增加额”项目核对相符。

四、所有者权益变动表

（一）所有者权益变动表的概念和意义

所有者权益变动表是指反映构成所有者权益的各组成部分当期的增减变动情况的会计报表。

所有者权益变动表全面反映了一定时期所有者权益变动的情况，不仅包括所有者权益总额的增减变动，还包括所有者权益增减变动的重要结构性信息，特别是要反映直接计入所有者权益的利得和损失，使报表使用者能够准确理解所有者权益增减变动的情况，从而分析其变动原因及预测未来变化趋势。

（二）所有者权益变动表结构和格式

所有者权益变动表各项目，应当根据商业银行当期净利润，直接计入所有者权益的利得和损失，所有者投入资本和向所有者分配利润，从利润中提取盈余公积、一般风险准备金等情况分析填列。在所有者权益变动表中，企业至少应当单独列示反映下列信息的项目：

（1）综合收益总额，在合并所有者权益变动表中还应单独列示归属于母公司所有者的综合收益总额和归属于少数股东的综合收益总额；

（2）会计政策变更和前期差错更正的累积影响金额；

（3）所有者投入资本和向所有者分配利润等；

（4）按照规定提取的盈余公积；

（5）所有者权益各组成部分的期初和期末余额及其调节情况。

为了清楚地表明构成所有者权益的各组成部分当期的增减变动情况，所有者权益变动表应当以矩阵的形式列示。一方面，列示导致所有者权益变动的交易或事项，改变以往仅仅按照所有者权益的各组成部分反映所有者权益变动情况的做法，而是按所有者权益变动的来源对一定时期所有者权益变动情况进行全面反映；另一方面，按照所有者权益各组成部分（包括实收资本、资本公积、库存股、盈余公积、一般风险准备、未分配利润）及其总额列示交易或事项对所有者权益的影响。我国商业银行所有者权益变动表的具体格式如表 14 –5 所示。

表 14 –5　　所有者权益变动表

编制单位：　　　　年度　　　　单位：

项目	本年金额											上年金额										
	实收资本（或股本）	其他权益工具			资本公积	减：库存股	其他综合收益	盈余公积	一般风险准备	未分配利润	所有者权益合计	实收资本（或股本）	其他权益工具			资本公积	减：库存股	其他综合收益	盈余公积	一般风险准备	未分配利润	所有者权益合计
		优先股	永续债	其他									优先股	永续债	其他							
一、上年年末余额																						
加：会计政策变更																						
前期差错更正																						
二、本年年初余额																						
三、本年增减变动金额																						
（一）本年净利润																						
（二）直接计入所有者权益的利得和损失净额																						
1. 可供出售金融资产价值变动																						
(1) 应计入所有者权益的金额																						
(2) 转入当期损益的金额																						
2. 现金流量套期工具公允价值变动净额																						
(1) 应计入所有者权益的金额																						
(2) 转入当期损益的金额																						
(3) 计入被套期项目初始确认金额中的金额																						
3. 权益法下被投资单位其他所有者权益变动的影响																						
4. 与计入所有者权益项目相关的所得税影响																						
5. 其他																						

续表

项目	本年金额											上年金额										
	实收资本（或股本）	其他权益工具			资本公积	减：库存股	其他综合收益	盈余公积	一般风险准备	未分配利润	所有者权益合计	实收资本（或股本）	其他权益工具			资本公积	减：库存股	其他综合收益	盈余公积	一般风险准备	未分配利润	所有者权益合计
		优先股	永续债	其他									优先股	永续债	其他							
（一）和（二）小计																						
（三）所有者投入和减少资本																						
1. 所有者投入普通股																						
2. 其他权益工具持有者注入资本																						
3. 股份支付计入所有者权益的金额																						
4. 其他																						
（四）利润分配																						
1. 提取盈余公积																						
2. 提取一般风险准备																						
3. 对所有者（或股东）的分配																						
4. 其他																						
（五）所有者权益内部结转																						
1. 资本公积转增资本																						
2. 盈余公积转增资本																						
3. 盈余公积弥补亏损																						
4. 设定受益计划变动额结转留存收益																						
5. 其他综合收益结转留存收益																						
6. 其他																						
四、本年年末余额																						

（三）所有者权益变动表的编制

商业银行所有者权益变动表需要填列“本年金额”和“上年金额”两栏，“上年金额”根据上期所有者权益变动表相对应的金额填列。所有者权益变动表的填列方法具体如下。

1.“上年年末余额”项目，反映商业银行上年资产负债表中实收资本（股本）、其他权益工具、资本公积、库存股、盈余公积、其他综合收益未分配利润的年末余额。该项目应根据上年资产负债表或所有者权益变动表相应内容分析填列。

2. “会计政策变更”“前期差错更正”项目，分别反映商业银行企业采用追溯调整法处理的会计政策变更的累积影响金额和采用追溯重述法处理的会计差错更正的累积影响金额。该项目应根据“以前年度损益调整”和“利润分配”等科目分析填列。

3. “本年增减变动金额”项目。

（1）“净利润”项目，反映商业银行当年实现的净利润（净亏损）金额，并对应列在“未分配利润”栏。

（2）“直接计入所有者权益的利得和损失”项目，反映商业银行当年直接计入所有者权益的利得和损失金额。它包括以下四个方面内容。

①“可供出售金融资产公允价值变动净额”项目，反映商业银行持有的可供出售金融资产当年公允价值变动的金额，具体分为应计入所有者权益的金额和转入当期损益的金额，并对应列在“资本公积”和“未分配利润”栏。

②“现金流量套期工具公允价值变动净额”项目，反映商业银行用于套期保值的现金流量套期工具公允价值变动的净额，具体分为应计入所有者权益的金额和转入当期损益的金额，并对应列在“资本公积”和“未分配利润”栏。

③“权益法下被投资单位其他所有者权益变动的影响”项目，反映金融企业对按照权益法核算的长期股权投资，在被投资单位除当年实现的净损益以外其他所有者权益当年变动中应享有的份额，并对应列在“资本公积”栏。

④“与计入所有者权益项目相关的所得税的影响”项目，反映商业银行根据《企业会计准则第 18 号——所得税》规定应计入所有者权益项目的当年所得税影响金额，并对应列在“资本公积”栏。

（3）“所有者投入和减少资本”项目，反映商业银行接受投资者投入形成的资本和减少的资本。它包括以下两个方面内容。

①“所有者投入资本”项目，反映商业银行接受投资者投入形成的实收资本（或股本）和资本溢价或股本溢价，并对应列在“实收资本”和“资本公积”栏。

②“股份支付计入所有者权益的金额”项目，反映商业银行处于等待期中的权益结算的股份支付当年计入资本公积的金额。

（4）“利润分配”下各项目，反映商业银行当年按照规定提取的盈余公积金额、一般风险准备金额和对所有者（股东）分配的利润（股利）金额。它包括以下三个方面内容。

①“提取盈余公积”项目，反映商业银行按照规定提取的盈余公积。

②“提取一般风险准备”项目，反映商业银行按照规定提取的一般风险准备。

③“对所有者（或股东）的分配”项目，反映对所有者（股东）分配的利润（股利）的金额。

（5）“所有者权益内部结转”下各项目，反映商业银行构成所有者权益的组成部分之间的增减变动情况。它包括以下五个方面内容。

①“资本公积转增资本（股本）”项目，反映商业银行以资本公积转增资本或股本的金额。

②“盈余公积转增资本（股本）”项目，反映商业银行以盈余公积转增资本或股本的金额。

③“盈余公积弥补亏损”项目，反映商业银行以盈余公积弥补亏损的金额。

④“设定受益计划变动额结转留存收益”项目，反映商业银行重新计量设定受益计划净负债或净资产所产生的变动而计入其他综合收益的金额，在本会计期间结转到留存收益的金额。

⑤“其他综合收益结转留存收益”项目，反映商业银行指定为以公允价值计量且其变动计入综合收益的非交易性权益工具投资终止确认时，或以公允价值计量且其变动计入当期损益的金融负债终止确认时，此部分导致的综合收益变动转入留存收益的金额。

五、财务报表附注

（一）财务报表附注的概念和作用

附注是会计报表的重要组成部分，是对会计报表的补充说明，它主要对会计报表不能包括的内容，或者披露不详尽的内容，作进一步的解释和说明，从而有助于会计报表使用者理解和使用会计信息。会计报表使用者要了解商业银行的财务状况、经营成果、现金流量情况和所有者权益变动情况，应当全面阅读附注，附注相对于报表而言，同样具有重要性。

（二）商业银行报表附注披露内容

附注应当披露企业的基本情况、财务报表的编制基础等事项，相关信息应当与资产负债表、利润表、现金流量表和所有者权益变动表等报表中列示的项目相互参照，并且应当按照一定的结构进行系统合理的排列和分类，有顺序地披露信息。通常情况下，附注应当按照下列顺序披露：

1. 商业银行的基本情况。

2. 财务报表的编制基础。

3. 遵循《企业会计准则》的声明。商业银行应当声明编制的财务报表符合《企业会计准则》的要求，真实、完整地反映了商业银行的财务状况、经营成果和现金流量等有关信息。

4. 重要会计政策和会计估计的说明。商业银行应当披露采用的重要会计政策和会计估计，不重要的会计政策和会计估计可以不披露。在披露重要会计政策和会计估计时，应当披露重要会计政策的确定依据和财务报表项目的计量基础，以及会计估计中所采用的关键假设和不确定因素。

5. 会计政策和会计估计变更以及差错更正的说明。商业银行应当按照《企业会计准则第 28 号——会计政策、会计估计变更和差错更正》及其应用指南的规定，披露会计政策和会计估计变更以及差错更正的有关情况。

6. 报表重要项目的说明。商业银行应当尽可能以列表形式披露报表重要项目的构成或当期增减变动情况。对报表重要项目的说明，应当按照资产负债表、利润表、现金流量表、所有者权益变动表及其项目列示的顺序，采用文字和数据描述相结合的方式进行披露。报表重要项目的明细金额合计，应当与报表项目金额衔接。

7. 或有事项。按照《企业会计准则第 13 号——或有事项》第十四条和第十五条的相关规定进行披露，对信贷承诺，存在经营租赁承诺、资本支出承诺、证券承销及债券承兑承诺的，还应披露有关情况。

8. 资产负债表日后事项。每项重要的资产负债表日后非调整事项的性质、内容及其对财务状况和经营成果的影响，无法作出估计的，应当说明原因。资产负债表日后，商业银行利润分配方案中拟分配的以及经审议批准宣告发放的股利或利润，也应当披露。

9. 关联方关系及其交易的说明。

10. 风险管理。主要对商业银行的信用风险、流动性风险、外汇风险、套期保值等信息进行披露。

第三节　财务分析

一、财务分析的概念和作用

财务分析是指以财务报表和其他资料为依据和起点，采用专门方法，了解过去、评价现在、预测未来，系统地分析和评价企业过去和现在的经营成果、财务状况及其变动情况，帮助相关部门进行决策。财务分析的基本功能就是将大量的报表数据转换成对决策有用的特定信息，从而减少决策的不确定性。

一般来说，财务分析的总目标是评价、研究企业的财务能力，包括对企业经济能力的评估和对企业盈利能力的评估，也就是说，需要评价过去的经营业绩，衡量现在的财务状况，预测未来的发展趋势。因此，财务分析有利于评价和研究企业的财务状况和经营成果，揭示企业财务活动和经营管理活动中存在的矛盾和问题，为企业高层管理人员提供改进经营管理的方法和线索；有利于预测企业未来的报酬和风险，为投资人、债权人和经营者的决策提供帮助；有利于考核企业预算完成情况，评价经营管理人员的业绩，为完善合理的激励机制提供帮助。

二、财务分析的方法

财务分析的方法有多种，实际工作中，可以根据具体分析的不同目的和掌握的可供使用的具体资料，采取不同的会计分析方法。

（一）直接对比法

它是把可相比的指标数据进行比较，求其差异，用于研究分析问题的一种方法。它是会计分析中最基本的方法。通过实际执行结果与计划、本期与上期、本期（月或季）与上年同期、本期与历史最好水平、本行与国内同行业的直接对比，可以发现差异和问题，然后进一步查明原因，找出解决问题的办法和途径。

应用直接对比法时，比较的指标在内容、计算时间、计算方法和标准上应当口径一致。

（二）比率分析法

比率分析法是以指标间存在的关联关系为基础，通过计算比率，来考察、计量和评价商业银行财务状况、经营成果和现金流量的分析方法，是最常用的一种分析方法。采用比率分析法时，要把分析对比的数值通过计算变成相对数，计算出各种比率指标后再进行比较分析。由于采用相对数作为比较基础，剔除了绝对数的影响，比率分析法适用于比较不同规模的商业银行的财务状况和经营业绩，因此在财务分析中得到了广泛运用。

采用比率分析法应注意保证对比指标的相关性，对比指标相关才能评价有关的经营、财务活动是否合理，计算不相关的指标没有意义。同时，和直接对比法一样，比率分析法计算比率的对比指标在计算时间、计算标准上应当口径一致。

（三）趋势分析法

趋势分析法是将两期或者连续数期财务报告中的相同指标或者比率进行对比，以确定其增减差异和变动趋势的分析方法。采用这种方法可以揭示金融企业财务状况和经营业绩的动态变动趋势，有助于查找引起变动的原因、变动的性质和预测商业银行未来的经营、财务状况。

同其他分析方法一样，使用趋势分析法时，各个时期指标的计算口径应当一致，同时，要注意剔除偶然性因素对经营和财务活动产生的特殊影响，必要时应当对价格变动因素加以调整。

（四）因素分析法

因素分析法是分析影响某项计划指标的因素以及受这些因素影响程度的一种方法。这种方法通常采用连环代替法，先列出影响某项指标的各种因素，然后，把其中一个因素作为可变因素，其他因素作为不变因素进行逐个替换，从而测定各个因素对计划指标完成或未完成的影响程度。因素分析有利于分清责任和原因，为预测今后的发展以及制订计划和措施提供参考资料。

（五）结构分析法

结构分析法是将相同的资料进行分组归类，计算各个类别在组成的整体中所占比重的一种方法。通过结构分析，可以了解部分与整体的比例关系，根据比例关系的变化，揭示工作中的问题，进行分析研究，改进工作。

（六）动态分析法

动态分析法是研究某项业务变动和发展趋势的一种方法。它通常是对不同时期某项业务变动资料进行分析，预测发展趋势，以便有针对性地开展工作。

此外，还有指标分析法、平均分析法和回归分析法等。

三、财务分析的基本内容

财务分析的方法虽然多种多样，但具体分析的基本程序大体相当，主要有以下几步：首先，明确分析目的，拟订分析提纲；其次，充分获得资料，核实情况；再次，在此基础上分析鉴定，判断推理，深入调查，从而揭露矛盾，找出原因；最后，进行总结评价，提出建议或意见，作出分析报告。金融企业财务分析的内容广泛，主要包括以下几个方面。

（一）盈利能力分析

1. 资产收益率。计算公式为

$$资产收益率 = \frac{净利润}{总资产}$$

该比率反映资产的回报能力，是衡量金融企业盈利状况的重要指标。该比率越高，说明金融企业在增收节支方面做得越好。

2. 权益收益率。计算公式为

$$权益收益率 = \frac{净利润}{所有者权益}$$

该比率表示所有者权益所能取得的净利润，不但可以反映企业从盈利中增加资本的潜力以及资本运用效率的大小，而且决定了股东收益的多少，股东中主要是普通股东的投资回报率。

3. 盈利性资产比率。计算公式为

$$盈利性资产比率 = \frac{盈利性资产}{总资产}$$

该比率反映盈利性资产在总资产中的比重。盈利性资产占总资产的比重越高，说明该金融企业越有发展潜力。

4. 成本率。计算公式为

$$成本率 = \frac{总成本}{营业收入}$$

该比率反映商业银行取得营业收入与耗费成本之间的关系。总成本在利润表上反映为营业支出和其他类型的支出。成本率上升说明金融企业每单位营业收入中耗费的成本上升，盈利减少；反之，成本率下降表明金融企业每单位营业收入中耗费的成本下降，盈利增加。因此，成本率反映了金融企业控制成本和提高盈利水平的能力。

5. 利差率。计算公式为

$$利差率 = \frac{净利息收入}{盈利资产} = \frac{利息收入 - 利息支出}{盈利资产}$$

利差率是商业银行净利息收入和盈利资产相比所得到的比率。商业银行的盈利资产是指能够获得外部利息收入的资产。商业银行的收入主要来源于盈利资产。现金、固定资产、递延资产项目一般不带来外部利息收入，因此不属于盈利资产。用净利息收入和盈利资产进行对比，可以分析商业银行盈利资产的获利能力。

6. 每股收益。计算公式为

$$每股收益 = \frac{净利润}{报告期末普通股份总数}$$

该比率是衡量上市金融企业盈利能力的重要财务指标，它反映了普通股的获利水平。但是，在分析每股收益时，应注意以下几点：一是每股收益不能反映股票含有的风险，每股收益水平相同的股票，其含有的风险往往是不一样的；二是股票是一个“份额”概念，不同于金融企业股票的市价和净资产，因此不能简单比较每股收益来评价不同金融企业的盈利水平；三是每股收益多，并不意味着多分红，是否分红除了受盈利水平影响外，还取决于公司的现金流量状况和公司的股利政策。

（二）偿债能力分析

偿债能力分析主要是分析金融企业在债务到期时可用现金还本付息的能力。偿债能力分析又分为短期偿债能力分析和长期偿债能力分析，短期偿债能力分析又叫流动性分析。通过对企业偿债能力的分析，金融企业的管理者可以科学地制定投融资策略，而企业的债权人也可以正确地作出贷款决策。偿债能力分析的主要财务指标有流动比率、资产负债率、资产周转比率等。

1. 流动比率。计算公式为

$$流动比率 = \frac{流动资产}{流动负债}$$

该比率反映金融企业的资金流动速度，是衡量金融企业流动资产抵偿流动负债能力的通用比率，该比率越高，抵债能力越强。但流动比率过大，则表明金融企业未能使流动资产得到充分利用。

2. 资产负债率。计算公式为

$$资产负债率 = \frac{负债总额}{资产总额}$$

该比率表示金融企业的负债总额占资产总额的百分比，反映企业的全部资产中由债权人提供的资产所占比重的大小，衡量了债权人向企业提供信贷资金的风险程度，也是评价企业举债经营能力的指标。

3. 资产周转比率。计算公式为

$$资产周转率 = \frac{总收入}{总资产}$$

该比率反映金融企业资产的生产能力，比率越高表明生产能力越强，偿付债务的能力也就越强。

（三）资产风险水平分析

资产风险水平分析主要分析金融企业在经营过程中，面临市场风险、操作风险等诸多风险的比率和贷款风险比率。衡量金融企业风险水平的主要指标有资本风险比率、利率风险比率和贷款风险比率。

1. 资本与资产比率。计算公式为

$$资本与资产比率 = \frac{资本总额}{资产总额}$$

一般而言，该比率越高，其抵御风险的能力越强，存款人的利益更有保障，但是比率过高也不足取。不同类型、不同规模、不同生命周期的金融机构由于面临的风险、经营模式、监管要求以及市场条件等因素不同，资本与资产比率的合理区间会有所不同。

2. 资本与贷款比率。计算公式为

$$资本与贷款比率 = \frac{资本总额}{贷款总额}$$

该比率说明银行资本在某种程度上可以用于保护银行免受贷款风险的威胁。一般认为该比率在15%左右为宜。

3. 资本与存款比率。计算公式为

$$资本与存款比率 = \frac{资本总额}{存款总额}$$

该比率有助于防止因存款的过度增长导致银行负债过重，有助于鼓励银行保持充足的资本和较高的支付能力，加强安全防范。该比率一般以10%为宜，低于10%表明银行资本不足或存款过多，往往被认为银行信用过度膨胀，容易出现经营风险。

4. 利率风险比率。计算公式为

$$利率风险比率 = \frac{利率敏感性资产}{利率敏感性负债}$$

该公式中，利率敏感性资产指市场利率变化时利息收入也相应变化的资产，如可变利率贷款；利率敏感性负债指市场利率变化时利息支出也相应变化的负债。利率风险是市场利率的变动对商业银行的资产收益和负债成本带来的不利影响。

5. 不良贷款比率。计算公式为

$$不良贷款比率 = \frac{不良贷款总额}{贷款总额}$$

该比率是衡量贷款风险的综合指标，贷款的质量对银行风险水平有很大的影响，不良贷款比重越高，说明银行面临的风险越大。

（四）发展能力分析

发展能力分析主要是分析金融企业未来的增长能力，这是企业的所有者和债权人最关注的问题。衡量金融企业发展能力的指标主要有资本增长率、资产增长率、营业利润增长率等。

1. 资本增长率。计算公式为

$$资本增长率 = \frac{本年资本增长额}{上年资本总额}$$

该比率表示本年资本比上年资本的增长幅度，反映了金融企业的资本增长速度。资本增长速度直接决定了金融企业市场占有份额及抗风险能力的强弱。

2. 资产增长率。计算公式为

$$资产增长率 = \frac{本年资产增长额}{上年资产总额}$$

该比率反映金融企业本期资产规模的增长情况。该指标越高，表明企业一定时期内资产经营规模扩张的速度越快。但在分析时，需要关注资产规模扩张质和量的关系，以及企业的后续发展能力，避免盲目扩张。

3. 营业利润增长率。计算公式为

$$营业利润增长率 = \frac{本年营业利润增长额}{上年营业利润总额}$$

该比率表示本年营业利润比上年的增长幅度，该比率越高，说明金融企业经营效果越好。

本章小结

1. 财务报告是金融企业向有关各方面提供的反映企业财务状况、经营成果和现金流量等会计信息的书面文件，是会计核算工作的结果，是金融企业经营活动的总结。财务报告包括财务报表和其他应当在报告中披露的相关信息和资料。财务报表至少应包括资产负债表、利润表、现金流量表、所有者权益（或股东权益）变动表和附注。财务报表按照不同标准可以划分为不同类别。

2. 金融企业应根据自身所在行业的特点编制适合本行业使用的会计报表，主要包括资产负债表、利润表、现金流量表、所有者权益变动表和附注等。财务报表应按照规定进行编制和填列。

3. 财务分析是指以财务报表和其他资料为依据和起点，采用专门方法，了解过去、评价现在、预测未来，系统地分析和评价企业过去和现在的经营成果、财务状况及其变动情况，帮助相关部门进行决策。财务分析的内容广泛，主要包括盈利能力分析、偿债能力分析、资产风险水平分析和发展能力分析。

重点概念

财务报告　资产负债表　利润表　现金流量表　所有者权益变动表　财务报表　附注　财务报表分析

思考与练习

1. 目的：练习金融企业资产负债表的编制方法。

资料：某商业银行2021年12月31日的科目余额见表14－6。

表14－6　　**某商业银行科目余额**　　单元：元

科目	借方余额	科目	贷方余额
库存现金	35 000	拆入资金	186 000
存放中央银行款项	3 200 000	向中央银行借款	867 000
存放同业	665 000	同业存放	1 220 000
贵金属	127 000	交易性金融负债	12 000
拆出资金	483 000	衍生金融负债	107 000

续表

科目	借方余额	科目	贷方余额
交易性金融资产	124 000	卖出回购金融资产款	116 000
债权投资	1 843 000	吸收存款	12 413 000
衍生工具	90 000	贴现负债	526 000
套期工具	60 000	应付职工薪酬	31 000
买入返售金融资产	110 000	应交税费	28 000
应收利息	10 000	预计负债	6 000
贷款	9 626 000	其他应付款	13 000
贴现资产	112 000	应付债券	362 000
低值易耗品	50 000	递延所得税负债	4 000
长期股权投资	14 000	股本	294 000
投资性房地产	21 000	资本公积	141 000
固定资产	221 000	盈余公积	125 000
固定资产清理	14 000	其他综合收益	1 000
在建工程	90 000	其他权益工具	150 000
无形资产	14 000	一般风险准备	194 000
长期待摊费用	60 000	利润分配（未分配利润）	560 000
抵债资产	10 000	贷款损失准备	20 000
长期应收款	100 000	坏账准备	5 000
递延所得税资产	34 000	累计折旧	37 000
合计	17 418 000	合计	17 418 000

要求：根据上述资料，为该商业银行编制资产负债表（年初数略）。

2. 目的：练习金融企业利润表的编制方法。

资料：某商业银行2021年度损益类的全年发生额见表14－7。

表14－7　　某商业银行损益类全年发生额　　单位：元

科目	本期贷方发生额	科目	本期借方发生额
利息收入	566 000	利息支出	260 000
手续费及佣金收入	98 000	手续费及佣金支出	9 000
投资收益	45 000	税金及附加	9 000
公允价值变动损益	2 000	业务及管理费	135 000
汇兑损益	6 000	信用减值损失	100 000
其他业务收入	35 000	其他资产减值损失	8 000
资产处置收益	800	其他业务成本	29 000
营业外收入	3 000	营业外支出	1 000
		所得税费用	38 000

要求：根据上述资料，为该商业银行编制利润表（上期金额略）。

主要参考文献

［1］董华，张萌萌．金融业营改增会计实务与纳税处理［M］．北京：机械工业出版社，2016.

［2］高金清．金融企业会计（第二版）［M］．上海：立信会计出版社，2023.

［3］关新红，李晓梅．金融企业会计［M］．北京：中国人民大学出版社，2012.

［4］郭德松，袁佳慧．金融企业会计（第三版）［M］．南京：南京大学出版社，2023.

［5］候旭华，申钰希．金融企业会计［M］．上海：复旦大学出版社，2014.

［6］金融企业会计编审委员会．金融企业会计核算与纳税实务：业务精讲＋实务应用＋经典案例［M］．北京：人民邮电出版社，2019.

［7］李晓梅．金融企业会计精讲（第三版）［M］．大连：东北财经大学出版社，2022.

［8］李军．期货会计实务［M］．北京：中国财政经济出版社，2016.

［9］周彦平，孙娜．期货公司与信托公司会计实务［M］．北京：中国财政经济出版社，2019.

［10］万静芳．非银行金融企业会计［M］．上海：立信会计出版社，2016.

［11］王海荣，徐旭东．金融企业会计（第2版）［M］．北京：人民邮电出版社，2017.

［12］张高丽．商业银行财务管理（第二版）［M］．上海：立信会计出版社，2020.

21世纪高等学校金融学系列教材

一、货币银行学子系列

★货币金融学（第五版）	朱新蓉	主编	69.00元	2021.05出版
（普通高等教育“十一五”国家级规划教材/国家精品课程教材·2008）				
货币金融学	张　强　乔海曙	主编	32.00元	2007.05出版
（国家精品课程教材·2006）				
货币金融学（附课件）	吴少新	主编	43.00元	2011.08出版
货币金融学（第二版）	殷孟波	主编	48.00元	2014.07出版
（普通高等教育“十五”国家级规划教材）				
现代金融学——货币银行、金融市场与金融定价（第二版）	张成思	编著	69.00元	2022.08出版
货币银行学（第二版）	夏德仁　李念斋	主编	27.50元	2005.05出版
货币银行学（第三版）	周　骏　王学青	主编	42.00元	2011.02出版
（普通高等教育“十一五”国家级规划教材）				
货币银行学原理（第六版）	郑道平　张贵乐	主编	39.00元	2009.07出版
金融理论教程	孔祥毅	主编	39.00元	2003.02出版
金融企业会计（第二版）	胡　娟　杨小花	主编	74.00元	2024.06出版
西方货币金融理论	伍海华	编著	38.80元	2002.06出版
现代货币金融学	汪祖杰	主编	30.00元	2003.08出版
行为金融学教程	苏同华	主编	25.50元	2006.06出版
中央银行通论（第三版）	孔祥毅	主编	40.00元	2009.02出版
中央银行通论学习指导（修订版）	孔祥毅	主编	38.00元	2009.02出版
商业银行经营管理（第二版修订版）	宋清华	主编	50.00元	2021.08出版
商业银行管理学（第六版）	彭建刚	主编	80.50元	2023.09出版
（国家级一流本科课程配套教材/普通高等教育“十一五”国家级规划教材/国家精品课程教材·2007/国家精品资源共享课配套教材）				
商业银行管理学（第四版）	李志辉	主编	76.00元	2022.03出版
（普通高等教育“十一五”国家级规划教材/国家精品课程教材·2009）				
商业银行管理学习题集	李志辉	主编	20.00元	2006.12出版
（普通高等教育“十一五”国家级规划教材辅助教材）				
商业银行管理	刘惠好	主编	27.00元	2009.10出版
现代商业银行管理学基础	王先玉	主编	41.00元	2006.07出版
金融市场学（第三版）	杜金富	主编	55.00元	2018.07出版
现代金融市场学（第四版）	张亦春	主编	50.00元	2019.02出版

中国金融简史（第二版） 袁远福 主编 25.00 元 2005.09 出版
（普通高等教育“十一五”国家级规划教材）
货币与金融统计学（第四版） 杜金富 主编 48.00 元 2018.07 出版
（普通高等教育“十一五”国家级规划教材/国家统计局优秀教材）
金融信托与租赁（第六版） 王淑敏 齐佩金 主编 59.00 元 2024.07 出版
（普通高等教育“十一五”国家级规划教材）
金融信托与租赁案例与习题 王淑敏 齐佩金 主编 25.00 元 2006.09 出版
（普通高等教育“十一五”国家级规划教材辅助教材）
金融营销学 万后芬 主编 31.00 元 2003.03 出版
金融风险管理 马昕田 主编 40.00 元 2021.06 出版
金融风险管理 宋清华 李志辉 主编 33.50 元 2003.01 出版
网络银行（第二版） 孙 森 主编 36.00 元 2010.02 出版
（普通高等教育“十一五”国家级规划教材）
银行会计学 于希文 王允平 主编 30.00 元 2003.04 出版
互联网金融 万光彩 曹 强 主编 50.00 元 2022.01 出版

二、国际金融子系列

国际金融学 潘英丽 马君潞 主编 31.50 元 2002.05 出版
★国际金融概论（第五版） 孟 昊 王爱俭 主编 45.00 元 2020.01 出版
（国家级一流本科课程配套教材/普通高等教育“十二五”国家级规划教材/国家精品课程教材·2009）
国际金融（第四版） 刘惠好 主编 66.00 元 2022.11 出版
国际金融概论（第四版）（附课件） 徐荣贞 主编 48.00 元 2022.01 出版
★国际结算（第七版）（附课件） 苏宗祥 徐 捷 著 70.00 元 2020.08 出版
（普通高等教育“十二五”国家级规划教材/2012—2013 年度全行业优秀畅销书）
各国金融体制比较（第五版） 白钦先 等编著 78.00 元 2021.09 出版
国际金融（第二版） 周 文 漆腊应 主编 43.00 元 2021.04 出版
国际金融管理 鞠国华 主编 43.00 元 2020.01 出版

三、投资学子系列

投资学（第四版） 张元萍 主编 63.00 元 2022.04 出版
证券投资学 吴晓求 季冬生 主编 24.00 元 2004.03 出版
证券投资学（第二版） 金 丹 主编 69.00 元 2022.08 出版
证券投资学 王玉宝 主编 38.00 元 2018.06 出版
现代证券投资学 李国义 主编 39.00 元 2009.03 出版
证券投资分析（第二版） 赵锡军 李向科 主编 35.00 元 2015.08 出版
组合投资与投资基金管理 陈伟忠 主编 15.50 元 2004.07 出版
投资项目评估（第三版） 李桂君 宋砚秋 王瑶琪 主编 60.00 元 2021.06 出版
项目融资（第三版） 蒋先玲 编著 36.00 元 2008.10 出版

四、金融工程子系列

金融经济学教程（第三版）	陈伟忠　陆珩瑱	主编	56.00 元	2021.11 出版
衍生金融工具（第二版）	叶永刚　张　培	主编	53.00 元	2020.07 出版
衍生金融工具	王德河　杨　阳	编著	38.00 元	2016.12 出版
现代公司金融学（第三版）	马亚明	主编	59.00 元	2021.08 出版
金融计量学	张宗新	主编	42.50 元	2008.09 出版
数理金融	张元萍	编著	29.80 元	2004.08 出版
金融工程学（第二版）	沈沛龙	主编	63.00 元	2023.02 出版
金融工程	陆珩瑱	主编	39.50 元	2018.01 出版

五、金融英语子系列

金融英语阅读教程（第五版）（北京高等教育精品教材）	沈素萍	主编	69.00 元	2022.10 出版
金融英语阅读教程导读（第四版）（北京高等学校市级精品课程辅助教材）	沈素萍	主编	23.00 元	2016.01 出版
保险专业英语	张栓林	编著	22.00 元	2004.02 出版
保险应用口语	张栓林	编著	25.00 元	2008.04 出版

注：加★的书为“十二五”普通高等教育本科国家级规划教材。

21 世纪高等学校保险学系列教材

保险学概论	许飞琼	主编	49.80 元	2019.01 出版
保险学概论学习手册	许飞琼	主编	39.00 元	2019.04 出版
经典保险案例分析 100 例	许飞琼	主编	36.00 元	2020.01 出版
保险学（第二版）	胡炳志　何小伟	主编	29.00 元	2013.05 出版
风险管理与保险	孔月红　高　俊	主编	39.50 元	2019.10 出版
保险精算（第三版） （普通高等教育“十一五”国家级规划教材）	李秀芳　曾庆五	主编	36.00 元	2011.06 出版
人身保险（第二版）	陈朝先　陶存文	主编	20.00 元	2002.09 出版
财产保险（第六版） （普通高等教育“十一五”国家级规划教材/普通高等教育精品教材奖）	许飞琼　郑功成	主编	56.00 元	2020.12 出版
财产保险案例分析	许飞琼	编著	32.50 元	2004.08 出版
海上保险学	郭颂平　袁建华	编著	34.00 元	2009.10 出版
责任保险	许飞琼	编著	40.00 元	2007.11 出版
再保险（第二版） （普通高等教育“十一五”国家级规划教材）	胡炳志　陈之楚	主编	30.50 元	2006.02 出版
保险经营管理学（第二版）	江生忠　祝向军	主编	49.00 元	2017.12 出版
保险经营管理学（第二版） （普通高等教育“十一五”国家级规划教材）	邓大松　向运华	主编	42.00 元	2011.08 出版
保险营销学（第四版） （教育部经济类专业主干课程推荐教材）	郭颂平　赵春梅	主编	42.00 元	2018.08 出版
保险营销学（第二版）	刘子操　郭颂平	主编	25.00 元	2003.01 出版
★风险管理（第五版修订本） （普通高等教育“十一五”国家级规划教材）	许谨良	主编	50.00 元	2022.01 出版
保险产品设计原理与实务	石　兴	著	24.50 元	2006.09 出版
社会保险（第五版） （普通高等教育“十一五”国家级规划教材）	林　义	主编	49.00 元	2022.08 出版
保险学教程（第二版）	张　虹　陈迪红	主编	36.00 元	2012.07 出版
利息理论与应用（第二版）	刘明亮	主编	32.00 元	2014.04 出版
保险法学	李玉泉	主编	53.50 元	2020.08 出版

注：加★的书为“十二五”普通高等教育本科国家级规划教材。